KB156703

공감은 지능이다

THE WAR FOR KINDNESS
Copyright ⓒ 2019 by Jamil Zaki
All rights reserved.

Korean translation copyright ⓒ 2021 by Prunsoop Publishing Co. Ltd.
Korean translation rights arranged with The Gernert Company,
Inc through EYA(Eric Yang Agency)

이 책의 한국어판 저작권은 EYA(Eric Yang Agency)를 통해 The Gernert Company, Inc와
독점계약한 (주)도서출판 푸른숲에 있습니다. 저작권법에 의하여 한국 내에서 보호를 받는
저작물이므로 무단전재 및 복제를 금합니다.

공감은 지능이다

신경과학이 밝힌 더 나은 삶을 사는 기술

자밀 자키 지음
정지인 옮김

시심

랜던을 위해

일러두기

본문의 각주는 ●로, 후주는 숫자로 표시했습니다. 각주는 옮긴이 주, 후주는 지은이 주입니다.

우리는 더 친절한 세계를 만들 수 있다

나의 부모님은 내가 여덟 살 때 이혼 절차를 밟기 시작했고, 그 과정은 내가 열두 살 때 마무리되었다. 두 분이 태어난 곳 사이에는 16,000킬로미터라는 엄청난 거리가 놓여 있었다. 어머니는 페루 남부의 칠레 국경 근처에서, 아버지는 건국한 지 갓 여섯 달 된 나라 파키스탄에서 태어났다. 25년 후 워싱턴주립대학교는 세계 최빈국 출신 학생 중 장학생을 선발했는데 그중 한 사람이 나의 어머니였다. 비슷한 시기에 할아버지는 아버지에게 미국행 편도 항공권을 사고 워싱턴주립대학교에서 딱 한 학기를 보낼 만큼의 돈을 주셨다. 두 분은 각자 리마와 라호르에서(두 도시 다 로스앤젤레스와 비슷한 크기다) 수목이 우거진 나른한 도시 풀만으로 갔다.

　　두 분 다 새로 자리 잡은 터전에서 길을 잃은 기분이었다. 아버지는 파키스탄에서는 중산층이었지만 미국 기준으로는 극빈

층이었다. 아침이면 동네 식당에서 1달러짜리 핫도그 세 개를 사서 아침, 점심, 저녁에 하나씩 먹었다. 무슬림의 규범을 어기는 것이 고통스러웠지만 다른 방법을 택할 여유가 없었다. 어머니에게는 변화의 과정을 좀 더 쉽게 도와줄 민박 가정이 배당되었지만, 그 집은 캠퍼스에서 130킬로미터나 떨어져 있었다. 어머니는 대부분의 시간을 혼자서 공부를 하며 보냈다. 워싱턴주립대학교에서 국제 장학생을 위한 환영 행사를 열었을 때 아버지는 먹을 것을 찾아, 어머니는 함께할 사람들을 찾아 행사에 참석했다.

부모님은 결혼하여 매사추세츠 주 교외로 이사했고, 그곳에서 내가 태어났다. 하지만 두 분이 미국을 편하게 느끼게 될수록 서로에게 느끼는 불편함은 더욱더 커져 갔다. 아버지는 컴퓨터 하드웨어 회사를 차리고 하루에 열여덟 시간씩 일했다. 아버지의 아메리칸 드림은 베이지색 벤츠 자동차와 복숭아 색깔의 널찍한 스투코 주택으로 정점을 찍었고, 그 차와 집 모두 어머니에게는 흉물스럽게만 느껴졌다. 아버지 얼굴을 거의 보지 못한 채 몇 년을 보낸 뒤 어머니는 아버지를 더 적게 보기로 결정했다.

부모님은 서로에게서 멀어지면서 둘 사이를 연결하던 공간을 아무것도 살 수 없는 불모지로 만들어버렸다. 법정에서 나오는 즉시 접촉을 피하려고 신중을 기했다. 아버지가 매주 정해진

공감은 지능이다

시간에 어머니 집 앞 진입로에서 기다리고 있으면 내가 밖으로 나갔고, 그러면 어머니는 자신의 모습이 보이지 않도록 조심스럽게 내 뒤에서 문을 잠갔다. 내가 열세 살 때 친할머니가 돌아가셨다. 그 주말에 아버지가 나를 데리러 집 앞에 왔을 때 어머니가 집 밖으로 나왔고 두 분은 포옹을 했다. 내가 기억하기로 10년 동안 두 분이 서로를 바라본 유일한 시간이었다.

나는 두 집 사이를 오갔지만, 각자의 우선순위와 두려움과 원한으로 구축된 두 평행우주를 오간 것이라고 해도 틀린 말이 아니다. 어머니는 전형적인 페루 사람으로 무엇보다 가족에 가장 큰 가치를 두었다. 이혼이 나에게 나쁜 영향을 미칠까 봐 불안한 마음에서 벗어나지 못했고, 내가 고통스러워하는 신호가 보이면 그 신호를 포착해 자신의 머릿속에 존재하는, 아버지가 입힌 피해 장부에 기입해두었다. 반면 아버지의 세상에서 가장 중요한 것은 지성과 야망이었다. 아버지는 자신의 고향에서는 시험에서 최고점을 받은 학생은 대학에 갔지만 2등을 한 학생은 길거리의 삶을 살게 됐다는 이야기를 자주 들려주었다. 또 내 성적이 떨어질 때마다 돈을 들여 나를 대학에 보내는 게 과연 그럴 가치가 있는 일일지 모르겠다고 말했다. 자신은 한 번도 가져보지 못한 것을 어머니와 내게 주기 위해 허리가 휘도록 일했는데, 그런 은혜를 입고도 우리는 자신을 악당과 현금인출기를 반반 섞어놓은 존재로 생각한다고도 했다. 너희 모자는 어째서 그렇게 배은망덕한 것이냐고.

부모님은 자신들의 전쟁에서 나를 아군으로 만들려고 경쟁했다. 서로 절대 알려주지 않는 비밀을 내게 말해주고, 상대방이 정한 규칙을 어기도록 허용해줌으로써 내 호의를 샀다. 신랄하게 상대에 대한 험담을 쏟아내고는 내가 맞장구를 치지 않으면 상대방 편을 든다며 나를 몰아세웠다. 우리 세 사람 다, 내가 어느 시점에는 아버지나 어머니 중 한 사람을 제대로 알 가능성을 완전히 포기하고 한 사람만을 선택해야 한다고 생각했던 것 같다.

1983년에 나온 영화 〈위게임WarGames〉에서 매튜 브로더릭Matthew Broderick이 연기한 데이비드는 '조슈아'라는 인공지능 프로그램을 해킹하는데, 그는 몰랐지만 조슈아는 북미항공우주방위사령부NORAD에서 운용하는 프로그램이었다. 데이비드는 미국과 소련 사이의 핵전쟁 시뮬레이션을 플레이하다가 3차 세계대전을 일으킬 위기에 몰린다. 조슈아가 북미항공우주방위사령부의 미사일 시스템을 장악하고 핵미사일을 발사하려 한 것인데, 이때 데이비드는 모든 전략을 미리 시뮬레이션해보도록 조슈아를 설득한다. 조슈아는 그 말대로 해보고는 두 나라가 어떻게 행동하든 둘 다 말살되리라는 사실을 깨닫는다. 그리고 이렇게 말한다.

공감은 지능이다

"참 이상한 게임이군요. 이기는 유일한 방법은 플레이하지 않는 것입니다."

같은 맥락에서 나도 부모님의 게임을 플레이하지 않기로 했다. 적어도 그분들이 원하는 방식으로는 말이다. 두 분이 나를 사이에 두고 대리전을 치르는 동안, 나는 두 분 모두를 놓지 않으려 애썼다. 한쪽 편을 드는 대신, 각자가 처한 고통스러운 상황에서도 나에게 잘해주려고 노력하는 두 분을 모두 이해하려고 했다. 어머니 집에 있는 동안에는 어머니의 마음과 생각을 지배하는 규칙을 옳은 것으로 받아들이려 했다. 아버지 집에 갈 때는 아버지의 세계에 나를 맞췄다. 물론 쉽지 않은 일이었다. 이혼 가정의 많은 아이가 그렇듯 나는 나를 당기는 힘에 따라 여러 방향으로 끌려다녔다. 때로는 내가 믿는 게 무엇인지 나 자신도 분간할 수 없었다. 하지만 나는 결국 아버지와 어머니 각자의 주파수에 나를 맞추는 방법을 터득했고, 두 분의 관계가 완전히 끊어졌을 때도 두 분 모두와 연결을 유지할 수 있었다.

그 시절을 돌이켜볼 때면 감사하는 마음이 가슴 가득 들어찬다. 두 개인의 경험이 서로 극단적으로 다를 때에도, 양쪽의 경험이 모두 진실하고 심오할 수 있다는 사실은 아마도 내가 배운 가장 중요한 교훈일 것이다.

친절은 인간의 생존 기술이다

감정을 감지할 수 있는 센서가 장착된 고글을 쓰고 있다고 상상해 보자. 빛나는 적외선을 통해 사람들 내부에서 분노나 창피함, 기쁨이 피어오르는 장면을 볼 수 있을 것이다. 계속 지켜본다면 감정이 한 사람에게만 머무르지 않는다는 것도 알게 될 것이다. 친구가 당신 앞에서 울거나 웃긴 이야기를 들려줄 때, 그들의 목소리와 표정은 당신과 친구 사이의 공기를 통과해 당신의 뇌로 들어와 변화를 일으킨다. 당신은 친구의 감정을 넘겨받고 그들의 생각을 해석하고 그들의 안녕을 염려한다. 친구에게 공감하는 것이다.

대부분의 사람은 공감이 그 자체로 하나의 감정이라고 생각한다. '내가 당신의 고통을 느끼는 것'이니 말이다. 하지만 공감은 그보다 더 복잡하다. 사실 '공감'이란 사람들이 서로에게 반응하는 몇 가지 방식을 말한다. 다른 사람들이 어떤 감정을 느끼는지 인지하는 것(인지적 공감), 그들의 감정을 함께 느끼는 것(정서적 공감), 그들의 경험을 개선하고 싶은 마음(공감적 배려)이 바로 그 방식들이다.*

나는 당신이 파란색을 어떻게 느끼는지 확실히 알 수 없고,

흥분했거나 두려울 때 당신이 정확히 뭘 느끼는지도 모른다. 각자의 사적인 세계는 불안정하고 가변적인 궤도를 따라 서로의 주변을 맴돌지만 궤도가 완전히 겹쳐지는 일은 결코 없다. 두 사람이 친구가 되면 두 세계는 서로 더 가까이 다가간다. 내 부모님의 세계가 분리되었을 때 두 세계는 서로 점점 더 멀어졌다. 공감은 그렇게 벌어진 거리를 뛰어넘게 하는 정신의 초능력이다. 우리는 공감을 통해 다른 사람의 세계로 들어가고, 그들로서 존재하는 것이 어떤 느낌일지 추측한다. 추측이 맞는 경우는 놀라울 정도로 많다.[1] 모르는 사람이 하는 감정적인 이야기를 들어도 우리는 그들이 느끼는 감정을 상당히 정확하게 묘사할 수 있다. 얼굴을 힐끗 보는 것만으로도[2] 그 사람이 무엇을 즐기고 있는지, 얼마나 믿을 수 있는 사람인지 직관적으로 알 수 있다.

그러나 공감의 가장 중요한 역할은 친절한 마음을 불러일으키는 것이다.[3] 친절함이란 대가를 치르면서도 타인을 도우려는 성향을 말한다.** 친절함은 호사처럼 느껴질 때가 많다. 이 경직된 세상에서 가질 수 있는 가장 부드러운 기술이라고 말이다. 찰

- 공감에 대한 더 자세한 정의는 "부록 A. 공감이란 무엇인가?"에서 볼 수 있다.
- ● ● 이 책에 제시된 주요한 과학적 주장에 대한 자세한 평가는 "부록 B. 증거 평가"에서 볼 수 있다.

스 다윈^{Charles Darwin}은 친절함을 납득하지 못했다. 다윈의 자연선택설에 따르면 생명체는 다른 무엇보다 자신을 보호해야 한다. 타인을 돕는 것은 그 명제에 들어맞지 않으며, 특히 남을 돕느라 자신의 안전을 위험에 빠뜨릴 때는 더욱 그렇다. 다윈이 《인간의 유래^{The Descent of Man}》[4]에서 썼듯 "동료를 배신하느니 (…) 차라리 자기 목숨을 희생하겠다는 각오를 하고 있는 사람은 그 고귀한 성품을 물려줄 자손을 남기지 못하는 경우가 많다."

사실 친절은 동물의 세계에서 가장 중요한 생존 기술 중 하나다. 신생아는 온갖 필요로 똘똘 뭉친 작은 꾸러미 같은 존재고, 혼자서는 아무것도 할 수 없는 상태로 며칠(거위)이나 몇 달(캥거루) 혹은 수십 년(인간)을 지낸다. 부모는 자신을 희생하여 자식이 살아남도록 도우며, 그러지 않을 경우 자신의 이기적 본성을 물려줄 자손을 남기지 못할 위험을 감수해야 한다. 친족에 대해서도 마찬가지다. 어떤 동물이 친척을 돕는 것은 자기 유전자의 생존을 확보하기 위해서다. 한편 서로 친족관계가 아닌 동물들도 친절하게 행동함으로써 혜택을 얻을 수 있다. 그런 행동이 서로 간에 동맹관계를 구축해줄 때는 특히 더 그렇다. 함께 협동하면 먹을 것을 찾고 서로를 보호할 수 있으며 혼자서는 도저히 할 수 없는 여러 방식으로 번성할 수 있다.

그럴 때 친절하게 행동하는 것은 영리한 선택이다. 하지만 그런 사실만으로 한 동물이 다른 동물을 돕는 이유가 설명되지는 않는다. 엄마 다람쥐는 자신의 유전자가 다음 세대로 유전될 것을 모르는데 왜 새끼 다람쥐를 보살피고 기르는 것일까? 버빗원숭이는 이웃이 자신의 호의에 보답할 확률을 계산할 수 없는데, 굳이 왜 귀찮은 일을 사서 하는 것일까? 이 질문에 대해 자연이 내놓는 답이 바로 공감이다.[5] 한 동물이 다른 동물의 감정을 함께 느낄 때, 남의 고통을 보면 자신이 그 고통 속에 있는 것 같고 그를 도우면 자기가 도움을 받는 느낌이 든다.

공감은 친절한 행위의 밑바탕이며, 이 관계는 인간 종보다 훨씬 더 오래된 것이다. 쥐는 같은 우리에 있는 다른 쥐가 전기충격을 받는 걸 보면 동작을 멈추고 얼어붙은 듯 꼼짝하지 않는데, 이는 불안을 나타내는 신호다. 이처럼 남의 고통을 볼 때 불안을 느끼기 때문에, 쥐들은 한 우리에 있는 친구의 고통을 덜어주기 위해 자기 몫의 초콜릿 조각을 내어주는 식으로 서로를 돕는다. 생쥐, 코끼리, 원숭이, 큰까마귀까지 모두 공감과 친절한 행동을 보인다.[6]

인간에게서 공감은 진화상의 급진적인 도약을 이뤄냈다. 공감은 인간에게 유리하다. 우리는 육체적으로 보잘것없는 존재이기 때문이다. 인간 종이 등장한 초창기에는 몇몇 가족이 집단을 이루어 옹기종기 모여 살았다. 우리에겐 날카로운 이빨도 없고 날개도 없으며, 우리의 영장류 사촌들만큼 힘이 세지도 않았다. 게다가 우리에겐 경쟁자도 있었다.[7] 그러나 수천 년을 거치면서 우리 **사피엔스들**은 서로 쉽게 관계를 맺을 수 있도록 진화했다.[8] 테스토스테론 수치가 떨어졌고, 얼굴은 부드러워졌으며, 공격성은 줄어들었다. 다른 사람의 시선을 쉽게 추적할 수 있도록 눈의 흰자가 커졌고, 얼굴 근육은 정교해져 감정을 더 잘 표현할 수 있게 되었다. 우리의 뇌는 서로의 생각과 감정을 더 정확하게 이해하도록 발달했다.

그 결과 우리에게는 엄청난 공감 능력이 발달했다. 우리는 친구나 이웃뿐 아니라 적이나 모르는 사람, 심지어 영화나 소설 속 인물의 마음 속까지 들어가 볼 수 있다. 이런 점들이 우리가 지구상에서 가장 친절한 종이 되도록 도와주었다. 예를 들어 침팬지는 서로 협력하고 고통스러운 시기에 서로를 위로해주지만, 그들의 선의에는 한계가 있다. 침팬지가 먹이를 나누는 일은 드물고, 자기 무리에 속한 침팬지들에게는 친절할지 몰라도 무리 밖의 침팬지들에게는 잔인하다. 이와 대조적으로 인간은 협력하는 일로는 세계 챔피언이어서, 다른 어떤 종보다도 서로를 훨씬 더 잘 돕는다. 이는 우리에게 비장의 무기가 되었다.[9] 흩어진 개인일 때 우리는 보잘것없는 존재이지만, 함께 뭉치면 굉장한 존재가 된다. 인간은 털북숭이매머드를 사냥하고, 현수교를 건설했으며, 결국 지구를 차지한 생명체가 되었다.

인간 종이 퍼져나가면서 우리의 친절도 퍼져나갔다. 세계 여러 문화에서 사람들은 음식과 돈을 나눈다. 2017년에 사람들은 미국에서만 4,100억 달러를 자선활동에 기부했고, 자원봉사 활동으로 거의 10억 시간을 소비했다.[10] 이런 친절의 상당 부분은 공감의 직접적인 결과다. 강하게 공감하는 사람은 다른 사람보다 자선활동에 더 많이 기부하고 자원봉사 활동을 더 자주한다. 순간적인 영감을 받아 공감을 느낀 사람은 모르는 사람을 도울 확률이 더 높다.[11] 게다가 우리의 가장 고귀한 능력은 가장 암담한 시기에 더 잘 드러난다. 가족의 죽음을 경험한 사람들이 홀로코스트 때 유대인을 은닉해주고, 학교에서 총격 사건이 벌어졌을 때 선생님들이 학생들의 방패막이가 된 것처럼 말이다.

철학자 피터 싱어[Peter Singer]가 훌륭한 저서 《사회생물학과 윤리[The Expanding Circle]》에서 주장하듯이, 우리는 과거에는 친족이나 소수의 친구 같은 좁은 범위의 사람들만 배려했지만, 시간이 지나면서 그 배려의 원은 부족과 마을, 심지어 국가를 넘어설 정도로 확장되었다.[12] 이제 그 원은 전 지구를 포괄한다. 우리가 먹는 음식, 쓰는 약, 사용하는 기술은 지구 전역에서 온 것이다. 우리의 생존은 우리가 한 번도 만날 일 없을 무수한 사람들에게 달려 있다. 또한 우리는 우리가 끝내 알 수 없을 사람들을 돕는다. 기부와 투표와 우리가 만드는 문화를 통해서 말이다. 삶에 관한 내밀한 사실들을 알게 되면 우리는 지구 반대편에 있는 사람들에 대해서도 연민을 느낄 수 있다.

공감이 파괴된 시대

우리는 그럴 수 있다. 하지만 그러지 않을 때가 많고, 바로 이 점이 공감에 관한 중요한 진실 하나를 제시한다. 우리의 본능은 어떤 의미에서든 우리에게 익숙한 세계 안에서 진화해왔다. 친구와 이웃은 우리와 비슷한 모습을 하고 있다. 우리에게는 평생 그들의 성격에 관해 알게 될 무수한 기회가 있었고, 그들도 우리에 대해 그랬다. 우리에게는 함께할 미래가 있었고, 이는 곧 친절함과 잔인함이 되돌아올 수 있다는 걸 의미했다. 업보는 강력하고 직접적이고 피할 수 없는 것이었다. 우리가 목격하는 고통은 우리

공감은 지능이다

앞에 있는 사람들의 고통이었고, 우리는 그들의 고통에 개입함으로써 상황을 바꿀 수 있었다. 이렇게 긴밀하게 엮인 작은 공동체들이 공감을 탄생시킨 원생액原生液*이었고, 그 속에는 보살피는 행위를 쉽게 만들어주는 성분이 가득했다.

물론 우리가 기꺼이 개입하여 도와준 사람은 특정한 일부였다. 부모에게 자녀를 양육하도록 부추기는 호르몬은 한편으로는 잠재적 경쟁자나 협잡꾼, 적일지도 모를 외부인을 의심하도록 만드는 호르몬이기도 했고, 사람들은 서로를 이해하는 능력뿐 아니라 '우리'와 '그들'을 구별하는 요령도 키웠다.

현대사회는 우리가 친절해지는 것을 더 어렵게 만들었다. 2007년에 인류는 괄목할 만한 선 하나를 넘어섰다. 최초로 도시에 사는 사람이 도시 외에 사는 사람보다 더 많아진 것이다.[13] 2050년 즈음에는 인류의 3분의 2가 도시인일 것이다. 그런데도 우리는 점점 더 고립되고 있다.[14] 1911년에는 영국 시민 중 약 5퍼센트가 혼자 살았다. 그로부터 한 세기가 지나자 그 수는 31퍼센트로 증가했다. 1인 가구는 젊은이들 사이에서(오늘날 18~34세의 미국인 중 혼자 사는 사람의 수는 1950년보다 10배 증가했다), 그리고 도시

•   지구상에 생명을 발생시킨 유기물의 혼합 용액.

중심부에서 가장 많이 증가했다. 파리와 스톡홀름 주민의 절반 이상이 혼자 살며, 맨해튼과 로스앤젤레스의 일부 지역에서는 그 수가 90퍼센트를 넘는다.

도시가 성장하고 가족 규모가 축소되면서 우리는 이전 어느 때보다 더 많은 사람을 만나지만 서로 잘 아는 사람들의 수는 적어졌다. 교회 가기나 팀 스포츠, 장보기처럼 사람들을 정기적으로 접촉하게 만들던 규칙적 행위들이 홀로 하는 일들에 밀려났고, 그중 다수는 인터넷을 통해서 하는 일들이다. 길모퉁이 상점에서 모르는 두 사람이 야구나 학교 시스템, 비디오게임에 관해 잡담을 나누며 서로에 관해 알게 될 수는 있다. 그러나 온라인에서 우리가 어떤 사람에 관해 제일 먼저 알게 되는 사실은 우리가 경멸하는 이데올로기처럼, 그들에 관해 우리가 가장 싫어하는 것인 경우가 많다. 그들은 한 사람의 인간으로 다가올 기회도 갖기 전에 이미 적이다.

만약 당신이 공감을 파괴하는 시스템을 설계하고 싶다면, 아무리 해도 우리가 만들어낸 이 사회보다 그 일을 더 잘 해낼 시스템은 만들 수 없을 것이다. 그리고 어떤 면에서 공감은 **이미** 파괴되었다. 시간이 지날수록 공감이 사그라지고 있다고 생각하는 과학자들이 많다. 아래의 진술이 당신을 얼마나 잘 묘사하는지

생각해보라. 전혀 안 맞으면 1점이고 완벽하게 들어맞으면 5점
이다.

- 나는 나보다 불운한 사람들에 대해 걱정과 온정이 담긴 감정을
  자주 느낀다.
- 나는 결정을 내리기 전에 의견 차이에 대한 모든 사람의 입장을
  살펴보려 노력한다.

지난 40년 동안 심리학자들은 이런 질문을 가지고 공감을
측정하고, 수만 명의 데이터를 수집했다. 그렇게 해서 나온 결과
는 그리 좋지 못했다. 공감은 꾸준히 감소했고, 21세기에는 감소
세가 특히 더 심해졌다. 2009년의 평균적인 사람들은 1979년 사
람들의 75퍼센트보다 공감 능력이 떨어진다.[15] 게다가 우리가 **실
제로** 공감을 할 때면, 우리의 염려는 뭔가 이상한 모습을 보인다.

세 살 난 아일란 쿠르디의 비극을 생각해보자. 2015년 9월에
고국 시리아를 탈출한 아일란의 가족은 터키에서 그리스로 넘어
갈 수 있기를 바라며 지중해의 좁은 해협을 건너려 했다. 그러나
그들이 탄 고무보트가 파도에 뒤집혔고 그들은 어두운 바다에서
3시간 넘게 표류했다. 아버지의 필사적인 노력에도 아일란, 아일

란의 형과 어머니 모두 바다에 빠져 사망했다. 다음 날 마흔 살의 압둘라 쿠르디는 말했다. "나는 아무것도 원하지 않습니다. 세상의 모든 나라를 다 준대도 싫습니다. 소중했던 것은 이제 모두 사라졌어요."

아일란이 죽은 후, 한 사진가가 해변에 얼굴을 박고 있는 아일란의 작은 시신을 사진에 담았다. 그 이미지는 순식간에 전 세계로 퍼져나가 인도주의적 위기를 증언했다. 〈뉴욕타임스〉는 "또다시, 지금의 상황을 명확하게 보여준 것은 재앙의 어마어마한 규모가 아니라 (…) 단 하나의 비극"이라고 썼다.[16] 시리아 난민을 돕는 기부금이 쏟아져 들어왔다. 그리고 사람들은 자기 삶을 이어갔다. 시리아 난민 위기는 여전히 심각했지만, 기부금과 뉴스 보도는 급증했던 것만큼 재빨리 급감했고, 10월이 되자 거의 사라졌다. 아일란의 죽음은 공감을 산불처럼 번지게 할 만큼 충분히 묵직한 일이었다. 위기 상황에 부닥친 다른 수많은 아이가 겪는 고난 역시 그러하다. 하지만 우리는 다수가 겪는 고난보다는, 얼굴과 울음소리를 뇌리에 새겨놓은 한 명의 개인에게 더 쉽게 공감한다. 실험실에서 한 연구들을 보면, 사람들은 비극적 사건을 겪은 여덟 명이나 열 명, 수백 명의 피해자보다 한 명의 피해자에게 **더 많이** 공감한다.

우리 선조들이 한 번에 한 사람에게 공감한 것은 적절한 일이었지만, 똑같은 본능이 지금 우리에게는 불리하게 작용한다. 우리는 감당 못 할 정도로 쏟아져 들어오는 고난의 묘사를 접한다. 2010년 아이티에서 지진으로 수십만 명이 사망했고, 내가 이 글을 쓰고 있는 현재 예멘에서는 8백만 명이 다음 끼니를 어떻게 때워야 할지 막막한 처지에 놓여 있다. 이런 숫자들은 경악스럽지만, 동시에 우리를 압도해서 무력감을 안기고 결국에는 무감각하게 만든다. 수많은 고난의 엄청난 무게에 눌려 우리의 연민이 힘을 잃는 것이다.[17]

부족주의는 더욱 심각한 문제를 야기한다. 부족주의가 작동하는 모습을 보려면 멀리 갈 것도 없이 파국에 처한 미국 정치를 보면 된다. 50년 전, 공화당과 민주당은 정책에서 의견이 갈렸지만, 여전히 함께 협력하며 정책을 추진했다. 그러나 이제 양측은 서로를 멍청하고 사악하며 위험한 존재로 본다. 화장실부터 축구장까지 한때 중립이던 영역들이 이제는 도덕의 전쟁터가 되었다. 이 모든 적대감 속에서 사람들은 외부인의 고통을 음미하고 있다. 악플러들은 남들에게 자기가 줄 수 있는 가장 큰 고통을 가하기 위해 부지런히 활동한다. 이런 기괴한 생태계에서는 배려가 단순히 증발하는 데 그치지 않고, 거꾸로 뒤집힌다.

그러니 사회 지도자나 시인, 성직자처럼 사회구조를 바로 잡으려 애쓰는 사람들이 공감에 초점을 맞추는 것도 놀라운 일이 아니다. "이 나라에서는 연방 재정 부족에 대한 이야기는 아주 많이 합니다." 2006년 노스웨스턴대학교 졸업 연설에서 버락 오바마Barack Obama 상원의원이 한 말이다.[18] "하지만 나는 우리가 공감 부족에 대해 더 많이 이야기해야 한다고 생각합니다." 오바마는 개탄을 이어갔다. "우리는 공감을 가로막는 문화에서 살고 있습니다. 부자가 되고 날씬해지고 젊어지고 유명해지고 안전하고 즐겁게 사는 것이 인생 최고의 목표라고 말하는 문화, 권력자들이 이런 이기적 충동을 너무 자주 부추기는 문화지요." 오바마에 따르면 미국이라는 나라를 치유하기 위해서는 공감을 회복하는 것이 가장 중요하다. 철학자 제러미 리프킨Jeremy Rifkin은 이를 더욱 을씨년스럽게 표현했다. "인류가 직면한 가장 중요한 질문은 이것이다. 우리는 문명이 붕괴하고, 지구가 살릴 수 없는 지경이 되기 전에 전 지구적 공감을 이끌어낼 수 있을까?"[19]

　　오바마와 리프킨이 저렇게 우려를 표한 후로도 상황은 더욱 나빠졌다. 우리의 문화는 부패했고, 무리하게 잡아당겨 늘어졌으며, 조각을 이어주던 솔기는 나달나달해져 뜯어지기 직전이다. 섬처럼 고립된 무리 안에서 친절함을 추동했던 본능들은 세계가

　　　　　　　　　　　　　　　　　　　　　　공감은 지능이다

더 거대해지고 다양해지자 공포와 증오의 씨앗이 되었고, 그 씨 앗은 무럭무럭 자라고 있다. 언론사와 소셜미디어 플랫폼은 우리 의 분열에서 수익을 거둔다. 극악무도함은 그들의 상품 중 하나 이고, 이 산업은 현재 급속한 성장세를 타고 있다.

현대사회는 인간의 연결이라는 토대 위에 세워졌지만, 지금 우리가 사는 집은 기우뚱기우뚱 흔들리고 있다. 지난 십 년 동안 나는 공감이 어떻게 작동하며 우리에게 어떤 작용을 하는지 연 구했다. 오늘날 공감을 연구하는 심리학자는 극빙을 연구하는 기 후학자와 비슷한 처지다. 우리는 해마다 공감과 극빙의 소중함을 더 깊이 깨닫지만, 우리를 둘러싼 세상에서 그 둘은 계속해서 줄 어들고 있다.

공감은 타고나는 것일까?

그럴 수밖에 없는 것일까? 이것이 바로 내가 이 책에서 탐색할 질문이다. 수 세기 동안 과학자와 철학자 들은 우리가 유전자를 통해 공감을 물려받았고 우리 뇌에 공감 회로가 배선되어 있다 고 주장했다. 나는 이 주장을 로든베리 가설이라고 부른다. 역사상 가장 훌륭한 텔레비전 쇼인 〈스타트렉: 더 넥스트 제너레이션〉에서 작가이자 제작자인 진 로든베리Gene Roddenberry가 그 주장을 공고화했기 때문이다. USS 엔터프라이즈호의 심리상담사 디에나 트로이는 은하계 전체에서 공감을 잘하기로 유명한 인물이다. 로든베리는 트로이와 대조적인 인물로 남들의 감정을 전혀 모르는 (그러나 바이올린 연주와 모형 전함 만들기에는 뛰어난) 데이터라는 안드로이드를 창조했다.

　로든베리 가설에는 두 가지 가정이 포함되는데, 둘 다 아주 오래된 지적 전통을 따르고 있다. 하나는 공감이 **기질**이라는 것, 즉 공감이 성격에 선천적으로 존재하는 것으로서 시간이 흘러도 변함없이 유지된다는 가정이다. 트로이는 텔레파시 능력이 있는 휴머노이드 종족인 베타조이드와 인간이 반씩 섞인 존재다. 트로이의 공감은 전적으로 베타조이드 유전자에서 온 것으로, 어떠한 양육도 개입되지 않은 타고난 재능이다. 인간에게 물속에서 숨을 쉬거나 꼬리가 자라기를 기대할 수 없는 것처럼, 트로이처럼 되는 것도 꿈꿀 수 없는 일이다. 데이터의 공감 결여는 양전자로 만들어진 그의 뇌에 말 그대로 프로그램된 것이다. 이 두 가정에는 우리에게도 트로이와 데이터 사이 어딘가에 해당하는 어느 '정도'의 공감이 자연에 의해 사전 설정되어 있을 거라는 관념이 담겨 있다. 그리고 그것은 성인기의 키처럼 평생 같은 수준에 머물러 있다.

이런 생각은 프랜시스 골턴$^{Francis\ Galton}$까지 거슬러 올라간다. 그는 측정("셀 수 있을 때는 언제나 세라"가 좌우명이었다)과 인간의 지능에 강박적으로 집착했던 영국의 과학자다.[20] 1884년에 골턴은 런던 국제건강박람회와 손을 잡고 세계 최초의 심리실험박람회를 개최했다. 런던 사람들은 길고 좁은 탁자를 따라 이동하면서 일련의 시험들을 치렀다. 한 곳에서는 번득이는 불빛에 가능한 한 빨리 반응해야 했고, 또 다른 곳에서는 비슷한 음들을 구분하려고 애썼다. 이런 시험들은 참가자의 지적 능력이나 직업적 성공을 예측하지 못했지만, 골턴은 실패에 전혀 동요하지 않고 더 잘 측정할 수 있는 도구를 만들어내면 된다고 확신했다. 다른 사람들도 그 생각에 동의했고, 1920년대에 이르자 IQ와 성격, 인격을 측정하는 수많은 테스트가 생겨났다.

찰스 다윈의 고종사촌인 골턴은 집요한 유전자 결정론자였다. 지능에 따라 각 민족의 순위를 매겼고, '우생학'이라는 용어를 만들어냈으며, 높은 지능과 도덕성을 길러내기 위해 사람을 임의로 교배하는 '유토피아'를 꿈꿨다. 물론 세월이 흐르면서 우생학의 입지는 초라해졌다. 그러나 당시의 심리학자들은 골턴의 생각에 영향을 받았고, 많은 이가 자신이 하는 테스트가 변화 불가능한 인격의 '수준'을 포착한다고 믿었다. 테스트에서 적당히 영리하고 매우 신경질적이라는 결과를 받는다면, 그것은 그 사람의 선천적인 성질로 죽을 때까지 그 상태에 머물 것이라는 뜻으로 받아들여졌다.

20세기 초에 심리학자들은 공감을 연구하기 시작했다. 그들이 처음에 본능적으로 택한 방법은 당시에 유행하던 대로 검사법을 만드는 것이었고, 그리하여 수십 가지 평가 방법이 고안됐다. 여러 시대에 걸쳐 나온 방법들을 아주 조금만 훑어보자.[21] 어떤 방법은 참가자들에게 얼굴에 나타난 감정을 포착해보라고 요구했다. 또 어떤 방법은 참가자들이 서로에게 보이는 반응을 관찰했다. 옆에 있는 사람이 전기충격을 받을 때 심박수는 어느 정도로 급증할까?[22] 고아가 된 아이의 이야기를 들을 때는 얼마나 슬퍼할까? 심리학자들은 이런 실험을 가지고 '공감 능력이 뛰어난 사람'의 전형을 묘사했다. 그 전형은 비교적 나이가 많고, 지적이며, 여성이고, 예술에 관심이 있는 사람인 경우가 많았다. 일부 심리학자들은 이 정보를 실용적으로 사용하기를 바랐다. 예를 들어 어떤 사람이 훌륭한 심리상담가나 판사가 될 수 있을지 알아내는 일에 적용하는 것이다. 그러나 그렇게 얻은 결과는 그들이 원했던 것만큼 단순명료하지 않았다.[23] 공감 테스트에서 좋은 점수를 받은 사람이 다른 특성들에서도 항상 좋은 점수를 받는 것은 아니었다. 어떤 공감 테스트들은 친절함의 정도를 예측해냈지만, 또 다른 공감 테스트들은 그렇지 못했다.

그래도 검사는 계속 유행했고, 1990년에 심리학자 피터 샐로비Peter Salovey와 존 메이어John D.Mayer가 감정 지능이라는 개념을 만들면서 정점에 도달했다.[24] 감정 지능은 곧 대중문화 속으로 파고들었고, 그 과정에서 감정 지능의 의미가 일부 변질되었다. 샐로비와 메이어는 연습으로 감정 지능을 키울 수 있다고 믿었지만, 감정 지능의 구루를 자처한 이들은 대개 자기네 고객이 고용하거나 데이트하고 싶어 할 만한, 감정 지능이 높은 **사람**을 자기가 알아볼 수 있다고 주장했다. (만약 당신의 파트너가 개를 좋아하지 않는다면, 다른 상대를 찾아보는 게 나을지도 모른다는 식이다.) 이런 말에 담긴 함의는 사람의 감정 지능은 하나의 기질적 특징이어서 절대 바뀔 수 없다는 것이다.

감정의 미러링

디에나 트로이는 초자연적인 공감 능력을 지녔지만, 본인에게 그

능력은 자주 부담으로 작용한다. 〈스타트렉〉의 여러 에피소드에서 트로이는 누군가의 감정에 압도되어 감정적으로 무너지는 모습을 보였다. 그가 안테나를 끌 수 있는 방법은 없다. 트로이와 대조적으로 데이터는 자주 자기 주변에서 벌어지는 냉소나 슬픔, 로맨틱한 관심에 대해 엉뚱한 행동을 보인다.[25] 데이터는 이런저런 실례를 연거푸 범하면서도 천진난만하게 전혀 의식하지 못한다. 데이터에게 사회적 예의가 결여된 것은 트로이가 감정을 깊이 느끼는 것만큼이나 자기 의지와 무관한 일이다.

이것이 로든베리 가설의 둘째 가정이다. 공감은 변치 않는 특징일 뿐 아니라, 어느 순간이든 즉각적이고 자동적으로 일어나는 **반사작용**이라는 것이다. 이런 생각은 감정의 작동 방식에 관한 고대의 가정에 뿌리를 두고 있다. 플라톤은 《파이드로스Phaedrus》에서 인간의 영혼을 전투용 마차에 비유했다. 말들을 통제하려 애쓰며 그 마차를 모는 마부는 논리를 상징한다. 그리고 그 말 중 하나는 감정을 나타내는데, 이 녀석은 말을 잘 듣지 않는다. "삐딱하고 느릿느릿 움직이는 그 동물은 (…) 회색 눈에 피처럼 붉은 안색을 하고 있으며 (…) 채찍과 박차를 가해도 여간해서 말을 듣지 않는다." 플라톤은 정신의 삶이란 이성과 정념 사이의 전쟁이며 우리는 그 전쟁에서 자주 패배한다고 생각했다.

모든 사람이 그 생각에 동의한 것은 아니다. 스토아 철학자 에픽테토스Epictetus는 감정을 생각의 산물이라고 믿었다. 그는 "사람들의 마음을 어지럽히는 것은 사건이 아니다. 사건에 대한 사람들의 판단이다"라고 썼다. 이는 생각하는 방식을 바꿈으로써 감정까지 바꿀 수 있다는 의미이므로 사람들의 판단에 힘을 부여하는 관점이었다. 불교 및 기타 전통에 속한 영적 수행자들도 생각을 바꿈으로써 감정을 바꾸는 기술을 갈고 닦았다.

그러나 서구의 사상가들은 플라톤의 관점을 선호했다. 그들은 감정의 특성을, 부르지도 않았는데 나타나 술집에서 싸움을 일으키고 나쁜 투자를 하게 만들며 한밤중에 아이스크림을 폭식하게 만드는 해묵은 동물적 충동이라고 규정했다. 애덤 스미스Adam Smith와 테어도어 립스Theodor Lipps, 에디트 슈타인Edith Stein 등 초기에 공감을 연구한 철학자들도 공감이 자동적이라고 주장했다. 사람들은 어찌해볼 수 없이 서로의 감정을 느끼게 된다는 것이다(만약 우리가 데이터와 같다면 어쩔 수 없이 남의 감정을 느낄 수 없는 것일 터이다). 이런 관점은 감정에 '전염성'이 있어서 사람들 사이에서 바이러스처럼 전파된다는 현대의 개념으로 이어졌다.[26]

샐로비와 메이어가 감정 지능을 소개한 무렵, 이탈리아 파르마의 연구자들은 순전히 우연히 공감의 생물학적 뿌리를 발견했다. 그들은 마카크 원숭이들 앞에 음식이 놓인 테이블을 두고, 뇌가 동작을 조절하는 방식을 탐구하고 있었다. 원숭이가 음식을 집으면 연구자들은 원숭이의 두개골에 심은 전극을 통해 뉴런들이 발화하는 소리를 들었다. 어느 날 녹음기가 켜져 있는 상태에서 한 실험자가 테이블 위에 음식을 놓았다. 원숭이 한 마리가 움직이지 않고 가만히 앉아 그 실험자를 쳐다보고 있었을 뿐인데 원숭이의 뇌에서 뉴런의 활동이 폭발적으로 일어났다. 이것은 어리둥절한 사건이었지만, 그 일은 그 원숭이와 다른 원숭이들에게서 반복적으로 나타났다. 연구자들은 그때 발화한 뉴런들에 '거울뉴런'이라는 이름을 붙였고, "원숭이가 보면 원숭이의 세포도 움직인다"라고 표현했다.[27]

얼마 지나지 않아 인간의 미러링mirroring을 확인한 연구도 수백 건(나의 연구실에서도 일부) 진행되었다.[28] 동작에 대한 미러링만이 아니라 감정에 대한 미러링까지 아우르는 연구들이었다. 사람들이 다른 사람이 고통이나 역겨움, 기쁨을 느끼는 것을 보면, 본인이 직접 그런 감정을 느낄 때와 동일한 뇌 부위가 활성화된다. 우리가 서로의 고통을 느낀다는 흔한 말은 시적인 표현일 뿐아니라 있는 그대로의 사실이었던 셈이다. 우리는 정말로 서로의 고통을 느끼는 것이다. 기쁨과 두려움까지도. 게다가 공감에 대한 이러한 물리적 표출 기제가 친절함을 야기하는 것 같았다.[29] 타인의 고통을 미러링한 사람들은 그들이 고통받는 상황을 막기 위해 스스로 전기충격을 받는 역할을 자진했고, 타인의 기쁨을 미러링한 사람들은 그들에게 돈을 나눠줄 확률이 더 높았다.

연구들이 항상 일관된 결과를 보인 것은 아니다. 미러링이 친절함을 예측하는 데 실패하고, 심지어 사람들이 공감을 어느 정도로 느끼는지 예측하는 데 실패한 경우도 있다.[30] 그리고 미러링이 뇌 안에서 정확히 어떻게 작동하는지도 분명하지 않다(관심 있는 독자는 후주를 참고하면 더 자세한 내용을 찾아볼 수 있다).[31] 그럼에도 일부 연구자들은 자신이 인간의 선함에 대한 성배를 발견한 거라고 확신했다. 한 뇌 과학자가 거울뉴런을 '간디 뉴런'이라고 표현한 것은 그 시절의 들뜬 분위기를 잘 보여준다.[32] 이제는 뇌 과학자가 아닌 사람들도 기능성자기공명영상fMRI 스캔을 보고 공감을 구체적인 현상으로 느끼게 되었다. 현란한 색채로 표현되는 뇌 영상은 진실을 재현한다.[33] 사람들은 진술에 뇌과학에 대한 사소한 언급만 포함되어도 마음에 관한 주장들을 곧잘 믿어버린다.

미러링은 공감에 관한 지배적인 설명이 되었고, 로든베리 가설과도 완벽하게 맞아떨어졌다. 뇌 스캔 영상은 그 강력한 매력으로 사람들이 자신의 마음을 '변경할 수 없이 장착된 회로에 따라 작동하는 것', 즉 특정한 방식으로 작동하게끔 고정된 것으로 생각하게 했다.[34] 컴퓨터 과학에서 빌려온 이 은유는 우리가 장기를 재배치할 수 없는 것과 마찬가지로 마음도 바꿀 수 없다고 암시한다.

공감하는 세상을 위한 투쟁

플라톤부터 골턴, 현대의 심리학과 뇌과학을 거쳐 〈스타트렉〉이라는 대중문화의 거물에 이르기까지 줄기차게 전해진 교훈이 무엇인지는 명백하다. 바로 공감은 우리가 통제할 수 없다는 것이다. 공감이 하나의 기질적 특성이라면, 우리가 공감 능력을 더 키우기 위해 할 수 있는 일은 없다. 그리고 만약 공감이 반사작용이라면 지금 이 순간 우리가 서로의 마음을 느끼는 정도를 바꾸기 위해서 할 수 있는 일도 없다. 공감이 자연스럽게 일어나는 경우라면 그래도 괜찮다. 예컨대 가족이나 친구, 같은 부족민들 사이에서라면 말이다. 그러나 이것은 현대인에게는 몹시 나쁜 소식이 아닐 수 없다. 우리가 공감을 하지 못하는 건 우리 회로의 한계에

공감은 지능이다

부딪힌 탓이라는 뜻이니까. 사람들의 가슴에 단단한 굳은살이 박혀 서로에게 냉담해지고 점점 더 단절되는 와중에도 우리는 그저 손 놓고 바라보고만 있어야 한다는 말이니까.

다행한 사실은, 로든베리 가설과 그 가설이 대표하는 수 세기 동안의 관점이 틀렸다는 것이다. 우리는 연습을 통해 공감을 키울 수 있고 그 결과 더 친절해질 수 있다. 이런 생각이 놀랍게 들릴지도 모르지만, 실제로 이는 수십 년 동안의 연구가 뒷받침하는 사실이다. 나의 연구실을 포함하여 많은 연구실에서 나온 연구 결과들은 공감이 고정된 기질적 특징보다는 기술에 더 가깝다는 것을 알려준다. 시간을 들여 예리하게 단련할 수 있고 현대 세계에 맞게 조정할 수 있는 기술 말이다.

우리의 식습관과 운동 습관을 생각해 보자. 인류는 끊임없이 운동을 해야 하고 생명을 유지해줄 식량이 부족한 환경에서 진화했다. 그런 환경에 반응하여 우리는 지방과 단백질을 좋아하는 입맛과 휴식을 좋아하는 성향을 키웠다. 이제 우리는 패스트푸드의 범람에 직면해 있고 힘을 써서 일해야 할 필요는 거의 없다. 우리가 본능의 지배에 자신을 내맡긴다면 하고 싶은 대로 마음껏 하다가 일찍 무덤으로 들어가게 될 것이다. 그러나 우리 중에는 그렇게 되는 것을 받아들이지 않는 사람도 많다. 건강을 유지하기 위해 전투적으로 노력하며, 식습관을 조절하고 헬스장에 간다. 그것이 현명한 일임을 알기 때문이다.

마찬가지로 우리가 특정한 방식으로만 배려하도록 진화했다고 하더라도, 우리는 그 한계를 넘어설 수 있다. 어떤 순간이든 우리는 음향기기의 볼륨처럼 공감의 볼륨을 높이거나 낮출 수 있다. 힘들어하는 동료의 말을 들어주는 법을 배우거나 고통에 빠진 친지를 위해 굳건하게 버텨주는 식으로 말이다. 시간이 지나면 우리는 감정적 역량을 더욱 미세하게 조정할 수 있고, 우리와 먼 타인들, 외부인들, 심지어 다른 생물 종에 대한 연민도 키울 수 있다.

바꿔 말하면, 공감은 베타조이드들에게만 부여된 초능력이 결코 아니며, 나머지 우리에게도 어느 정도씩 주어진 능력이다. 그것은 체력이나 민첩함, 글자 맞추기 게임을 잘하는 것처럼 평범하고 아주 오래된 능력이다. 유전적으로 더 강한 공감력을 타고난 사람도 있지만, 그 힘은 우리 자신에게 달린 것이기도 하다. 주로 앉아서만 생활하면 근육이 위축된다. 활동적인 상태를 유지하면 근육도 강해진다.

부모님의 이혼은 나에게 공감 능력을 키우는 훈련장이었다. 나는 마음을 닫아걸거나 두 분의 갈등에 휘말리는 대신, 어머니

공감은 지능이다

와 아버지 두 분 모두와 연결을 놓지 않으려 노력함으로써 연민을 키우는 연습을 했다. 우리는 더 건강한 생활 방식을 선택할 수 있는 것처럼 더 공감을 잘하는 사람이 되기로 선택할 수 있다. 여러 면에서 그 둘은 동일한 선택이다. 소설가 조지 손더스^{George} ^{Saunders}가 말했듯이 "우리 각자의 내면에는 하나의 혼란, 아니 사실은 하나의 병이 자리 잡고 있다. 바로 이기심이라는 병이다. 그러나 치유책도 있다. 그러니 당신 자신을 위해 모범적이고 주도적이며 심지어 어느 정도는 필사적인 환자가 되어서, 남은 삶 동안 가장 효과가 좋은 항-이기심 약을 열정적으로 찾아내라."[35]

이 책은 바로 그런 약과 그 약들의 뿌리인 과학에 관한 책이다. 예기치 않은 곳에서 꽃핀 우정, 예술, 공동체 건설을 포함한 적절한 치료법을 사용한다면 우리는 공감의 근육을 더욱 튼튼히 단련할 수 있고, 그 과정에서 친절함의 폭도 더욱 넓힐 수 있다.

이 책에서 우리는 민간인과 더 평화롭게 소통하는 법을 배우는 경찰들과, 집단 학살을 겪고도 용서를 향해 나아가는 후투족과 투치족, 평생에 걸쳐 고집스럽게 증오를 해소하는 일을 하는 완고한 사람들을 만나게 될 것이다. 전과자들이 자신에게 유죄판결을 내린 판사와 소설에 관한 토론을 하고, 그 과정에서 자신의 인간성을 재발견하는 모습을, 그리고 신생아집중치료실의 의사와 간호사 들이 가장 힘든 때에 자신의 고통 속에서 허우적 대지 않고 환자 가족을 돕는 법을 배우는 모습을 보게 될 것이다.

그들에게 친절함을 얻기 위한 투쟁은 쉬운 일이 아니며, 우리 중 누구에게도 쉽지 않을 것이다. 이 책은 오늘날 더 친절한 사람이 되는 간단한 방법 10단계를 알려주지는 않을 것이다. 겉으로 보이는 것과 달리 사람들이 본질적으로는 선한 존재라고 장담하지도 않을 것이다. 타고난 상태에서 인류는 39퍼센트 정도 친절하거나 71퍼센트 정도 친절하거나 아니면 그 사이 어느 정도로 친절할 것이다. 중요한 것은 처음의 상태가 어떤지가 아니라 우리가 어떤 상태로 나아갈 수 있는지다.

5년 뒤, 어쩌면 1년 뒤라도, 세상은 더 야박한 곳이 될 수도 있고 더 친절한 곳이 될 수도 있다. 우리 사회는 더 파괴될 수도 있고 회복을 시작할 수도 있다. 우리가 다른 사람에게 공감해야 할 의무가 있는 것은 아니다. 특히 그들이 우리를 잔인하거나 냉담하게 대한다면 말이다. 하지만 우리의 게으른 감정적 본능에 굴복한다면 우리는 모두 더 큰 고통을 겪게 될 것이다. 아주 현실적인 의미에서, 우리가 택하는 방향과 우리의 집단적 운명은 각자가 어떤 감정을 느끼기로 결단하는가에 달려 있다.

차례

인간 본성의 놀라운 유동성

그래도 여전히 지구는 움직인다.

갈릴레오 갈릴레이

한 세기 전에는 거의 모든 사람이 우리 발밑의 땅이 그 자리에 꼼짝 않고 버티고 있다고 믿었다. 오스트레일리아는 언제나 섬이었고, 브라질과 세네갈은 항상 대서양을 사이에 두고 떨어져 있었다고. 그건 너무 당연한 일이어서 토론할 거리도 안 됐다. 그런데 알프레트 베게너Alfred Wegener가 그걸 싹 바꿔 놓았다.[1] 베게너는 다소 뜬금없게도 모험가 겸 기상학자였다. 그는 기상 추적 풍선을 타고 이틀 넘게 유럽 상공을 떠다녀 세계신기록을 수립했다. 그린란드를 트레킹하면서는 툰드라에서 폭탄을 터뜨려 만년설의 깊이를 측정했다. 그리고 50세의 나이에 또 한 번 트레킹 여행을 하던 중 사망했다.

베게너는 해양저^{海洋底}*의 지도를 연구하다가 대륙들이 퍼즐 조각처럼 서로 맞아떨어진다는 사실을 알아차렸다. 그는 한 친구[2]에게 이렇게 써 보냈다. "남아메리카의 동해안은 아프리카의 서해안과 정확히 맞춰지지 않습니까? 마치 한때 서로 붙어 있었다는 듯이 말입니다. 이것이 바로 내가 계속 연구해야 할 문제입니다." 베게너는 또 다른 수수께끼도 발견했다. 아프리카 평원은 고대 빙하에 긁힌 흠터로 뒤덮여 있다. 아프리카가 항상 적도 근처에 있었다면 어떻게 그런 일이 가능했겠는가? 똑같은 종의 양치류와 도마뱀이 칠레와 인도, 심지어 남극에도 퍼져 있었다. 그것들은 어떻게 그리 멀리 옮겨갈 수 있었을까?

당시 지질학자들은 고대에는 육지가 대양 사이를 다리처럼 연결하고 있어서 생물들이 대륙을 오갈 수 있었다고 믿었다. 베게너는 그런 설명에 만족할 수 없었다. 1915년에 펴낸 책《대륙과 대양의 기원$^{Die Entstehung der Kontinente und Ozeane}$》에서 그는 급진적으로 다른 의견을 제시했다. 육지는 한때 한 덩어리로 이루어져 있었고 기나긴 세월에 걸쳐 땅덩이들이 갈라지면서 현재 우리가 알고 있는 여러 대륙을 형성했다는 것이다. 베게너는 최초에 한 덩

* 대륙 사면에 이어지는 비교적 평탄하고 광대한 해저 지형.

공감은 지능이다

어리였던 그 육지를 '판게아^{Pangea}'라고 불렀다. 대서양은 사람들이 생각하는 것보다 훨씬 젊은 바다이며 여전히 성장하는 중이라고 했다. 서로 이웃한 채 진화한 동물들은 갈라진 땅덩어리에 실려 지구의 머나먼 구석으로 실려간 것이다. 또한 우리가 감지할 수는 없지만 지구의 표면은 끊임없이 이동하고 있다고도 했다.

베게너의 이런 생각은 순조롭게 받아들여지지 못했다. 지질학자들은 후에 '대륙이동설'이라 불리게 된 그의 생각을 무자비하게 조롱했다. 베게너는 그들처럼 지질학계에 속한 사람이 아니었고, 지질학계 내부자들은 그가 잘 확립된 개념에 그렇게 이상한 개념을 가지고 도전할 만큼 배짱이 두둑하다는 사실에 놀랐다. 한 연구자는 수십 명의 유사한 반응을 요약하여, 대륙이동설을 "지각운동병과 극이동병에 걸린 환자들이 착란 상태에서 하는 발악"이라고 묘사했다. 소수가 베게너를 지지하며 소규모 '이동주의' 지질학 진영을 형성했지만, 결국 전통적인 '고정주의자들'이 지구가 고정되어 있다는 입장을 성공적으로 지켜냈다. 〈지질학 저널〉의 편집장 롤린 체임벌린$^{Rollin Chambelin}$은 이렇게 썼다. "만약 우리가 베게너의 가설을 믿는다면, 우리는 지난 70년 동안 배운 모든 것을 잊고 처음부터 다시 시작해야 한다." 베게너가 세상을 떠날 때 그의 이론은 과학사의 쓰레기통에 내팽개쳐진 상태였다.

수십 년 뒤 과학자들은 마그마의 흐름에 떠밀려 이동한, 대륙보다 더 큰 지각 덩어리인 지각판을 발견했다. 북아메리카 판과 유라시아 판은 대략 손톱이 자라는 속도로 서로에게서 멀어진다. 내가 태어난 후 지금까지 두 판은 약 90센티미터 정도 멀어졌다. 믿기 어려운 아이디어를 제시했던 과학계의 아웃사이더 베게너가 결국에는 옳았던 것이다. 지질학은 멈춰 있는 것처럼 보이는 것도 움직일 수 있다는 사실을 인정하며 다시 쓰였다.

뇌는 변한다

이제 우리는 땅과 하늘이 영원히 변화한다는 것을 인정하지만, 우리 자신에 대한 이해는 훨씬 더 완고해졌다. 나이를 먹어 뼈가 뻣뻣해지고 머리카락이 하얗게 새는 건 사실이지만, 우리의 본질은 항상 똑같은 상태를 유지한다고 믿는다. 수 세기에 걸쳐 본질이 자리하고 있다고 여겨지는 위치는 계속 바뀌어 왔다. 신학자들은 인간의 본질이 영원불멸한 영혼 속에 있다고 했다. 세속적인 철학자들은 자연적 특성과 덕에 초점을 맞추었다. 현대에 들

공감은 지능이다

어서자 인간의 본질은 유전자에 토대를 두고 우리 몸속에 부호화되어 있는 것으로서 순전히 생물학적인 것이 되었다.

머무는 곳이 **어디든**, 인간의 본성은 항상 일정하며 변하지 않는 것이라 여겨졌다. 나는 이런 믿음을 "심리학적 고정주의 fixism"라고 부른다. 한때 지질학자들이 대륙을 보던 관점으로 사람을 보고 있기 때문이다. 고정주의는 마음을 편안하게 해준다. 그것은 다른 사람들이 어떤 사람인지, 또 우리 자신이 어떤 사람인지 알 수 있다는 말이기 때문이다. 하지만 고정주의는 우리를 한계 속에 가두기도 한다. 바람둥이는 언제나 바람을 피울 것이고, 거짓말쟁이는 언제나 거짓말을 할 거라는 뜻이니 말이다.

19세기에 '과학'이라 불리던 골상학은 각각의 정신적 능력이 신경이라는 부동산에서 자기만의 부지에 자리 잡고 있다고 주장했다. 골상학자들은 캘리퍼스*를 이용하여 두개골의 튀어나온 부분과 들어간 부분을 측정해 자비심과 양심의 정도를 판단했다. 이런 종류의 고정주의는 지배적인 사회의 계층 질서를 옹호하는 데 유용했다.[3] 찰스 콜드웰Charles Caldwell이라는 골상학자는 미국 남부를 순회하며 아프리카 출신 사람들의 뇌는 예속에 적

* 자로 재기 힘든 물체의 치수를 재는 도구.

합하도록 만들어졌다고 주장했다. 또 어떤 자들은 소위 생물학적 사실이라는 주장을 내세우며 여자는 교육할 가치가 없고, 가난한 사람들은 건전한 사리분별력이 없으며, 범죄자는 결코 개선될 수 없다고 주장했다. 골상학은 과학으로서는 몰락했지만, 이데올로 기로서는 아주 편리하게 끌어다 쓸 수 있었다.

20세기 초에 이르자 신경과학은 골상학을 벗어날 만큼 발전했지만, 우리의 생물학적 특성이 고정된 것이라는 관념은 여전히 남아 있었다. 연구자들은 인간의 뇌가 유년기에 급속하고 급격하게 발달한다는 것, 단지 자라기만 하는 것이 아니라 어지러울 정도로 정교한 구조로 재편된다는 것을 알고 있었다. 그러나 그 이후로는 대부분 발달이 멈추는 것처럼 보였다. 당시의 신경과학자들이 사용하던 도구로는 성인기 이후에 일어나는 변화를 감지해 낼 수 없었기 때문이다. 이는 인간 본성에 관한 일반의 통념과 일치했고, 결국 하나의 도그마가 되었다. 과학자들은 몸의 상처는 낫지만, 뉴런은 뇌진탕이나 노화에 의해 상실되고, 파티는 결코 되풀이될 수 없다고 믿었다.

현대 신경과학의 아버지 산티아고 라몬 이 카할Santiago Ramón y Cajal은 그 생각을 이렇게 표현했다. "성인의 중추신경계에서 신경 회로들은 고정되고 종결된, 바뀔 수 없는 무엇이다. 모든 것이 죽을 수 있지만, 그 무엇도 재생되지 않을 것이다. 가능한 일이기만 하다면, 이 엄혹한 결정을 바꾸는 것이 미래 과학이 할 일이다."[4]

그러나 과학은 이 결정을 바꿀 필요가 없고, 그저 그것이 틀렸음을 깨닫기만 하면 됐다. 그 길을 선도한 초창기의 발견 중 하나는 약 30년 전 예쁜 소리로 우는 새들을 연구하면서 이루어졌다. 매년 봄 핀치와 카나리아 수컷들은 잠재적 짝에게 구애하기 위해 새로운 곡조를 배운다. 과학자들은 이 새들이 레퍼토리를 쌓아가는 동안 하루에 수천 개의 새로운 뇌세포를 만든다는 사실을 알아냈다.[5] 연구자들은 여러 해에 걸쳐 성체가 된 쥐, 뾰족뒤쥐, 원숭이에게서도 새로운 뉴런을 발견했다.

회의론자들은 여전히 성인의 뇌가 자랄 수 있다고 확신하지 못했다. 그러다 예상치 못한 계기로 돌파구가 나타났다. 그 계기는 바로 냉전이었다. 냉전 초기에 각 나라는 정기적으로 핵무기 실험을 하다가 1963년 핵실험금지조약을 기점으로 실험을 멈췄다. 핵폭발로 생성되는 동위원소인 방사성탄소(^{14}C)의 수치가 급격히 치솟았다가 그만큼 급속하게 곤두박질쳤다. 방사성탄소는 우리가 먹는 식물과 동물 속으로 들어가고, 우리가 먹는 것은 우리가 만드는 새 세포들로 들어간다. 커스티 스폴딩Kirsty Spalding 등의 뇌과학자들은 이 점을 활용했다. 스폴딩은 고고학자들의 방법을 빌려와 탄소-14의 수치를 기반으로 뇌세포의 '탄소연대'를 측정해 세포들이 태어난 연도를 밝혀냈다. 그리고 놀랍게도 사람들이 평생에 걸쳐 새 뉴런을 만든다는 사실을 알게 됐다.[6]

다시 말해서, 뇌는 변경할 수 없이 고정된 회로가 아니라는 것이다. 뇌는 변하며, 그 변화는 무작위적으로 일어나는 것이 아니다. 현재 MRI 연구들이 거듭 보여주는 것은 우리의 경험, 선택, 습관이 우리의 뇌를 빚어간다는 사실이다.[7] 현악기 연주나 저글링을 배우면 뇌에서 손을 통제하는 일을 담당하는 부분들이 자란다. 만성 스트레스나 우울증에 시달리면 기억과 감정에 관련된 부분들이 위축된다.

세월이 흐르는 동안 고정주의는 군데군데서 허점을 드러냈다. 변하지 않는 '인간 본성'을 찾는 일에 뛰어드는 과학자가 많아질수록 그런 증거가 없다는 사실이 더욱더 분명해졌다. 일례로 지능을 생각해보자. 프랜시스 골턴은 태어나는 순간에 지능이 정해져서 절대로 변하지 않는다고 주장했다. 그로부터 한 세기가 지난 1987년에 심리학자 제임스 플린James Flynn은 깜짝 놀랄 만한 경향을 발견했다. 이전 40년 동안 미국인의 아이큐 평균이 14점이나 높아진 것이다.[8] 이후 세계 곳곳의 다른 연구자들도 비슷한 결과를 보고했다. 결정적으로 중요한 점은 지능이 한 집안에서도 세대 간에 변화한다는 것이다.

이런 식의 변화라면 지능이 유전적 원인으로 결정되지 않는게 거의 확실하며, 그보다는 영양이나 교육 측면의 새로운 선택이나 습관이 반영된 결과라고 판단할 수 있다. 가난한 아이들이 더 잘 사는 집안에 입양되면 아이큐가 10점 이상 높아지는 것도 앞의 판단과 일치한다. 그리고 최근 60만 명 이상을 분석한 심리학자들은 학교교육을 받은 햇수가 증가할수록 아이큐가 약 1점씩 증가하며, 이 효과는 남은 평생 지속된다는 사실을 발견했다.

성격 역시 우리가 인식하는 것보다 훨씬 더 많이 바뀐다.[9] 갓 성인이 되어 집을 떠난 청년들은 더 신경질적으로 변한다. 결혼한 후에는 더 내향적이 되고, 첫 직장을 구해 일하기 시작한 뒤에는 더 성실해진다. 물론 의도적으로 변화를 불러올 수도 있다. 심리치료를 받으면 이전보다 신경증이 누그러지고, 더 외향적이 되며, 더 성실해진다. 이런 변화는 치료가 끝난 뒤 적어도 1년 동안 유지된다. 성격은 우리를 특정한 삶의 궤도에 가두지 않으며, 성격에는 우리가 내린 선택이 반영된다.

공감의 잠재력에 관한 두 가지 관점

이제 인간 본성에 관한 과학은 지질학의 교훈을 받아들여 마침내 고정주의를 떨쳐내게 됐다. 우리는 고정되었거나 얼어붙은 존재가 아니다. 우리의 뇌와 마음은 일생에 걸쳐 변화한다. 변화가 더디고 잘 감지되지 않을 수는 있지만, 그래도 우리는 움직인다.

베게너를 기려 우리는 이 개념을 '심리학적 유동성'이라고 부를 수 있다. 유동성이 누구나 어떤 것이든 다 될 수 있음을 의미하지는 않는다. 내가 아무리 노력한다 해도 염력으로 물체를 움직이거나 노벨물리학상을 받을 수는 없다. 우리가 얼마나 똑똑하고, 얼마나 예민하며, 얼마나 친절할지 결정하는 데는 분명 유전자가 하는 역할이 있다. 태어나는 순간 우리의 특성이 정해져 있다는 것은 결코 부인할 수 없다. 인간 본성은 유전과 경험이 더해져 형성된다. 여기서 논쟁할 수 있는 사항은 각 부분이 어느 정도의 의미를 지니는가이다.

다시 지능을 생각해 보자. 어떤 사람의 유전자는 그에게 지능이 높거나 낮을 상대적인 성향을 부여한다. 이를 그 사람의 '설정값'이라고 부를 수 있겠다. 그러나 각각의 사람에게는 그 값을 유동적으로 움직일 수 있는 범위도 존재한다. 사람의 지능은 누구에

공감은 지능이다

게 양육을 받았는지, 학교에 얼마나 오래 다녔는지, 심지어 어떤 세대에 태어났는지에 따라서도 더 높거나 낮게 나타난다. 고정주의자는 한 사람의 설정값에 초점을 맞추고 그 사람이 얼마나 똑똑**하냐고** 묻는다. 유동주의자는 변화의 범위에 초점을 맞추고 그 사람이 얼마나 똑똑**해질 수 있냐고** 묻는다. 두 질문 모두 중요하지만, 인간 본성에 관한 논의에서 고정주의는 합당한 정도 이상으로 과도한 지배력을 행사해왔다. 그 결과 우리는 우리가 어떤 존재가 될지에 대해 자신이 지닌 힘을 과소평가하게 되었다.

로든베리 가설에 따르면 공감은 기질적 특성으로서, 우리가 닿을 수 없는 장소에 갇혀 있으며, 아무리 노력해도 바꿀 수 없다. 이런 관념은 상식과도 잘 통한다. 물론 어떤 사람들은 다른 사람보다 배려심이 더 깊다. 성자도 있고 사이코패스도 있는 것은 그 때문이다. 하지만 이런 차이가 의미하는 바는 무엇일까?

솔과 폴이라는 두 사람을 상상해 보자. 폴의 성향은 공감보다는 이기심 쪽으로 기울어져 있다. 고정주의자라면, 사람은 여간해서는 달라지지 않으므로 폴은 영원히 이기적일 거라고 주장할 것이다. 그림 1에는 두 사람이 비교적 좁은 공감 범위를 지니고 있다는 개념이 표현되어 있다. 폴은 공감을 가장 잘하는 날에도 솔이 공감을 가장 못하는 날보다 공감하지 못한다.

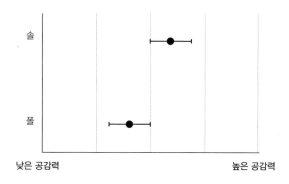

솔

폴

낮은 공감력

높은 공감력

그림 1 고정주의 관점에서 본 공감의 범위

이 관점에도 어느 정도 진실이 담겨 있다. 쌍둥이 연구에서 증명되었듯이 공감은 적어도 어느 정도는 유전을 따르기 때문이다. 그중 일부 연구는 쌍둥이들에게 사람들의 눈 사진을 보고 그들의 감정을 해독하게 했다. 또 다른 연구에서는 쌍둥이 부모들에게 각 쌍둥이 자녀가 다른 아이들에게 얼마나 자주 장난감을 함께 갖고 놀게 해주었는지 질문했다. 특히 창의적인 한 실험에서는 연구자들이 2~3세 쌍둥이들의 집을 찾아갔다. 그러고는 한 연구자가 실수로 서류 가방에 손이 낀 시늉을 하는 동안 다른 연구자가 아이들이 얼마나 걱정스러워하는지, 다친 방문객을 도우려고 얼마나 애쓰는지를 몰래 측정했다.

정확한 측정값이 어느 정도든, 대체로 일란성 쌍둥이 사이

공감은 지능이다

에서는 이란성 쌍둥이보다 더 유사한 결과가 나왔다. 일란성이든 이란성이든 모두 한 가정에서 자란 쌍둥이들이었지만, 일란성 쌍둥이들은 유전자의 절반이 아닌 전체를 공유한다. 일란성 쌍둥이들이 이란성 쌍둥이보다 성격과 지능 등에서 더 비슷하게 '보이는' 정도를 과학자들은 유전에 의한 것이라 여긴다. 이런 종류의 분석에서는 공감이 약 30퍼센트, 관대함이 60퍼센트 가까이 유전적으로 결정된다는 결과가 나왔다.[10] 이런 결과는 꽤 실질적이다. 아이큐의 유전적 요소가 약 60퍼센트인 것과도 비교해볼 수 있다.[11] 그리고 이런 수치들은 꽤 안정적이다. 한 연구에서는 사람들이 12년에 걸쳐 여러 차례 공감 테스트를 받았다. 어떤 사람의 25세 때 공감 점수를 안다면, 그들이 35세에 어떤 결과를 낼지 신빙성 있게 예측할 수 있었다.[12]

　유동주의자는 설정값의 중요성을 인정하면서도, 사람들이 의미 있는 여러 방식으로 변화할 수 있다고 주장할 것이다. 방금 이야기한 쌍둥이 연구를 다시 한번 살펴보자. 공감과 친절함이 부분적으로 유전에 의한 것이기는 하지만, 여전히 경험과 환경, 습관 같은 비유전적 요인들이 중요한 역할을 할 여지도 있다. 그림 2에서는 솔과 폴의 잠재적 공감 범위를 넓힘으로써 그러한 탄력성을 표현했다. 두 사람은 자기가 한 경험과 선택에 따라 각자

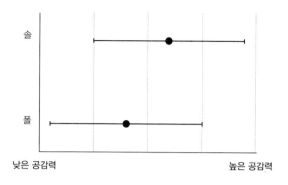

그림 2 유동주의 관점에서 본 공감의 범위

의 범위 안에서 꽤 먼 거리를 움직일 수 있다. 이런 구성에서는 폴의 설정값이 솔보다 낮다고 해도, 폴이 가장 깊이 공감하는 순간은 솔이 가장 적게 공감하는 순간을 능가한다.

환경과 상황에 따른 공감

경험이 공감의 양상을 결정한다는 사실은 수십 년간 쌓인 증거가 증명한다. 높은 공감을 표현하는 부모가 양육하는 한 살짜리 아이는 같은 연령의 다른 아이들에 비해 두 살이 되었을 때 낯선 사람을 더 높은 강도로 염려하며, 네 살 때는 다른 사람의 감정에

공감은 지능이다

더 잘 응답하고, 여섯 살 때는 더 너그럽게 행동한다.[13]

위험한 처지에서 자라는 아이들에게는 양육이 더욱더 중요하다. 심리학자들은 시설에서 양육되는 아이들에 대한 학대로 악명 높은 루마니아의 보호아동을 살펴보았다. 충분히 먹지 못하고 방치되는 일이 잦은 아이들이었다. 보살핌을 받아 본 경험이 전혀 없는 탓에 그곳의 아이들은 다른 사람을 배려하는 방법을 배우지 못해 사이코패스와 유사한 공감의 결여를 보였다. 그러나 일부는 두 살 무렵에 운 좋게 다른 가정에 입양되었다. 덕분에 이 아이들은 함께 자라던 다른 아이들에게 생긴 문제를 겪지 않을 수 있었고, 그 결과 일반적인 수준의 공감을 할 수 있었다. 특히 양부모가 따뜻하게 대해 주었을 경우 공감은 더 순조롭게 발달했다.[14] 잔혹한 환경은 아이들이 지닌 공감을 범위의 왼쪽 끝으로 몰고 가지만, 친절한 환경은 다시 원래 위치로 돌려놓는다.

성인기까지도 환경과 상황에 따라 공감이 형성된다. 예를 들어 우울증을 심하게 앓는 일은 이후 여러 해에 걸쳐 그 사람이 덜 공감적인 상태가 될 것을 예측하게 한다.[15] 극심한 고통 역시 놀랍고도 다양한 방식으로 공감에 변화를 일으킨다. 고통을 초래한 사람들은 공감이 저하되고, 고통을 견뎌낸 사람들은 공감이 더 깊어진다.

남에게 고통을 가하는 일을 항상 피할 수 있는 것은 아니다. 종양학 전문의들은 환자의 암이 악화되었다거나, 치료가 실패했다거나, 암으로 목숨을 잃게 될 것이라는 등 안 좋은 소식을 끊임없이 전한다. 2017년에 관리직에서 일하는 미국인들은 한 달에 직원 약 34,000명을 해고했다.[16] 심리학자 조슈아 마골리스Joshua Margolis와 앤드류 몰린스키Andrew Molinsky는 이런 순간들을 '필요악'이라고 표현했다.[17] 우리는 암 환자와 갓 해고된 사람에게 공감하기 쉽지만, 필요악을 수행해야 하는 사람들도 고통을 받는다. 예를 들어 종양학 전문의의 약 50퍼센트가 나쁜 소식을 전할 때마다 마음이 심하게 아프고 스트레스를 받는다고 답했다.[18] 한 실험에서는 그런 소식을 전하는 **시늉을 한** 것만으로도 의대생들의 심박수가 상승했다.

누군가가 당신 때문에 고통받을 때 그들을 염려하다 보면 자신을 경멸하는 길로 빠질 수 있다. 그 결과로 생기는 죄책감은 자신에게 타격을 입힌다. 많은 인원을 해고해야 하는 시기에 직원을 자르는 관리자들에게는 수면과 건강 문제가 발생한다.[19] 이런 상황에서 사람들은 감정을 제거함으로써 자신을 보호하려 한다. 마골리스와 몰린스키는 필요악을 행사하는 사람 중 약 절반이 자신이 해를 가한 사람들에게 거리를 두었음을 발견했다.[20]

공감은 지능이다

해고 시기에 관리자들은 직원들의 가족에 대해 생각하는 것을 피했고, 퉁명스러운 언어를 사용하고 대화를 회피했다. 홍보를 전해야 할 때 의사들은 치료의 기술적인 측면에 초점을 맞추고 환자의 고통에 대해서는 언급하지 않으려 애썼다.

남에게 해로운 일을 하는 사람들은 자신을 못 견디게 되는 상태를 피하고자 자신에게 피해를 입은 사람들을 비난하거나 비인간화하는, 이른바 '도덕적 분리' 상태로 넘어간다.[21] 1960년대에 한 무리의 심리학자들은 실험참가자들에게 다른 사람에게 반복적으로 충격을 가하라고 요구했다.[22] 이에 참가자들이 보인 반응은 그 충격이 사람을 아프게 한다는 사실을 부인하거나 피해자가 그리 호감이 가지 않는 사람이라고 생각하는 것이었다. 좀더 최근의 한 연구에서는 백인 미국인들에게 유럽 정착민의 손에 학살당한 아메리카 원주민의 이야기를 읽게 했다. 그것을 읽은 뒤 실험참가자들은, 아메리카 원주민들은 희망과 수치심 같은 복잡한 감정을 느끼지 못했을 거라고 말했다.[23]

도덕적 분리는 감정에 굳은살을 만든다. 심리학자 어빈 스타웁Ervin Staub은 전쟁이나 집단학살에서 사람을 죽인 개인에 관해 수십 년간 연구했다. 그는 그 사람들이 공감을 차단함으로써 "(자신이) 해치거나 고통받도록 방치한 사람들의 안녕에 대한 (자신의)

염려를 줄였다"는 사실을 알아냈다.[24] 2005년에 연구자들은 미국 남부 교도소의 사형 집행관들을 인터뷰했다.[25] 그들은 사형수가 "온전한 인간으로 간주될 권리를 박탈당한" 자들이라며 스타웁의 관점과 일치하는 주장을 펼쳤다. 예를 들어 독극물 주사를 놓을 사형대에 사형수를 묶는 일 등 사형 과정에 가장 깊이 관여하는 집행관들이 사형수를 가장 비인간화했다. 집행 과정에서 희생자에게 가까이 다가가는 집행관일수록 사형수들을 인간이 아닌 존재로 보는 정도가 더욱 심했다.

트라우마 생존자의 회복과 공감

남에게 고통을 초래하는 일은 사람들을 자신의 공감 범위 왼쪽으로 몰고 가 배려를 더욱 어렵게 만들지만, 크나큰 고통을 감내한 사람들의 경우 공감이 **더욱 깊어지는** 경우가 많다. 폭행이나 병, 전쟁, 자연재해를 비롯한 트라우마는 삶의 기반을 뒤흔들어놓는 심리적 지진과도 같다. 생존자들은 트라우마를 겪기 전보다 세상을 더 위험하고 잔인하며 예측할 수 없는 곳으로 여기게 된다. 많은 사람이 외상 후 스트레스 장애PTSD로 괴로워한다. 수

시로 떠오르는 가장 끔찍한 순간의 기억에 압도되어, 이전의 삶으로 돌아가기가 어려워지는 것이다. 그러나 트라우마를 겪은 사람 중 대부분은 PTSD가 생기지 **않는다**. 사건이 벌어진 지 6개월이 지나면, 성폭행 피해자 중 PTSD 증상을 보고하는 사람은 절반 이하가 되고, 참전용사들의 경우 그 수는 약 8분의 1에 지나지 않는다.[26]

대체로 다른 사람들의 지지를 받는 트라우마 생존자들이 좀 더 쉽게 회복한다.[27] 그 후로는 그들이 다른 사람을 위해 그런 지지자의 역할을 해주는 경우도 많다. 허리케인 하비가 휴스턴을 강타했을 때 허리케인 카트리나 생존자 단체 '케이준 네이비'는 수십 대의 보트를 텍사스로 몰고 가 희생자 구출을 도왔다. 그밖에 다양한 트라우마를 겪은 생존자 중 수천 명이 '동료 상담가'로 직업을 바꿔 한때 자신들이 겪었던 상처로 괴로워하는 다른 사람들을 치유하고 있다. 참전용사들은 서로 대화를 나누며 암담한 순간들을 통과해낸다. 10년 동안 중독을 끊고 지낸 예전의 중독자들은 다른 중독자들이 첫 열흘을 잘 버틸 수 있도록 돕는다.

심리학자들은 이런 종류의 친절함을 "고통에서 태어난 이타심"이라고 부르는데, 이런 이타심은 어디서나 찾아볼 수 있다. 최근에 연구자들은 부룬디, 수단, 조지아 등 40여 개 국가에서 전쟁으로 파괴된 공동체를 조사했다.[28] 그 마을과 동네, 도시에 사는 사람들은 상상하기 힘든 고통을 겪었고, 공동체의 삶에서 벗어나 산다고 해도 그들을 탓할 수는 없을 것이다. 그런데 사회운동과 시민참여에 대한 그들의 헌신은 오히려 더욱 깊어졌다. 연구자들이 돈을 선물로 주었을 때, 그들은 전쟁에 시달리지 않은 지역의 사람들보다 그 돈을 마을 사람과 함께 나누는 경우가 훨씬 많았다. 이와 유사하게 정치적 폭력과 자연재해의 피해자들도 부랑자와 노인, 위험한 처지에 있는 어린이를 돕는 자원봉사 활동에 이례적으로 높은 비율로 참가한다. 그리고 강간 생존자 중 80퍼센트는 강간을 당하고 몇 달이 지난 뒤, 이전보다 훨씬 더 깊이 타인의 고통에 공감하게 되었다고 응답했다.[29]

이런 긍정적인 변화들은 수년간 지속된다. 심리학자 대니얼 림Daniel Lim과 데이브 데스테노Dave DeSteno는 교통사고나 심각한 병 치레, 범죄 피해 등 각 개인이 겪은 고난의 사건 횟수를 조사했다. 그런 다음 그 사람들을 실험실로 오게 하여, 좀처럼 풀리지 않는 과제 때문에 힘겨워하고 있는 다른 참가자를 만나게 했다. 참가자들은 이 사람의 일을 도우려 했는데, 고난을 많이 겪은 사람일수록 더 많이 도우려 했다. 자신의 고통스러운 경험은 아주 오래전에 일어난 것인데도 말이다.[30]

공감은 지능이다

생존자들이 다른 사람을 돕는 것은 자신을 돕는 일이기도 하다. 상투적인 생각으로 '피해자'란 트라우마 때문에 나약해진 존재일 것 같지만, 트라우마 이후 더 강하고 충만한 사람이 된 이들도 많다. 더 깊어진 정신, 더 굳건해진 관계, 새롭게 다지게 된 목적의식 등의 형태로 나타나는 '외상 후 성장'은 외상 후 스트레스 장애만큼 흔하다.[31] 트라우마 생존자 중 공감이 더 깊어졌다고 느끼고 공감을 행동으로 옮긴 사람들이 트라우마 이후에 성장했다고 밝힐 가능성이 가장 크다. 그들은 새롭게 트라우마에서 살아남은 사람들을 상담하면서 자신이 얼마나 많이 발전했는지, 얼마나 더 강해졌는지 깨닫는다. 그리고 그들이 견뎌낸 고통이 다른 사람을 돕는 일에 쓰인다면, 그것은 무의미한 고통이 아니다. 위대한 심리학자이자 홀로코스트 생존자인 빅터 프랭클Viktor Frankl이 쓴 것처럼 "이 세상에 자신의 존재를 대신할 수 있는 것이 아무것도 없다는 사실을 일단 깨닫게 되면, (…) 자기 삶을 던져버리지 못할 것이다. 그는 '왜' 살아야 하는지를 알고 있고, 그래서 그 '어떤' 어려움도 견뎌 낼 수 있다."[32]

공감의 마인드셋

경험은 우리를 자신의 공감 범위 이쪽에서 저쪽으로 몰고 갈 수 있고 또 실제로도 그렇게 하지만, 지금까지 우리가 목격한 변화는 모두 우연히 일어났다. 사람들은 더 배려하지 않는 사람이 되기 위해 남에게 해를 입히는 것이 아니며, 단지 자신이 내린 선택에 맞추어 적응하는 것뿐이다. 물론 피해자들이 피해를 입은 것도 그들의 선택이 아니다. 단지 피해를 입은 결과로 더 친절한 사람이 되었을 뿐이다. 가족을 뜻대로 선택하는 사람은 극히 드물고, 자신의 유전자를 선택하는 사람은 아무도 없다. 그렇다면 다음으로 던질 질문은, 공감이 더 커지거나 줄어들 수 있는가가 아니라, 우리가 공감의 크기를 의도적으로 변화시킬 수 있느냐다.

우리에게 용기를 주는 한 가지 증거가 있다. 바로 단순히 자신의 공감 정도를 변화시키는 일이 가능하다고 믿는 것 자체가 공감의 변화를 만든다는 것이다.[33] 나는 이를 나의 지적 영웅 중한 사람인 캐럴 드웩Carol Dweck에게서 배웠다.

캐럴을 처음 만난 것은 스탠퍼드대학교에서 취업 면접을 볼때였다. 나는 원래 잘 불안해하는 성격인 데다가 면접일이란 특히 불안한 날이기 때문에, 그를 만나 대화를 나누는 일은 나를 살

공감은 지능이다

짝 공황에 빠뜨리기 충분했다. 캐럴의 사무실로 가는 길에 나는 화장실에 들러 찬물에 적신 종이 타월을 목 뒷덜미에 붙였다. 땀은 어쩔 수 없이 흐르겠지만 속도라도 늦춰보려는 심산이었다. 면접을 보는 내내 나는 매우 빠른 속도로 말했다. 나는 사람들이 공감의 정도를 바꿀 수 있는지에 대한 답을 찾고 싶다고 말했다. 그리고 방금 위에서 여러분이 읽은 내용, 그러니까 공감이 부분적으로 유전자에 의해 정해지지만 환경과 상황에 의해서도 변화한다는 말을 덧붙였다.

"사람들은 그에 대해 어떻게 생각하나요?" 캐럴이 물었다.

나는 어리둥절했다. 막 내가 연구자들이 생각하는 바에 대해 5분을 빽빽이 채워 말한 뒤였기 때문이다. 혹시 내가 명료하게 말하지 못한 걸까? 너무 급하게 말했나? 내 말이 잘 안 들렸던 걸까? 내가 방금 요약한 내용을 반복하기 시작하자, 캐럴이 내 말을 멈췄다.

"아니, 내 말은 **사람들이** 어떻게 생각하느냐고요. 연구자들 말고, 그들이 연구하는 사람들 말이에요."

물론 연구자들도 사람들이긴 하다. 하지만 캐럴의 단순한 듯 단순하지 않은 질문은 내가 연구자 이외의 사람들이 공감을 어떻게 생각하는지 거의 고려하지 않았다는 사실을 깨닫게 해주었다.

인간 본성의 놀라운 유동성

이는 중요한 문제고, 그것이 중요한 이유를 가장 잘 아는 사람이 있다면 바로 캐럴이다. 그는 수십 년 동안 '마인드셋mindset', 그러니까 사람들이 자신의 심리에 대해서 믿는 바를 연구해왔기 때문이다. 캐럴은 전반적으로 사람들이 두 진영으로 나뉜다는 걸 알게 되었다. '일상의 고정주의자들'은 지능이나 외향성 등 심리를 이루는 요소가 변할 수 없는 기질적 특징이라고 믿는다. 그들은 자신을 포함해 모든 사람을 각자의 초기 설정값에 따라 정의한다. '일상의 유동주의자들'은 심리의 요소들을 기술과 유사한 것으로 여긴다. 현재 특정 수준의 지능을 지닌 것은 맞지만 그 수준은 달라질 수 있고, 특히 바꾸려고 노력한다면 더 잘 바뀔 수 있다는 생각이다.

마인드셋은 사람들이 하는 행동, 특히 힘든 상황이 닥쳤을 때 하는 행동에 영향을 미친다.[34] 아주 유명한 일련의 연구에서 캐럴과 동료들은 먼저 지능에 대한 학생들의 마인드셋을 측정했다. 그런 다음 학생들에게 꽤 어려운 문제를 풀게 하고, 나중에 그들에게 문제를 잘 풀지 못했다는 이야기를 들려주었다. 고정주의를 지닌 학생들은 자기가 잘하지 못한 원인을 능력 부족 탓으로 돌렸다. 그들은 낮은 성적을 받으면 더 갈고닦을 기회도 회피했다. 그들에게는 더 노력하는 것이 무의미하게 보였을 것이다.

공감은 지능이다

'어차피 실력이 향상될 수 없는 거라면 왜 그런 노력을 하겠어?'라고 생각하는 것이다. 게다가 창피한 일이라고도 느꼈을 것이다. 그들에게 보충 교육을 받아들이는 것은 자신이 똑똑하지 않고 결코 똑똑해질 수 없다는 것을 인정하는 일이었다. 반면 유동주의를 지닌 학생들은 추가로 배울 기회를 기꺼이 받아들였다. 그들은 노력할수록 더 많이 성장할 거라고 생각했다.

캐럴은 마인드셋을 측정만 한 것이 아니라 변화시키기도 했다. 캐럴과 동료들은 학생들에게 지능을 변화시킬 수 있다는 내용의 글 몇 편을 읽게 했다. 처음에 어떤 입장이었든 학생들은 유동주의자가 **되었고**, 그 결과 지적인 과제를 할 때 더 큰 노력을 기울였다. 이런 식의 변화는 장기적인 효과를 낼 수 있다. 30여 건의 연구를 검토한 결과, 더 똑똑해질 수 있다는 사실을 배운 사람은 다음 학년에 (단언할 정도의 큰 차이는 아니지만) 약간 더 높은 평점을 받았다는 것이 밝혀졌다.[35] 마인드셋은 특히 소수집단 학생들의 성적을 향상하는 데 큰 효과가 있었고, 몇몇 경우에는 인종 간 학업성취도 차이를 줄이는 데도 효과가 있었다.

내가 스탠퍼드대학교 심리학과에 자리를 잡은 뒤, 캐럴과 나는 카리나 슈만Karina Schumann이라는 동료와 함께 공감도 그와 비슷한 방식으로 작동하는지 알아보기로 했다. 우리는 공감이 기질적 특징이라고 믿는 사람들은 힘든 시간이 왔을 때 공감을 회피할 것이라 추론했다. 반대로 공감을 기술이라고 믿는 사람들은 힘든 시간이 왔을 때도 더 공감하려고 노력할 것이라 생각했다.

처음에 우리는 단순하게 수백 명에게 다음 진술 중 자기 생각과 더 잘 맞는 것을 하나 고르라고 요청했다.

- 일반적으로 사람들은 공감을 하는 정도를 바꿀 수 있다.
- 일반적으로 사람들은 공감을 하는 정도를 바꿀 수 없다.

실험의 참가자들은 절반은 고정주의자, 절반은 유동주의자로 거의 정확히 반반으로 나뉘었다. 이런 정보를 확보한 상태에서 우리는 그들에게 공감의 장애물 경주를 뛰게 했다. 그러니까 흔히 공감이 약해지기 쉬운 상황들에 처하게 한 것이다. 대부분의 경우 유동주의자들이 고정주의자들보다 더 공감하려고 애썼다. 예를 들어 그들은 자기와 다른 인종에 속한 사람이 들려주는 감정적인 이야기에 귀 기울이는 데 더 많은 시간을 쏟았고, 정치 스펙트럼에서 자기와 반대쪽 끝에 있는 사람의 의견을 고려하는 데도 더 많은 에너지를 쏟겠다고 말했다.

캐럴과 카리나와 나는 공감에 대한 사람들의 관점을 **바꿔 놓**

는 일도 했다.[36] 그러기 위해 우리는 참가자들에게 다음의 두 잡지 기사 중 하나를 제시했다. 두 기사 모두 똑같은 단락으로 시작한다.

최근 나는 10년 전쯤 같은 고등학교에 다녔던 친구를 우연히 만났다. 고교 졸업 후의 모든 만남이 그렇듯 나는 내 앞에 있는 사람과 내가 기억하는 사람을 비교하지 않을 수 없었다. 메리는 다른 사람의 입장을 고려하거나 다른 사람의 감정을 이해하지 못하는, 좀처럼 공감하지 않는 부류의 사람이었다.

고정주의적 시각의 기사는 다음과 같이 이어진다.

메리가 어려운 처지의 주택 소유자들의 집을 압류하는 담보 대부업자라는 사실을 알게 되었을 때 나는 전혀 놀라지 않았다. 과거와 그리 달라지지 않은 메리를 보니, 왜 하나도 변하지 않았는지, 왜 공감할 줄 모르는 인물형에서 조금도 벗어나지 못했는지 궁금했다.

이어서 기사는 공감을 기질적 특징으로 묘사하고, 메리에 대한 이런 생각으로 마무리한다. "메리의 공감 수준이 시간이 지나도 변하지 않은 건 놀라운 일이 아니다. 남들에게 공감할 줄 아는 사람이 되려고 노력을 했다 하더라도 아마 메리는 성공하지 못했을 것이다. 그것은 그냥 메리의 본질을 이루는 한 부분이기 때문이다."

유동주적 시각의 기사는 다른 방향으로 이어진다.

메리가 지금 가족들을 돕는 사회복지사이며 지역사회에 봉사하는데도 활발한 역할을 하고 있다는 걸 알게 되었을 때 나의 놀라움을 상상할 수 있는가? 달라진 메리를 보니 어떻게 이렇게 많이 변할 수 있었는지 궁금했다.

그런 다음 이 글은 공감을 하나의 기술로 묘사하면서, 사람들이 배려의 역량을 키울 수 있고 또 키우고 있다는 증거를 제시한다. 글은 이렇게 마무리된다. "메리는 그동안 공감의 역량을 키우려 노력해 왔던 모양이다. 지금은 사회복지사로서, 사람은 타인에게 느끼는 공감의 정도를 변화시킬 수 있다는 메시지를 다른 사람들에게도 전하고 있다."

이 연구에 참가한 사람들은 각자 자기가 읽은 기사를 그대로 믿었다. 공감이 기질적 특징이라는 글을 읽은 사람들은 고정주의 진술에 동의했고, 공감이 기술이라는 글을 읽은 사람들은 유동주의자가 되었다. 핵심적인 사실은, 그런 믿음이 그들의 선택에도 변화를 가져왔다는 점이다. 예를 들어 '막 고정주의자가 된 사람들'은 자신과 모습이나 생각이 비슷한 사람들에게는 미미하게나마 공감했지만, 외부인들에게는 공감하지 않았다. 이와 대조적으로 '막 유동주의자가 된 사람들'은 인종적으로나 정치적으로 자신과 다른 사람들에게도 공감했다.

유동주의자들은 다른 까다로운 상황에서도 더 적극적으로 공감했다. 스탠퍼드 학생들은 캠퍼스에서 진행 중인 암에 대한 인식 높이기 캠페인에 관해 알고 있었다. 우리는 학생들에게 캠페인을 도울 수 있는 여러 가지 방법을 말해주었다. 예를 들어 연구 기금 모금을 위한 걷기 마라톤에 참가하는 것처럼 쉬운 방법도 있지만, 암 환자 지원 단체에 참가하거나 고통받는 환자들의 이야기를 들어주는 것처럼 고통스러운 방법도 있었다. 우리는 학생들에게 각 활동에 대해 몇 시간이나 자원봉사를 할 의향이 있는지 물었다. 쉬운 방법에 대해서는 막 고정주의자가 된 학생과 막 유동주의자가 된 학생 모두 같은 정도의 시간을 들이겠다고 약속했지만, 더 큰 노력이 필요한 활동에 대해서는 유동주의자 학생들이 고정주의자 학생들보다 두 배 이상 많은 시간을 자원봉사하기로 했다. 평소라면 물러서게 만들었을 상황도 이제는 그들의 의지를 꺾지 못했다.

참가자들이 고정주의 기사를 읽을지 유동주의 기사를 읽을지는 무작위로 할당되었다. 이는 각 그룹에 속한 사람들이 처음 실험실에 왔을 때만 해도 서로 그리 다르지 않았을 거라는 말이다. 그러나 단 몇 분 만에 우리는 그들을 자신의 공감 범위 왼쪽 혹은 오른쪽으로 이동시켰다.

이 연구는 깊이 자리한 아이러니 하나를 부각한다. 공감의 작동 방식에 관한 우리 문화의 관점은 로든베리 가설이 지배하고 있다. 한마디로 우리는 모두 고정주의자처럼 살아왔다. 현대 사회에는 친절함을 가로막는 장애물이 이미 아주 많은데, 우리는 고정주의를 채택함으로써 또 하나의 장애물을 추가한 것이다. 우리가 이 패턴을 깨고 인간 본성, 그러니까 우리의 지능, 성격, 공감이 어느 정도는 우리에게 달려 있다는 것을 인정한다면, 유동주의자가 되어 공감의 새로운 가능성들을 열어젖힐 수 있을 것이다. 어쩌면 여기까지 읽으면서 당신은 이미 그 방향으로 옮겨 갔을지도 모른다.

그런데 단순히 마인드셋을 바꾸는 것 이상의 뭔가를 할 수도 있을까? 지금 이 순간 우리가 하는 경험을 정밀하게 조절하면서, 우리가 원하는 방식으로, 우리가 원할 때 공감하는 것도 가능할까? 만약 그렇다면 어떻게 가능한 것일까?

2

공감의 **작동 원리**

론 하비브^{Ron Haviv}와 에드 카시^{Ed Kashi}는 고통을 목격하는 일을 생업으로 삼고 있다. "우리는 대부분의 사람이 회피하려는 대상에 끌립니다." 카시의 말이다. 포토저널리스트인 두 사람은 수십 년 동안 장례식과 폭동, 그리고 그 사이에 위치한 모든 것을 기록해왔다. 두 사람은 각자 피사체의 가장 힘든 순간을 담아낸다. 그러나 그들이 일에 접근하는 방식은 서로 다르다. 1만 킬로미터라는 거리와 2년이라는 시간을 사이에 둔 다음 두 사진을 살펴보자.

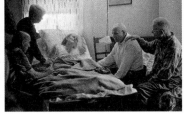

그림 3　　　론 하비브의 사진　　　　　　　에드 카시의 사진

왼쪽 사진이 하비브가 찍은 것이다. 코소보 전쟁 중에 세르비아인들은 인종청소를 벌이며 무슬림들을 제거하거나 추방했다. 많은 사람이 인근의 산으로 달아났지만, 은신처를 찾기는 어려웠다. "이 사람들은 산에 살고 있었고 날씨가 추워지고 있었지요." 하비브가 설명했다. "그리고 이 아이는 추위 때문에 목숨을 잃었습니다. 이 사진에서 사람들은 아이를 매장할 준비를 하고 있어요. 이슬람 전통에서는 매장하기 전에 시체를 씻깁니다."

이런 이미지를 포착하기 위해 하비브는 상황에 대한 자신의 감정을 배제한다. "내게는 나 자신이 아니라 대중을 위해 그곳에 있을 책임이 있습니다. (…) 내가 감정에 북받쳐 사진을 못 찍을 지경이 되면 곤란하지요." 비탄에 둘러싸인 채로도 그는 감정이 드러나지 않도록 무표정을 유지한다.

카시는 오른쪽 사진을 찍었다. 사진 가운데 있는 맥신은 파킨슨병과 알츠하이머병의 마지막 단계에 와 있었다. "이날은 맥신이 곧 죽을 거라는 게 너무 분명해 보였습니다." 카시가 그날을 회상하며 말했다. "맥신의 남편은 맥신에게 이제 삶을 놓아주라고 말해야 했고, 그에게 그렇게 말하라고 할 사람이 나라는 것도 분명해졌지요. 그래서 나는 무릎을 꿇고 말했습니다. '아트, 내 생각엔 당신이 맥신에게 이제 떠나도 괜찮다고 말해줘야 할 것 같아요.' (…) 그는 일어서서 내 말대로 했고, 한 시간 반 뒤 맥신은 숨을 거두었습니다."

하비브와 달리 카시는 자신의 감정을 직면한다. "위대한 사진가 중에는 '나는 내가 할 일을 하러 온 것일 뿐'이라고 말하는 사람들도 있는데, 그들은 나처럼 감정에 많이 흔들리지 않지요." 카시도 그런 사람들을 인정한다. "하지만 이런 상황에 부닥치면 나는 자주 울게 됩니다." 그는 자신의 사진에 담기는 사람들과 친밀한 연결을 맺는다. 마지막 몇 달 동안 맥신과 아트는 나란히 놓인 두 침대에서 잠을 잤다. 맥신의 침대는 병원에서 제공한 것이었다. 맥신이 사망한 날, 그들은 병상을 치운 자리에 간이침대를 놓았고, 아트가 혼자 있지 않도록 카시가 그 침대에서 잤다.

카시와 하비브는 왜 이렇게 다르게 일하는 것일까? 생각해 볼 수 있는 한 가지 답은 그들도 어쩔 수 없이 그렇게 된다는 것이다. 이 대답은 로든베리 가설의 둘째 부분이다. 공감은 우리가 다른 사람의 감정을 접할 때 반사적으로 우리를 덮치는 반응이라는 것이다. 카시는 사진가 중의 디에나 트로이이고, 하비브는 데이터와 더 비슷한 것인지도 모른다.

그러나 두 사진가 모두 그 생각에 동의하지 않을 것이다. 하비브는 자기가 촬영하는 사람들에게 엄청나게 마음을 쓴다. 그리고 그들을 돕기 위해서는 자신이 그들의 고통을 기록할 수 있을 만큼 침착한 상태를 유지해야 한다고 느낀다. 작업이 다 끝난 후에야 그는 자신을 풀어준다. 하비브는 말했다. "나는 그 상황에서 벗어난 뒤에야 감정에 나를 맡기도록 훈련해왔습니다. 호텔에 돌아가서는 울어도 되지요." 카시는 감정적 연결을 맺는 것이 자기가 하는 일의 일부라고 여긴다. "나는 거의 사회복지사와 같은 역할을 합니다."

하비브와 카시는 자신들이 감정에 조종되는 사람이라고 생각하지 않는다. 두 사람 다 자신만의 방식으로 목적에 맞게 공감을 한다.

인간의 감정은 어떻게 결정될까

줄다리기를 상상해 보자. 홍팀과 청팀이 양쪽 끝에서 밧줄을 잡아당긴다. 이 상황은 여러 가지 방식으로 묘사할 수 있다. 줄지어 선 사람들의 얼굴과 용을 쓰느라 뒤틀린 몸으로도 묘사할 수 있고, 지금은 올림픽 종목이 아니지만 2024년에 다시 올림픽 종목으로 되살리자는 청원이 일어나는, 아주 오래된 의지의 대결로

공감은 지능이다

도 묘사할 수 있다. 물리학자라면 또 다르게, 각각 선수들이 체력과 그들이 당기는 방향이 조합된 결과인 힘을 행사하고 있다고 묘사할 것이다. 각 팀의 힘은 화살표를 그려서 표현할 수도 있다. 예컨대 홍팀의 화살표는 동쪽으로 향하고, 청팀의 화살표는 서쪽으로 향하게 말이다. 긴 화살표는 큰 힘을 가하는 선수들에게 해당하고 짧은 화살표는 작은 힘을 가하는 선수들에 해당한다. 만약 동쪽으로 향하는 힘의 총량이 서쪽으로 향하는 힘의 총량보다 크다면, 줄은 홍팀이 승리하는 쪽으로 점점 더 당겨질 것이다. 홍팀이 힘이 빠지고 청팀이 힘을 낸다면, 힘의 방향이 다시 바뀌고 흐름이 뒤집힐 것이다.

심리학자 쿠르트 레빈Kurt Lewin은 인간의 행동도 이런 식으로 바라보았다. 1930년대에 레빈은 물리학 법칙에 근거해 자신의 거대이론을 구축했다. 그는 사람들이 심리적 힘 또는 동인에 의해 지배된다고 주장했다. 우리는 **접근 동인**approach motives에 의해 특정 행동으로 다가가게 이끌리고, **회피 동인**avoidance motives에 의해 특정 행동에서 멀어지게 이끌린다는 것이다.[1] 만약 접근 동인이 회피 동인보다 우세하면 행동하고, 그렇지 않으면 행동하지 않는다. 그림 4는 레빈이 많은 예시 중에 식료품 구매 과정에 관해 묘사한 것이다.

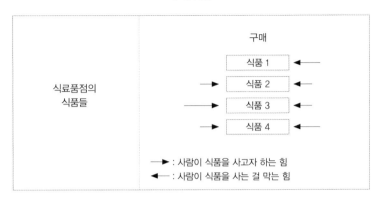

그림 4 접근 동인과 회피 동인에 따른 식료품 구매 과정[2]

사람을 각각의 식품으로 유인하는 동인은 오른쪽으로 향하는 화살표로 표시했고, 비싼 가격이나 글루텐이 없는 것 등 각 식품에서 멀어지게 이끄는 동인은 왼쪽으로 향하는 화살표로 표시했다. 식품 3은 구매자를 유인하는 특징이 많고 밀어내는 특징은 적다. **팔린다**. 식품 4도 쉽게 결정할 수 있지만, 방향은 반대다. 식품 1과 2는 더 복잡하다. 식품 1은 끌어당기는 동시에 밀어낸다. 아마 맛은 좋지만 비싼 것인지도 모른다. 식품 2는 끌어당기지도 밀어내지도 않는다. 값은 싸지만 맛은 별로인 모양이다. 둘 다 선택하기 쉽지 않은데, 식품 1은 갈등 때문이고, 식품 2는 냉담함 때문이다.

공감은 지능이다

레빈은 이 이론을 가지고 동료 압박, 정치적 혼란 그리고 그 사이의 모든 것을 설명했다. 레빈에 따르면 모든 선택은 우리 마음속의 줄다리기를 반영한다. 잠자리에서 빠져나오는 것부터 자녀에게 조깅을 하러 가라고 잔소리하는 것까지, 당신이 하는 모든 일은 당신을 그 행동으로 끌어당기는 힘이 그 행동으로부터 밀어내는 힘을 이겼기 때문에 발생한다.

당신이 느끼는 감정은 어떨까? 최근까지도 대부분의 과학자는 감정을 레빈이 말한 밀고 당기는 힘의 결과라거나 선택의 결과라고 생각하지 않았다. 1908년에 심리학자 윌리엄 맥두걸William McDougall은 감정이 아주 오래전에 프로그램된 '본능'이라고 주장했다.[3] 맥두걸에 따르면 우리가 나무망치로 무릎을 칠 때 무릎을 움직일지 말지 선택하지 않듯이, 언제 두려움을 느낄지 혹은 욕망이나 분노를 느낄지도 자신이 결정하는 것이 아니다. 오늘날에도 많은 사람이 그의 생각에 동의한다. 최근 연구자들은 700명 이상에게 감정이 어떻게 작동한다고 생각하는지 물었다. 약 3분의 1이 "사람들은 자기감정의 지배를 받는다"라는 진술에 동의했다. 또한 절반 정도의 사람이 "감정은 자제력을 잃게 만든다"고 믿었다.[4]

맥두걸은 공감 역시 다른 사람의 감정에 의해 자동으로 촉발되는 본능이라고 보았다. 그는 이렇게 썼다. "동정적 고통 혹은 기쁨은 고통이나 기쁨의 광경을 보면 즉각 우리 안에 떠오르는 것이며 (…) 그것은 우리 자신의 고통 또는 기쁨이기 때문에 우리는 그느낌에 따라 행동한다." 이런 시각은 로든베리 가설로 이어졌다.

맥두걸은 공감의 본능이 긍정적인 힘이자, "동물사회를 결속시켜주는 시멘트"라고 믿었다. 그러나 수 세기 동안은 그보다 더 암울한 관점이 우세했다. 1785년에 임마누엘 칸트^{Immanuel Kant}는 "선한 열정은 허약하며 항상 맹목적이다"라고 썼다.[5] 다시 말해 우리의 가장 긍정적인 반사 반응조차도 반사 반응에 불과하며, 그 반응들이 언제 촉발될지는 우리가 결정할 수 없다는 말이다. 공감은 친구의 고통에 반응해서는 촉발되지만, 모르는 사람의 고통으로는 촉발되지 않는다. 우리와 비슷하게 생긴 사람들에대해서는 반응하지만 외부인에 대해서는 반응하지 않고, 사람에게는 반응하지만 통계수치에는 반응하지 않는다.

어떤 사람들은 이 점을 공감의 치명적 결점으로 꼽는다.《공감의 배신^{Against Empathy: The Case for Rational Compassion}》의 저자인 심리학자 폴 블룸^{Paul Bloom}은 이렇게 썼다.[6] "공감은 초점이 좁고 특수 사례에 끌리고 간단한 산수조차 할 줄 모른다. 이것은 곧 공감이 우리의 관심을 끄는 요소와 인종에 대한 선호 등에 **늘** 영향을 받는다는 뜻이다.(강조는 내가 한 것이다.)" 이것은 공감이 잘못 촉발되었을 때, 그 방향을 바로 잡기 위해 할 수 있는 일이 없다는 것이다. 그러므로 공감은 편향되고 근시안적이며 현대세계에 부적합하다는 편견에서 벗어날 수 없다. 블룸은 사람들이 진정으로 도덕적인 존재가 되려면, 감정을 완전히 접어버리고 대신 데이터가 지닌 것과 비슷한 합리적 선의를 가져야 한다고 믿는다. 또 다른 글에서 블룸은 이렇게 썼다. "인류가 미래를 가지려면 공감은 이성에게 자리를 내주어야 한다."

그러나 당연한 말이지만 감정과 이성은 서로 끊임없이 대화를 나눈다. 감정은 생각에 기초하여 **만들어진다.**[7] 곰을 보아도 동물원에서 보는지 숲속에서 보는지에 따라 반응은 호기심과 공포로 갈릴 것이다. 넘어진 아이는 부모를 올려다본다. 부모가 침착하게 반응하면 아이는 발딱 일어나지만, 부모가 공포에 질린 모습을 보이면 아이는 눈물을 펑펑 쏟기 시작한다. 감정은 우리에게 일어난 일만을 반영하는 것이 아니라, 그 일에 대한 우리의 **해석** 방식도 반영한다. 에픽테토스와 셰익스피어도 이 점을 알고 있었다. 햄릿의 표현을 빌리면 "좋은 것도 없고 나쁜 것도 없는데, 생각이 좋거나 나쁘게 만들 뿐"이다.

이 사실에서 대단히 강력한 결과를 끌어낼 수 있다. 생각을 달리함으로써 다르게 느끼기를 선택할 수 있는 것이다. 나의 동료

제임스 그로스James Gross는 20년 넘게 이 현상을 연구해왔다. 수십 건의 연구에서 그는 사람들에게 이 장의 도입부에서 보여준 것과 같은 감정을 자극하는 이미지를 보여주었다. 그는 실험참가자들에게 (하비브처럼) 감정을 억제하라고 요청하거나 (카시처럼) 자기가 보고 있는 사진에 대해 깊이 생각하면서 감정을 끌어올리라고 요청했다. 임종의 침상에 누워 있는 맥신을 바라보며 어떤 사람은 다음 날 아침 50년 만에 처음으로 맥신이 없는 세상에서 커피를 마실 아트를 생각했을 것이다. 너무 깊은 슬픔에 빠지기를 원치 않는 사람은 대신 그들이 나누었던 사랑에 초점을 맞출지도 모른다. 그로스의 연구에서 사람들은 감정적 거리를 벌리자 감정들이 더 약해졌다고 말했다. 그들의 몸에서 나타나는 스트레스 신호도 줄어들었고, 감정적 경험을 담당하는 뇌 부위도 차분해졌다. 감정을 더 끌어올렸던 사람들에게는 정반대의 일이 일어났다.[8]

이는 내가 '심리적 조율'이라고 부르는 것의 한 형태다. 심리적 조율이란 자신이 겪고 있는 심리적 경험을 재빠르고 민첩하게 변화시키는 방식을 말하며, 수학 문제에 고강도로 집중하거나, 자신의 감정을 재고해보는 것 등이 포함된다. 조율은 항상 도움이 되지만 흥분한 상황에서 특히 더 도움이 된다.[9] 자신들의 감정을 다시 생각해보는 부부는 결혼생활에 더 만족한다. 가자지구에서 팔레스타인 사람들이 한 행동에 관한 글을 읽을 때 자신의 감정을 재고한 이스라엘 사람들은 평화를 위한 정책을 더 옹호한다.

사람은 감정을 더 끌어올리거나 가라앉히는 것만 선택할 수 있는 것이 아니라, 현재에 더 유용한 특정 감정을 키울 수도 있다. 링에 오르는 권투선수에게 행복은 별 도움이 되지 않지만 분노는 도움이 될 수 있다. 사람들의 동정을 얻으려는 부랑인에게는 공포보다 슬픔이 더 현명한 선택이다. 심리학자 마야 타미어 Maya Tamir는 사람들이 불쾌한 감정이라도 상황에 더 유리한 감정 쪽으로 끌린다는 것을 발견했다.[10] 타미어의 연구에서 사람들은 적대적인 협상을 앞두고는 마음의 준비를 위해 분노에 찬 음악을 선택했지만, 부탁을 하기 전에는 슬픈 음악을 선택했다. 감정은 정말 레빈이 말한 줄다리기처럼 작동하는 게 **맞았다**. 인식하든 못하든, 당신은 슬픔이나 기쁨, 불안의 대가와 이점을 끊임없이 저울질하고, 당신의 목적에 도움이 되는 감정을 선택하고 있다.

선택하거나 회피하거나

공감도 다르지 않다. 맥두걸의 주장대로 공감은 자동으로 일어날

수도 있다.[11] 그러나 유용해 보이는지 아닌지에 따라 공감을 선택하거나 회피하는 경우가 더 많다.[12] 공감을 선택하는 당연해 보이는 이유들이 있다. 하나만 꼽자면, 감정은 전염성이 있으므로 긍정적 감정에 대한 공감이 기분을 좋게 해줄 수 있다.[13] 자동차 경주에서 앞서거니 뒤서거니 달리는 자동차들이 서로의 추진력을 끌어올리는 것처럼, 우리 주변의 행복은 우리의 기분도 끌어올린다.

공감은 우리 안에 깊이 자리한 인간관계에 대한 욕구도 채워준다. 나의 어린 시절에 공감은 불안하고 혼란스러운 가족의 상황 속에서 내 부모님을 더 가깝게 느끼게 해주는 방법이었고, 그래서 나는 더욱더 공감하려고 노력했다. 마찬가지로 사람들이 관계를 맺고 싶어 할 때, 예컨대 매력적인 사람이나 권력이 있는 사람 근처에 있을 때, 사람들은 공감을 더욱 끌어올리고 그 결과 다른 사람을 더욱 명확하게 읽어낸다.[14]

공감으로 유쾌해질 수 없는 경우라도 우리는 공감이 우리를 선해 **보이게** 만들 수 있다는 것을 안다. 테레사 수녀나 달라이 라마, 예수에게서 힌트를 얻는다면, 자비와 관대함이 덕의 가장 명백한 신호임을 알 수 있다. 사람들은 도덕적 진실성을 확보해야 할 때 공감적 행동을 선택한다. 개인은 사적인 영역보다는 공적

공감은 지능이다

인 영역에서 더 관대하고, 자신의 선함을 **자기 자신**에게 확신시키기 위해서도 친절하게 행동한다.[15] 몇몇 연구에서는 심리학자들이 참가자들에게 다른 사람의 신뢰를 배반한 일을 기억해 보라고 하는 등 사람들의 '도덕성을 위태롭게' 하는 상황을 만들었다.[16] 이 참가자들은 그런 위협에 처하지 않은 참가자들에 비해 자선 활동에 기부하고 환경친화적 행동을 옹호하는 등 벌충을 위한 행동을 더 많이 했다.

그러나 공감을 선택할 이유가 있는 만큼, 공감을 회피할 이유도 있다. 다른 사람이 고통을 겪고 있을 때 그들에게 감정적으로 연결되는 것은 자신의 안녕을 위태롭게 한다.[17] 심리치료사인 내 친구는 업무 마지막 시간에 우울증 환자와 약속을 잡지 않으려 노력한다. 그들의 어둠을 집으로 가져가는 일을 피하기 위해서다.

1970년대에 심리학자 마크 팬서Mark Pancer는 사람들이 고통스러운 공감을 말 그대로 피해 가는지 여부를 시험했다. 그는 서스캐처원대학교의 번잡한 학생회실에 탁자 하나를 놓아두고, 그 위에 자선 활동에 관한 정보가 담긴 종이를 올려두었다. 그리고 때에 따라 이런저런 변화를 주었다. 때로는 탁자에 사람이 아무도 없었고 때로는 탁자 옆에 학생 한 명이 휠체어에 앉아 있었다. 때로는 미소를 짓는 건강한 아이의 사진을 놓아두었고, 때로는 아프고 슬퍼 보이는 아이의 사진을 두었다. 휠체어와 슬픈 사진은 공감을 위한 촉발물이었다. 팬서는 공감 촉발물이 있을 때 학생들이 더 큰 원을 그리며 탁자에서 떨어져 걸어감으로써 불편한 감정을 멀리하는 것을 발견했다.[18]

자신의 시간이나 돈이 걸려 있을 때는 공감이 더욱 큰 부담으로 작용하고 우리는 공감을 더욱 완강히 회피한다. 뉴욕 사람들은 맨해튼 거리를 걸어갈 때 고난과 궁핍의 범람에 직면한다. 그 모든 걸 고스란히 자기 안으로 받아들인다면 그는 이러지도 저러지도 못하는 딜레마에 빠질 것이다. 그는 자기에게 아무것도 남지 않을 때까지 남들에게 다 퍼줄 수도 있고, 주지 않는 죄책감에 시달리며 살아갈 수도 있다. 사람들은 이런 상황에서 주로 공감을 회피한다.[19] 한 연구는 나중에 부랑자에게 기부할 기회가 있다고 믿는 사람들은 부랑자의 이야기 중 감정을 자극하는 세부사항이 담긴 이야기를 회피한다는 것을 밝혀냈다. 그들은 부랑자에 대해 공감할 수 없었던 것이 아니라, 공감하지 않는 것을 능동적으로 **선택한** 것이다.

평소에는 배려를 잘하는 사람도 감정적으로 압도될 때는 냉담해진다. 심리학자 존 달리John Darley와 댄 뱃슨Dan Batson은 프린스

공감은 지능이다

턴대학교의 신학생들에게 착한 사마리아인 우화에 관한 설교를 준비해달라고 요청했다.[20] 그것은 예루살렘에서 예리코로 여행하던 사람이 강도를 만나 모든 걸 빼앗기고 구타당한 뒤 길에 버려진 이야기다. 다행히도 나중에 한 사마리아인이 우연히 그를 발견한다. 〈누가복음〉에 묘사된 바에 따르면, 그 사마리아인은 "연민을 느끼고, 그에게 다가와 상처를 싸매고 그 위에 기름과 포도주를 붓고 (…) 그를 돌보았다." 상처를 포도주로 치료하는 것은 적절치 않을지도 모르지만, 어쨌든 신학생들은 그 이야기의 핵심을 잘 파악하여 보살핌의 힘에 관한 글을 썼다.

달리와 뱃슨은 이어서 그 학생들에게 다른 건물로 걸어가 설교를 하라고 지시했는데, 여기에 하나의 단서를 덧붙였다. 어떤 학생들에게는 설교가 한동안 시작되지 않을 것이니 서두르지 않아도 된다고 말했다. 다른 학생들에게는 시간이 촉박하다고 알렸다. 학생들은 잘 관리된 캠퍼스를 가로질러 느긋하게 걷거나 전력으로 질주했다. 그리고 그들은 건물 앞에 도착했을 때 문 앞에서 쓰러지는 남자를 보았다. 학생들이 그에게 가까이 다가가면 그는 기침을 하고 신음소리를 냈다. 사실 그는 배우였고, 연구자들은 학생들이 어떻게 반응하는지 몰래 촬영하고 있었다. 급할 게 없던 학생 중 60퍼센트 이상이 그를 도왔지만, 서둘러 가던 학생 중에서는 10퍼센트만이 그를 도왔다. 이 실험에서 드러난 아이러니는 매우 뚜렷하다. 길에 쓰러져 있는 사람을 돕는 것이 중요하다는 설교를 하러 가는 일이 급하다는 이유로 길에 쓰러져 있는 사람을 돕지 않으니 말이다.

공감을 회피하는 사람들은 그렇게 하는 과정에서 자신에게 해를 끼치는 경우가 많다. 타인에게 공감하는 것이 자신을 돕는 일이기도 하다는 것을 보여주는 증거는 수십 년간 쌓여왔다.[21] 공감하는 사람들은 공감을 적게 하는 동료에 비해 친구를 더 쉽게 사귀고, 더 큰 행복을 느끼고, 우울증에도 덜 시달린다. 자신에게 다른 사람에게 나눠줄 자원이나 에너지가 없다고 생각하는 것은 바로 그 혜택을 자신에게서 박탈하는 일이다. 심리학자 존 카치오포John Cacioppo와 동료들은 10년 동안 매년 설문조사를 실시했다.[22] 어떤 해에 외로웠던 사람은 이듬해에 더 자기중심적이 되었다고 응답했고, 자기중심성은 장차 더 깊은 외로움과 우울함을 느낄 것을 예측하게 했다. 외로운 사람들의 태도를 이끈 동기는 착각의 결과였다. 남들에게 공감하면 자신이 압도당할 것 같은 느낌이 들어서 자신에게 더 초점을 맞추었고 그 결과 처지가 더 악화된 것이다.

공감의 넛지

레빈의 이론에 착안하여, 우리는 현대의 친절함에 관한 문제를 새로운 관점에서 볼 수 있다. 공감이 진화하던 시기에 인류는 밀접한 관계 속에 얽혀 살았다. 만나는 거의 모든 사람에게 신경을 써야 할 충분한 이유가 있었던 것이다. 그런 요인은 우리를 공감 쪽으로 끌고 갔고, 공감하기 더 쉽게 만들었다. 그러나 지금 우리는 고립되어 살고, 스트레스에 시달리며, 적대감 속에서 허우적댄다. 그 어느 때보다 공감을 회피할 이유가 많아진 것이다.

　문제를 새로운 방식으로 진술한다고 문제가 해결되는 건 아니다. 그러나 이 경우에는 그렇게 함으로써 몇 가지 아이디어를 얻을 수 있다. 레빈은 "탄탄한 이론만큼 실용적인 것은 없다"라는 유명한 말을 남겼다. 물의 흐름을 기술하는 것은 학술 활동이지만, 작물에 물을 대기 위해 물의 흐름을 돌리는 것은 기술 혁명이다. 마찬가지로 정신의 줄다리기 양쪽에 자리한 힘들을 이해한다면 우리는 그 균형을 한쪽으로 기울일 수 있다.

　유대인이었던 레빈은 1930년대에 독일에서 미국으로 탈출했고, 그 후 자신이 '행위연구'라고 부른 것에 착수해 지치지 않고 일했다. 그는 실험실에 머물러 있기보다는 현실 세계의 문제를 찾아다니며 그 문제를 초래한 심리적 힘들을 진단하고, 현명하거나 건전하거나 생산적인 선택을 부추기기 위한 조정 방법을 고안했다. 그가 초기에 맡은 일 중 하나는 하우드 매뉴팩처링Harwood Manufacturing의 일이었다.[23] 하우드는 얼마 전 뉴잉글랜드에서 애팔래치아 산맥에 있는 작은 마을인 버지니아주 마리온으로 거점을 옮긴 직물 회사였다. 하우드는 새로운 장소로 숙련된 공장 노동자를 불러 모으는 데 어려움을 겪고 있었다. 그래서 무경력 직원들을 새로 고용했다. 대부분 주변 산지에 살고 있는 젊고 경험 없는 여성이었다. 감독관들은 12주 동안 그들을 훈련한 다음 최대한 빨리 작업에 투입했다. 의욕을 끌어올리기 위해 빨리 일하는 사람에게는 상당량의 경쟁적 보너스를 제공했고, 일손이 느린 사람에게는 혹독한 비판을 가했다.

그 방법은 형편없는 결과를 가져왔다. 버지니아 사람들은 뉴잉글랜드 사람들의 절반밖에 안 되는 속도로 일했고, 일을 그만두는 속도는 두 배나 빨랐다. 훈련이 다 끝나기 전에 그만두는 이도 많았다. 레빈은 이런 상황이 해롭기만 한 줄다리기임을 깨달았다. 물론 돈은 사람들에게 동기를 부여하지만, 마리온의 하우드 직원들은 이미 그 지역의 다른 일자리보다 훨씬 많은 돈을 벌고 있었다. 그들에게 보너스는 심리적으로 큰 매력을 발휘하지 못했다.

공감은 지능이다

반면 이웃들과 경쟁하는 데는 불안과 피로, 적대감이라는 현실적인 문제가 따랐다.

레빈은 여기서 작용하는 힘의 관계를 바꾸려면 경쟁 대신 협동을 도입해야 한다는 것을 깨닫고, 새로운 훈련 방식을 고안했다. 개개인의 수행에 초점을 맞추는 대신, 신입 직원들이 비공식적인 회의를 열어 자신들이 합리적이라고 생각하는 생산 속도를 함께 결정하게 한 것이다. 이 시스템으로 직원들의 동기에 변화가 생겼다. 목표치를 강요받는 대신 스스로 선택하게 된 것이다. 생산성은 고립이 아닌 동지애를 의미했다. 레빈의 전략이 효과를 냈다. 팀을 민주적으로 조직하자 사기도 따라 올랐다.

레빈은 식품 선택부터 인종 간 관계까지 수많은 문제에 행위연구를 적용했다. 이후 여러 세대의 과학자들이 레빈의 방식을 본받아 좋은 결정을 더 쉽게 내릴 수 있는 환경을 만들었다. 이런 기법 중 '넛지nudge'는 사소하고 미묘한 변화로 사람들의 행동에서 큰 변화를 유도하는 것이다. 예를 들어 회사가 신입 사원의 연금저축을 기본 선택사항으로 만들어두면, 능동적으로 선택해야 하는 경우보다 두 배 더 많은 직원이 저축한다. 장기기증이 기본 선택사항으로 되어 있는 나라에서는 80퍼센트 이상의 사람들이 장기기증 신청을 한다. 그렇지 않은 나라에서 장기기증 수치는 약 20퍼센트이다.[24] 넛지는 대학 입학과 에너지 절약, 투표, 백신 접종률을 높이는 데 다른 정책 전략보다 훨씬 좋은 효과를 낸다.

점점 더 많은 심리학자가 이와 유사한 방법을 사용해 사람들이 공감을 회피하기 쉬운 상황에서도 공감을 선택하도록 돕는다. 공감을 만들어가는 사람들은 레빈의 모범을 따른다. 우리가 이 장에서 한 것처럼 그들도 제일 먼저 공감이라는 심리적 줄다리기에 작용하는 힘을 진단한다. 그런 다음 긍정적인 힘을 확대하거나 부정적인 힘을 감소시킴으로써, 또는 그 둘을 다 함으로써 줄다리기하는 힘들에 변화를 일으킨다.

댄 뱃슨은 신학생들의 공감을 걷어내는 실험을 한 뒤, 남은 경력 내내 그만큼 신속하게 공감을 되살릴 수 있음을 보여주었다. 특히 영리한 한 연구에서 뱃슨은 무너졌던 연민을 완전히 되살려 놓았다.[25] 후천성면역결핍증AIDS이 기승을 부리던 20세기 말의 일이다. 에이즈 피해자에 대한 낙인 역시 기승을 부렸다. 그들은 자신의 질병에 대해 비난받기 일쑤였고 마치 방사능처럼 기피 대상이 되었다. 수천 명이 갑자기 그 병에 걸렸지만 환자를 직접 아는 미국인은 많지 않았다. 환자들은 통계수치이자 낯선 타인일 뿐이었다. 두 가지 다 공감을 하지 않을 큰 이유였다.

뱃슨은 사람들이 한 사람 한 사람의 이야기에는 자연스럽게

공감은 지능이다

더 관심을 기울인다는 사실을 알고 있었다. 그렇다면 이런 경향을 활용하여 사람들이 집단 전체에 대해 공감하게 만들 수도 있을까? 이 질문을 시험하기 위해 그는 캔자스대학교 학생들에게 에이즈를 일으키는 인간면역결핍바이러스HIV를 갖고 살아가는 줄리라는 젊은 여성의 비디오를 보여주었다. 거기서 줄리는 그 병이 가져온 피해를 다음과 같이 묘사했다.

때로는 기분이 꽤 괜찮을 때도 있지만, 그 병은 내 마음 한구석에 항상 자리를 잡고 있어요. 내 건강은 어느 날에든 갑자기 악화될 수 있죠. 그리고 적어도 아직은 그 병에서 벗어날 방법이 없다는 걸 알아요. (…) 이제 막 인생을 살기 시작한 것 같은데, 나는 벌써 죽어가고 있어요.

뱃슨의 연구에 참가한 모든 학생이 줄리가 하는 말을 들었다. 뱃슨은 그중 일부에게는 줄리의 말에 **마음을 기울여 들어보라고** 권했다. 안내문에는 이렇게 적혀 있었다. "인터뷰한 여성이 자신에게 일어난 일과 그 일이 자기 삶에 미친 영향에 대해 어떤 감정을 느낄지 상상해 보세요." 이 말은 당연히 사람들이 줄리에 대해 더 깊이 공감하도록 자극했다. 그러나 더 중요한 사실은 줄리의 감정을 상상했던 참가자들은 HIV나 에이즈를 갖고 살아가는 다른 사람들에 대해서도 더 염려하게 되었다는 점이다. 그들은 "우리 사회는 에이즈가 있는 사람들을 충분히 돕고 있지 않다"와 같은 진술에 동의하고, "에이즈에 걸린 것은 대부분 자기 잘못이다" 처럼 피해자를 비난하는 주장에 반대할 가능성이 더 컸다.

공감의 넛지는 어처구니없을 정도로 단순한 일일 수도 있다. 가장 단순한 넛지는 다른 사람의 감정을 생각하는 것에 대해 사람들에게 대가를 지불하는 방법인데, 물론 이는 가장 냉소적인 인간관에서 나온 넛지이기도 하다. 이 방법을 사용한, 내가 가장 좋아하는 연구는 내가 상당히 자주 받는 질문에 답을 주기도 한다. 그 질문은 바로 '여자가 남자보다 공감을 더 잘하는가?'이다. 이런 상투적인 고정관념은 꽤 깊이 뿌리내리고 있고, 여자가 **실제로** 남자보다 더 공감을 잘한다는 것을 보여주는 연구도 많다.[26] 로든베리 가설을 따른다면 이런 차이는 변하지 않을 것이며, 영원한 금성 대 화성의 문제로 남을 것이다. 그러나 남자들은 공감할 수 없는 존재라기보다는 단순히 공감할 노력을 기울일 계기가 없었던 것일지도 모른다. 만약 그런 경우라면 제대로 된 유인책이 그들의 행동에 변화를 가져올 수 있다.

한 연구에서는 남녀 참가자들에게 사람들이 감정적인 이야기를 하는 비디오를 보게 한 다음 비디오 속 화자가 어떤 감정을 느꼈을지 맞혀보라고 했다. 여기서 남자들은 여자들보다 감정을 잘 알아맞히지 못했다. 후속 연구에서는 화자를 정확하게 이해하는 사람에게 돈을 지불한다고 말했다. 그러자 공감의 성별 격차가 사라졌다. 몇 년 뒤 또 다른 연구팀은 이성애자 남성들에게 여자는 '세심한 남자'에게 매력을 느낀다고 말했다. 이 사실을 알게 된 남자들은 열성적으로 공감에 노력을 기울였다. 매력적인 사람이 옆을 지나갈 때 배에 힘을 주는 것과 비슷한 행동을 감정 차원에서 한 셈이다.[27]

사이코패스도 공감하게 만들 수 있을까

그런가 하면 우리가 부족주의를 극복하도록 도와주는 넛지도 있다. 우리는 전형적으로 외부인보다는 같은 집단에 속한 사람들을 더 배려한다. 하지만 같은 집단에 속한다는 기준은 무엇일까? 사람들의 집단은 다양하다. 당신은 여자이자 오하이오 사람이자 첼로 연주자이자 마취과의사일 수 있다. 당신을 구성하는 각각의 부분은 해당 집단에 대한 서로 다른 정의를 가지고 있고, 우리의

'자아들' 중 일부는 다른 것보다 더 포용적이다.[28] 내가 나를 스탠퍼드사람이라고 생각한다면 UC 버클리는 몹쓸 적이 된다. 버클리대학교 학생들이나 미식축구팀을 염려하기란 매우 힘들 것이다. 하지만 내가 캘리포니아 학자라는 점에 초점을 맞추면 버클리대학교 교수들은 내 시간과 주의와 공감을 기울일 가치가 있는, 나와 같은 부족에 속한 사람이 된다.

한 영민한 연구에서는 이러한 아이디어를 경쟁이 맹렬하기로 유명한 영국 축구 팬덤에 적용했다.[29] 심리학자들은 맨체스터 유나이티드의 열성 팬들을 모집했다. 그들은 맨유가 자신에게 어떤 의미인지에 관한 글을 썼고, 다른 건물에 가서 맨유팀에 대한 짧은 헌정 비디오를 촬영하기로 했다. 선한 사마리아인 연구와 유사하게, 참가자들은 이동하는 길에 조깅을 하다가 발목을 삐어 쓰러지는 사람(사실은 배우)을 만나게 된다. 몇몇 경우에 그 사람은 맨유 유니폼을 입고 있었고, 또 다른 경우에는 당시 맨유 팬들이 가장 미워하던 경쟁팀인 리버풀의 유니폼을 입고 있었으며, 그냥 아무 표시 없는 운동복을 입은 경우도 있었다. 발을 삔 사람이 맨유 유니폼을 입고 있을 때 참가자의 90퍼센트 이상이 멈춰서 그를 도왔지만, 그 사람이 리버풀 유니폼을 입고 있을 때는 고통으로 몸을 뒤틀고 있는데도 70퍼센트가 그냥 지나쳐 가버렸다.

공감은 지능이다

전형적인 부족주의이다. 하지만 아주 단순한 넛지 하나만 더 해도 이런 부족주의를 없앨 수 있다. 후속 연구에서 연구자들은 참가자들에게 맨유가 아니라 자신이 축구를 사랑하는 이유에 관한 글을 쓰게 했다. 이번에도 그들은 캠퍼스를 가로질러 비디오를 촬영하러 가고, 조깅을 하다가 발을 삔 사람과 마주친다. 이번에는 참가자들이 맨유 팬을 도운 비율과 거의 비슷한 비율로 리버풀 팬을 도왔다. 그러나 그냥 운동복을 입은 사람을 도운 비율이 여전히 더 낮은 것을 보면, 이 연구가 주는 또 하나의 메시지는 다른 사람의 도움이 필요하다면, 아무 부족에도 속하지 않은 것보다는 어떤 부족에라도 속해 있는 게 더 나을지도 모른다는 것이다.

이 연구는 적절한 심리적 유인을 쓰면 공감이 부족주의를 극복할 수 있음을 증명한다. 그런데 이런 연구 대부분은 다른 집단보다 공감을 더 잘하는 집단일 가능성이 큰 대학생들을 대상으로 한다. KKK단원이나 범죄자, 사이코패스 들은 그냥 원래 더 못된 자들일지도 모른다. 사이코패스들은 유난히 힘든 대상이다. 그들은 남들이 어떻게 느끼는지 알 수 있지만, 그에 대해 전혀 개의치 않고 따라서 그러한 사회적 인지능력을 남들을 조종하고 해하는 일에 이용한다. 사회는 대체로 그런 사람들을 변화가 불가능한 존재로 치부하고 포기해버리며, 그들을 처벌하는 방식에도 이런 관점이 투영된다. 사이코패스 범죄자들은 사이코패스가 아닌 범죄자들과 달리 국가에 의해 처형될 확률이 더 높다. 그들이 실제로 다시 범죄를 저지르는 경우가 더 많은지 여부가 분명하지 않은데도 말이다.[30] 그들에게는 개선의 희망이 전무하고, 그들이 없으면 우리가 더 잘 살 수 있을 거라고 생각하는 것 같다.

사이코패스들이 다른 사람을 배려하게 만드는 것은 상상할 수 있는 공감의 넛지 중 가장 어려운 시험일 것이다.[31] 몇 년 전, 뇌과학자 크리스천 키저스Christian Keysers와 그의 동료들은 네덜란드 곳곳의 교도소를 찾아다니며 바로 그 시험을 했다. 그들은 고통받는 사람들의 사진을 보여주면서 사이코패스 범죄자와 사이코패스가 아닌 범죄자들의 뇌를 스캔했다. 대부분의 사람과 달리 사이코패스들은 미러링 반응을 보이지 않았다. 이는 고정주의가 들려주는 이야기를 뒷받침한다. 사이코패스의 공감 결여는 그들의 뇌에 '변경할 수 없는 회로로 장착'되어 있다는 관점 말이다. 그러나 키저스 연구팀은 이 연구를 또 다른 버전으로 다시 실시했는데, 이번에는 뱃슨의 연구 내용을 참고했다. 그들은 사이코패스들에게 피해자의 고통에 초점을 맞추고 그들이 어떤 느낌일지 최선을 다해 상상해 보라고 요청했다. 사이코패스들이 그런

공감은 지능이다

상상을 하자 그들의 뇌는 나머지 사람들과 거의 똑같이 고통에 대한 미러링 반응을 보였다.

사이코패스들이 공감을 끌어올릴 수 있다면, 나머지 사람들 역시 그럴 수 있다. 하지만 그렇게 한다고 해서 사람이 정말로 바뀌는 것일까? 유동주의자들은 마음을 근육에 비유한다. 운동을 해서 근육이 더 강해질 수 있는 것처럼 적합한 연습을 하면 지능을 키우거나 성격을 바꾸는 일도 가능하다는 것이다. 그러나 근육은 한 가지 형태로만 이루어지는 것이 아니다. 속근이라고 알려진 근섬유는 두껍고 강하며 빨리 지친다. 속근은 빨리 달리기, 스쿼트, 역기 들기를 할 수 있게 해주지만 오랫동안 그 상태를 지속하게 해주는 것은 아니다. 지근은 더 얇고 약하지만 더 오래 버틸 수 있어서 마라톤 같은 활동을 뒷받침해준다.

댄 뱃슨과 크리스천 키저스를 비롯한 여러 심리학자는 공감의 속근 변화를 끌어냈다. 그들은 사람들의 동기에 변화를 줌으로써 그들이 공감을 하는 방향으로 더 잘 조율되도록 부추겼다. 그들의 자극이 낸 효과는 1분 혹은 한 시간 정도 지속될 수 있지만 오래도록 이어질 가능성은 없다. 신학생들이 항상 급하게 쫓기는 느낌을 받지 않고 어려운 사람을 도울 시간을 낼 수 있기를 바랄 뿐이다. 또 한편으로 우리 대부분은 지나치며 만나는 모든 사람에 대해 깊이 생각할 만큼 에너지가 충분하지 않다. 그리고 다른 사람의 상황을 상상해 보라는 요구를 받지 않는다면, 사이코패스들은 계속 냉담하게 살아갈 가능성이 크다. 이례적 상황은 사람들을 각자의 공감 범위 안에서 더 높은 강도 쪽으로 이끌어가지만, 유도하는 자극이 없어지면 다시 원래의 설정값으로 돌아갈 것이다.

그보다 더 큰 목표는 공감의 지근을 키우는 일이다. 사람들을 자기 범위 안에서 더 오른쪽으로 이동하게 하는 것뿐 아니라, 그 자리에 계속 머물도록 하는 일 말이다. 이런 일은 단 한 번의 심리적 조율로는 충분하지 않을 것이다. 조깅 한 번으로 심장과 폐를 강화하기에 충분하지 않은 것처럼 말이다. 그러려면 심리적 유동성에 박차를 가할 수 있는 경험, 즉 장기적이고 반복적인 경험이 필요하다. 앞에서 살펴보았듯이 이런 종류의 변동은 일어날 수 있다. 예컨대 따뜻하게 보살펴주는 가족에서 태어났는지, 크나큰 역경을 경험했는지에 따라서 말이다. 하지만 그런 변화를 의도적으로 계획할 수도 있을까? 이 질문을 검증한 과학자는 매우 드물다. 그런 시도를 하는 것만으로도 엄청난 양의 시간과 노동과 자금이 필요하며, 그 시도가 제대로 된 결과를 내리라는 보장도 없다. 하지만 우리가 친절함을 얻기 위한 투쟁에 나서고자

공감은 지능이다

한다면, 먼저 그것이 이길 수 있는 싸움임을 입증해야 한다.

공감의 근육 키우기

독일의 막스 플랑크 연구소에서 타니아 징거Tania Singer가 이끄는 한 연구팀은 최근 그 질문에 대한 극적인 답을 내놓았다. 징거는 뇌 미러링을 널리 알린 뇌과학자 중 한 사람이다.[32] 2000년대 초에 징거는 연인들을 모집하여 한 사람씩 차례로 전기충격을 받게 하고, 그동안 나머지 한 사람의 뇌를 MRI로 스캔했다. 그 결과 참가자들의 뇌에서 자신이 고통을 느낄 때와 연인이 고통을 느낄 때 동일한 뇌 부위가 활성화되었다. 그뿐 아니라 공감을 더 깊이 하는 사람의 뇌는 더욱 강력한 미러링 활동을 보였다. 이런 결과는 과학계 상당 부분의 사람들에게, 어떤 사람은 다른 사람보다 더 깊이 공감을 하며, 이런 차이는 그들의 뇌 깊숙이 뿌리내린 것이라는 확신을 심어주었다.

그러나 징거 본인은 결코 그렇게 믿지 않았다. 신경가소성을 연구하여 박사학위를 받은 그는 뇌에서 어떤 일이 일어난다는 사실이 그 일이 고정불변이라는 의미는 아니라는 것을 알고 있었다. 징거는 공감이 결코 뇌에 변경할 수 없는 회로로 장착된 것이 아니라고 생각하는 불교 승려들에게 연락을 취했다. 불교 전통에서는 자비가 노력해서 해야 하는 일이며, 많은 이가 매일 몇 시간씩 자비를 수행한다.

징거는 경력의 다음 단계에서 그러한 고대의 수행법이 사람들의 뇌를 친절함에 적합하도록 조율할 수 있는지 시험해 보기로 했다.[33] 그는 이 야심 찬 프로젝트를 위해 70명이 넘는 연구자와 수행 지도자 들을 모았다. 그들은 2년 동안 약 300명의 참가자에게 39주 동안 집중적인 수행을 하게 했다. 사흘 동안의 안거와 매일 하는 유도 명상 수행을 통해 학생들은 명상 기술을 갈고 닦았다. 그들은 주의를 예리하게 가다듬고, 자신의 호흡과 몸속 감각을 세심하게 알아차리는 법을 배웠다.

그런 다음 그들은 다른 사람에게 초점을 맞추는 훈련을 받았다. **메타**metta, 즉 자애 명상을 하며 학생들은 고통을 덜고 안녕을 증진하고자 하는 자신의 욕망에 초점을 맞춘다. 그들은 제일 먼저 자기 자신에 대한 선의를 기원하고, 그다음에는 쉽게 공감할 수 있는 대상인 친구와 가족에 대한 선의를 기원한다. 그다음으로 메타는 학생들에게 모르는 사람과 싫어하는 사람들에게, 그리고 마지막으로 모든 살아 있는 존재에게 자신의 선의를 펼치도록 요구한다. 징거의 연구팀은 학생들에게 짝을 지어 함께 공감을 연습하게 했다. 각 쌍에서는 '화자'가 감정적인 이야기를 하고 '청자'는 화자에 대한 메타를 수행한다. 그런 다음 역할을 바꾸어 처음부터 다시 시작한다. 이들은 스마트폰 앱을 통해 거의 매일 함께 수행할 수 있었다.

징거 연구팀은 훈련 이전과 도중, 이후에 학생들이 한 경험을 주의 깊게 측정했다. 그들이 발견한 사실은 충격적이었다.[34] 시간이 지나면서 학생들은 오랜 시간 동안 주의를 기울이기가 쉬워진다고 느꼈다. 이는 넘쳐나는 정보에 시달리는 이 시대에 매우 드문 기술이다. 그들은 자신의 감정을 더욱 정교한 언어로 표현했고 타인의 감정도 더욱 정확하게 포착했다. 이 훈련은 처음으로 안경을 쓰는 경험을 감정에 대해 실시한 것에 비유할 수 있다. 세상이 더 선명하게 보이고, 그때까지 자기가 못 보고 있다는 사실조차 몰랐던 세부들이 눈에 들어온다. 또한 학생들은 더 너그럽게 행동했으며, 자신과 많이 다른 사람에 대해서도 그들과 자신이 한 인류로서 공유하는 점을 더 쉽게 인지했다. 고통을 겪는 사람을 만났을 때 학생들은 그들을 돕고자 하는 욕망을 이전 어느 때보다 더 강하게 느꼈다.

변화는 거기서 멈추지 않았다. 징거와 연구팀은 훈련 이전과 이후에 MRI로 학생들의 뇌를 스캔했다. 그들은 공감과 관련하여 학생들의 뇌가 생리적으로 다른 사람에게 반응하는 방식뿐 아니라 해부학적 변화가 있었는지, 피질의 형태와 크기도 검토했다. 그들의 발견에서 주목할 만한 부분은, 자애 명상 이후 공감과 관련된 뇌 부위들의 크기가 더 커졌다는 점이다. 앞에서도 살펴보았듯이, 뇌는 우리가 배우는 기술과 들이는 습관에 반응하여 변화한다. 징거의 연구팀은 사람들이 의도적인 노력을 통해 장기적인 공감 능력을 기를 수 있고, 그 과정에서 신체의 생물학적 특징에까지 변화를 일으킬 수 있다는 증거를 최초로 보여주었다.

징거의 프로젝트는 개념에 대한 증거를 제시하는 것이었다. 그 프로젝트는 우리가 공감의 지근을 키울 **수 있**으며, 자신의 공감 범위에서 더 오른쪽으로 갈 수 있고, 그러면서 우리 뇌를 변화시킬 수 있다는 것을 보여주었다. 그러나 그 일은 쉽지 않다. 사람들은 대부분 더 좋은 몸매를 만들고 싶어 하지만 울트라마라톤을 뛰고 싶어 하지는 않는다. 징거의 프로그램에서는 주말 내내 안거에 들어가야 했고, 임신 기간에 맞먹는 기간 동안 매일 수행해야 했다. 우리 대부분이 할 수 있는 것이 헬스장에 몇 번 가는 정도라면, 그것은 올림픽 출전을 준비하는 것에 비할 수 있다.

지속적인 공감을 가능하게 만들 더 쉬운 방법은 없을까? 한 가지 가능성은 사람들의 믿음을 바꾸는 일에서 찾을 수 있다. 캐럴 드웩은 사람들에게 성장할 수 있다고 가르친다. 더 똑똑하고 더 개방적인 사람이 될 수 있고, 더 잘 공감할 수 있다고 말이다. 이런 가르침은 사람들이 지금 더 열심히 노력하게 만들고, 어려운 도전에 직면해도 노력을 지속하게 하며, 자신이 지닌 힘을 깨닫게 한다. 또한 지능에 관한 마인드셋을 비롯하여 각종 마인드셋을 자기충족적 예언으로 바꿈으로써 지금의 변화도 이끌어낼 수 있다. 자기 자신을 믿는 사람은 자신을 믿을 이유를 더 많이 만드는 쪽으로 행동한다. 장기적으로 효과를 낼 마음의 습관을 채택하는 것이다.

우리 연구실의 대학원생 에리카 바이스Erika Weisz는 이러한 개념을 기반으로 마인드셋을 활용한 접근법이 공감을 장기적으로 증진할 수 있는지 알아보기로 했다. 그는 스탠퍼드대학교 신입생들을 모집하여 '펜팔 연구'를 수행해달라고 요청했다. 어떤 학생들은 다른 주로 이사하여 친구를 사귀는 데 어려움을 겪고 있는 고등학생이 보낸 편지를 읽었다. 우리는 그들에게 격려하는 답장을 써달라고 요청했다. 특히 신입생들에게 위에서 우리가 살펴본 증거들을 제시하며 공감은 키울 수 있는 기술이라고 가르치고, 편지를 보낸 고등학생은 이 점을 활용하여 새로운 관계를 맺을 수 있을 거라고 말했다. 또 다른 학생들에게는 성적 때문에 고민하는 고등학생의 편지를 읽히고, 그 학생에게 지능은 바꿀 수 있는 거라고 설득하는 편지를 쓰게 했다.

공감에 관해 글을 쓰라는 요청을 받은 학생들은 메시지의 의미를 제대로 알아들었다. 한 학생은 이렇게 썼다. "사교적인 사람이 되고, 자신을 상처받기 쉬운 상태에 노출하고, 다른 사람에게 공감하는 것이 어려워 보일 수 있다는 거 알아. 어쩌면 어떤 사람들하고는 도저히 관계를 맺을 수 없다는 느낌이 들지도 몰라. 하지만 여러 연구가 밝혀낸 바에 따르면 (…) 연습하고 노력하면 네가 공감하는 능력도 바꿀 수 있단다." 또 한 학생은 이렇게 조언했다. "공감은 우리가 배우고 연습해서 향상할 수 있는 습관이나 기술 같은 거야. 단어를 반복해서 되뇌거나 스포츠 연습을 하는 것과 비슷하지." 또 다른 학생은 편지를 이렇게 마무리했다. "사람들과 연결되는 능력은 전적으로 너에게 달려 있다는 걸 기억해. 조금만 노력하면 넌 친구를 사귈 수 있어. 이제 가서 시도해 보길 바라!"

우리는 실제로 이 학생들이 쓴 편지를 고등학생들에게 보냈다(이 부분에 대해서는 뒤에서 더 이야기할 것이다). 하지만 이 연구는 사실 고등학생들의 생각을 바꾸는 일에 관한 것이 아니었다.

여러 연구가 밝힌 바에 따르면 사람들이 다른 사람에게 무언가를 설득하려 할 때는 그 과정에서 대개 **자기 자신도** 설득하게 된다.[35] 에리카와 나는 이러한 사실을 활용하여 은밀하게 신입생들의 마인드셋을 바꾸고, 그들이 공감에 대한 유동주의적 관점을 채택하도록 유도한 것이다.

이 연습은 지속적인 효과를 냈다.[36] 두 달 후, 공감은 기술이라는 편지를 썼던 학생들은 여전히 그 사실을 믿고 있었다. 주목할 점은 그들 자신의 공감 역시 실제로 더 **깊어진** 것처럼 보였다는 것이다. 그들은 지능에 관한 편지를 썼던 학생들에 비해 다른 사람의 감정을 더 잘 판독했다. 또한 공감에 관한 편지를 썼던 학생들은 아주 중요한 시기인 대학 생활의 첫 몇 달 동안, 다른 학생들에 비해 친한 친구를 더 많이 사귀었다고 밝혔다.

우리가 얻은 결과는 아직 시작에 지나지 않으며, 앞으로 더 많은 연구를 통해 확증받아야 한다. 그래도 그 결과는 한 가지 희망적인 전망을 제시한다. 에리카의 개입법은 징거의 개입법보다 훨씬 단순했고, 참가자들은 겨우 몇 시간만 틈을 내면 되었다. 하지만 그럼에도 적어도 몇 가지 지속적인 변화를 만들어냈다. 이런 사실은 우리가 공감을 상당히 효과적으로 키울 수 있음을 암시한다. 사람들은 듣는 이야기, 만나는 사람, 사용하는 기술을 비롯하여 일상에서 처하는 상황에 접근하는 방식을 바꿀 수 있다. 적절한 조정으로 배려하는 마음이 자연스럽게 우러나오게 할 수 있고, 힘겨운 등산을 내리막길을 걷는 산책으로 바꿀 수 있다.

이 책의 남은 부분에서 우리는 이런 전략들을 탐색해볼 것이다. 쿠르트 레빈처럼 우리도 실험실에서 나가 사람들이 있는 곳에서 그들을 만날 것이다. 증오와 고립, 스트레스에 깊숙이 빠져 길을 잃은 사람들, 자신의 고통이나 직업 때문에, 전화기와 텔레비전 때문에, 그들을 둘러싼 시스템 때문에 공감에서 멀리 밀쳐진 사람들을 만날 것이다. 온갖 불리한 조건을 딛고 그들은 연결을 만들 방법을 찾아내고, 공감의 습관을 쌓으며, 분열을 극복하고 더 친절한 사람들이 되어간다.

그들의 경험은 나머지 우리에게도 나아갈 길을 알려준다. 현대 세계가 공감을 가로막을지도 모른다. 그러나 우리는 그 사실을 받아들이는 대신, 그런 일이 벌어지게 하는 힘을 밝혀내고 그 힘들을 물리칠 수 있다.

공감은 지능이다

3

증오 대 접촉

토니 매컬리어Tony McAleer는 보통 유대인을 표적으로 삼았지만, 이번은 예외였다. 토니와 백인 아리안 저항운동White Aryan Resistance(WAR)에 속한 그의 친구들은 닥터마틴 신발을 신고 〈시계태엽 오렌지 A Clockwork Orange〉에 나온 것 같은 지팡이를 들고 공원에서 한 게이 남성을 괴롭히고 있었다. 그가 달아났고, 그들은 달빛이 비치는 밴쿠버 거리를 달려 텅 빈 공사장으로 그를 몰아갔다. 그는 피신할 곳을 찾아 길고 좁은 공간으로 숨어들었다. 토니와 친구들은 굴러다니던 돌을 주워 그에게 집어 던졌다. 돌은 연못 표면에 뜬 물수제비처럼 통통 튀어가다 어둠 속으로 사라졌다. 돌을 던지면 몇 번에 한 번은 표적에 맞았고 남자의 비명이 메아리가 되어 돌아왔다. "그건 게임 같은 거였어요." 토니에게서는 아무 감정도 느껴지지 않았다.

　토니는 건설 현장 근처에서 자랐다. 아버지는 잉글랜드 리버풀에서 캐나다로 이주한 정신과의사였다. 그는 늦게까지 일했고 대부분 토니가 잠든 뒤에야 집에 돌아왔다. 아버지는 잉글랜드를 몹시 그리워했고, 지하실에 구리판을 덮은 바와 집에서 양조한 맥주를 갖춘 ("아버지는 캐나다 맥주는 오줌 같다고 생각했어요.") 영국 스타일의 펍을 만들어놓고 거의 매일 밤 그곳에서 시간을 보냈다. "하루 종일 다른 사람들의 문제를 듣느라 지친 아버지는 우리 문제는 들으려 하지 않았어요." 토니가 그 시절을 회상하며 말했다.

토니의 아버지는 문제를 듣는 대신 자신이 문제를 **일으켰다**. 토니는 10살 때 우연히 정부와 함께 있는 아버지를 발견했고, 그 후 가족은 풍비박산 났다. 토니는 분노와 혼란을 느끼며 방황하기 시작했다. 토니의 음악 취향은 뻐딱한 펑크 음악으로 쏠리기 시작했고, 성적은 고꾸라졌다. 부모도 선생도 당근보다는 회초리로 토니의 성적을 끌어올리려 했다. 토니가 주요 시험이나 과제에서 B 이하의 점수를 받으면 선생은 자로 토니를 때렸다. 당연히 이 일은 토니의 분노를 더욱 깊게 만들었다. 토니는 매사에 반항했고, 학교에서 방과 후 남는 벌을 가장 많이 받는 기록을 세웠다.

증오는 제대로 이해받지 못한 채 복잡하게 뒤엉킨 뿌리에서 자라 꽃을 피운다. 인종이나 종교, 성정체성을 근거로 폭력을 저

공감은 지능이다

지르는 사람의 비율은 젊은 남성들 쪽으로 과도하게 쏠려 있다.[1] 그들은 경제적으로 뿌리 뽑힌 상태인 경우가 많으며, 실업률이 높은 시기에는 증오범죄도 증가한다.[2] 최근의 한 조사에서는 증오 단체 회원들의 강력한 결속 요소로 학대당한 과거를 꼽았다.[3] 증오범죄를 저지른 사람 중 거의 절반이 과거에 어떤 형태로든 신체적 폭력이나 성폭력을 당한 경험이 있다고 응답했다.

토니는 다른 열광적 백인우월주의자 청년들에게서도 그러한 고통을 목격했다. "우리는 아무 데서도 적응하지 못한 이들이 모인 섬 같았어요. 모두가 훼손된 존재였고, 화가 나 있었죠. 건강한 인간관계라는 축복이 찾아왔다 해도 아무도 그것이 건강한 인간관계라는 걸 알아차리지 못했을 겁니다."

방임된 아이들이 모두 백인 아리안 저항운동에 가담하는 건 아니다. 한 사람이 증오에 기반한 공동체에 가담하기까지는 여러 사건의 영향이 더해져야 한다. 토니에게 그 일은 그의 민족적 고향으로 돌아가는 일과 함께 시작됐다. 그는 부모에게 전학을 시켜달라고 애원했고, 10학년 때 잉글랜드 해안가에 있는 기숙학교에 보내졌다. 전학은 토니의 공격성을 잠재우지는 못했지만 (전학 몇 주 뒤, 그는 단순히 파괴적 혼란을 일으키기 위해 기숙사에서 학생 봉기를 조직했다.) 그의 정체성을 붙들어 맬 기둥 하나를 제공해

주었다. 토니는 영국의 스킨헤드Skinhead●와 오이!Oi!●● 밴드를 좋아
했다. 몰아가는 듯한 그들의 사운드를 사랑했고, 조국을 기리는
그들에게 자랑스러움을 느꼈다.

　토니는 머리를 짧게 깎고 닥터마틴 부츠를 신은 채 밴쿠버
로 돌아갔다. 얼마 후, 불량배 둘이 블랙 플래그Black Flag의 공연장
밖에서 부츠를 빼앗을 요량으로 토니에게 접근했다. 토니는 강도
를 당하는 대신 둘을 구슬려 친구가 되었고, 그들은 토니를 스킨
헤드 음악 세계로 더욱 깊이 끌고 들어갔다. 토니의 취향은 공공
연히 인종차별주의를 표방하는 스크루드라이버Skrewdriver 같은 밴
드로 옮겨갔고, 그들은 팬들에게 필요한 수단을 모두 동원해서라
도 백인종을 보호하라고 부추겼다. 스킨헤드 집단은 토니가 애타
게 갈망하던 두 가지 결여를 채워주었다. 하나는 공격성을 배출

- 1960년대 후반 영국 노동자계급의 하위문화로 머리를 짧게 깎거나 완전히 밀고
  다녀서 붙은 명칭이다. 초기에는 패션, 문화, 라이프스타일 등을 공유하는 문화
  적 집단이었지만 1970년대에 실업률이 높아지고 보수적 정책으로 살기가 힘들
  어진 데다, 유럽의 네오나치 흐름까지 상륙하자 일부 백인 우월주의적인 극우 스
  킨헤드 족도 생겨났다. 이런 우익 스킨헤드는 소외된 백인 청년들의 절망감과 분
  노를 유색인종에 대한 테러로 표출했다. 초기 스킨헤드가 레게와 스카를 좋아했
  다면 70년대 중반 이후로는 펑크록 및 하드코어펑크에 자신들을 동일시하게 된
  다. 주로 닥터마틴 부츠를 신고 다닌다.
- 1970년대 후반 영국 노동자계급에게 인기를 끈 펑크록의 하위 장르 중 하나.

　　　　　　　　　　　　　　　공감은 지능이다

할 출구였다. 토니는 16살에 처음으로 싸움을 벌여 처참하게 패했지만, 개의치 않았다. "그때의 스릴을 기억해요. 챔피언전 경기에서 골을 넣은 것 같은 희열감이랄까요. 그 느낌에는 중독성이 있었어요." 토니는 흑인이나 유대인, 동성애자에 대한 금기시되는 말을 입에 올림으로써 사회적 경계선을 넘어설 때 비슷한 고양감을 느꼈다. 반항적이고 자신만만하고 흥분되는 느낌이었다. 12학년이 되었을 때 토니는 위장 군복 재킷에 나치 문양swastika 핀을 달고 다녔다.

백인우월주의 운동은 토니에게 지력을 발휘할 기회도 제공했다. 그는 "국가사회주의를 집요하게 공부하"고, 그것을 왜곡된 반유대주의 렌즈로 들여다보면서 표준적 역사에 의심을 제기하게 해줄 세부적 사실을 수집하고, 홀로코스트 역사 부정을 특기로 삼았다. 외부인은 보통 스킨헤드를 분노한 멍청이일 거라 생각한다. 토니는 그런 사람들에게 진의가 불분명한 '사실'들을 산사태처럼 쏟아내 질리게 만들었고 결국 그들이 지쳐서 나가떨어지면 자신이 승리했다고 선언했다. 토니는 이렇게 회상한다. "나는 뛰어난 싸움꾼은 아니었지만 뛰어난 논객이었죠." 그는 때로 한 무리를 앞에 두고 자신의 주장을 냉정하게 진술한 다음 적에게 몸을 기울이고 그들의 귓속에 끔찍한 말을 속삭여 그들의 평정을 한층 더 무너뜨리곤 했다.

토니는 위트로 존경을 얻었고, 재빨리 지역 백인우월주의자들의 지도자로 부상했다. 그는 캐나다의 편견과 증오를 21세기로 이끌어갔다. 인터넷이 아직 신문물이었을 때, 북미 최초의 백인우월주의 음반 레이블인 레지스턴스 레코드Resistance Records의 웹사이트를 만든 것도 그였다. 또한 그는 전화를 걸어 유대인과 흑인, 캐나다 원주민에 대한 증오에 찬 음성메시지를 들을 수 있는 인종주의 자동응답 서비스인 캐나다 리버티 넷Canadian Liberty Net을 설립했다. 그의 영향력이 정점에 달했을 때, 리버티 넷에는 매일 수백 통의 전화가 걸려왔다.

지위가 높아질수록 토니는 더욱더 극단적이고 비인간적인 사람이 되어갔다. "나는 물 온도가 1도씩 올라가는 냄비 속에 있는 개구리와 같았어요." 그는 어렸을 때 사귀었던 유대인과 아시아인 친구들과 인연을 끊었다. 그의 세계관은 더욱 악의적이고 편집증적으로 변했다. 그의 눈에는 자신의 문화가 외부인들에게 포위된 것처럼 보였다. 리버티 넷의 주요 메시지는 그 점을 명백히 표현했다. "아메리카 대륙의 백인들은, 백인을 시기하고 증오하는 저급한 인종들의 밀물에 휩싸여 있다. 그들은 셀 수 없는 숫자로 흘러든다. 그들은 외국인들이 통제하는 미디어가 백인에게 반기를 들며 울려대는 끊임없는 북소리를 듣고, 백인들의 소유물을 모조리 빼앗으라는 부추김을 받는다."[4]

토니 같은 극단주의자들만 이런 경향을 보이는 것은 아니다. 외부인에게 위협받는다고 느끼는 사람들은 이렇게 공격적이고 보수적으로 변하는 경우가 많다. 최근 실시된 두 연구에서 연구자들은 미국 백인들에게 소수집단 인구가 곧 백인을 압도할 것이고 백인들의 경제적 우위가 줄어들 것이라는 증거를 보여주었다. 그에 대한 반응으로 백인들은 정치적 우익 노선을 취했고, 특히 소수집단을 돕는 정책에 반대를 표했다.[5]

토니가 꿈꾸던 유토피아, 그러니까 모든 유대인이 "어딘가로 사라진" 백인들만의 폐쇄된 캐나다는 다른 사람들에게는 악몽일 것이다. 그렇다고 토니가 꼭 외부인들이 고통받기를 원했던 것은 아니다. 그는 그들이 고통을 받든 말든 관심이 없었다. "우리의 야만은 문명화된 야만이었습니다. 사람들은 증오를 생각할 때 벌겋게 달아오른 얼굴로 고함을 질러대는 사람을 상상하죠. 그것은 분노와 뒤섞인 증오예요. 진정한 증오는 연결의 심각한 결여입니다. (…) 당시 나는 다른 사람의 고통과도, 나 자신의 고통과도 연결될 수 없었습니다." 토니의 증오는 고함보다 차가운 침묵에 더 가까웠다. 그의 신념은 그에게 친구와 권력과 지위를 부여했다. 그것을 얻은 대가로 그는 마비되어갔다. "나는 인간성을 잃어버린 것이 아니었습니다. 수용, 그리고 인정과 바꿔치기한 것이었죠."

노골적인 경계 나누기

증오가 질병이라면 그 병은 변이를 일으키고 있다. 문화가 한 가지 유형의 병에서 치유되면, 새로운 유형의 병이 그 자리에 들어선다. 지난 몇십 년간 미국인들은 타 인종 간 결혼과 동성결혼을 받아들였지만, 정치적 적의는 더욱 높이 치솟았다. 1960년대에 미국인들에게 자녀가 반대 정당 사람과 결혼하면 어떤 기분이 들겠냐는 질문을 했다. 공화당원의 5퍼센트와 민주당원의 4퍼센트가 언짢을 거라고 답했다. 2010년이 되자 그 수는 공화당원의 절반, 민주당원의 3분의 1로 증가했다. 각자가 품은 이상의 거리가 멀어지면서 두 당의 당원들은 서로를 점점 더 싫어하게 되었고, 차별도 더욱 심해졌다.[6] 또한 상대의 관점에 대해서도 거의 관심을 보이지 않는다. 최근의 한 연구에서는 공화당원과 민주당원 모두 서로의 의견을 듣지 **않기 위해** 기꺼이 금전적 대가를 포기했다.[7]

공감은 지능이다

사람들은 쉽게 세계를 내부인과 외부인으로 나눈다. 집단 간의 분열은 생물학적인 것(노인 대 청년)일 수도 있고, 전통적인 것(레알 마드리드 대 바르셀로나)일 수도 있으며, 일시적(길거리 농구를 위해 급조된 양 팀)일 수도 있고, 의도적으로 만들어낼 수도 있다. 서로 모르는 사람들로 한 그룹을 꾸리고 절반에게는 파란 완장을, 나머지 절반에게는 빨간 완장을 주면, 그들은 아무렇지 않게 즉각 새로운 편견을 형성하여 빨간 팀(혹은 파란 팀) 사람들이 파란 팀(혹은 빨간 팀) 사람들보다 더 친절하고 매력적이며 능력이 뛰어나다고 판단할 것이다.

내부인과 외부인의 경계는 과학자들이 측정할 수 있는 거의 모든 종류의 공감을 파괴한다. 고통스러워하는 외부인을 만나면 사람들은 고통받는 사람이 내부인일 때에 비해 공감을 덜 하고 덜 불안해하며 그 사람과 비슷한 표정을 덜 짓는다.[8] 외부인의 감정을 무시하면 그들을 억압하기가 더 쉬워진다. 한 세기 전 정신과의사들은 정신증 환자들에게 족쇄를 채워 얼음물 욕조에 몇 시간이고 담가 놓고는 그 환자들은 추위를 느끼지 못한다고 주장했다. 19세기에 활동했던 한 의사는 이렇게 말했다. "백인 남자들에게는 견딜 수 없는 고통을 초래할 것도 흑인은 거의 무시할 수 있다."[9] 심지어 지금도 사람들은 흑인이 주삿바늘이나 화상에 백인보다 고통을 덜 느낄 거라고 추측한다.[10] 이러한 편견은 의학적 치료에도 파고들어, 흑인 환자에게는 백인 환자에 비해 진통제를 덜 준다.

많은 사람이 충격적일 정도의 자기 인식 결여로 서로에게서 인간성을 제거한다. 2015년에 심리학자 누르 크테일리[Nour Kteily]와 그의 동료들은 사람들에게 그림 5와 같은 평가척도를 보여주었다.

어떤 집단이 완전히 '진화했음'을 부인하는 것은 생각도 할

유럽인 ●───────────────
중국인 ●───────────────
인도인 ●───────────────
미국인 ●───────────────
아프리카인 ●───────────────
아랍인 ●───────────────

어떤 사람들은 각 인종이 얼마나 인간다워 보이는가의 정도가 다를 수 있다고 생각합니다. 이 관점은 어떤 인종은 고도로 진화된 것 같은 반면 어떤 인종은 하등동물과 다를 바 없어 보인다고 주장합니다. 그림 아래의 막대에 각 개인 혹은 집단이 얼마나 진화되었다고 생각하는지 표시하시오.

그림 5 진화 단계에 대한 인식으로 측정한 노골적인 비인간화 정도

공감은 지능이다

수 없는 일일 것 같다. 그러나 크테일리가 한 연구에서 미국인들 (이 경우에는 대부분 백인)은 아랍인은 겨우 75퍼센트, 멕시코 이민 자는 약 80퍼센트만 진화한 것으로 평가했다.[11] 무슬림들이 덜 진화했다고 평가한 사람은 반무슬림 이민정책이나 무슬림 수감 자들의 고문을 지지할 확률도 더 높았다. 멕시코 이민자들을 덜 진화된 존재로 보았던 사람들은 2016년 공화당 예비선거에서 "온 세상에서 살인자와 강간범이 몰려들고 있다"는 도널드 트럼 프 후보의 발언 또한 지지했다.

비인간화는 가장 원초적인 수준에서 공감을 차단한다. 다른 사람이 전기충격을 받는 동안 그 앞에 있는 사람의 뇌를 실시간 으로 볼 수 있다고 상상해 보자. 그러면 우리는 몇 분의 일 초 만 에 피해자와 관찰자가 같은 집단에 속해 있는지 아닌지를 알 수 있을 것이다. 같은 집단 소속이라면 관찰자는 뇌 미러링을 일으 킬 것이고, 그렇지 않다면 둔한 미러링을 보이거나 아예 미러링 하지 않을 것이다.[12]

갈등은 상황을 악화시킨다. 스포츠의 경쟁과 민족 간 충돌, 그리고 그 사이에 존재하는 모든 갈등이 공감을 뒤집는다. 심리 학자 미나 치카라Mina Cikara는 타인의 고통에 느끼는 즐거움을 의 미하는 '샤덴프로이데Schadenfreude'를 연구했다. 그는 경쟁 팀이 지는 것을 볼 때 레드삭스와 양키스 팬들의 뇌에서 보상과 관련된 부위들이 활성화되는 것[13]과 자기가 싫어하는 외부인에게 불운이 발생하는 것을 상상할 때 사람들이 미소 짓는다는 것[14]을 발견했다.

이 연구는 우리가 내부인에게 공감하고 외부인에게 냉담**할 수밖에 없다**고, 그래서 우리는 편견에서 벗어날 수 없는 운명이라고 암시하는 것처럼 보일지도 모른다. 토니 같은 극단주의자에게 공감은 영원히 불가능한 일이라고 말이다.

스무 살의 토니였다면 그 말에 동의했을 것이다. 그때는 증오가 토니의 인생을 규정했다. 그는 〈몬텔 윌리엄스 쇼The Montel Williams Show〉에 백인우월주의 아바타로 출연했다. 그 시절 토니는 자신이 10년 안에 죽거나 수감될 거라고 생각했다. 하지만 이후 몇 년에 걸쳐 그는 미래를 바꿔 놓을 세 사람을 만났다. 두 명은 자신의 자녀였다. 토니가 23살 때 딸이, 24살 때 아들이 태어났다. 겉으로 드러난 인생은 여전히 불안정했다. 캐나다인권위원회는 리버티 넷을 고소했고, 토니에게 청문회 참석을 명령했다. 그는 오전 내내 변호사들과 씨름하고 점심시간에 아들의 출산을 보기 위해 병원까지 6블록을 달려갔다. 그 후 얼마 지나지 않아 험악한 이별을 겪고 토니는 아이 둘을 둔 미혼부가 되었다.

공감은 지능이다

토니는 아버지와 같은 전철은 밟지 않겠다고 결심했다. "내 아버지 같은 아빠가 되지 않고 내가 원했던 아빠가 되려고 노력했습니다." 토니는 아이들을 무조건적으로 사랑했고, 아이들은 토니가 오랜 세월 느껴보지 못한 사람 사이의 연결을 느끼게 해주었다. "아이를 사랑하는 건 안전한 일이에요. 아이들은 거부하거나 치욕을 느끼게 하거나 조롱하지 않는 존재이니까요."

적극적으로 아빠 노릇을 하자 사람들은 토니를 전혀 다른 관점에서 보기 시작했다. "내게 수많은 칭찬이 쏟아졌죠. 그건 공정한 일이 아니에요. 내가 여자였다면 그런 칭찬을 받지 않았을 테니까 말이죠. 어쨌든 나는 칭찬을 기쁘게 받아들였어요." 예전에 토니가 보여주던 악당 같은 모습과 180도 달라진 모습이었다. 예전이라면 토니가 지닌 신념 때문에 그에게 주먹을 날렸을지도 모를 낯선 사람들이 등을 두드리며 아이를 키우는 토니를 격려해주었다. 이 일은 토니가 자신을 다르게 바라볼 기회가 되었다.

아이들은 돈이 많이 드는 존재이기도 해서, 토니는 자신이 공공연히 해온 극단적 행동들 때문에 직장을 구하지 못할까 봐 걱정이 됐다. 그는 스킨헤드 운동을 그만둘 때가 되었다고 판단해 '그들과 단절'하고, 나서지 않으며 자중하고 지냈다. 그리고 테크놀로지에 대한 지식을 활용하여 신생 인터넷 기업을 위한 재정 컨설턴트로 일했다. 여전히 요란한 파티를 좋아했지만, 이제는 예전의 아리안 펑크 쇼 대신 밴쿠버의 레이브로 갈아탔다. 주말이면 아이들을 할아버지 할머니에게 맡기고, 24시간 동안 일렉트로닉 음악과 엑스터시를 연료로 한 '탈출'을 즐겼다. 예전 친구들이 격렬하게 몸을 부딪치며 난폭하게 파티를 즐겼다면 새 친구들은 천천히 몸을 흔들고 포옹을 했다. "내가 전에 즐기던 파티와는 전혀 다른 세상이었죠." 여전히 어떤 날은 약 기운에 취한 채 집에 돌아가 울적한 기분에 젖어 스크루드라이버의 강력한 백인우월주의 찬가를 듣기도 했다.

아버지가 되면서 부드러워지긴 했지만 토니의 믿음이 바뀐 건 아니었다. 그는 아이들을 잘 돌보는 것이 백인에게 힘을 보태는 최선의 행동이라고 여겼다. 이것이 백인우월주의를 '전 지구적으로 사고하고, 지역적으로 행동에 옮기는' 방식이라고 말이다. 하지만 흑인, 동성애자, 외국인에 대한 적대감은 예전처럼 중요하게 여겨지지 않았다. "내 머릿속에는 여전히 그 생각과 질문들이 남아 있었죠. (…) 하지만 이런 식이었어요. '그래서 그게 어떻다는 거지? 내 아이들을 봐. 정말 환상적인 존재들이잖아.'"

토니가 지닌 가장 완고한 편견은 유대인에 대한 것이었다. 그 마지막 도미노 조각은 토니가 한 사람을 더 만난 후에 무너졌

　　　　　　　　공감은 지능이다

다. 토니는 자신을 갈고닦기 위해 사람들 앞에서 말하는 기술부터 마음챙김까지 다양한 수업을 들었다. 그때 만난 강사 중에 리더십 트레이너인 도브 배런Dov Baron이 있었다. 토니와 도브는 둘 다 영국 출신인 데다 코미디 그룹 '몬티 파이선Monty Python'을 열렬히 좋아한다는 공통점까지 더해져 둘도 없는 친구 사이가 되었다. 도브는 일대일 상담도 했는데, 두 사람의 또 다른 친구가 토니를 위해 상담료를 지불해주었다. 상담이 절반쯤 진행됐을 때, 토니는 꺼림칙한 기분으로 자신의 스킨헤드 전력을 털어놓았다. 그러자 도브가 미소를 지으며 말했다. "자네 내가 유대인인 거 알고 있지?" 토니는 죽을 만큼 창피했지만 도브는 그런 그를 달래주었다. "그건 자네가 과거에 한 행동이지 자네라는 사람의 본질은 아니야. 내게는 자네의 **존재 자체**가 보인다네."

그 말을 들은 토니는 도브의 사무실에서 30분 동안 울었다. "거기 나를 사랑하고 나를 치유해주기를 원하는 사람이 있는데, 그 앞에 있는 나는 한때 그가 속한 민족의 말살을 옹호했던 사람인 겁니다." 토니는 자신이 도브의 연민을 한 톨도 받을 자격이 없다고 느꼈지만, 그래도 도브는 토니에게 연민의 손길을 내밀어주었다. 이 일은 토니의 닫힌 마음을 완전히 열어젖혔다. 토니는 수치심과 외로움을 감추기 위해 스스로 증오의 가림막을 만들었던 것이다. 그러나 누군가가 그의 나쁜 점까지 그대로 인정해주자 더 이상 그런 가림막이 필요 없어졌다.

토니는 자신의 과거라는 악령을 퇴치하기 시작했다. 자신의 과거 행적을 공개하고, 남들에게 입힌 고통에 대한 책임을 인정했다. 고객들이 그가 한 일을 알게 되면 관계를 끊을까 봐 두려워했지만, 그런 사람은 소수였다. 어느 파티에서 그는 울면서 한 무리의 게이 남성들에게 자신이 했던 게이 공격에 관해 이야기했다. 한 사람은 욕을 하며 가버렸고, 두 사람은 친한 친구가 되었다. 토니가 증오를 처음으로 행동에 옮긴 일은 밴쿠버에 있는 한 유대교 회당의 기물을 파손한 일이었다. 최근 그는 그곳으로 가서 자백하고 그들의 말을 들었다. 그럴 때마다 토니는 계속해서 도브의 그림자를 발견했다. 사람들은 그가 한 행동을 아무것도 아니라며 덮어주지는 않지만, 그의 과거보다 그의 존재 자체를 보려 했다.

몇 년 전 토니는 홀로코스트 박물관을 찾아갔다. 과거에 그는 자신이 논박할 만한 사실을 찾아 "어슬렁거리는 사자처럼" 그런 전시를 찾았다. 이제는 그러는 대신 몇 시간 동안 천천히 그곳에 머물면서 사망자들의 사진을 들여다보고, 그들이 남긴 기록을 읽으며 유품들을 살펴보았다. 그날 밤 호텔 방에 누워 있던 토

공감은 지능이다

니는 마치 방사선 방어용 앞치마를 입은 것처럼, 무거운 무언가에 짓눌리는 느낌을 받았다. "무언가 가슴을 타고 치밀어 올라 목구멍을 지나고, 결국 밖으로 터져 나오는 것을 느낄 수 있었어요. 그건 내가 그들의 고통을 부인한 것은 나 자신을 부인한 것이었다는 깨달음이었습니다." 토니는 오랫동안 다가오지 못하게 거리를 두고 있던 감정에 휩싸여 밤새도록 울었다.

접촉은 어떻게 편견을 줄일까

증오는 공감을 덮어버리지만 완전히 죽이지는 못한다. 토니의 전향은 공감을 되찾는 강력한 방법이 무엇인지를 보여준다.

1943년에 인종 폭동이 디트로이트시를 휩쓸었다. 2차 세계대전이 디트로이트를 하나의 무기 공장으로 바꿔놓았고, 제조업이 호황을 맞이하자 전국에서 사람들이 몰려들면서 주거지가 부족해졌다. 흑인들은 저소득층용 주택단지에서 배제되었고, 백인들보다 3배나 높은 임차료를 지불해야 하는 경우도 많았다. 시에서 흑인 세입자를 위한 주택단지를 마련하면 백인들이 그 앞에서 십자가를 불태웠다. 여름이 오자 들끓던 인종 간 긴장이 끓어

넘쳤다. 6월 20일, 흑인들은 백인 폭도들이 한 흑인 여성과 그의 아이를 벨아일 다리 밑으로 집어 던졌다는 이야기를 들었고, 백인들은 흑인들이 같은 다리 위에서 한 백인 여성을 강간하고 살해했다는 이야기를 들었다. 사실은 둘 다 일어나지 않은 일이었지만, 상상 속의 폭도는 실제 폭도를 낳았다. 그들은 서로 충돌했고, 뒤이은 36시간 동안 34명이 사망하고 수백 명이 부상을 입었으며 수천 명이 체포됐다.

그 사건은 전국적인 수치이자 미국의 인종 관계 역사에서 최악의 순간 중 하나였다. 그러나 한 줄기 희망의 빛도 있었다. 백인과 흑인 중에서도 다른 인종 사람들과 함께 일하거나 공부했던 사람은 폭동에 가담한 비율이 낮았고, 다른 인종 사람을 폭력으로부터 보호해주는 등 평화로운 행동을 한 비율이 높았다.

심리학자 고든 올포트 Gordon Allport 는 이 점에 주목하여 하나의 경향을 발견했다. 바로 외부인을 더 잘 아는 사람일수록 외부인을 덜 미워한다는 것이었다. 이는 다른 곳에도 적용되었다. 백인만 거주하는 주택단지 주민 중에서는 75퍼센트가 흑인과 한데 어울려 살기 싫다고 말했지만, 흑백이 섞여 사는 단지의 백인 주민 중에서는 25퍼센트만이 흑인이 이웃인 것을 **실제로** 싫어했다. 백인으로만 구성된 부대의 병사 중 62퍼센트가 흑백 병력 통합

공감은 지능이다

에 반대했지만, 이미 인종이 혼합된 부대에 소속된 백인 병사 중에서는 반대하는 비율이 7퍼센트였다.

역작 《편견The Nature of Prejudice》에서 올포트는 극단적인 인종적 편견은 그 인종에 아는 사람이 없을 때 발생하는 경우가 많다고 추론했다.[15] 극단적 편견에 대한 해독제 역시 그만큼 단순하다. 사람들을 한데 모아놓으면 자신들에게 공통적으로 존재하는 인간성을 깨닫게 된다는 것이다. 마크 트웨인Mark Twain도 비슷한 생각에서 이렇게 말했다. "여행은 선입견, 극단적 편견, 편협함에 치명적이며, 바로 이 때문에 이 나라의 많은 사람에게 여행이 절실히 필요하다." 심리학에서 이 개념은 '접촉이론contact theory'이라는 용어로 정리되며 널리 알려졌다. 올포트의 책은 1954년에 출간되어 베스트셀러가 되었다. 올포트는 그 책이 공항과 쇼핑몰에서 해변 독서용 소설과 나란히 놓여 있는 모습을 보고 기뻐했다. 덕분에 도처의 낙천주의자들은 증오는 오해일 뿐이며 접촉이 증오라는 병을 고쳐줄 거라고 믿었다.

그러나 올포트는 접촉이 언제나 효과를 내는 것은 아니라는 점도 강조했다.[16] 어떤 경우에는 접촉이 상황을 악화시킬 수도 있다. 예컨대 흑인들을 단지 더 자주 **보기만** 할 뿐 그들과 알고 지내지 않는 백인들은 흑인을 위협으로 인지할 수도 있다. 세월이 흐르면서 올포트의 말이 옳았음이 입증되었다. 영국에 이민자들이 눈에 띄게 많아지자 민족주의 물결이 거세졌으며 이는 브렉시트로 정점을 찍었다. 캐나다에서 토니는 이민자들의 존재를 이용해 백인들의 공격성을 부추겼다.

잘못된 종류의 접촉은 온건한 사람들까지 선입견을 갖도록 유도할 수 있다. 최근의 한 연구에서 정치학자 라이언 이노스[Ryan Enos]는 열흘 동안 매일 아침 같은 시각에 보스턴의 한 통근 열차에 라틴계 승객들을 태웠다. 라틴계 사람들과 함께 열차를 탄 백인 통근자들은 이전에 비해서도, 다음 열차를 탄 승객에 비해서도 이민에 대해 더 비관용적인 태도를 갖게 되었다.

접촉이 악영향을 입히지 않을 때조차 별 도움이 안 될 수도 있다. 올포트는 "선의의 접촉도 구체적인 목표가 없으면 아무런 목적도 달성하지 못한다"라고 썼다. 그는 선의의 접촉을 유용하게 만드는 비법을 제시했다. '집단을 한데 모으고, 그중 한 집단이 다른 대부분의 시간 동안 더 큰 힘을 갖더라도, 모든 집단에 동등한 지위를 부여하라는 것이다. 공통의 목표에 초점을 맞추라. 개인적인 성격을 부여하라. 다시 말해서 사람들이 각자 서로의 고유하고 독특한 점을 인식하게 하라. 그리고 그들을 둘러싼 기관들을 통해 집단이 서로 협동하도록 지원하라.' 올포트는 이

공감은 지능이다

런 원칙을 달성한다면, 접촉이 기적을 일으킬 수 있을 거라고 주장했다.

이 이론이 순진한 소리라고, 그 옛날 헤이트 애시버리^{Haight-Ashbury} 손 잡기 운동[•]만큼 엄밀한 과학과는 거리가 먼 말이라고 생각할지도 모른다. 하지만 이것은 심리학에서 아주 탄탄한 연구로 뒷받침되는 개념 중 하나다. 근래에 25만 명 이상을 분석한 연구를 통해 명확한 패턴이 드러났다. 사람들은 외부인과 함께 보내는 시간이 많아질수록 편견을 덜 드러냈다. 접촉이 다양한 유형의 외부인을 향한 정서를 온정적으로 만들어준 것이다.[17] 미국에서 태어난 능력 있는 두 이성애자 백인 청년이 있다고 해보자. 둘 중 다양한 사람이 섞인 집단과 알고 지낸 사람은 자신만의 격리된 세상에서 살아온 사람에 비해 흑인과 히스패닉, 아시아와 멕시코, 중미에서 온 이민자, 노인과 장애인, LGBTQ 커뮤니티에 대한 편견이 적다는 것이 증거를 통해 밝혀졌다.

접촉은 사람들이 그런 목표를 추구하지 않을 때조차도 효과를 낼 수 있다.[18] 무작위로 흑인 학생과 룸메이트가 된 백인 신입

• '사랑의 여름'이라 불리는 1967년 여름, 전국의 히피가 샌프란시스코 헤이트 애시버리에 모여 함께 손잡고 노래하며 사랑과 평화를 외쳤던 일.

생은 이듬해 봄이 되었을 때 같은 인종 룸메이트와 지낸 학생들에 비해 인종적 편견이 더 적었다. 사람들이 새로운 집단에 온정적 태도를 갖게 하는 데 한 학년이 통째로 필요한 것도 아니다. 최근의 한 연구에서는, 트랜스젠더와 시스젠더^{Cisgender}* 방문원들이 플로리다 가정들을 방문하여 트랜스젠더 인권에 관한 이야기를 들려주었다. 트랜스젠더 방문원과 의미 있는 대화를 나눈 뒤 주민들의 트랜스젠더 혐오증은 상당히 줄었고, 석 달 뒤에도 그들은 더욱 관용적인 상태를 유지했다.

✦✦✦

핵심은 단순하다. 외부인에 대한 증오는 아주 오래된 것이지만, 피할 수 없는 건 아니다. 사람들이 함께 일하고 생활하고 놀면, 그들을 가르던 분열은 녹아 없어진다.

그 이유를 이해하려면 공감이 선택이며, 경쟁은 사람들에게 공감을 회피할 크나큰 이유를 제공한다는 것을 떠올려보면 된다. 집단들이 희소한 자원을 두고 경쟁할 때는 방어 태세를 갖추고 자기편을 위해 싸워야 한다. 토니의 표현대로 "다문화주의와 다

● 　지정된 성별이 본인의 성정체성과 일치하는 사람.

공감은 지능이다

양성은 모두가 잘살고 있을 때는 아주 멋진 것이지만, 길에 떨어진 빵 조각을 두고 이웃과 싸워야 할 때는 수포가 된다." 부족주의는 자연스러운 것이 되고, (진화의 관점에서) 현명한 일이 된다. 골키퍼의 고초에 공감하는 공격수는 자기 역할을 제대로 해내기 어렵고, 상대의 고통에 공감하는 병사는 자신의 임무를 수행할 수 없다.[19] 그 결과 갈등에 처한 사람들은 단순히 배려를 잊는 것이 아니라 배려하는 마음을 적극적으로 내던진다. 한 연구에서, 보수적인 이스라엘 사람들은 팔레스타인 사람에게 공감하지 않는 쪽을 택할 거라고 대답했다.[20] 이런 선택은 예컨대 소아마비에 걸린 팔레스타인 어린이에 관한 글을 읽을 때 그들이 **실제로** 공감을 보이지 않을 것을 예측하게 한다.

냉담함은 전쟁 중에는 영리한 선택인지 몰라도, 평화를 이루기에는 형편없는 방법이다. 접촉은 사람들에게 외부인을 배려할 이유를 부여함으로써 그러한 문제를 바로잡는다. 우리는 연결을 갈망하고, 사회적 유대를 유지하려고 노력한다. 외부인이 우리의 친구나 동료 무리에 들어오면 그들에게 공감하는 것이 연결 강화라는 목적에 부합한다. 이에 따르는 혜택은 확장적이다. 한 사람의 외부인에 대한 공감은 그들이 속한 집단 전체에 대한 배려로 이어질 수 있다. 댄 뱃슨이 에이즈 희생자에 대한 연구에서 증명했듯이 말이다. 또한 접촉은 공감을 회피하는 것을 더 어렵게 만든다. 이웃이나 친구, 동료의 슬픔과 희망을 차단해버리는 것은 대체로 불가능하다.

접촉은 가장 힘겨운 환경에서도 공감을 형성할 수 있다.[21] 북아일랜드에서 종파 간 폭력 사태가 벌어진 후 가톨릭 신자와 개신교 신자 들은 서로를 비인간화했지만, 상대편에 친구가 있는 사람은 그런 행동을 덜 했다. 흑인이나 무슬림과 함께 일하거나 생활하는 미국 백인들은 그 집단 사람들이 단지 그 집단에 속한다는 이유로 용의선상에 오를 때, 그들에게 더 강도 높은 공감을 보인다. 공감은 다시 연대를 강화한다. 북아일랜드에서 갈등이 일어난 뒤 외부인에게 공감한 사람들은 더욱 적극적으로 그들을 용서했고, 미국에서는 경찰에게 박해당한 소수집단 사람에게 공감한 백인들이 "흑인의 생명도 소중하다Black Lives Matter" 시위에 참가할 확률이 더 높았다.

수십 년 동안 과학자와 전문가 들은 접촉이 발휘하는 굉장한 힘을 병에 든 약처럼 간단한 해결책으로 만들어내려 노력했다. 헝가리에서는 리빙 라이브러리 스쿨 프로젝트Living Library School Project[22]가 사람들에게 살아 있는 '책', 그러니까 집시 같은 주변화된 집단의 사람들과 대화를 나눠볼 기회를 제공했다. 부모 서

공감은 지능이다

클The Parents Circle은 공통의 슬픔이 차이를 극복하게 해줄 거라는 희망에서, 양국의 갈등 속에 가족을 잃은 팔레스타인 사람과 이스라엘 사람을 한데 모았다. 평화의 씨앗Seeds of Peace 23은 메인주에서 팔레스타인과 이스라엘의 십 대를 대상으로 2주간의 여름 캠프를 열었다. 학생들은 민족의 경계를 가로질러 '색깔 전쟁' 팀으로 나뉘었다. 캠프 기간 내내 팀 동료들은 같은 벙커에 들어가 상대 팀과 경쟁했다. 평화의 씨앗은 청소년들이 새로운 팀 정체성에 초점을 맞추게 함으로써 오래된 분열에서 주의를 돌리게 했다. 캠프에 참가한 학생들은 참가하지 않은 학생들에 비해 몇 달이 지난 뒤에도 상대편 사람들에게 더 따뜻한 태도를 갖고 있었다.

최근 심리학자들은 이처럼 접촉을 기반으로 한 70가지 프로그램을 검토했다.24 많은 프로그램이 집단들 사이에 염려하는 마음과 동지애를 만드는 데 성공했다. 그중 일부 프로그램에서는 거기서 얻은 효과가 1년 뒤까지도 유지되었다. 그러나 올포트도 인정했듯이 접촉이 항상 효과를 내는 것은 아니며, 효과를 낼 때조차 효과가 나오는 이유가 항상 명백한 것은 아니다. 접촉을 효과적으로 활용하기 위해 심리학자들은 접촉의 유효성분을 하나씩 독립적으로 검토해 보아야 한다. 올포트가 제시한 접촉의 조건은 훌륭한 출발점이기는 하지만 업데이트가 절실하다.25

접촉의 효과를 극대화하는 방법

에밀 브루노^{Emile Bruneau}는 접촉의 과학을 다시금 예리하게 벼리기 위한 과업을 이끄는 인물이다. 그는 항상 다른 사람이 세상을 어떻게 보는지 이해하고픈 갈망을 갖고 있었다. 그 이유 중에는 자기 어머니를 이해하려고 힘겹게 노력해온 일도 포함된다. 에밀이 태어나고 얼마 후부터 그의 어머니 린다는 조롱하고 위협하는 목소리들을 듣기 시작했다. 머리 위로 날아가는 비행기와 텔레비전 소리에서도 들었고, 아무 소리가 나지 않을 때도 들었다. 린다에게 그 목소리들은 실제 사람이 내는 목소리만큼이나 크고 명료하고 현실적이었다. 에밀이 자랄수록 린다는 더 깊은 조현병의 나락 속으로 떨어졌다.

에밀은 어머니의 정신에 대해 더 알고 싶다는 마음으로 뇌과학의 세계에 들어갔다. 그리고 초기에 접한 연구 하나가 그에게 충격을 안겼다. 뇌과학자들이 조현병에 걸린 사람들의 뇌를 스캔한 연구였다. 스캐너에 들어간 사람은 연구자들이 뇌의 어디에서 환각이 시작되는지 파악할 수 있도록 목소리가 들릴 때마다 버튼을 눌렀다.[26] 연구자들은 상상의 목소리가 소리를 처리할 때와 동일한 뇌 영역을 활성화한다는 사실을 알게 되었다. 생물

공감은 지능이다

학적으로는 실제 소리를 듣는 것과 구별할 수 없는 것처럼 보였다. 에밀에게 이는 구원과도 같았다. 그가 어릴 때는 조현병이 환자의 가족 탓이라고 여겨졌고, 그런 시각은 그의 가족에게 견딜수 없는 고통을 안겼다. 그러나 여기에는 전혀 다른 관점이 존재했다. "나는 그 병이 생물학적 문제라는 걸 깨달았어요. (…) 생물학적인 것은 훨씬 더 다루기 쉽죠. (…) '이건 끔찍한 일이야'라고 생각하지만, 그래도 해볼 수 있는 일이 있는 거죠."

에밀은 다양한 장소로 여행을 다녔고, 그러다 보면 폭력으로 분열된 곳에 가게 되는 경우도 있었다. 그는 아파르트헤이트가 종식된 직후에 남아프리카 공화국에서 몇 달을 보냈고, 두 저널리스트 친구를 만나러 스리랑카에 갔을 때는 그가 도착하고 몇 시간 후에 반군 타밀호랑이가 콜롬보를 공격했다. 장소마다 격동의 양상은 제각기 달랐지만, 공통된 주제도 있었다. 가장 중요한 점은 그 일이 선량한 사람들을 뒤틀리게 만든다는 것이었다. 에밀은 남아프리카공화국에서 자전거 여행을 하다가 길을 잃어 허기지고 멍투성이가 된 상태로 숲에서 빠져나왔다. 그때 한 나이 지긋한 여성이 그를 간호해 건강을 회복시켜주었고, 아무 대가도 요구하지 않았다. 그러다 아파르트헤이트가 주제로 등장하자 "그 사람의 입에서 인종차별주의 막말들이 쏟아져 나왔다." 마치 두

개의 자아로 분열되어 있는 것 같았다.

에밀에게는 갈등이 조현병과 비슷해 보였다. 자신에게는 현실이지만 남들에게는 현실이 아닌 세계 속에 사람들을 오도 가도 못하게 가둬버린다는 점에서 말이다. 그는 집단 간의 충돌이 정신의학적 질병처럼 당사자들의 뇌를 공격하는 건 아닐까 의심하기 시작했다. 그리고 만약 그것이 생물학적 문제라면 치료도 할 수 있을 거라고 생각했다. 그는 현재의 치료법들을 검토하기 시작했다. 에밀은 3주 동안 실시하는 접촉 기반 프로그램에 자원해 가톨릭과 개신교 신자 청소년들을 모아 벨파스트로 갔다. "모두가 거대한 체육관에서 숙식하며, 함께 벽화를 디자인하고 음악을 연주했어요."

"그건 엄청난 실패였어요." 아이들은 3주 동안 서로에게 충분히 친절했지만, 마지막 날 두 아이가 주먹다짐을 시작하자 상황은 순식간에 가톨릭 대 개신교의 전면전으로 번졌다. 한 시간 전에 함께 음악을 연주하던 학생들이 몇 초 만에 예전의 정체성으로 돌아갔다. 싸움을 뜯어말리던 에밀은 한 아이가 다른 아이에게 "이 오렌지 자식아!" 하고 욕하는 소리를 들었다. 그것이 오렌지 공 윌리엄*을 들먹이는 말임을 바로 알 수 있었다. "그 아이들은 서로에게 400년 묵은 욕을 던지고 있었어요. '젠장, 이건 정

공감은 지능이다

말 뿌리 깊은 문제잖아' 하는 생각이 들었죠."

또한 그는 접촉 프로그램들이 모든 걸 한 번에 해결하려는 경향이 있다는 것을 깨달았다. 그 프로그램들은 수십 가지 활동과 토론을 한데 몰아넣는다. 에밀은 더욱 정밀한 접근법을 취하면 정확히 어떤 종류의 접촉이 언제, 어떤 방식으로 가장 도움이 될지 알아낼 수 있을 거라고 생각했다. "프로그램이 효과를 내게 하는 기본적인 성분들이 뭘까? 그 성분들은 서로 어떻게 상호작용할까? 어떤 개입법이 어떤 유형의 사람에게 가장 좋은 효과를 낼까?" 이런 질문은 단순하게 들리지만, 그때까지의 연구는 그런 질문을 던지지 않았다.

에밀은 그 질문에 대한 답을 직접 찾아보기로 했다. 여러 해에 걸쳐 그는 공감을 갉아먹는 갈등의 영향을 탐색했고, 평화 구축 기관들과 팀을 만들어 접촉이 언제 어떻게 효과를 내는지 조사했다. 에밀이 모든 것을 처음부터 새롭게 한 것은 아니었다. 그

• 네덜란드 오라녀 공국의 왕 빌럼 3세 오렌지 공 윌리엄William III Van Oranje, William of Orange(1650~1702년). 1688년 명예혁명을 통해 잉글랜드의 윌리엄 3세가 되었다. 명예혁명을 요약하면, 개신교 성공회 국가였던 잉글랜드에서 의회가 가톨릭 신자인 제임스 2세를 몰아내고 개신교 신자인 그의 딸 메리 2세와 사위 윌리엄 3세를 공동왕으로 옹립한 사건이다. 오렌지 공 윌리엄은 가톨릭과 개신교의 대립을 상징하는 인물인 셈이다.

의 파트너들은 그가 노력으로는 따라잡을 수 없을 만큼 자신들의 갈등에 관해 잘 알고 있었다. 에밀은 그들의 템플릿을 가져와서 그들이 제공한 자료를 이리저리 만지작거리며, 어떤 버전이 가장 좋은 효과를 내는지 테스트했다.

때로 에밀이 찾은 답은 기존 통념과 어긋났다. 고든 올포트는 한 집단이 다른 때에 더 부유하거나 더 큰 권력을 갖고 있다고 하더라도, 집단이 동등한 지위로 한데 모일 때 접촉의 효과가 가장 좋다고 믿었다. 대부분의 갈등 해결 프로그램은 이 원칙을 고수한다. 예를 들어 토론 중에는 반드시 이스라엘 사람들과 팔레스타인 사람들에게 비슷한 발언 시간을 갖게 한다. 그리고 양측에게 상대의 말을 주의 깊게 듣고 상대의 관점을 취해 볼 것을 권한다.

다수집단이나 더 높은 권력을 지닌 집단의 사람들은 많은 경우 이런 토론을 하면 상대방에 대해 더 온정적인 관점을 갖게 되었다. 그러나 소수집단이나 낮은 권력 집단의 사람들은 그렇지 않은 경우가 많았다. 그들은 **이미** 다수의 관점을 이해하고 있었다. 살아남기 위해서 그래야만 했기 때문이다. 최근 한 인터뷰에서 코미디언 세라 실버먼Sarah Silverman이 그런 느낌을 간명하게 잘 표현했다.[27] "여자들은 남자들의 경험을 아주 예리하게 의식하고 있어요. 우리의 실존 전체가 바로 그 경험의 렌즈를 통과해야 하

공감은 지능이다

기 때문이죠. 반면 남자들은 여태껏 한 번도 이 세계에 존재하기 위해 여성의 경험을 이해할 필요가 없었죠."

에밀은 소수집단에 속한 개인은 상대의 관점을 취해보는 일에 질려버렸을지도 모른다고 생각했다. 평등이면 다 된다는 생각 대신, 접촉 프로그램에서 균형을 높이는 방식으로 대처할 수 있을 것 같았다. 한 집단이 프로그램 이외의 시간 동안 늘 침묵 당해 왔다면 집단들을 한데 모았을 때 어쩌면 그들에게 **더 높은** 지위를 부여해야 하는지도 모른다. 더 많은 권력을 지닌 사람들에게 그들의 이야기를 들려줄 수 있게 말이다. 그들은 상대의 관점을 취하는 대신 자신의 '관점을 제시'하면서 더 큰 혜택을 볼 수 있을 것이다. 이 아이디어를 검증하기 위해 에밀은 피닉스 소재의 한 공공 도서관에 실험실을 설치하고 서로 초면인 멕시코 이민자와 백인 미국 시민으로 조를 짰다.[28] 각 조에서 한 사람은 '발신자' 역할을 할당받고 자신들의 집단이 직면하고 있는 어려움에 관한 짧은 에세이를 썼다. 또 한 사람은 '응답자' 역할로, 그 에세이를 읽고 요약한 다음 자신이 그 글에 대해 생각한 내용을 발신자에게 다시 전달했다. 그런 다음 두 사람은 각자 파트너와 그들이 대표하는 민족 집단에 대해 어떻게 느꼈는지 묘사했다.

백인 미국인들은 접촉에 대해 올포트가 예측했던 그대로 반응했다. 응답자의 역할을 해본 뒤 멕시코 이민자에 대한 감정이 더 나아진 것이다. 하지만 응답자의 역할을 한 멕시코 이민자들은 더 부유하고 힘 있는 사람들의 불평을 들어준 뒤로 백인 미국인에 대한 감정이 **더 나빠졌다**. 그러나 '발신자' 역할을 했던 멕시코 이민자들은 백인에 대한 감정이 나아졌다. 에밀은 라말라와 텔아비브에서 팔레스타인 사람들과 이스라엘 사람들 사이에 비디오 채팅 상황을 설정하여 같은 연구를 반복했다. 이스라엘 사람들은(미국 백인들과 마찬가지로) 팔레스타인 사람들의 이야기를 들은 뒤에 그들에 대한 감정이 가장 좋아졌다. 그러나 팔레스타인 사람들은 자신들의 이야기를 들려주고 이스라엘 사람이 그 이야기를 들을 때 이스라엘 사람들에 대한 감정이 가장 좋아졌다. 접촉은 기존 권력구조를 무시하기보다는 그 구조를 뒤집었을 때 가장 좋은 효과를 냈다.

에밀은 세계 곳곳의 증오를 분석했지만, 최근에는 자신의 나라 미국에서 점점 커지는 백인 민족주의 운동에 초점을 맞추고 있다. '대안우파', 즉 극보수주의는 점점 더 대범하고 공공연히 증오를 표출한다. 2017년 8월에 그들은 버지니아주 샬러츠빌에서 네오나치들과 연합해 로버트 E. 리[Robert E. Lee]● 장군 동상 철거에 반대하는 시위를 벌였다. 시위는 폭력적으로 번졌고, 한 대안

공감은 지능이다

우파 활동가는 반대편 시위대 가운데로 차를 몰아 많은 사람에게 부상을 입히고 반대편 시위자 중 한 명인 헤더 헤이어의 목숨을 앗아갔다. 그 현장은 미국의 대학 도시가 아니라 팔레스타인의 서안 지구처럼 보였다.

토니 매컬리어가 '백인 아리안 저항운동'에 한창 빠져 있을 때 외부인에 대한 그의 공감은 극도로 위축되어 있었다. 오늘날 백인 민족주의자들도 그 전철을 따르고 있다.[29] 그들은 외부인을 비인간화하고, 누르 크테일리의 척도에서 무슬림들이 55퍼센트 정도만 진화되었다고 점수를 매겼다. 그들은 타인의 감정에 무디게 반응하며, 폭력이 자신의 신념을 밀고 나가기 위한 이성적인 수단이라고 여긴다. 대안우파 지지자들을 두려워하기는 쉽고, 그들을 가망 없는 편견에 사로잡힌 사람이라고 치부하고 무시하기는 더 쉽다. 그러나 토니의 이야기는 영혼을 상실했던 사람도 여전히 인간성을 되찾을 수 있음을 증명한다. 우리가 그들을 도울 수 있는 환경과 상황을 조성할 수 있을까?

●　　남북전쟁 당시 남부군 총사령관.

뿌리 깊은 증오에도 희망이 있을까

백인우월주의를 버린 뒤, 토니는 '증오 이후의 삶Life After Hate'이라는 온라인 저널을 발견했는데, 거기에는 자신의 경험과 비슷한 이야기들이 가득했다. 사람들은 증오 단체와 함께한 경험과 거기서 빠져나온 경험을 시간 순서로 기록했다. 토니도 적극적인 기고자가 되었다. 2011년에 토니와 다른 기고자들은 아주 특별한 만남에 초대되었다. 구글 아이디어스Google Ideas(현재 직소Jigsaw, 알파벳의 자회사)가 극단주의 예방 전략을 논의하기 위해 증오 단체 회원 출신 약 50명을 한 자리에 모은 것이다. 토니는 이렇게 회상한다. "미친 짓이었어요. IRA* 멤버와 지하드 전사와 네오나치를 마주 앉혀 놓은 셈이었으니까요. 예전이라면 서로를 죽이려 했을 사람들이죠."

그 회의에 참석한 사람들은 명백한 차이점에도 불구하고 공통된 이야기를 공유하고 있었다. 많은 이가 유년기의 상처를 덮으려는 용도로 증오를 활용했다. 그리고 많은 사람이 삶에서 새로운 의미를 발견한 후 그 증오에서 탈출했는데, 특히 부모가 되

---

* 아일랜드 공화국군.

공감은 지능이다

는 것과 자신을 용서하는 외부인과의 우정을 통해서였다. "거듭 똑같은 이유들이 반복해서 등장했어요." 토니는 자신의 분투가 자기만의 일이 아니었음을 깨달았다. 그리고 그것은 토니 자신이 다른 사람을 증오에서 벗어나도록 도울 방법을 찾을 수 있을 거라는 뜻이기도 했다.

토니는 동료들과 함께 '증오 이후의 삶'을 비영리단체로 확장했고, 그 단체는 한때 그가 살았던 어두운 세상에서 사람들을 빼내는 일을 하고 있다. "우리는 비틀거리면서 황야를 헤치고 나와 간신히 반대편에 도달할 수 있었습니다. 그리고 과거에 우리가 있던 곳으로 돌아가 사람들을 돕고 싶었죠." 토니의 이야기는 고통에서 탄생한 이타주의의 교과서적 사례다.

'증오 이후의 삶'은 아리안족과 네오나치, KKK단의 게시판과 소셜미디어 페이지에 침투해 그곳의 방문자들에게 아직도 그들에게 선택권이 남아 있다는 것을 일깨워준다. 증오 단체 회원과 그 가족들이 종종 그들에게 도움의 손길을 요청한다. 샬러츠빌 사건이 벌어진 다음 주에 그들은 전화를 백 통가량 받았다. 토니와 동료들은 그들을 상담사와 문신 제거 전문가에게 연결해주고 더 희망적인 미래로 이끈다.

...

7월의 어느 흐린 날, 토니와 에밀, 누르 크테일리와 나는 노스웨스턴대학교에 모여 하루 종일 브레인스토밍 회의를 했다.[30] '증오 이후의 삶'은 공감을 연구하는 심리학자들에게서 공감에 관해 더 배우기를 원했고, 심리학자들은 토니와 비슷한 사람들에게서 더 직접적인 이야기를 들어보고 싶었다. 우리는 모두 해결책을 원하고 있었다. 특별한 회의였다. 우선 '증오 이후의 삶' 회원들이 자신의 이야기를 들려주었다. 토니가 먼저 시작했다. 그의 얼굴은 부드럽고 솔직해 보였다. 그는 분홍색 줄무늬 셔츠를 입고 상어 이빨 목걸이와 나무 구슬로 만든 팔찌를 차고 있었다. 마치 훌리건 출신의 포크 뮤지션처럼 보였다.

앤절라 킹Angela King이 그의 뒤를 이었다. 앤절라는 학교에서 극심한 괴롭힘을 당하던 피해자였고, 어느 시점에 더 이상 괴롭힘의 표적이 되지 않을 가장 좋은 방법은 괴롭히는 사람이 되는 것이라고 판단했다. 그는 동성애혐오자이자 인종차별주의자가 되었고 증오범죄를 저지르기 시작했다. 앤절라는 유대인 소유 상점에 무장 강도로 침입했다가 체포되어 교도소로 보내졌다. 그의 팔과 다리, 가슴은 나치 문양으로 뒤덮여 있고, 아랫입술 안쪽에는 나치 경례 구호인 지크 하일SIEG HEIL이 새겨져 있었다. 앤절

공감은 지능이다

라는 교도소 생활이 인종 전쟁이 될 거라고 예상했다. 그러나 충격적이게도 그를 받아준 최초의 감방 동료는 아리안족이 아니라 한 무리의 자메이카 여자들이었다. 카드 게임을 하면서 그들은 앤절라의 신념에 의문을 제기했지만, 한 사람의 인간으로서 그를 받아들여 주었다. 앤절라는 이렇게 회상했다. "공격과 분노와 폭력…… 평생 나는 모든 일에 그렇게 반응했어요. 그런데 사람들이 나를 친절과 연민으로 대해주자 무장해제되는 느낌이 들었어요."31

다음은 부드러운 말투의 새미 랭걸Sammy Rangel의 차례였다. 바싹 깎은 검은 머리를 한 그는 종일 체육관에 사는 사람처럼 보였다. 그 역시 학대와 이어지는 증오, 그 후 자신을 이해해주는 외부인과의 접촉을 통한 구원이라는 비슷한 이야기를 갖고 있었다.

그다음에는 에밀과 누르와 내가 증오 및 증오 해결법 연구에 관한 이야기를 들려주었다. 우리는 사람들이 더 쉽게 외부인을 알아가게 하고, 그들을 상투적 유형으로 묶기 어렵게 만드는 넛지들에 중점을 두었다. 한동안 이런저런 전략에 관한 의견을 주고받고 있는데, '증오 이후의 삶' 회원들이 반발했다. "당신들은 이 일을 문제를 해결하겠다는 식으로 접근하고 있군요." 새미가 이의를 제기했다. "이 개입법들에서 당신들은 문제 해결사가 아니에요. 그런 생각이 함정이에요." 증오 단체 회원들은 사람들이 자신의 마음을 바꾸려 들 거라고 **예상한다**. 그런 상황에 대비해 그들은 토니가 '이성의 요새'라고 부르는 것을 구축한다. 반대 주장, 수사학적 기교, 뻔하고 단순한 위협을 통해 모든 주장에 맞서는 보호책을 마련하는 것이다.

이런 방어 전략을 뚫기 위해 '증오 이후의 삶'은 다른 방식으로 시작한다. "목표는 한 사람을 당장 바꾸는 것이 아니에요." 새미가 설명했다. "먼저 그들에게 진심 어린 관심을 보여줘야 하고, 그들이 말하고자 하는 바를 들어줘야 해요. 그런 다음 어느 정도 시간이 흐른 뒤에는 붙잡고 의지할 무언가를 찾을 수도 있겠지요." 이 말을 할 때 새미는 전설적인 심리치료사 칼 로저스^{Carl Rogers}처럼 보였다. 로저스는 심리학자가 할 가장 중요한 일은 호기심을 품고 어떤 판단도 하지 않으면서 환자의 이야기를 진심으로 들어주는 것이라고 생각했다. 증오 단체 회원들은 자신과 생각이 다른 사람들에게 거부당할 걸 예상하고 대비하고 있다. 그리고 그 다른 사람들이란 자신을 제외한 거의 대부분에 해당한다. 과거에 새미와 토니와 앤절라는 모두 다른 사람들이 자신을 **미워할 거라고** 믿었다. 그 수치심을 허물기 위해서는, 그들에게 진심으로 공감하는 누군가가 있어야 했다.

공감은 지능이다

토니는 증오 단체 회원에게 공감하는 것이 그들의 신념을 인정하는 것과는 다른 일임을 분명히 했다. "그 이데올로기와 증오는 반드시 비판해야 하지만, 그 사람은 비판하지 말아야 합니다." 그조차도 무리한 요구처럼 들린다. 학살을 주장하는 문신으로 온몸을 덮은 사람을 인정해주는 일에 무엇 때문에 에너지를 소비하겠는가? 증오에 사랑으로 답할 의무는 누구에게도 없다. 토니의 친구 도브 배런과 앤절라의 멘토가 되어준 자메이카 여인들에게도 분명 그런 의무는 없었다. 그러나 그 외부인들은 토니와 앤절라를 받아들임으로써 그들이 자신에게 자비를 느낄 기회를 주었다. 그리고 그 자비가 수치심에서 솟아난 분노를 씻어주었다.

그때까지 에밀과 누르와 나는 사람들이 외부인에 대해 갖고 있는 마음을 바꿔주는 것이 접촉이라고 믿었다. 그러나 직접 경험해 본 그들이 들려준 이야기는 달랐다. 접촉을 통해 바뀐 것은 그들이 **자신을** 바라보는 방식이었다는 것이다. 지난 15년 동안 심리학자들은 자신의 결점을 너그럽게 용서하려는 의지인 '자기자비self-compassion'에 관해 연구해 왔다. 자기자비와 타인에 대한 공감은 동일한 동전의 양면처럼 보일지도 모르지만, 사실 둘 사이에는 약한 상관관계만이 존재하며 때로는 서로 완전히 별개의 것일 때도 있다.[32] 나르시시스트는 자신은 용서하지만 남들은 용서하지 않을지도 모르고, 우울증에 걸린 사람은 남들은 용서하지만 자신은 용서하지 않을지도 모른다.

자기자비가 결여된 사람들은 의견이 갈릴 때 타협을 거부하고 갈등 국면에서 더욱 강경해지는 경우가 많다.[33] 새미와 앤절라와 토니의 유년기는 그들의 자기자비를 완전히 말려버렸지만, 접촉이 그것을 되살려 주었다. 그들의 경험을 다른 사람들에게도 적용할 수 있을까? 이 점에 대한 연구는 거의 없지만, 최근의 한 연구는 자기자비를 훈련한 이스라엘 어린이들이 팔레스타인 사람들에 대한 편견을 덜 드러냈음을 알아냈다.[34] 현재 누르와 에밀과 나는 새미와 앤절라와 토니의 통찰에서 깨달음을 얻어 자기자비를 키우는 접촉의 역할을 검토하기 위한 연구를 설계하고 있다.

그날 내가 깨달은 또 한 가지 사실은 증오 단체 회원들이 토니 같은 사람들과 접촉한다면, 다른 삶이 가능하다는 것을 직접 목격할 수 있으므로 매우 강력한 효과를 발휘하리라는 것이었다. 라틴 킹스latin kings*나 KKK, 백인 아리안 저항운동 회원이 회의를

* 미국 시카고에 본거지를 둔 히스패닉계 최대 규모의 갱.

공감은 지능이다

품고 '증오 이후의 삶'에 전화를 걸었다고 상상해 보자. 그들은 새미를 만나게 된다. 새미는 자기 어머니에게 거의 죽임을 당할 뻔하고 11살 때 달아나 거리에서 살기 시작했다. 아수라장 같은 감옥에서 지내는 동안은 테이프로 칼을 손에 고정해두고 살았다. 한 번은 끈으로 꽁꽁 묶인 상태로 독방에 감금당했고, 음식은 머리 위에 낚싯대로 매달아 지급됐다. 일리노이주는 그에게 개선할 수 없는 '교정 불능자'라는 딱지를 붙였다. 현재 새미는 사회복지사이자 논문 통과를 기다리고 있는 박사학위 후보생이다.

심리학자들은 대개 접촉이 적어도 두 사람이 관여하는 것이라고 생각하지만, '증오 이후의 삶'은 과거나 미래의 자기 자신과 만나는 것도 대인 접촉만큼이나 강력한 접촉일 수 있음을 보여준다. 30살 여성이 6학년 때 자신이 범한 무례를 떠올리며 움찔한다. 35살이 되었을 때의 자아를 상상하면서는 좀 더 지치고 나이 들었더라도, 성취감과 만족감을 느끼고 있는 모습이기를 바란다. 둘 다 현재의 자신에게는 낯선 사람들이다. 증오 단체 회원들은 특히 자신의 미래와 단절되어 있다고 느낄 수 있다. 젊은 시절 자신에게 미래가 없다고 생각했던 토니처럼 말이다.

여러 연구 결과에 따르면 미래의 자신을 생생하게 상상할 수 있는 사람은 더 현명하게 행동한다고 한다.[35] 한 연구에서 연구자들은 참가자들이 질문(장을 보러 가거나 빨래를 할 생각이 있는 가? 다음 주에 5천 킬로미터 달리기를 하고 싶은가?)에 답하는 동안 뇌를 스캔하고, 미래의 자아가 같은 질문에 어떻게 대답할지 생각해 보게 하면서 다시 뇌를 스캔했다. 대부분의 사람은 현재의 자아와 미래의 자아를 상상할 때 서로 다른 뇌 부위가 활성화되었는데, 이는 그들이 미래의 자신을 전혀 다른 사람으로 여기고 있음을 암시한다. 어떤 사람들의 뇌 활동은 그들이 미래의 자아와 더 강력한 연결을 갖고 있음을 암시했다. 이런 사람들은 예컨대 영리하게 투자를 하는 식으로 자신의 미래를 준비하고 있었다. 또 다른 연구에서는 디지털 기술로 나이 든 자신의 얼굴을 보여주자 은퇴를 위해 저축할 확률이 높아졌다. 미래의 자아와 접촉한 것이 사람들에게 자신을 더욱 친절히 대하도록 설득한 것이다.

새미 같은 사람을 만남으로써 증오 단체 회원들은 자신이 한 번도 상상해보지 못한 미래, 즉 다시 사람들과 좋은 감정을 주고받는 미래에 연결될 수 있다. 또한 새미의 이야기와 같은 이야기는 사람들이 상실과 소외의 삶을 산 후에도 다시 변할 수 있음을 상기시킨다. 회의가 끝나갈 즈음 새미는 그들이 구글 아이디어스 회의에서 채택한 '포머스formers'라는 용어에 관해 말했다. "우리가 서로를 '포머스'라고 부르는 이유는 우리가 모두 예전에는formerly 증오 단체에 속해 있던 사람이기 때문입니다. 하지만 우리가 그 단어를 사용하는 이유가 하나 더 있습니다. 그것은 우리 모두가 항상 새로운 존재로 형성되고forming 있기 때문이지요."

갈등과 증오는 상상력을 말려버릴 수 있다. 조지 오웰의 《1984》에서는 모든 정파가 자신들이 항상 전쟁을 치르고 있다고 믿는다. 현재 미국의 정치, 인종, 정체성도 바로 그런 느낌이다. 수백만에 달하는 우리는 이 모든 분열을 넘어 서로에게 공감하는 세상을 상상할 수 없을지도 모른다. 상대편에게 욕을 퍼붓기 위해 오렌지 공 윌리엄을 들먹였던 캠프 참가자처럼, 우리의 역사가 집단 사이의 끝나지 않는 충돌이며, 따라서 우리의 미래 역시 그래야 한다고 받아들이는 것이다.

그러나 두 경우 모두 틀린 생각이며, 그것이 틀렸음을 단순히 상기하는 것만으로도 평화로 나아가는 길을 닦을 수 있다. 최근에 캐럴 드웩과 연구팀은 캐럴의 마인드셋 연구를 활용하여 개인과 마찬가지로 집단도 변화할 수 있다고 이스라엘인과 팔레스타인인 들을 설득했다.[36] 예컨대 '아랍의 봄'과 유럽연합 결성에 관해 상기시켜준 것이다. 이 연구에 참가한 이스라엘인과 팔레스타인인 모두, 6개월이 지난 뒤에도 이전보다 상대방에 대해 더 긍정적인 감정을 유지했고, 평화의 가능성에 더 희망적이었으며, 평화를 지키기 위해 기꺼이 양보할 의향이 더 컸다. 변화에 대한 믿음은 접촉의 효과를 더욱 높여, 외부인과 협력할 의향을 높여주었다.

자신의 부족이 더욱 강하고 연결된 집단이기를 상상하는 사람이라면 그 상상에서 영감을 얻어 그것을 현실로 만들고자 할 것이다. 효과적인 접촉은 외부인의 가치에 대한 증거를 제시하고, 우리 자신의 가치를 믿게 도와준다. 또한 외부인이 더 이상 외부인이 아닌 미래를 상상할 수 있게 한다.

4

문학과 예술이 **공감**에 미치는 **영향**

들어봐. 빌리 필그림은 시간에서 풀려났어. 노망난 홀아비로 잠들었다가 결혼식 날 깨어났지. 1955년에 한 문을 통과해서 1941년에 또 다른 문으로 나왔어. (⋯) 자기 말로는 자신의 탄생과 죽음을 여러 번 보았고, 그 사이의 모든 사건을 마구잡이로 방문했다는 거야.

커트 보니것, 《제5도살장》

당신이 어린 시절 살았던 집 정면에는 창문이 몇 개 있었는가? 내일 아침 당신이 시동을 걸 때 당신의 차에서는 어떤 소리가 날까? 당신이 마지막으로 공을 찼을 때 공이 발에 닿는 느낌은 어땠는가?

이 질문들에 답하려면 당신은 시간의 흐름에서 떨어져 나와야 한다. 당신의 몸은 소파나 책상 의자에 앉아 있지만, 마음은 풀려나와 마치 풍선처럼 당신이 상상하는 곳으로 둥둥 떠간다.

어렸을 때 살았던 집 앞에 서서 당시 플라스틱 외장재가 얼마나 인기를 누렸었는지에 놀라기도 하고, 차고에서 뒷걸음질로 나와 컵홀더에 담긴 커피를 마시며 흡족해하기도 한다. 다니던 중학교 근처 공원에 가서 축구를 할 수도 있다.

이런 정신적 여행에는 당신의 감각들이 동행한다.[1] 어린 시절 살던 집의 모습을 떠올릴 때 당신의 뇌는 마치 당신이 실제로 그 집을 보고 있는 것처럼 반응한다. 축구공의 감촉을 기억할 때는 실제로 공이 발에 닿는 것처럼 반응한다. 햇살이 환한 날을 상상하면, 마치 어두운 극장에서 나와 오후의 햇빛 속으로 걸어 들어간 것처럼 동공이 수축한다.

이렇게 시간에서 풀려나는 일은 자기도 모르게 일어나기도 한다. 빌리 필그림처럼 우리도 혼란스러운 정신의 롤러코스터에 실려 다니게 될 수 있다. 조현병에 걸린 사람들은 자기가 하는 경험이 실제 세계를 반영하는지 자신의 상상을 반영하는지 구분하지 못한다. 외상 후 스트레스장애가 생긴 사람들은 종종 자기도 모르게 예전에 겪은 최악의 순간으로 휩쓸려 들어간다. 우울증은 우리를 과거에 대한 후회로 휘감아 옴짝달싹 못 하게 하고, 불안증은 미래에 잘못될 가능성에 대한 강박적인 생각에 붙들어둔다. 정신질환의 경우가 아니라도 시간에서 풀려나는 일은 부담이 될

공감은 지능이다

수 있다. 한 연구에서는 연구자들이 아무 때나 참가자들의 스마트폰에 신호음을 울리고 바로 그때 무슨 생각을 하고 있고 어떤 기분인지를 물었다. 사람들은 현재에 굳건히 닻을 내리고 있을 때에 비해 과거나 미래에 대해 생각하고 있을 때 기분이 별로 좋지 않았다고 답했다.[2]

그러나 어떤 때는 과거나 미래로 끌려들어 가는 것이 아니라 스스로 자신을 미래로 보내기도 한다. 이런 식으로 시간에서 풀려나는 것은 강력한 도구가 될 수도 있다. 이는 아직 해본 적 없는 실수를 예상하게 하여, 처해본 적 없는 상황을 잘 헤쳐나가게 한다. 들소 떼를 급습하려면 어떻게 해야 할까? 취업 면접에서 무슨 말을 해야 할까? 이런 질문을 덩치 큰 들소나 엄격한 잠재적 상사와 대면한 후에 처음 하고 싶지는 않을 것이다. 사람들은 시간에서 풀려남으로써 그런 순간에 대한 시뮬레이션을 해볼 수 있고, 그러면 실제로 그런 순간이 닥쳤을 때 준비를 잘 갖추고 있을 수 있다.

시간에서 풀려나기는 뇌 과학의 골치 아픈 문제를 풀어주기도 한다. 과거에 연구자들은 뇌가 대체로 외부 세계의 자극에 대해 반응하는 것이라고 생각했다. 시각과 읽기를 관장하는 뉴런 무리는 소설책을 펼칠 때 "스위치가 켜지"만 눈을 감을 때는 켜지지 않는다고 말이다. 그러나 21세기에 들어설 무렵, 과학자들은 사람들이 아무것도 하지 않을 때 가장 활동적인 뇌 영역들을 발견했다.[3] 수수께끼 같은 일이었다. 자연은 무자비할 정도로 효율을 중시하고, 뇌는 많은 에너지를 소비한다. 그런데 왜 빈둥거리고 앉아 있는데 에너지를 낭비하는 걸까?

알고 보니 빈둥거리며 앉아 있는 것은 우리가 하는 중요한 일 중 하나였다. 손이 한가하면 말썽거리를 찾아내기 마련이라지만, 한가한 뇌는 자유롭게 몽상한다. 계획을 세우고, 회상하고, 상상하는 것이다. 이 수수께끼 같은 뇌 영역들은 시간에서 풀려나기의 조종 시스템이다.[4] 외부 세계에 반응하는 것이 아니라, 우리를 과거와 미래로, 심지어 대안적 현실로 쏘아 보내는 것이다.

이 뇌 영역들은 공감에도 결정적인 역할을 한다. 아주 그럴듯한 것이, 공감**도** 일종의 시간에서 풀려나기이기 때문이다. 당신이 지난번에 보낸 메일에 대해 어머니가 어떻게 생각할지 상상하거나, 얼마 전 있었던 집단 총격 사건의 피해자들이 어떤 감정일지 상상할 때, 당신은 그들의 세상 속으로 정신적 여행을 떠나는 것이다. 뇌의 풀어주기 시스템을 더 많이 사용할수록 그들의 세상으로 더 깊이 들어갈 수 있고, 다른 사람들이 어떤 생각 혹은 감정을 갖고 있는지 더 잘 이해할 수 있다.[5]

공감은 지능이다

이는 그 대상이 상상의 인물일 때도 똑같이 적용된다. 풀려나기는 기이하고도 유서 깊은 인간 여가활동의 핵심을 차지한다. 사람들은 아늑한 불가에 최초로 둘러앉았을 때부터 서로 이야기를 들려주었다. 처음에는 소리를 내어서, 지금은 종이와 화면에 쓴 글자로 말이다. 진짜 사람들에게 둘러싸여 있으면서도 우리는 자유로운 시간의 상당 부분을, 존재한 적 없는 사람들이 일어난 적 없는 일을 경험하는 것을 상상하며 보낸다.[6]

최근 심리학자들은 이야기와 관련한 새로운 이야기를 들려주기 시작했다. 서사예술은 단순한 오락을 넘어 아주 오래된 기술이며, 풀려나기를 더 잘하게 해주는 약물 같은 것이라고 말이다.[7] 이야기는 우리 조상들이 다른 삶을 상상하고, 가능한 미래를 계획하며, 문화적 규준에 합의하도록 도왔다. 현대 세계에서는 새로운 방식으로 도움을 준다. 이야기는 공감의 풍경을 평평하게 만들어, 멀리 떨어진 타인이 그 거리를 더 가깝게 느끼도록, 그리고 서로를 염려하기 쉽도록 만든다.

연기를 잘하면 공감도 잘할까

"그리고 만약 당신이 까마귀 소리를 들었다면, 당신은 슈가 타르 트에 대해서도 알고 있는 거잖아요!" 공작부인이 지켜보는 가운데 앨리스가 요리사를 심문한다. 맨 앞줄에서 들려오는 소리가 앨리스를 중단시킨다.

"아니, 더 질문하는 것처럼 말해야지. 비난하는 게 아니라."

앨리스(사실은 13살 난 오리Orrie라는 아이다)는 능숙하게 어조를 조절하여 대사를 다시 읊는다. 오리는 전통적인 앨리스 의상인 파란 드레스 대신, 큰 스웨터를 입고 컨버스 운동화를 신고 있다. 오리는 영 퍼포머스 극단Young Performers Theatre에서 맡은 첫 주연을 연기하고 있다. 영 퍼포머스 극단은 30년 이상 4~17세의 아이들에게 무대 연기와 극작을 가르쳤다. 〈이상한 나라의 앨리스〉는 그들의 최근작으로, 오늘은 무대 위에서 동선을 정해 리허설하는 첫날이다. 무대 위의 연기가 뚝뚝 끊어진다. 배우들은 내가 기억하는 어떤 중학생들보다 더 자신감 있어 보이지만, 그래도 여전히 불안하게 서서 대사를 더듬거린다. 동료들보다 몇 살 더 어린 가장 몸집이 작은 배우는 마치 바다거북이 옆에서 헤엄치는 방어처럼 더 나이 든 소녀 옆에 바싹 붙어 서 있다.

공감은 지능이다

영 퍼포머스 극단의 예술감독인 스테퍼니 홈스^{Stephanie Holmes}는 마치 런던의 글로브 극장에서 막 공간 이동을 해온 사람 같다. 부드러운 영국식 억양에, 곱슬곱슬한 빨간 앞머리가 이마 위로 내려온 그는 아무 일도 아니라는 듯 능숙하게 극단을 지휘하고 있다. 거의 1분에 한 번씩 자리에서 일어나 온화하지만 스타카토처럼 끊어지는 말투로 어린 배우들을 지도한다. 그가 하는 교정은 두 가지 성향을 띠고 있다. 우선 그는 배우들에게 관객들이 무엇을 보며, 무엇을 알고 있을지 고려해볼 것을 요구한다. 그는 가장 작은 배우의 위치를 눈에 더 잘 띄는 곳으로 옮기고 이렇게 말한다. "얘야, 너는 관객에게 네가 안 보일 위치에 서 있지 않도록만 신경 쓰면 돼." 그리고 진짜 재채기와 무대에서 하는 재채기의 차이를 명료하게 구별해준다. "그냥 '에취'가 아니라 '에츄우우!'라고 소리를 내고 머리를 앞쪽으로 쏠리게 하는 거야."

둘째로 홈스는 배우들에게 등장인물의 내면세계를 생각해보라고 요구한다. 한 장면에서 숱 많은 금발 머리 소년이 연기하는 왕이 "나의 아내인 왕비"에게 앨리스를 소개한다. 소년이 대사를 밋밋하게 읽자 스테퍼니가 끼어든다. "네가 '나의 아내'라는 말을 할 때, 그건 왕비가 너를 너무 아기 취급해서 너 자신에게 '그가 나의 아내'라는 사실을 상기시킬 필요가 있기 때문이야. 그 말을 하고 잠시 멈추는 건, 그 말에 너 자신도 놀랐기 때문이고."

오리는 베테랑 연기자다. 전형적인 13세 소녀처럼 긴장된 에너지가 넘치고(불편해 보이는 치아교정기도 끼고 있다), 일대일로 대화할 때도 쩌렁쩌렁한 목소리를 낸다. 어렸을 때는 자기 방에서 인형의 집을 가지고 〈백조의 호수〉와 〈잠자는 숲속의 미녀〉 공연을 연출했다. 여기 있는 모든 배우가 다 타고난 배우는 아니다. 〈앨리스〉 공연에서 겨울잠쥐 역을 맡은 엘라는 어렸을 때 괴로울 정도로 수줍은 아이였다. 7학년 때 새 학교로 전학하고는 2주 동안 아무와도 말을 주고받지 않았다. 엘라가 극단에 들어온 유일한 이유는 엘라의 오빠와 스테퍼니의 아들이 친한 친구였기 때문이다. 엘라는 초기에 소심한 성격에 잘 맞는 역할을 맡았다. 처음으로 이름을 올린 역할이 '말 없는 고양이'였을 정도다. 하지만 엘라는 점차 더 야심 찬 역할에 도전했다. 그러면서 무대 밖에서도 자신이 더 대담하고 자신감 있게 변했다는 것을 깨달았다. "지금 나는 학교에서 잠시도 입을 다물지 못하는 엄청 시끄러운 수다쟁이예요!"

스테퍼니는 배우들에게 자신의 경험과 등장인물의 경험 사이에서 공통점을 찾아내 보라고 가르친다. 앨리스의 호기심과 어리둥절함을 담아내기 위해 오리는 최근 이탈리아 여행에서 처음

외국을 돌아다녀 본 경험을 끌어왔다. 엘라는 얼마 전에 〈미녀와 야수〉의 벨을 연기했다. 야수가 행방불명된 장면에서 엘라는 고립감과 두려움을 느껴야 했으나, 그걸 어떻게 표현해야 할지 감을 잡을 수 없었다. 스테퍼니는 엘라에게 가족과 억지로 헤어지게 된다면 어떤 느낌일지 상상해보라고 했다. 그 장면의 독백이 끝날 즈음 엘라는 울고 있었다.

메소드method 연기의 아버지 콘스탄틴 스타니슬랍스키Konstantin Stanislavsky는 배우의 일을 '경험의 예술'이라고 묘사했다. 그는 배우들이 자신이 맡은 인물의 동기와 믿음, 역사에 관해 깊이 성찰하도록 훈련했다. 제대로 해낸다면 그런 준비가 진정성 있는 내면세계를 만들고, 그것이 표면으로 끓어올라 진실하고 심오한 연기로 나타난다고 생각했다. "(배우가) 할 일은 단순히 인물의 외적인 삶을 제시하는 것이 아니다. 배우는 자신이 지닌 인간적 특질을 그 인물의 삶에 맞추고 그 삶 속에 자신의 영혼 전체를 쏟아부어야 한다."[8]

이는 마치 공감의 극한스포츠처럼 들린다. 실제로 메소드 연기자들은 인물의 삶을 자신의 것으로 떠안기 위해 종종 고통스러운 일을 자초한다. 에이드리언 브로디Adrien Brody는 〈피아니스트〉에서 홀로코스트 기간에 수년간 바르샤바의 게토에서 숨어 지내며, 굶주림과 외로움을 견디고 예술에서 위안을 구한 연주자이자 작곡가 브와디스와프 슈필만Władysław Szpilman을 연기했다. 그 역할을 준비하기 위해 브로디는 연인과 관계를 끊고, 전화를 해지하고, 유럽으로 갔다. 여러 달을 홀로 지내며 매일 몇 시간씩 피아노를 연주하고 음식도 적게 먹어 체중을 18킬로그램이나 줄였다. 본인의 표현을 빌리자면 그는 "외로움과 상실을 북돋웠다."

배우는 자신의 상상력을 타고 거듭 타인의 마음속으로 들어간다. 그런 활동이 그들을 현재와 자신에게서 풀려나도록 훈련하는 거라면, 그들의 공감을 강화하기도 할 것이다. 정말 그럴까?

탈리아 골드스타인Thalia Goldstein은 그 질문에 답하기 위해 태어났다. 다섯 살 때 그는 "매애 매애 검은 양Baa Baa Black Sheep"을 공연하려고 안무를 짰고, 두 살 난 여동생을 캐스팅했다. 자매는 부모님과 조부모님 앞에서 공연을 했는데, 도중에 동생이 오줌을 눠야 한다고 선언해서 공연이 중단됐다. 탈리아는 동생에게 오줌을 누고 오도록 허락했지만 동생이 돌아올 때까지 자세를 그대로 유지한 채 꼼짝도 하지 않았고, 동생이 돌아오자 중단되었던 부분부터 다시 노래를 이어갔다.

고등학생이 되었을 때 그는 본격적인 연극광이 되어 있었다. 부모님은 대학에서 연극만 공부하지는 말라고 '강력히 권고'했고,

그래서 탈리아는 복수전공으로 심리학을 공부했다. 졸업 후에는 뉴욕에서 웨이트리스와 유모, 헬스장 접수 담당자로 일하며 갈 수 있는 모든 오디션에 참가했다. 몇 차례 성공한 적도 있었지만 (〈톰 소여의 모험〉 전국 순회공연에서 베키 대처 역을 연기했다) 대개는 신통 치 않았다. 펜실베이니아 시골의 극장식당에서 몇 달간 일하며 지 낼 때는 외로웠고 어울리지 않는 곳에 있다는 느낌이 들었다. 여 러 시도도 탈리아를 소진시켰다. "스물세 살 여자가 뮤지컬 극단 에 들어가려고 노심초사하고 있으면 거의 항상 바보 취급을 받아 요. 그런 여자는 귀여워야 하고 눈이 커야 하죠. 그런 것도 참아줄 수 있어요. 기대할 수 있는 다른 뭔가가 있다면 말이죠."

골드스타인에게는 그런 게 없었다. 몹시 원하던 역할을 아쉽 게 놓친 뒤 그는 침대에서 하루 종일 울었고, 그날부로 진로를 수 정했다. 심리학으로 돌아가기로 한 것인데, 그래도 예술에 대한 사랑은 계속 키워가고 싶었다. "창조성이나 예술, 상상력에 관해 공부할 수 있을 것 같은 곳이면 어디든 박사과정 지원서를 보냈 어요." 골드스타인은 어린이 발달 연구소에 들어가게 되었다. 당 시 연구자들 사이에서는 어린이의 '인지적 공감', 즉 남들의 마음 을 읽을 수 있는 능력이 인기 있는 주제였다. 대부분의 두 살 아 이들은 다른 사람이 세상을 어떻게 보는지 의식하지 못하지만,

네 살 아이들은 그렇지 않다. 아이들은 정확히 언제 마음 읽기를 배우며, 왜 어떤 아이들은 다른 아이들보다 마음 읽기를 더 잘하는 것일까?

골드스타인에게는 이 질문이 좀 다른 측면에서 익숙했다. "누군가의 신념, 욕망, 감정을 이해한다는 것이 연기와 비슷하게 느껴졌어요." 자신의 관심사를 통합할 기회를 발견한 그는 첫 학기 논문을 인지적 공감과 연극을 함께 다룬 모든 연구에 관해 쓰기로 했다.9 그러나 그런 연구는 단 한 건도 없었다. 골드스타인은 마침내 자신에게 해야 할 일이 생겼다는 걸 깨달았다.

사람들이 서로를 이해하는 데 연극이 도움이 될 수 있다고 암시하는 힌트들은 있었다. 한 연구에서 심리학자들은 다음과 같은 질문으로 네 살 아이들의 공상에 대한 성향을 측정했다. '상상의 친구가 있니? 네가 동물이나 비행기 혹은 다른 사람인 척 가장하는 놀이를 얼마나 자주 하니?' 그런 다음 연구자들은 이 아이들의 마음 읽기를 테스트했다. 한 테스트에서는 아이가 크레용 상자를 열면 놀랍게도 그 안에서 장난감 말을 발견하게 된다. 그런 다음 그 아이에게 아직 그 상자를 열어보지 않은 아이들이 거기 뭐가 들어있을 거라고 생각할지 물었다. **자기는** 그 상자에 뭐가 들었는지 알아도, 아직 보지 않은 아이는 크레용 대신 무엇이

공감은 지능이다

들어 있을지 모를 거라고 생각하는 아이는 그 테스트를 통과한다. 상상력이 풍부한 아이는 공상을 잘하지 않는 아이에 비해 테스트를 더 잘 통과했다.[10]

골드스타인은 연극이 아이들에게 상상력의 근육을 단련해주므로, 아이들의 인지적 공감도 증진할 거라고 추론했다. 그래서 지역 예술고등학교와 파트너 관계를 맺고, 연극 전공 학생들과 음악과 시각예술을 전공하는 학생들을 비교했다. 두 집단은 두 가지 공감 테스트를 받았다. 사람들의 눈을 찍은 사진을 보고 감정을 포착하는 것과, 사람들이 상호작용하는 비디오를 보고 감정을 포착하는 테스트였다. 두 경우 모두 연극 전공 학생들이 더 뛰어난 결과를 보였다. 골드스타인이 쓴 것처럼 "배우들은 거듭 다른 사람으로 '변신'하기 때문에, 마음 읽기의 **최고** 전문가들일 것"이다.[11]

하지만 이 연구 하나만으로 연기가 공감을 더 잘하도록 만들어준다고 할 수는 없다. 어쩌면 연극이 원래 공감이 뛰어난 아이들에게 더 매력을 발휘하고, 그 집단은 이미 타인을 이해하는 능력이 특출한 집단인지도 모른다. 골드스타인은 큰 노력을 들이지 않고도 수월하게 등장인물 속으로 들어가는 천부적 재능을 지닌 배우들과 함께 공연한 경험이 있었다. 그는 그 배우들처럼 탁월한 수준으로 자신에게서 풀려나는 능력을 가르칠 수는 없지만, 그래도 여전히 훈련으로 차이를 만들 수 있을 거라고 믿었다. "내가 세라 윌리엄스라는 이름의 누군가를 찾아내 테니스를 가르친다고 해서 그가 비너스 윌리엄스나 세리나 윌리엄스만큼 테니스를 잘 치게 될 가능성은 없죠. 하지만 테니스를 배우기 전보다는 분명 더 잘하게 될 거예요." 연극을 하는 아이들이 처음부터 공감을 잘했다 하더라도, 훈련이 공감을 더욱 잘하게 만들 수 있는 것이다.

골드스타인은 두 번째로 더욱 까다로운 연구를 구상했다. 이번에는 시각예술과 학생들과 연극과 학생들의 공감을 두 번씩 테스트했다. 한 학년이 시작되기 전과 후에 각각 한 번씩 한 것이다. 한 학년을 시작할 때 연극과 학생들은 시각예술과 학생들보다 조금 더 공감이 뛰어난 상태였다. 그러나 연극 훈련이 한 학년 동안 학생들의 인지적 공감을 더욱 **키운 반면** 다른 형식의 예술 훈련들은 그렇지 않았다.[12]

골드스타인의 초기 연구는 거의 10년 전에 발표되었지만, 그 이후에 그와 또 다른 연구자들이 그의 접근법을 더욱 진전시켰다. 새로운 연구에서는 참가자들을 연기 수업과 팀 구축 워크숍 같은 '대조군' 수업에 무작위로 할당했다. 아직 예비 연구 단계이기는 하지만 그들이 발견한 사실은 매우 희망적인 전망을 하게 한다. 수련의들은 연극 교육을 받은 뒤 환자와 상호작용할 때 더욱 공감을 잘하게 되었고, 자폐장애 어린이들은 2주간의 연극 프로그램을 수료한 후 공감 테스트 결과가 더 좋아졌으며, 가족들도 아이와 상호작용이 더 원활해졌다고 느꼈다.[13]

앞에서 살펴보았듯이 공감은 심리적 힘들의 밀고 당기기를 반영한다. 그리고 연기는 그 힘들 사이의 균형에 변화를 가한다. 우선 연기는 공감을 더욱 매력적인 것으로 만들어준다. 관점을 바꾸는 능력은 연극에서 통용되는 법정화폐다. 인물의 정신과 감정을 정확하게 담아내는 배우가 탁월한 연기를 할 수 있으니 말이다. 연기는 또한 공감할 때 부담으로 작용할 수 있는 심리적 대가를 허구가 주는 거리로 완화해준다. 엘라는 벨을 연기하는 동안 울었고, 오리는 앨리스로서 이상한 나라의 경이로움과 혼란을 느꼈다. 그러나 허구의 삶으로 들어간 그들의 여행은 짧은 데다 자진해서 하는 여행이다. 두 시간 뒤면 그들은 거기서 빠져나와 실제 삶으로 돌아간다. 그리고 아마도 이전보다 더 실제의 삶을 만끽하게 될 것이다.

문학작품이 열어준 공감의 길

연극만큼 두드러지지는 않지만 다른 풀려나기 형식으로도 공감을 키울 수 있다. 앨리스를 연기하려면 극단과 무대와 많은 사람 앞에서 말하는 것을 좋아하는 드문 성향이 요구된다. 대부분의 사람은 소파 위에 웅크리고 앉아 앨리스에 관한 책을 읽는 쪽을 더 좋아한다. 심리학자 레이먼드 마^{Raymond Mar}는 10년 이상 문학 읽기의 효과를 연구했다.[14] 마의 관점에서 장편소설과 단편소설은 사람들에게 수많은 삶을 경험할 기회를 제공한다. 우리는 흑백분리법이 있던 시절 남부에서 흑인 여성이 겪는 고투나, 달 식민지 개척자들의 고립된 삶을 목격할 수 있다. 만약 우리에게 갑자기 날 수 있는 힘이 생긴다면, 혹은 우리가 버킹엄 궁전에 잠입해야 한다면 어떻게 해야 할지 전략도 짤 수 있다.

마를 비롯한 연구자들은 열혈 독자들이 책을 덜 읽는 사람들에 비해 타인의 감정을 더 쉽게 파악한다는 사실을 알아냈다.[15] 이야기책을 탐독하는 아이는 책을 별로 안 좋아하는 친구들에 비해 더 일찍 마음 읽기의 기술을 키운다. 적은 '분량'의 소설도 공감을 증진한다.[16] 한 연구에서는 조지 손더스^{George Saunders}의 《12월 10일^{The Tenth of December}》을 읽은 사람들이 비문학을 읽은 사람에 비

공감은 지능이다

해 다른 사람의 감정을 더 정확히 알아맞혔다. 또 다른 연구에서는 우울증을 안고 살아가는 사람을 문학적으로 그린 책을 읽은 사람들이 우울증의 폐해에 관한 과학적 설명을 읽은 사람들 보다 우울증 연구를 후원하는 단체에 기부할 확률이 더 높았다.

책은 휴대가 가능하고 소리가 나지 않으며 심지어 은밀하다. 독자가 다른 세계를 위태롭게 오가는 중에도 지하철 옆자리에 앉은 사람은 전혀 눈치채지 못한다. 이는 독자가 공적으로 거부하거나 회피하는 외부인에게도 안전하게 공감할 수 있음을 뜻한다. 우리는 살인자를 비난하지만《아메리칸 싸이코American Psycho》의 패트릭 베이트먼Patrick Bateman의 마음속에서는 몇 시간이고 시간을 보낼 수 있다. 편협한 인종차별주의자의 아들이《보이지 않는 인간Invisible Man》을, 동성애 혐오자의 딸이《미국의 천사들Angels in America》을 몰래 읽을 수도 있다.

이런 경험은 '가벼운 접촉'이다. 독자에게 외부인의 삶을 맛보게 해주면서도 실제 상호작용이라는 부담은 주지 않는다는 점에서 말이다. 하지만 여전히 **실제로** 외부인을 배려하는 마음의 길을 닦아줄 수 있다. 해리엇 비처 스토Harriet Beecher Stowe의《톰 아저씨의 오두막》은 단순히 평가할 수 없는 유산을 남겼지만, 무엇보다 독자들을 소설 속 노예의 고통과 연결함으로써 실제로 수많은 사람이 당면했던 잔인함을 바라보게 해준다. 이 책이 얼마나 깊은 영향을 미쳤는지, 스토를 만났을 때 링컨 대통령은 "그러니까 당신이 바로 이 엄청난 전쟁을 일으킨 책을 쓴 작은 여인이로군요"라고 말했다. 업턴 싱클레어Upton Sinclair의 《정글The Jungle》은 독자가 식육 산업의 비인간적 조건을 직시하게 만들어 노동자 인권운동을 촉발했다.

이런 패턴은 실험실 연구에서도 나타난다.[17] 한 연구에서는 동성애자나 외국인 주인공이 등장하는 이야기를 읽은 후 사람들의 LGBTQ와 이민자 공동체에 대한 태도가 개선되었다. 또 다른 연구에서는 일부 사람들에게 아랍계 미국인 여성이 인종차별적 공격을 막아내는 소설을 읽히고, 나머지 사람들에게는 같은 내용이 담겨 있지만 대화와 내면의 독백이 제거된 이야기의 개요를 읽게 했다. 전체적인 이야기를 읽은 사람들은 건조한 개요만 읽은 사람들에 비해 무슬림에게 공감을 더 많이 하고 편견을 덜 보였다.

소설은 이를테면 공감 습관 형성을 유도하는 약물 같은 것이다. 이는 실제 세계에서 배려하는 일이 너무 어렵거나 복잡하거나 고통스러울 때 타인의 마음을 느끼도록 도와준다. 이 때문에 소설은 유대를 맺는 것이 불가능해 보일 때도 사람들 사이의 유대감을 회복하게 할 수 있다.

공감은 지능이다

집단 트라우마 치유

바타무리자는 셰익스피어가 창조한 줄리엣의 직계 후손이라고 해도 될 정도다. 열정적이고 따뜻한 마음씨를 가졌지만 그래서는 안 될 가문의 남자에게 홀딱 반해 있다. 그의 연인인 셰마는 부만지 사람이다. 그는 바타무리자가 속한 공동체인 무후무로에서 언덕 하나를 넘어가면 나오는 마을에 산다. 수년 동안 부만지 사람들은 정부에서 특혜를 받아왔다. 무후무로 사람들은 그들을 시기했다. 바타무리자의 오빠 루타가니라는 부만지에 대한 폭력을 주장한다. 결국 두 마을의 충돌로 루타가니라는 감옥에 수감되고, 바타무리자는 수녀원에 들어가며 셰마는 자살을 시도한다. 캐퓰렛 가문과 몬터규 가문의 비극에 아주 조금 못 미치는 정도의 비극이다.

이는 르완다 집단학살 이후에 만들어진 '새로운 새벽'이라는 뜻의 〈무세케웨야Musekeweya〉라는 라디오드라마 줄거리다. 〈무세케웨야〉의 제작자 게오르게 바이스George Weiss는 벨기에인으로 홀로코스트 생존자의 아들이다. 자기 가족이 겪은 것과 같은 증오를 치료하려 노력하며 살아왔다. 매스미디어를 도구로 쓰는 그는, 다른 사람에게 해를 입히는 데 매스미디어를 사용하는 사람들에게서 영감을 얻는다. "우리의 유일한 모델은 나쁜 놈들이 하는 짓, … (나치 지도자인) 요제프 괴벨스Joseph Goebbels 같은 뛰어난 선동가들이 하는 짓입니다." 선동가들은 공포와 혼란을 만들어내고, 명령을 기꺼이 따르는 사람들에게 공동체와 안전을 제공한다.

바로 이것이 르완다에서 일어난 일이다. 1994년, 다수인 후투족과 소수인 투치족 사이의 오래된 긴장이 쥐베날 하브자리마나Juvénal Habyarimana 대통령의 암살로 폭발했다. 다음 날, 이후 석 달 이상 계속될 인종청소 전쟁이 시작되었다. 전쟁이 끝날 때까지 투치족의 70퍼센트가 살해되었고, 죽임을 당한 사람은 평균 한 시간에 20~40명이었다.

이 폭력적인 사건은 한 생존자의 표현에 따르면 르완다를 '비처럼' 휩쓸어갔다.[18] 그러나 이 폭력은 오랜 시간을 들여 키워온 것이었고, 영악한 선동가들이 그 과정에 더욱 박차를 가했다. 역사가 장 크레티앵Jean Chrétien은 르완다 집단학살을 이끈 두 가지 도구가 "하나는 매우 현대적인 것이요, 하나는 그리 현대적이지 않은 것이니, 바로 라디오와 마체테다"라고 말했다.[19] 라디오는 르완다에서 가장 인기 있는 매체로, 전국 어디서나 사람들이 모여서 음악과 뉴스 헤드라인과 연속극을 들었다.

1993년에 라디오 텔레비지옹 리브르 데 밀 콜린Radio Télévision

공감은 지능이다

Libre des Mille Collines(RTLM)이라는 새로운 방송국이 개국하며 방송 전파를 장악했다. 국영 채널은 클래식 음악과 뉴스를 방송했지만, RTLM은 히트곡과 가십 쇼를 방송했다. 카리스마 넘치는 진행자를 고용하여, 그들이 혼자 이야기하는 내용으로 방송 내용의 절반 이상을 채웠다.[20] 그들은 끊임없이 농담을 하고 자기가 방문했던 마을과 사람들에 대해 떠들어댔다. "우리가 가장 우선시하는 것은 모든 르완다인이 좋아하는 뉴스, 바로 웃음을 선사함으로써 그들을 돕는 것입니다."[21]

많은 르완다인이 그 프로그램들을 애정 어린 마음으로 기억하지만, RTLM에게는 사악한 목적이 있었다.[22] 라디오 출연자들은 점점 확장되고 있던 증오에 찬 '후투 파워' 운동의 홍보 담당자들이었다.

그들은 투치족에게 부패와 폭력의 누명을 씌우고, 그들을 '바퀴벌레'라 부르며 비인간화했다. 학살이 시작된 후 RTLM은 잔인한 기조를 취하며 후투족 사람들에게 (살인을 암시하며) "그일을 하라"고 지시하고, 그들의 성공을 축하했다. 학살이 시작되고 한 주가 지나자 "그 **바퀴벌레들**과 또 다른 놈들이 우리를 상대로 개시한 (…) 전쟁에서 우리가 큰 승리를 거두고 있으니, 축배를 들 맥주를 빚으시오"라는 발표가 울려 퍼졌다.

RTLM은 증오로 이어지는 샛문을 열어 놓았다. 그렇다면 라디오가 사람들을 화합시키는 일도 할 수 있을까? 이는 집단학살 10년 후 〈새로운 새벽〉이 던진 질문이기도 하다. 거의 같은 시기에 르완다 정부는 수천 명에 달하는 **학살자** 전원을 모두 법적 처분하기가 버거워서 **가차차**gacaca라는 전통적인 재판 제도에 그들을 맡겼다. 대략 '풀밭의 재판'이라고 번역할 수 있는 가차차는 마을 재판소에서 희생자가 자신을 공격한 자들과 대면하도록 허용했다. 피의자들은 자백과 사과를 할 수 있으며, 죄의 경중에 따라 정해진 기준의 형을 받았다. 그러나 가차차는 사람들이 트라우마를 다시 체험하게 함으로써 덮어두었던 심리적 상처를 공적인 시선 아래서 다시 들쑤시는 일이기도 했다.[23]

바이스는 이와 다른 방침을 택했다. 그는 폭력 이후에 사람들이 그에 관한 대화를 나누기에는 너무 상처 입기 쉬운 상태라고 판단했다. "우리는 후투족이나 투치족에 관해 이야기하고 싶지 않았습니다." 대신 그는 〈새로운 새벽〉이 르완다인들에게 배신과 폭력과 용서에 관해 생각해볼 수 있는 안전한 계기가 되도록 만들었다. 또한 공감의 여지도 만들어두었다. 이야기의 악역인 루타가니라는 '변화하는 인물형'이다. 감옥에 갇힌 그는 새로운 목적을 발견하고, 전쟁 도발자가 아니라 평화주의자로 다시

공감은 지능이다

태어난다. 루타가니라의 변화는 살인자라도 여전히 인간이며 구제의 가능성이 있음을 상기시킨다. 바이스는 그 이야기가 누구나 가해자가 될 수 있음을 보여준다고 말한다. "'그들은 괴물이 아니다.' (…) 아니, 그보다는 청취자의 90퍼센트가 후투족이니 '우리는 괴물이 아니다'라는 뜻이다." 〈새로운 새벽〉의 청취자들은 아직 그들의 이웃 혹은 자기 자신을 용서할 준비가 안 되었더라도, 용서하는 것이 어떤 느낌일지 느껴볼 수 있었다.

그것이 그 라디오 드라마의 의도였다. 〈새로운 새벽〉이 실제로 어떤 효과를 냈는지 확신할 수는 없지만, 적어도 한 진취적인 젊은 심리학자에게 어떤 효과를 냈는지는 알 수 있다. 당시 예일대 대학원생이었던 벳시 레비 팔럭Betsy Levy Paluck은 프로파간다의 유해한 영향에 관해 연구하고 있었는데, 그는 프로파간다가 선을 위한 힘이 될 수도 있을 거라는 생각에 영감을 받았다. 바이스에게 〈새로운 새벽〉에 관해 듣자마자 팔럭은 그 자리에서 충동적으로 그 방송의 효과를 평가해보겠다고 제안했다. 그 일을 하는 데 여러 해의 수고가 필요하리란 걸 몰랐던 순진한 열의 덕분에 가능한 일이었다. 그는 "그런 상황에서는 무지가 용감함을 키워주죠"라고 회상한다. 바이스는 그 제안을 받아들였고, 팔럭은 지난 몇십 년을 통틀어 아주 창의적인 심리학 실험 중 하나에 착수했다.

〈새로운 새벽〉이 르완다 전국에 방송되기 전에 팔럭은 전국 곳곳의 마을, 생존자 공동체, 학살자들이 수감된 감옥 등에서 '라디오 청취 파티'를 열고, 어떤 집단에게는 〈새로운 새벽〉을, 또 어떤 집단에게는 건강에 중점을 둔 다른 라디오 연속극을 들려주었다. 그것은 이를테면 약 대신 이야기를 가지고 하는 임상시험이었다. 게다가 알약을 먹는 것보다 더 재미있는 일이기도 했다. 팔럭은 그 청취 파티가 르완다인들이 일상적으로 라디오를 듣는 것과 유사한 경험이 되도록 신경 썼다. 그리하여 사람들은 무리를 지어 손에 마실 것을 들고 라디오를 들었다. 방송이 끝나면 그들은 춤을 추고 등장인물을 놓고 왈가왈부하고 인물들의 행동에 지지를 표했다. "가장 중요한 것은 프로그램이 가져오는 여파다." 어느 밤 팔럭이 수첩에 적어놓은 말이다.

팔럭은 〈새로운 새벽〉이 르완다 비극에 대한 양 진영 모두의 공감을 증가시켰음을 발견했다.[24] "사람들은 그 라디오 연속극에 정서적이고도 관대한 방식으로 공감했다." 〈새로운 새벽〉의 등장인물을 생각하게 하는 것만으로도 실제 사람들에 대한 공감을 유도할 수 있었다. 심리학자들은 영리한 실험을 설계했다. 바타무리자를 연기한 배우가 화해에 관해 이야기하는 목소리를 녹음

공감은 지능이다

한 것이다. 바타무리자의 목소리를 들은 르완다인들은 전혀 들어
본 적 없는 목소리를 들은 이들에 비해 자신과 다른 종족인 르완
다인에 대해 더 많은 신뢰를 표현했다.[25]

팔럭의 연구 결과, 〈새로운 새벽〉이 과거를 지운 것은 아니
었다. 예컨대 그 방송을 들었다고 예전과 달리 후투족과 투치족
사이의 결혼을 지지하게 될 가능성은 거의 없었다. 그러나 특기
할 점은 그 라디오 드라마가 사람들에게 **다른 사람**도 화해를 지
지한다는 것을 더 많이 느끼게 해주었다는 점이다. 미디어는 주
로 이런 식으로 바늘을 움직인다. 먼저 그들이 속한 공동체의 신
념에 대해 사람들이 가진 인상을 바꾸고, 그런 다음에 그 사람들
의 신념에 파고들어 변화를 일으킨다. 바이스가 보기에 르완다의
경우 특히 더 그랬다. "르완다는 집단이 강력한 바탕을 이루는 사
회에요. 사람들은 자신의 개인적 태도에 관해서 말하지 않고 자
기 주변 사람들을 먼저 살피죠."

팔럭은 〈새로운 새벽〉을 '복용'하는 것이 르완다인들의 두려
움과 분노를 완화할 수 있을 거라는 견해를 제시했다. 곧 그 약이
전국으로 확산되었다. 〈새로운 새벽〉은 르완다 역사상 가장 인기
있는 라디오 드라마가 되어 바이스를 놀라게 했다. 어느 시점에
이르자 매회 전 국민의 90퍼센트가 그 방송을 들었다. 여러 해에

걸쳐 드라마는 집단 치유의 순간을 여러 차례 제공했다. 방송이 시작되고 몇 시즌이 지났을 때 바타무리자와 셰마가 결혼을 하고, 마침내 부만지 마을과 무후무로 마을에서 온 가족들이 만난다. 물론 허구의 결혼식이지만 그 결혼식 장면은 수도 키갈리에 있는 아마호로 스타디움에서 생방송으로 녹음되었다. 그곳은 10여 년 전 투치족 난민 수만 명을 수용했던 장소였다. 그곳에 투치족과 후투족이 결혼을 축하하기 위해 모인 것이다.

〈새로운 새벽〉은 사람들이 힘겨운 순간을 버텨내도록 도와주기도 했다. 가차차 재판 기간 동안 피해자들은 자신의 경험을 〈새로운 새벽〉의 렌즈를 통해 여과했다. "사람들은 실제 사람과 실제 상황에 관해 이야기하면서도 등장인물들의 이름으로 그들을 거론했어요." 팔럭의 말이다. "'그 사람은 바타무리자였어요'라는 말은 그 사람이 평화를 원했다는 뜻이고, '그 사람은 루타가니라였어요'라는 말은 폭력을 선동했다는 뜻이죠. 그 드라마는 사람들이 폭력적 사건과 (…) 거기서 그들이 맡았던 역할에 관해 말하면서도, 그들을 직접적으로 비난하지 않을 수 있는 언어를 제공했어요. 폭발할 듯한 순간의 압력에서 빠져나올 수 있는 수단을 제공한 거죠."

팔럭은 연속극 하나가 집단학살의 트라우마를 시울 수 있을

공감은 지능이다

거라고는 생각지 않았지만, 르완다인들의 치유 과정을 시작하는 데는 도움이 될 거라 믿었다. "이 라디오 드라마가 진정한 용서나 화해로 이어질 거라고는 말할 수 없지만, 그들의 마음이 용서와 화해의 방향으로 옮겨가도록 도울 수 있으면 좋겠어요."

범죄자를 위한 독서 모임

'증오 이후의 삶'의 놀라운 점은 외부인에 대한 회원들의 편견을 뒤집는 일에만 중점을 두지 않는다는 것이었다. 그들은 자신에 대한 자비를 키워가는 것부터 시작했다. 이와 마찬가지로 소설과 연극 등 픽션은 독자들이 등장인물을 통해 자신의 삶을 재구성 해보는 데 도움이 된다. 특히 새로운 이야기가 절실히 필요할 때 더욱 큰 도움이 된다.

문학을 통한 삶의 변화Changing Lives Through Literature는 1990년에 분노한 두 명의 밥이 테니스 경기를 하다가 구상한 것이다. 매사추세츠 다트머스대학교의 영문학 교수 밥 웩슬러Bob Waxler는 문학이 공학과 컴퓨터과학에 비해 낡아빠진 사치쯤으로 여겨지며 주변화되어 가는 상황을 목격했다. 그러나 그는 학기마다 고전소설에서 실제 삶과 연결된 의미를 찾아내는 학생들을 보았다. "그래서 문학에는 여전히 변화를 일으킬 힘이 있음을 증명할 방법을 찾고 싶다고 생각했죠."

뉴베드퍼드 매사추세츠 지방법원 판사인 밥 케인Bob Kane 역시 답답함을 느끼고 있었다. 똑같은 사람들이 똑같은 죄목으로 계속해서 판사석 앞에 불려왔다. 자신의 법정이 회전문이 된 것 같았다. 사법통계국은 최근 2005년에 석방된 수감자 40만 명 이상을 추적했는데, 2008년까지 그중 3분의 2가 다시 체포됐다.[26] 데이터에 따르면 일단 사법제도 안에 들어선 사람은 좀처럼 거기서 빠져나가지 못하는 것 같았다.

오랜 친구인 두 사람은 함께 분통을 터뜨렸고, 그러다 웩슬러가 비범한 실험을 제안했다. 케인이 기결수 중에 적합한 사람을 선별하고, 그들이 웩슬러가 이끄는 독서 모임에 참가하는 데동의할 경우 그들의 형량을 줄여주자는 것이었다. 케인은 즉각동의하고("정말 마음에 드는 제안이었습니다.") 보호 감찰관인 웨인세인트 피에르Wayne Saint Pierre에게 적임자를 찾는 일을 맡겼다. 세사람은 몇 가지 요건을 정했다. 독서 모임의 '학생'으로 선발되려면 전과가 많고 재범 위험이 높아야 했다. 웩슬러는 말했다. "터프기이들로 합시다." 세인트 피에르는 〈내셔널 지오그래픽National

_{Geographic}〉의 한 단락으로 시험을 치러 후보자들이 글을 읽을 수 있다는 걸 확인했다. 케인 판사가 프로그램에 참가할 것을 제안하자 주저하는 이들도 있었다. "교도소는 그들이 잘 아는 곳이죠." 웩슬러가 말했다. 하지만 소설을 읽거나 대학 캠퍼스에 가본 일은 없는 이들이 다수였다. 그래도 결국에는 모두가 동의했고, 제1기 '문학을 통한 삶의 변화' 그룹이 출범했다.

독서 모임은 2주에 한 번씩 매사추세츠 다트머스대학교 세미나실에서 열렸다. 그들은 《노인과 바다》나 《캐롤라이나의 사생아Bastard Out of Carolina》처럼 위험과 상실, 속죄의 이야기를 담은 장편소설에 관해 토론하며 저녁 시간을 보냈다. 첫 번째 모임 이후에 세인트 피에르와 케인이 모임에 합류하기로 되어 있었다. 기결수들이 그들에게 판결을 내린 판사와 그들을 다시 감옥으로 돌려보낼 수 있는 보호 감찰관과 한 자리에서 문학에 관해 토론하는 것이다. 지정된 도서를 도서관에서 찾아오는 것은 '학생들'의 책임이었고, 수업에 출석하지 않거나 책을 읽지 않는 것은 가석방 위반으로 간주했다. 평범한 독서 모임이 아닌 것이다.

웩슬러는 흥분과 염려를 동시에 품고 첫 모임에 도착했다. 프로그램을 발표하자 약간의 관심과 엄청난 비판이 몰려왔다. 대학 행정부는 강력히 반발했다. "그들이 제일 먼저 한 말은 '당신은 캠퍼스에 범죄자들을 데려왔고, 그들은 우리 컴퓨터를 모조리 훔쳐 갈 거요'라는 말이었어요."[27] 주 당국자들은 '삶의 변화'가 실제로 그럴 자격이 있는 사람들이 아니라 기결수들에게 무료교육을 제공한다고 불평했다. 많은 사람이 그들의 계획을 정의가 아닌 응석 받아주기라고 여겼다. 만약 한 명이라도 사회의 주목을 끄는 방식으로 다시 범행을 저지른다면 프로그램은 폐기될 공산이 컸다.

첫 수업 참가자는 8명으로 구성되었으며 모두 합쳐 전과가 142개였고, 그중 몇 가지는 폭력 범죄 전과였다. 웩슬러는 그들을 불러 모았다. "내가 한 친구를 보며 말했죠. '당신 좀 긴장한 것 같군요.' 그랬더니 그 친구가 나를 보며 말했어요. '긴장한 건 바로 **당신**이요, 교수 양반!'"

웩슬러는 그들에게 엉망이 된 십 대 세 명의 하룻밤에 관한 T. C. 보일T.C.Boyle의 단편소설 〈기름투성이 호수Greasy Lake〉를 나눠 주었다. 주인공들은 셋 중 하나의 엄마 차인 셰비 벨에어를 몰고 떠들어대면서, 한때는 수영을 할 수 있었지만 지금은 기름 막으로 뒤덮인 물웅덩이 근처 공터에 도착한다. 그들은 실수로 한 커플의 애정 행각을 중단시키게 되고, 이는 난폭한 주먹싸움으로 이어진다. 상황은 순식간에 비화되어, 세 십 대는 (명백히 묘사되지

공감은 지능이다

는 않지만) 성폭행을 시도하고, 상대가 보복으로 그들의 차를 일그러뜨리는 동안 더러운 웅덩이 속에 숨어 있게 된다.

30분 동안 말없이 소설을 읽은 뒤에 토론이 시작됐다. 처음에는 좀 어색했다. "그들은 문학적 대화의 리듬에 대해서는 별로 감이 없었어요." 웩슬러가 말했다. 어떤 사람은 장황하게 말했고, 어떤 사람은 거의 아무 말도 하지 않았다. 웩슬러는 독서 토론을 이끌기 위해 등장인물들에 관한 질문을 던졌다. "이 친구들 나쁜 놈들일까요? 아니면 이런 건 누구에게나 일어날 수 있는 일일까요?" 이 질문으로 도덕적 모호성에 관한 토론이 시작됐다. 이 인물들이 나쁜 행동을 한 것은 분명히 맞지만, 상황이 다르게 전개되었다면 훨씬 더 나쁜 짓을 할 수도 있었을 것이다. 그러나 그 소설은 악당들에 관한 이야기가 아니었다. 실수가 쌓이면서 어떻게 상황이 악화될 수 있는지, 사람들이 얼마나 순식간에 통제를 잃어버릴 수 있는지에 관한 이야기였다.

독서 모임이 끝나고 세미나실을 빠져나갈 때 한 학생이 웩슬러에게 말했다. "이 소설은 꼭 내 이야기 같네요." 웩슬러가 그 프로그램에 뭔가 중요한 게 있다는 것을 알게 된 순간이었다. '삶의 변화'는 학생들이 자신의 인생에 관해 이야기하게 하지는 않았지만, 이야기의 등장인물들이 그들에게 자신을 바라볼 새로운 렌즈를 제공해주는 것은 분명했다. 학생 중 다수가 거의 평생 '나쁜 놈' 소리를 듣고 살았고, 나쁜 놈이 아닌 존재가 될 기회는 좀처럼 가져본 적이 없었다. 소설은 모든 범죄의 표면 아래에는 결함이 있지만 여전히 존엄성을 지닌 사람이 존재한다는 사실을 드러내 주었다.

여러 주에 걸쳐, 그리고 이은 여러 해에 걸쳐, 웩슬러는 소설이 다양한 방식으로 학생들의 마음을 여는 모습을 지켜보았다. 등장인물이 모든 걸 잃더라도, 학생 자신에게는 아직 기회가 남아 있었다. "비극의 주인공은 자신에 관한 어떤 깨달음을 얻고 후회하죠. 주인공에게는 이미 너무 늦은 일이지만, 독자에게는 그렇지 않아요." 이야기를 통해 학생들은 다른 미래와 그 미래에 도달할 경로를 상상할 수 있었다. "이야기는 많은 경우 현재에 갇혀 있는 사람들이 순간을 떨치고 나가 과거를 반성하고, 미래를 만들어가기 위해 어떤 일을 할 수 있을지 생각해보게 합니다."

'삶의 변화' 프로그램에 참가하는 학생들은 동일한 소재를 서로 얼마나 다르게 해석하는지를 보고 자주 놀랐다. 그들은 토론을 하면서, 독자의 관점에 따라 같은 인물이 사악하게 보일 수도 있고 순진하게 보일 수도 있다는 사실을 알게 되었다. 웩슬러는 세미나 테이블에 민주주의를 주입했다. 바깥에서 그들이 어떤 일을 했든, 어떤 취급을 받았든, 여기서는 모두의 의견이 중요했다.

　이런 점은 그들에게 판결을 내린 케인 판사가 모임에 합류하면서 더욱 분명해졌다. 그들 다수에게 케인 판사는 검고 긴 법복을 입고 판사석에서 그들을 내려다보던 남자, 그들을 무가치한 존재로 낙인찍은 체제를 대표하는 인물이었다. 어떤 학생들은 그가 모임에 참석하지 않기를 원했다. 그러나 케인은 평가하러 간 것이 아니었다. 그는 책을 읽고 자신의 해석을 그들과 공유했다. 더 중요한 점은 그가 학생들의 말에 귀 기울이고, 인물에 대한 그들의 감정에 반응하고, 그들의 말을 듣고 질문을 던졌다는 것이다. 거기서 그들은 자기 사건에 대해 변론하는 것이 아니었다. 토니 모리슨Toni Morrison 소설 속 인물의 동기가 무엇인지 이해하려 애쓰고 있을 뿐이었다. 판사와 동등한 입장에서 고통과 상실과 사랑에 관해 이야기를 나누는 생경한 경험 자체가 그들에게는 하나의 발견이었다.

　코스가 끝나자 웩슬러와 케인은 졸업식을 열었다. 학생들은 케인의 법정으로 가서 가족과 친구들이 참석한 가운데 졸업장과 책을 받았다. 이런 축하 행사는 그들이 자신을 통찰력과 기회를 지닌 사람으로 바라보게 해주었다. 그것도 그들이 고작 몇 달 전에 유죄판결을 받았던 바로 그 방에서 말이다.

독서 모임의 2기가 운영되고, 3기도 운영되었다. 학생들은 이야기를 읽기만 하는 것이 아니라 스스로 이야기를 들려주기 시작했다. 마약을 거래하며 가족을 방치하던 한 사람은 세 살 된 딸에게 이야기를 읽어주기 시작했다. 그가 웩슬러에게 말했다. "나에게는 너무 늦었을지 몰라도, 아이에게는 아직 늦지 않았어요." 또 한 사람은 몇 년 동안 약을 끊고 지내다가 어느 날 밤 마음이 약해졌다. 그는 뉴베드퍼드의 번화가인 유니언가를 걷다가, 예전에 약을 구해주던 딜러가 사는 골목을 기웃거렸다. 그러던 중 자기도 모르게 헤밍웨이의 《노인과 바다》에 관해 생각했다. 소설에서는 산티아고라는 어부가 석 달 동안 매일 빈손으로 돌아오면서도 포기하지 않고 계속 고기를 잡으러 나간다. 그 학생은 나중에 웩슬러에게 이렇게 말했다. "그 노인이 그렇게 할 수 있다면 (…) 나도 유니언가를 그냥 쭉 걸어갈 수 있어요. 내가 꼭 그 골목으로 들어가야 하는 건 아니죠."

웩슬러는 그 일을 회상하며 말했다. "그가 항상 산티아고의 말을 듣는 건 아니겠지만, 그래도 산티아고는 언제나 그를 위해 있어 줄 거예요. 그가 의지할 수 있는 친구로서요. (…) 그게 바로 문학이 발휘하는 힘이죠." 웩슬러와 케인은 그 힘을 믿었고, 이제 다른 사람들도 믿기 시작했다. 이 판사 - 교수팀은 매사추세츠

공감은 지능이다

에서 가장 가난한 지역에 속하는 린Lynn과 도체스터Dorchester, 록스베리Roxbury에 '삶의 변화' 새 지부를 열었고, 이어서 캘리포니아와 뉴욕, 잉글랜드에도 열었다. 한 자유주의자의 꿈이었던 이 프로그램은, 심지어 2016년 대통령 선거에서 압도적으로 트럼프를 지지했던 텍사스주 브라조리아Brazoria 카운티에도 뿌리를 내렸다. 텍사스주는 치안이 강력한 곳으로, 1976년부터 2015년까지 오클라호마주를 제외하고 다른 어느 주보다 인구 1인당 사형집행된 사람의 수가 많았다. 하지만 그곳의 판사들도 범죄자에게 새로운 기회를 주는 일의 장점을 인지했다. 그러나 대안은 냉혹했다. 한 판사는 웩슬러에게 이렇게 말했다. "'삶의 변화'가 효과가 없다면, 우리는 그들을 죽일 거요."

연구자들은 '삶의 변화' 첫 4기까지(프로그램에 참가한 32명은 평균 전과 18범이었다)의 수업에서 나온 기록을 수집하고, 그것을 연령·인종·범죄경력이 유사한 다른 사람들의 기록과 비교했다. 그해가 끝날 때까지 대조군에 속한 보호관찰 대상자의 45퍼센트가 다시 범죄를 저질렀고, 그중 5명은 폭력 범죄를 저질렀다. 동일한 시기에 '삶의 변화' 학생 중 재범한 이는 20퍼센트 미만이었고, 그중 1명만이 폭력 범죄를 저질렀다.[28] 재범을 저지른 학생들도 이전 범죄보다 경미한 범죄를 저지른 경우가 많았다.

웩슬러는 '삶의 변화'가 그들의 내면에 공감 능력을 불어넣었기 때문이라고 생각한다. "나는 (…) 그들이 인간 존재를 더 존중하게 되었고, 그래서 다른 사람을 때리기 전에 다시 한번 생각해보게 된 거라고 믿고 싶습니다." 좀 더 야심 찬 후속 연구는 '삶의 변화'에 참가한 학생 600명과 유사한 수의 보호관찰 대상자 대조군을 추적했다. 이번에도 프로그램 참가 학생들의 재범 비율이 더 낮았고, 저지른 범죄의 심각성도 덜했다.

'삶의 변화'는 이런 종류로는 최초의 프로그램이며, 그에 관한 연구도 아직은 예비 연구 단계다. 그러나 많은 사람에게 효과가 있었고, 비용효율도 매우 높다. '삶의 변화'는 학생당 500달러 정도 비용이 들지만, 그 학생이 재범을 저질러 1년을 교도소에서 보낼 경우 그 비용은 30,000달러 이상이다. 그러나 비용효율은 이 프로그램의 측정 기준 중에서 가장 중요성이 낮은 기준일 것이다. 이 프로그램을 시작했을 때 피해자 인권 단체가 케인 판사를 찾아갔다. 어떻게 형량도 채우기 전에 범죄자들을 다시 거리로 내보낼 수 있느냐는 것이었다. 그는 이렇게 답했다. "이 프로그램으로 새로운 피해자를 얼마나 많이 **줄일** 수 있을지 상상해보십시오."

'삶의 변화'가 시작된 이후로, 문학을 형사 사법제도 속으로 가져오는 판사가 늘어났다. 2008년 버몬트주에서는 28명의 젊은 남녀가 로버트 프로스트^{Robert Frost}의 여름 별장에 침입해 요란한 파티를 벌이고 기물을 파손하여 유죄판결을 받았다. 그들은 징역형 대신 프로스트의 삶과 작품에 관해 맞춤 설계된 세미나 형을 선고받았다. 브라질과 이탈리아에서는 수감자들이 책 한 권을 읽을 때마다 형량을 3~4일 줄일 수 있다.

우리 사회가 여전히 문학을 여러 면에서 잉여의 것으로 본다는 사실은 분명하다. 2006년 비어드 대 뱅크스^{Beard vs. Banks} 소송에서 미국 연방대법원은 교도소 도서관이 재소자의 출소 후 구직 확률을 높인다는 증거에도 불구하고, 재소자에게 읽을거리를 제공하지 않는 교정 당국의 권리를 정당하다고 인정했다. 웩슬러가 보기에 이런 결정은 미국 문화가 예술을 주변에 두고 실리에만 집착한다는 신호이다. "인간은 경제적 동물일 뿐이라는 관념에 근거한다면 인문학이나 문학이 (…) 제대로 뭔가를 해볼 수 있는 여지는 없어지죠." 이 말에 반박하기는 쉽지 않다. 국립예술기금^{National Endowment for the Arts}은 지속적으로 자금 지원이 줄고 있고 완전히 사라질 위기에 처해 있다. 2014년에 뉴욕시 전체 학교 중 28퍼센트에 전업 미술 교사가 없었고, 더 가난한 동네에서는 그 비율이 40퍼센트를 넘었다.[29]

예술은 정책입안자들이 이해할 수 있는 측면에서 가치를 증명하기가 어렵다. 생화학자는 극작가보다 더 쉽게 자신의 기여를 수량화할 수 있다. 그러나 심리학자와 예술가들의 협업이 그러한 상황에 변화를 일으키고 있다. 연극에 관한 연구를 시작했을 때 탈리아 골드스타인은 동료 과학자들의 회의적인 의견에 부딪혔지만, 배우와 연극 교사들은 열광적으로 반응했다. "그들은 증거를 원했어요. 자신들이 사람들에게 이로운 일을 하고 있다는 증거, 연극하는 사람들이 존재해야 한다는 증거요."

지금 그런 증거들이 쏟아지고 있다. 예술, 그중에서도 특히 문학과 연극 같은 서사예술은 우리가 현재에서 '풀려나도록' 도와준다. 가장 어려운 상황에서조차 공감하는 것을 더 안전하고 즐거운 일로 만들어준다. 스토리텔링은 우리의 오래된 여가활동 중 하나지만, 알고 보니 필수적인 여가활동이기도 했다.

공감은 지능이다

지나친 공감의 위험

캘리포니아대학교 샌프란시스코 캠퍼스UCSF의 미션 베이 의료센터Medical Center at Mission Bay를 세우는 데는 약 15억 달러가 들어갔다. 이 의료센터의 중심을 차지하는 베니오프 아동 병원Benioff Children's Hospital은 세계에서 손꼽히는 선진화된 병원 중 하나다. 거울처럼 비치는 외벽 사이사이에는 스테인드글라스 장식이 있고, 복도에는 배경음악이 흐르며, 전시된 예술 작품도 자주 교체된다. 그 병원을 향해 걸어가며 나는 속이 뒤집힐 것 같은 느낌이 들었다.

　내 딸 알마가 태어난 날은 내 생애 최고의 날이었지만, 동시에 최악의 날이기도 했다. 알마는 길고 힘겨운 진통 끝에 새벽 2시 직전에 베니오프 병원의 수술실에서 태어났다. 아내와 나는 알마의 울음소리를 들으려 귀를 기울였지만 수술실에는 정적만 감돌았다. 의사와 간호사의 얼굴에 걱정이 떠올랐다. 알마는 살기 위해 고군분투하고 있었다. 나중에 우리는 출산 중 알마가 뇌

졸중을 일으켰다는 사실을 알게 됐다. 알마는 베니오프의 신생아 집중치료실로 실려 가 마치 전쟁터에서 목숨만 건진 것 같은 처참한 상태로 열램프 아래 누워 있었다. 알마의 인생 최초의 순간들을 거치며 나는 두 가지를 알게 됐다. 첫째는 내게 알마를 보호하고 싶다는 바람이 그 어떤 바람보다 강하다는 것이고, 둘째는 내가 이미 알마를 보호하는 데 실패했다는 것이었다.

의료진이 행진을 하듯이 차례로 알마의 침상 곁을 다녀갔다. 새벽 5시와 정오와 자정에 왔고, 때로는 1분, 때로는 20분을 머물렀다. 대개 예고도 없이 왔고, 항상 새로운 소식을 갖고 왔다. 감염의 징후는 점점 사라졌지만, 두개골 아래 염증의 신호는 사라지지 않았다. 알마의 뇌졸중 발작은 생명을 위협할 정도는 아니었지만 수년간 계속될 수도 있었다. 의사들은 단순히 알마의 차트를 해석해줄 뿐이었지만, 우리에게는 마치 그들이 차트에 적힐 내용에 영향을 미칠 힘이 있는 존재처럼 느껴졌다. 형벌처럼 느껴지는 결과를 받아들면 우리는 자비를 구하는 심정이 되었다.

그러나 신생아집중치료실 직원들이 실제로 통제할 수 있는 일이 있었으니 그건 바로 우리를 대하는 방식이었다. 그들은 우리의 모든 질문에 대답해주고, 함께 앉아서 걱정을 나눴다. 한 의사는 몇 가지 나쁜 소식을 전한 뒤, 아직 어두운 이른 아침에 한

공감은 지능이다

시간 동안 내 곁에서 아버지가 된다는 일에 관해 이야기를 나누었다. 우리의 진짜 생명선은 신생아과 의료부 팀장이자 알마의 담당의인 리즈 로저스Liz Rogers였다. 리즈의 머리칼은 모자이크였다. 밤색 머리칼인데 몇몇 군데는 회색 줄이 들어가 있고 또 어떤 부분은 금발이 환하게 빛났다. 그의 얼굴도 모자이크였다. 알마에 관해 이야기할 때면 미소를 띠고 있었지만 우리 눈을 살피는 그의 눈은 슬퍼 보였다. 리즈는 알마의 병실에 들어올 때마다 아내와 나를 포옹해주었다. 그는 우리와 함께 울었고, 자기 아이들에 관해서도 얘기해주었다.

나는 수년 동안 공감을 연구했지만, 그렇게 깊은 방식으로 공감을 받은 것은 매우 드문 경험이었다. 이 의사와 간호사, 테크니션은 우리와 모르는 사람이었지만, 그럼에도 그들은 삶에서 가장 힘든 때에 우리에게 가장 가까운 사람이 되어주었다. 우리뿐 아니라 수많은 다른 사람에게도 똑같았다. 신생아집중치료실은 삶과 죽음 사이의 칼날 같은 틈새에서 태어난, 심각한 조산아들을 치료하는 일을 전문으로 한다. 어떤 아기들은 너무 연약해서 다리를 들기만 해도 뇌에서 피가 날 정도였다. 이곳의 가족들은 대부분의 부모가 상상도 할 수 없을 공포에 직면해 있다. 슬픔이 빛이라면 우주에서도 신생아집중치료실이 있는 곳을 단번에 알아볼 수 있을 것이다.

매일 리즈를 비롯한 의사와 간호사, 직원 들은 이런 비참을 목격하고 마주한 채 일한다. 그러고는 가족이 있는 집으로 돌아가 모든 게 다 괜찮다는 듯 행동하고, 다음날 다시 자신을 내어줄 준비를 한 채 병원으로 돌아온다. 그들은 공감의 슈퍼히어로들 같다. 그런데 그들이 이런 리듬을 유지하는 것이 가능한 일일까? 그리고 만약 가능하다면 얼마나 오랫동안 유지할 수 있을까? 그들은 이 보살핌에 어떤 대가를 치르고 있을까?

공감하느라 힘든 사람들

이 책을 통해 우리는 공감을 키움으로써 혜택을 얻은 사람들을 보았다. 하지만 우리가 모든 사람의 감정에 항상 이입한다고 상상해보자. 맨해튼의 거리를 걸어갈 때도, 뉴스를 볼 때도 비탄으로 무너지지 않기란 불가능할 것이다. 만약 아들의 다리가 부러진다면 당신은 너무 깊은 공황 상태에 빠져서 아무 도움도 줄 수 없을 것이다. 친구가 이혼 후 우울증에 걸려 좌절하고 있다면 당신은 울다가 지쳐 친구를 위로하지 못할 것이다. 그런 당신이 심

공감은 지능이다

리치료사라면 아주 형편없는 치료사가 될 것이다.

어떤 감정이든 한 가지 감정적 경험이 항상 이롭거나 해롭기만 할 수는 없다. 불안은 불쾌한 느낌을 주지만, 도전에 맞설 에너지를 불어넣어 줄 수도 있다.[1] 기쁨은 유쾌한 느낌이지만, 너무 깊이 들어가면 조증으로 빠질 수도 있다.[2] 우리는 공감을 더 많이 할 수 있지만, 너무 많이 공감하다 보면 기력이 다 빠질 수도 있다. 25년 전에 칼라 조인슨Carla Joinson은 공감을 너무 많이 해서 생기는 손상을 뜻하는 '공감 피로compassion fatigue'라는 용어를 만들었다.[3] 조인슨은 이렇게 썼다. "인간의 필요는 무한하다. 간병인이나 보호자는 곧잘 '언제든 나를 좀 더 내어줄 수 있어'라고 생각하지만, 때로는 그들도 어쩔 수 없이 돕기가 불가능한 때가 있다."

조인슨은 간호사를 중점적으로 연구했지만, 늘 고통스러운 상황에 둘러싸여 있는 사람이라면 누구나 공감 피로로 무너질 수 있다. 미국만 보더라도 그런 사람은 수천만 명에 달한다. 만성 질환을 앓는 사람들은 대부분의 일상적 간병을 친족 한 사람에게서 받는다. 배우자나 부모를 간병하는 일은 도덕적 책임으로서 보람을 느낄 수 있지만 스트레스가 심한 일이기도 하다. 간병하는 사람은 사랑하는 사람이 아픔과 장애로 고통받는 모습을 지켜보면서 그 고통을 멈출 수도 없고 어떤 일이 일어날지 예측할 수도 없는 데 무력함을 느낀다. 많은 경우 그들은 항상 위기에 대한 경계 상태를 유지해야 하고, 그 결과 일을 하거나 인간관계를 유지하는 데도 문제가 생긴다. 이런 상황은 그들을 마모시킨다. 간병 중인 사람은 다른 사람에 비해 우울증이 생길 확률이 훨씬 높고, 전반적으로 건강상태도 좋지 않다.[4]

이는 부모도 마찬가지다. 우리는 기진맥진해지는 것을 좋은 양육의 결정적 특징이라고 생각하는 경향이 있다. 자녀에게 모든 것을 주고, 그러고도 좀 더 주는 것, 그것이 좋은 양육이라고 생각하는 것이다. 그러나 이런 이상에 맞춰 살다가는 본인이 육체적 타격을 입을 수 있다. 부모는 자신의 공감에 관해 말하고, 그들의 청소년 자녀는 본인의 감정적 경험을 묘사하게 한 연구들이 있다. 공감을 잘하는 부모의 자녀는 분노와 급격한 기분 변화를 덜 겪으며, 스트레스에서 더 신속하게 회복한다고 응답했다. 그러나 공감을 잘하는 부모에게는 대가가 따랐다. 그들에게서는 저강도 염증과 세포노화의 신호가 더 많이 나타났다.[5] 청소년 자녀가 우울증을 겪은 경우 공감을 잘하는 부모는 (공감을 덜 하는 부모는 그렇지 않았지만) 훨씬 더 심한 염증에 시달렸다. 자녀를 염려하는 부모는 마치 자신의 안녕을 자녀에게 넘겨주는 것만 같았다.

공감은 지능이다

자녀나 아픈 가족이 없더라도 보살피는 일을 과도하게 하면 자신을 무리한 지경으로 몰아가기 쉽다. 현대의 삶은 공감을 확장할 전례 없는 기회를 제공하는데, 언론인과 활동가 들은 사람들에게 행동할 영감을 불어넣고자 압도될 정도로 많은 고통의 이미지를 퍼붓는다. 이것은 세이브더칠드런과 미국동물학대방지협회ASPCA의 광고를 뒷받침하는 논리기도 하다. 누가 굶주린 아이 혹은 무방비 상태의 동물의 모습을 보면서 걱정하지 **않을 수** 있겠는가? 어떻게 돕지 않을 수 있겠는가?

그러나 미디어는 우리에게 그런 이미지를 감당 못 할 정도로 쏟아부음으로써 공감 피로를 조장하고 있기도 하다. 1996년에 심리학자들은 텔레비전 시청자 중 나쁜 소식 보도에 피로를 느끼는 이가 최고 40퍼센트에 달한다는 사실을 알아냈다. 그때 이후로 뉴스는 주기가 더 빨라지고 강도가 높아졌다. 독자는 단 몇 분 사이에 클릭 몇 번으로 집단 총격 기사들, 미국-멕시코 국경에서 부모와 생이별한 아이들, 카리브해 연안을 초토화시킨 자연재해를 접하고 혼란에 빠진다. 2018년 퓨 리서치의 여론조사 결과, 미국인 10명 중 거의 7명이 '뉴스 피로'를 경험했다고 한다.[6]

과다한 공감의 위험이 누구보다 큰 이는 바로 '돌보는 일이 직업인 사람들', 그러니까 의사, 사회복지사, 치료사, 교사, 그리고 곤궁한 사람을 돕는 일을 하는 사람들이다. 앞에서도 보았듯이 사람들은 다른 사람의 고통에 자신이 짓눌리는 느낌이 들면 그 고통을 피한다. 그러나 돌봄이 직업인 사람들에게는 그런 선택권이 없다. 그리고 만약 선택권이 있더라도 다수는 피하는 것을 원치 않을 것이다. 그들은 인류 중 가장 먼저 응답하는 사람들이며, 타인에 대한 깊은 염려 때문에 소명을 느껴 그런 일을 하는 사람들이다. 고통에서 달아나는 것은 그들의 핵심 가치관을 배반하는 일이 된다. 그러나 공감의 참호 속에서는 그러한 가치가 금세 산업재해로 변할 수도 있다.

+++

알마가 태어난 지 18개월 후, 나는 신생아집중치료실에서 일하는 사람들을 관찰하기 위해 다시 그곳을 찾았다. 하루가 시작될 때 대여섯 명의 간호사, 의대생, 레지던트가 집중치료실 전체를 돌며 각 환자에 관해 논의한다. 담당의가 주도하는 이 회진은 2~3시간 걸린다. 나를 제외하고는 모두 편한 신발을 신고 있었는데, 스니커즈와 푹신한 슬리퍼가 절반씩을 차지했다.

멜리사 리보위츠Melissa Liebowitz는 신생아집중치료실의 전임의로, 곧 신임 담당의가 될 것이다. 오늘은 멜리사가 회진을 주도하고 리즈는 그 뒤를 따르며 지켜보고 있다. 멜리사는 이 역할을 겨우 2주 전에 맡았지만, 마치 2년은 된 것처럼 보인다. 그에게서 지혜와 인내심이 물씬 풍겼다. 의대생과 간호사 들이 최신 정보를 줄줄이 읊으며 보고하는 동안 멜리사는 그들에게 계속 질문을 퍼부었다. 멜리사는 피곤해 보였다. 눈에는 물기가 고여 있었고, 체중을 이쪽저쪽 계속 옮겨 실었다.

의료팀은 각 환자에 관해 논의하면서 약칭을 속사포처럼 쏟아냈다. 우리가 제일 먼저 본 아기는 임신 25주 차에 태어났고, 체중은 어제보다 50그램 증가한 700그램이다.[7] 전날 밤 아기는 A를 12번, B를 4번, D를 3번 겪었다고 한다. 무호흡apnea 12번, 서맥bradycardia 4번, 산소포화도 감소desaturation 3번을 겪었다는 말이고, 이는 조산아의 심장과 폐에 흔한 기능부전들이다.

이런 용어들은 우리 앞에 있는 아기를 묘사하지만, 아기가 얼마나 힘들게 버티고 있는지는 명확히 표현하지 못한다. 아기는 꼬물거리며 믿을 수 없을 만큼 높은음으로 울고 있다. 한 간호사가 인큐베이터의 플라스틱 장벽 안으로 손을 넣는다. 아기의 팔은 대략 간호사의 가운데 손가락만 하다. 아기는 자기 몸의 여남은 곳에 연결된 정교한 기계들에 둘러싸여 있다. 마치 배터리의 셀처럼 보인다. 그 기계들에서 힘을 얻는 게 아니라 기계들에게 힘을 주고 있는 것처럼 말이다. 잉태 연령을 고려하면, 이 아기가 올해를 살아서 넘길 확률은 70퍼센트 정도다. 이 신생아집중치료실에는 이런 아기들 십여 명이 있고, 전체 신생아집중치료구역에는 약 55명의 아기가 있다.

멜리사와 의료팀과 함께 서 있으니, 이곳이 한때 우리 가족에게 어떤 의미였는지 기억하기가 쉽지 않았다. 파스텔 색상의 꽃 벽화와 불편한 플라스틱 의자들이 낯익다. 어떤 직원은 낯이 익지만, 꿈에서 본 것처럼 희미한 느낌 정도다. 내 스마트폰도 이곳의 와이파이를 기억하고 있다. 나는 치료실 안으로 들어오면 병원 건물 밖에서 느꼈던 두려움이 점점 더 부풀어 오를 거라 예상했지만, 줄임말의 벽 앞에서 오히려 두려움은 흩어져 버렸다. 이곳의 직원들에게도 끊임없이 쏟아지는 세부사항이 감정과 거리를 두는 데 도움이 될 수 있다. "그건 방어기제예요." 리즈가 내게 말했다. "그리고 어쩌면 회피할 하나의 방법일지도 모르죠." 각각 다르면서도 진정시켜주는 느낌의 경보가 끊임없이 울려댔다. 그 소리에 깜짝 놀라는 사람은 아무도 없었다.[8]

의료팀이 아기의 침상 곁에 얼마나 오래 머무는가를 보면 아기의 예후를 짐작할 수 있다. 그들이 금세 지나가면 아기는 안정된 상태일 가능성이 크다. 의료진이 오래 머물면 뭔가 문제가

공감은 지능이다

있는 거다. 오늘 우리는 대부분의 시간 동안 프란시스코에 관해 이야기를 나눈다. 프란시스코는 3주 전에 새너제이 근처 작은 병원에서 예정일보다 12주 일찍 태어났다. 생후 1주가 지났을 때부터 프란시스코는 먹기를 멈췄고, 배가 부풀어 올랐으며, 혈변을 보았다. 이는 괴사성 장염의 전형적 특징이다. 괴사성 장염은 조산아의 내장이 몸속에서 죽어버리는, 아직 제대로 밝혀지지 않은 질병이다. 의료진은 오늘 손상의 정도를 알아보기 위해 수술을 할 예정이다.

프란시스코의 상태는 의료진을 눈에 띄게 불안하게 만들었다. 지난밤 프란시스코는 여러 차례 서맥 상태가 되어 의료진이 심폐기능 소생술로 심장을 다시 뛰게 만들어야 했다. 그들이 그렇게 말한 건 아니지만, 그들의 말을 듣고 있자니 프란시스코가 살아남을 가능성이 희박하다는 생각이 들었다. 신생아집중치료실에서는 한 주에 한 번가량 아기가 사망하지만, 그래도 **이** 아기, 혹은 꼭 집어 어떤 아기가 사망할 거라고 생각하는 건 있을 수 없는 일처럼 느껴진다. 회진팀이 해산하고, 멜리사는 남아서 프란시스코를 살펴본다. 아기의 피부는 호두 껍데기 같은 색깔이고, 복부는 팽창해 반투명해져서 속의 혈관이 다 보인다. 아기의 검은 머리카락은 젖은 채 뭉쳐 있다. 눈은 감겨 있지만 연결된 관들 때문에 용을 쓰느라 찌푸린 표정을 짓고 있다. 오른손은 블랙베리만 한 크기의 주먹으로 뭉쳐져 있다. "내 아들이 생기고 보니 이런 종류의 검사가 예전과는 다른 방식으로 가슴을 아프게 하네요."

멜리사의 아들은 태어난 지 5개월이 되었고, 멜리사의 직업은 엄마 역할에 대한 그의 경험을 남다르게 만들었다. 멜리사는 더 많이 걱정하고, 더 구체적으로 걱정한다. 한번은 아들이 먹은 걸 몇 차례 토하자 위에 생기는 병인 유문협착증 검사를 했고, 너무 지친 남편이 제발 그만두라고 호소할 때까지 걱정을 멈추지 못했다. 멜리사는 대부분의 임신부보다 훨씬 더 오래 기다렸다가 부모님과 친구들에게 임신 사실을 알렸다. 잘못될 모든 가능성에 대해 너무 잘 알기 때문이었다.

수술을 앞두고 프란시스코에 관한 나쁜 소식이 더 들어왔다. 초음파 검사로 뇌출혈이 드러난 것이다. 외과의사는 아직도 수술할 가치가 있는 건지 모르겠다고 큰 소리로 말했다. "지금 아기의 머릿속에서는 피가 나고, 내장이 죽어가고 있어요." 외과의사가 말했다. "의논 좀 해봅시다." 엘라나 커리Elana Curry는 프란시스코를 담당하는 신생아집중치료실 사회복지사다. 리즈와 멜리사는 빠른 걸음으로 엘라나의 사무실로 갔다. 상황이 복잡해질 판국이기 때

공감은 지능이다

문이다. 프란시스코의 부모는 야외 작업을 하는 이민자들이다. 그들이 말할 줄 아는 언어는 멕시코의 한 원주민 부족 언어뿐이고, 복잡한 의학적 문제에 대해서는 아무 경험도 없다. 엘라나는 통역자를 통해 그들에게 항생제가 어떻게 작용하는지, 이 수술에 무엇이 걸려 있는지, 손상된 것이 어떤 내장들인지 설명했다.

의료팀은 프란시스코에게 수술을 해야 할지 말아야 할지 의논했다. "내 아기라면 나는 하지 않을 거예요." 멜리사가 말했다. 이 수술이 성공한다고 해도 프란시스코는 남은 평생을 기계에 의지해 살아가게 될 확률이 높다. 멜리사가 보기에 앞으로 프란시스코에게 남은 건 더 많은 고통뿐이었다. 의료팀은 프란시스코의 부모가 결정하기를 원했지만, 이해도 제대로 할 수 없는 마당에 그들이 어떻게 결정을 내릴 수 있겠는가? 엘라나는 출혈, 예후, 뇌사 같은 개념을 설명할 방법을 생각하느라 머리를 열심히 굴려야 했다. 의료진은 프란시스코의 부모와 따로 사적인 '가족 회의'를 연다. 나는 회의실 밖에서 기다린다. 회의실에는 직사각형 목제 테이블을 중심으로 바퀴 달린 의자들이 놓여 있고, 탁자 옆 캐비닛 위에는 종이컵이 뒤집힌 채 쌓여 있다. 1년 반 전 아내와 내가 그토록 괴로워하며 울던 바로 그 테이블이다.

그들은 겨우 몇 분 만에 밖으로 나왔다. "최근에 참석한 회의

중에서 가장 힘든 회의였어요." 리즈가 말했다. 프란시스코의 부모는 무슨 일이 일어나고 있는지 이해하지 못했고, 어떤 결정도 내리지 않으려 했다. 그들은 리즈에게 선택을 맡겼고, 리즈는 수술을 진행하기로 했다. 리즈의 책무 중 하나는 가족들이 가장 막막한 시간에 그들에게 권한을 부여하는 것이다. 그러니 그들을 대신해 선택한다는 것은 몹시 잘못된 일처럼 느껴졌다.

수술이 결정되자마자, 뚜렷한 목적을 지닌 십여 명의 사람들이 나타났다. 그들은 측정하고, 조정하고, 작동했다. 수술은 프란시스코의 병실에서 거의 침묵 속에 진행됐다. 이 상황에서 신생아집중치료실의 나머지 부분에 아무런 동요도 없다는 사실이 충격적이다. 3미터쯤 떨어진 곳에서는 한 부부가 전날 밤부터 입고 있던 운동복 차림으로 아들의 MRI 결과를 기다리고 있다. 옆방에서는 잡역부가 인큐베이터 아래 바닥을 걸레로 닦고 있고, 간호사가 그 인큐베이터 안을 들여다보고 있다. 그들 뒤로는 한 엄마가 2인용 소파 위에서 몸을 둥글게 만 채 누워 있다. 메인 홀에서는 간호사와 의대생들이 점심으로 어떤 종류의 카레를 주문할지 의논하고 있다. 그들이 모든 게 정상적인 것처럼 행동하는 게 잔인하게 느껴지지만, 사실 여기서는 그게 정상적인 일이다.

나는 카페테리아로 가서 뭔가 먹어보려 했지만, 종이 접시에

공감은 지능이다

담긴 음식과 눈싸움만 하는 지경에 이르렀다. 5분이 채 지나지 않아 리즈에게서 문자메시지가 왔다. "자밀, 좋은 소식 없이 수술이 마무리되는 것 같아요." 나는 지난 다섯 시간 동안 리즈가 뭘 먹거나 화장실에 가거나 어떤 식으로든 휴식을 취하는 걸 보지 못했다는 사실을 깨닫는다. 위층에 올라가니 멜리사가 밖으로 나온다. 수술 도중 의료진은 프란시스코의 내장 전체가 괴사했음을 알게 되었다. 프란시스코의 상태는 '괴사성 장염'에서 '전체 괴사성 장염'으로 바뀌었고, 전체 괴사성 장염은 '생명과 양립할 수 없는' 것이라고 표현된다. 그러나 그보다 멜리사를 더 괴롭히는 사실은 따로 있다. 그들이 프란시스코의 몸에 처음으로 칼을 댔을 때, 아기의 심장박동수가 급격히 치솟았고, 이는 아기가 고통을 느꼈다는 것을 의미했다.

***

병원 옥상 테라스에는 색이 창백하고 야윈 관목들이 점점이 자리하고 있다. 근처 언덕에서 바람이 연이어 몰려와 우리를 휘감고 다시 샌프란시스코만으로 내려간다. 동쪽으로는 아무것도 막는 것 없이 시야가 탁 트여 있다. 여기저기 흩어진 부두들, 전혀 움직이지 않는 것처럼 보이지만 만에서 오클랜드 아시아 사이를 오가고 있는 바지선들. 이 넓은 곳에서 프란시스코의 부모는 아주 작은 존재들이다. 그들은 크롬 벤치에서 서로를 끌어안은 채 고개를 숙이고 앉아 있다. 신생아집중치료실 직원 7명이 옥상 테라스에 나타난다. 그들은 다른 벤치를 끌어당겨 앉으려다가 벤치가 바닥에 고정되어 있다는 것을 깨닫고, 부부 주위를 에워싸고 신전에서 예배를 올리는 것 같은 자세로 무릎을 꿇고 앉는다.

외과의사가 통역사를 통해 이야기하는데, 두 사람 다 거의 속삭이는 것처럼 작은 소리로 소식을 전한다. 멜리사는 눈물이 차올라, "정말 죄송해요"라는 말만 간신히 내뱉는다. 리즈는 좀 더 유연하게 표현한다. "이제는 우리도 아기가 살지 죽을지 단언할 수 없지만, 아기가 남은 시간을 어떻게 보낼지는 선택할 수 있어요. 그리고 우리는 아기가 그 시간 동안 당신들과 함께 있기를 바랍니다." 프란시스코의 엄마는 고개를 숙이며 두 손에 얼굴을 묻는다. 남편은 아내를 안은 채 통역사가 하는 모든 말에 힘 있게 고개를 끄덕인다.

의료진은 프란시스코의 부모가 원하는 만큼 머물러 있지만, 그 시간이 그리 길지는 않다. 아기 아빠가 아들의 내장이 정말로 다 괴사했냐고 묻는다. 그렇습니다. 하지만 심장은 아직 뛰고 있

공감은 지능이다

죠? 그렇습니다만 오직 기계의 힘을 빌려서 뛰고 있어요. 리즈는 생명유지 장치를 떼기 전에 다른 가족들의 도착을 기다려야 할지 묻는다. 모두 다 일하고 있어서 올 수 있는 사람이 아무도 없다고 부모는 대답한다. "생각하실 시간을 드릴게요." 리즈가 말한다. 직원들은 한 사람 한 사람 부부의 몸에 손을 얹고 테라스를 떠난다. 테라스에는 프란시스코의 엄마와 아빠만 조용히 바람을 맞으며 앉아 있다. 신생아집중치료실 직원들은 다시 병원으로 들어가 각자의 자리로 흩어진다.

돌봄 종사자들이 위험하다

신생아집중치료실에서 일하는 사람들은 프리즘 속에 살고 있다. 각 방에서 일어난 사실은 똑같다. 아기가 한 명 태어났고 상황이 나쁘게 전개되었다는 것이다. 그러나 방에서 나오는 것은 여러 다른 현실이며, 각 현실은 그 현실을 사는 가족을 완전히 삼켜버리지만 다른 가족들은 그 현실에 닿을 수 없다. 신생아집중치료실에 들어와 본 적 없는 아빠가 내가 겪은 일을 이해할 수 없는 것처럼, 나 역시 프란시스코의 아빠가 지금 겪는 일을 다 헤아릴 수 없다. 그러나 신생아집중치료실 아기의 부모들에겐 기진맥진함과 두려움 같은 공통된 것이 있다. 신생아집중치료실 간호사인 서맨사의 표현대로 "그들 모두에게 세상의 종말과 다름없는 일"인 것이다.

알마가 이곳 환자였을 때 나는 의사와 간호사를 전능한 존재로 보았다. 하지만 그들 역시 나머지 우리와 똑같이 다치기 쉬운 연약한 존재들이다. 그들은 겨우 몇 걸음을 옮기는 것으로 죽어가는 아이와 잘 자라날 아이, 미래를 알 수 없는 아이 사이를 오간다. 몇 초 사이에 어마어마한 감정의 영역을 가로지르고, 남들의 필요에 따라 이리저리 끌려다닌다.

이런 공간에서는 공감에 많은 위험이 따른다. 의료계의 공감에 관해 수십 년간 연구해 온 한 심리학자는 "이해는 (의료진을) 속박하고, 감정은 맹목적으로 만든다"라고 썼다.[9] 그는 돌봄 직종 종사자들에게 자신이 '거리를 둔 염려'라고 이름 붙인 것을 채택하라고 조언한다. 그것은 말하자면 벌칸족* 식의 선의라고 할 수 있다. 종양학자 앤서니 백Anthony Back에 따르면 이는 단순한 대처기

---

* 〈스타트렉〉에서 지구 인류와 최초로 접촉하고, 인류와 함께 행성 연방을 만든 외계 종족. 이성을 중시하고 감정을 통제해야 한다는 원칙에 따라 감정 표현을 거의 하지 않는다.

공감은 지능이다

제가 아니라 업계표준이다. 그는 "이상화된 직업 모델에서 의사의 감정이란 비본질적인 것"이라고 썼다.[10] 리즈는 이 모델을 인정하지 않는다. "내게 그 모델은 의사로 일하는 만족스러운 방식이 될 수 없어요. (…) 한 개인으로서 환자가 의사에게 어떤 영향을 미쳤는지 솔직하게 터놓는 것은 환자들에게 더 큰 의미를 부여해 주죠." 리즈는 수십 명의 갓난아기가 죽는 걸 지켜봤고, 그때마다 매번 운다.

그러나 감정의 투입은 간병인을 낯선 장소로 데려갈 수도 있다. 서맨사는 태어나자마자 버려진 아기를 7개월 동안 돌본 적이 있다. 그는 언제부턴가 그 아기를 위한 옷을 사고, 근무 중이 아닐 때도 계속 그 아기를 생각했다. 아기가 수양 가족에게 갈 수 있을 만큼 충분히 건강해졌을 때 서맨사는 행복한 일이라고 느끼면서도 슬픔을 느꼈다. 더 나쁜 건 다른 환자들에게 충분히 신경을 쓰기가 어려웠다는 점이었다. "말하자면 난 다른 아기들에게 그들이 내가 돌보고 싶었던 그 아기가 아니라고 화를 내고 있었던 것 같아요." 그는 그렇게 느끼는 것이 부끄러웠지만("그건 내가 거기서 해야 할 일과 정반대의 일이었으니까요."), 한동안 한 명의 아기에 대한 결속감 때문에 다른 모든 일이 무의미하게 느껴졌다.

돌봄 직종 종사자들이 지나치게 공감을 하면, 실패할 확률이 높을 때 영웅적인 구명 조치를 감행하거나, 고통을 주지 않으려고 나쁜 소식을 듣기 좋게 포장하고 싶은 유혹에 빠질 수 있다.[11] 신생아집중치료실의 한 의사는 내게 자기가 돌보고 있는, 사망할 확률이 높은 아기에 관한 이야기를 들려주었다. 의료팀은 그 사실을 두루뭉술하게 암시했을 뿐, 아기의 부모가 그 예후에 관해 온전히 알아들을 만큼 명확히 이야기하지는 않았다. 그 의사는 말했다. "그들은 정말 좋은 사람이거든요. 누구나 그런 사람들에게 나쁜 소식을 전하고 싶지는 않은 법이죠."

또한 공감을 잘하는 돌봄 종사자들에게는 외상 후 스트레스 장애와 유사한 증상들이 생길 수 있다. 자신의 고통 때문이 아니라 환자들의 고통 때문에 말이다. 신생아집중치료실 간호사 중 4분의 1이 불면과 플래시백(불현듯 떠오르는 과거의 장면들), 탈진 같은 '이차 트라우마'를 보고했는데, 이는 다른 과 간호사들보다 약 2배 높은 비율이다.[12] 이차 트라우마는 전반적인 탈진과 의미 상실인 번아웃으로도 종종 이어진다. 집중치료실에서 일하는 사람은 3명 중 1명이 번아웃에 시달리는데, 이는 다른 의료 분야보다 훨씬 높은 비율이다.[13] 공감을 잘하는 이들이 특히 이런 문제로 큰 타격을 입는다.[14] 그들은 공감을 덜 하는 동료에 비해 더 자주 우울증에 걸리고, 환자가 악화되거나 사망할 때 자신을 탓

공감은 지능이다

할 확률이 높다.

　나는 신생아집중치료실 어디에나 번아웃과 피로와 트라우마가 퍼져 있는 것을 목격했다. 멜리사는 그곳에서 연달아 상실을 경험한 후 우울증과 불안증 증상이 생겼다. 멜리사는 "밤에 집에 돌아가면 거의 매일 밤 소파에 앉아 한참을 울었어요"라고 말했다. 지금 그는 더 강해진 느낌이지만 여전히 뉴스를 보지 못한다. "내 직업에 더해 세상에서 벌어지는 다른 고통에 대한 생각까지 한다면 어떻게 삶을 누릴 수 있겠어요?" 나는 신생아집중치료실의 한 간호사에게 어떻게 자기 감정에 대처하는지 물었다. "나는 그냥 그런 감정을 억누르는 편인데 그러다 보면 그게 건강 문제로 나타나더라고요." 그가 웃으며 대답했다. 몇 달 뒤 어느 술집에서 또 다른 신생아집중치료실 간호사를 우연히 만났을 때 나는 그에게도 같은 질문을 했다. 그는 자기 술잔을 가리켜 보였다.

　처음 직업 교육을 시작할 때 의대생과 간호대생[15]은 다른 직업을 선택한 사람들에 비해 공감에서 더 높은 점수를 받는다.[16] 여러 면에서 그것은 좋은 일이다. 공감을 잘하는 의사의 환자는 그들의 보살핌에 더 만족하는 편이고, 의학적 권고 사항을 더 잘 지킬 확률이 높으며, 심지어 무심한 의사의 환자보다 병에서 더 빨리 회복하는 경향을 보였다.[17] 그러나 그 특질들이 보살피는 사람 본인의 건강에는 해로울 수 있다. 이런 점은 공감을 잘하는 전문가들을 딜레마에 빠뜨린다. 어떤 사람들은 계속해서 일에 자신을 쏟아붓는데, 그러다 보면 결국에는 더 이상 줄 것이 남지 않는 상황에 처할 위험이 있다. 번아웃되거나 일을 그만두거나, 둘 다 이거나 말이다.[18] 또 어떤 사람들은 그냥 자신의 마음을 닫아 걸어 버린다. 처음 교육을 받는 몇 주 동안 의대생들은 불가사의 할 정도로 깊이 공감한다. 그러나 3년째가 되면 그들의 공감은 전체 인구보다 **더 낮은** 수준으로 떨어진다.[19] 이는 그들이 제공하는 보살핌에 영향을 미친다. 의사와 간호사 들은 환자의 고통을 과소평가하게 되고, 환자를 사람이라기보다는 신체라고 봄으로써 비인간화하는 경향이 있다.[20]

감정 연결을 끊는 것은 보살피는 사람들이 일을 하면서 버티는 데 도움이 될 수 있다. 의사와 간호사 들에게 한 말기 환자에 관한 이야기를 들려주고, 그 사람이 어떤 느낌일지 추측해 보게 한 연구가 있다. 여기서 환자를 비인간화한 사람들은 자기 직업에서 번아웃을 더 적게 경험했다.[21] 그러나 자기 보호에도 대가는 따른다. 환자들이 공감을 잘하는 의사에게서 혜택을 받는다면, 감정적으로 단절된 의사에게서는 더 고통을 받는다는 뜻이니 말이다.

공감은 지능이다

의료계에는 공감과 탈진, 냉담함의 위험한 순환이 존재하며, 그 순환의 속도는 점점 빨라지고 있다. 보험회사가 의료비용을 면밀히 감시하는 관리의료가 급증하면서, 돌봄 직종 종사자의 업무량이 증가하고 그들의 시간이 더욱 압박받고 있다. 일차진료 의사들은 내원한 환자와 이야기를 나누는 시간이 15분도 안 되며,[22] 대개는 대화를 시작하고 30초가 채 지나지 않아 환자의 말을 끊는다.[23]

2011년부터 2015년 사이에 의사들의 번아웃 발생률은 지속해서 10퍼센트나 증가했다.[24] 그리고 24시간 교대근무가 일반화되면서 돌봄 종사자들은 더 많이 번아웃되었으며, 공감 능력과 환자와 가족의 이야기를 들으려는 의지도 줄어들었다.[25] 신생아 집중치료실의 직원들은 이런 흐름에 성공적으로 저항하여, 우리 가족 같은 환자 가족에게 그들이 우리의 말을 잘 들어준다고 느끼게 할 방법을 찾아냈다. 하지만 그러느라 그들은 무거운 하중을 견디고 있다.

＊＊＊

프란시스코의 부모는 생명유지 장치를 떼어낼 때 그 자리에 못 있겠다고 했다. 하지만 집중치료실에서는 모든 아기가 누군가의 품에 안긴 채 숨을 거둔다. 오늘은 엘라나가 자진해 나섰다. 한 간호사가 프란시스코 몸에 달려 있던 기계를 떼어내며 아기의 삶을 끝내기 시작하자 엘라나가 소파에 앉는다. 여남은 명이 엘라나와 프란시스코를 에워싼다. 대부분 서 있지만 리즈는 곁에 앉고 멜리사는 그들 곁에 무릎을 꿇는다. 그들의 모습이 중심점을 향해 모인, 르네상스 회화에서 보던 애도하는 사람들과 비슷하다는 생각이 들었다. 위쪽으로는 아기 미키 마우스 밑에 '프란시스코'라고 적힌 프린트가 붙어 있다. 리즈가 아기의 눈을 감기고 두 손가락을 프란시스코의 이마에 댄다. 산소호흡기 스위치가 꺼지며 방안이 정적으로 찬다.

의료진은 프란시스코가 충분한 모르핀을 받고 있는지 확인하려고 점검에 점검을 거듭한다. 리즈와 멜리사는 간간이 프란시스코의 심장이 뛰는지 손을 대보는데, 심장은 아기가 마지막 숨을 쉬고도 20분 이상 계속 뛴다. 멜리사가 네 번째로 심장을 체크하다가 시계를 올려다보고, 이내 눈물이 그의 얼굴을 타고 흘러내린다. 모두가 서로를 감싸 안는다. 의료진은 프란시스코의 시신을 수습하기 시작한다.

10분 뒤 나는 세 블록 떨어진 작은 공원에 와 있다. 햇빛이 나무 사이를 통과해 내리비치고, 한 여인이 쌍둥이 유모차를 밀고 간

공감은 지능이다

다. 아장아장 걷던 아기 하나가 결심한 듯 뛰기 시작하지만 이내 풀밭 위로 넘어진다. 스마트폰이 드라이클리닝한 세탁물을 찾아오라고 상기시키고, 그 모든 것이 있을 수 없는 일처럼 느껴진다.

다음 며칠 동안 프란시스코는 여러 방식으로 신생아집중치료실에 다시 나타난다. 멜리사는 수술 중에 아기의 심박이 치솟았다는 사실을 떨쳐내지 못한다. 그 애가 고통을 느꼈을까? 멜리사도 정확히 알 수는 없지만, 어쨌든 자신이 상황을 다르게 만들 수 있었을 거라는 생각이 든다. "내가 프란시스코에게 더 좋은 옹호자 역할을 해야 했어요. 그 애는 무슨 일이 벌어질지 모르고 있었다는 걸 생각하면……." 멜리사는 말끝을 흐린다. 프란시스코의 임종 때 그 방에 있던 또 한 명의 간호사 몰리는 아이의 부모를 생각한다. "그들에게는 아무것도 없었고, 그 아이는 그들에게 중요한 존재였어요. 그런데 그들이 아기를 다시 보거나 안는 것도 원하지 않았다는 사실이……, 이해는 하지만, 그 사실 때문에 마음이 더 힘들어요."

의료팀 멤버들은 각자 자기만의 방식으로 대처하고 있다. 몰리는 장거리 달리기를 한다. "달리면 혼자만의 고독 속에 있을 수 있고, 무엇이든 평화롭게 대하는 데 도움이 되거든요." 멜리사는 밤에 아들을 평소보다 더 꼭 끌어안는다. 리즈는 퇴근길에, '카풀 노래방' 스타일로 라디오에서 나오는 노래를 따라 부른다. 때로는 집에 도착한 다음에도 차 안에 몇 분을 더 앉아 있다. 그 시간을 마치 오아시스처럼 여기면서 말이다. "집에 가면 나는 내가 필요한 네 아이의 엄마거든요. 그 '사이 시간'은 내가 한 세상에서 다른 세상으로 넘어가는 유일한 전환의 시간이에요."

이런 일들은 모두 '자기돌봄'의 형식이며, 자신의 감정을 재설정하기 위한 실천법이다. 자기돌봄은 누구에게나 해로울 것 없는 일이지만, 때에 따라 간병인들을 번아웃과 피로에서 보호해주기도 한다.[26]

그러나 엄청난 고통에 직면했을 때는 그것만으로 충분하지 않을 수도 있다. 한 연구에 따르면 자기돌봄 기법을 활용한 심리치료사들도 그것을 활용하지 않은 치료사들 못지않게 이차 트라우마로 큰 고통을 받았다.[27] 그리고 자기돌봄이 실제로 차이를 만들 때조차도, 신생아집중치료실이나 응급실처럼 스트레스가 심한 환경에서 일하는 사람들은 자기돌봄 기법을 활용할 시간이나 구조적 지원이 없을 수도 있다.

더욱 중요한 점은 자기돌봄이 번아웃을 해결해줄 거라는 기대가 번아웃의 심각성을 축소한다는 것이다. 우리가 아플 때 전문가에게 의지하는 데는 다 이유가 있다. 어떤 의사도 내출혈이

공감은 지능이다

일어난 사람에게 거품 목욕을 하라고 하거나, 손목이 골절된 사람에게 웃긴 영화를 보고 잊으라고 하지는 않을 것이다. 돌보는 일에 종사하는 사람들에게 스스로 회복하기를 기대하는 것은, 실질적인 괴로움을 겪고 있는 사람들에게 산책을 해서 고통을 떨쳐내라고 말하는 것과 같다.

돌보는 사람도 다른 사람에게 도움을 받을 때 확실히 혜택을 얻는다. 사회적 지지는 의사와 간호사 들에게 번아웃에 맞서는 완충재가 되어준다.[28] 문제는 비극에 사람을 고립시키는 성질이 있고, 돌보는 일을 하는 사람들은 도움을 요청하는 걸 어려워한다는 점이다. 나도 이런 문제를 몸소 경험했다. 프란시스코가 죽은 뒤 48시간 동안, 나는 스무 명이 넘는 동료와 몇 명의 친구와 내 가족을 만났다. 상황이 어떻게 되어 가느냐고 그들이 물었을 때 내 마음은 "프란시스코가 어제 죽었다고!" 하고 비명을 지르고 있었지만, 차마 그 말을 입 밖에 꺼낼 수는 없었다. 신생아 집중치료실에 가겠다고 한 것은 나였고, 내 친구들은 아무도 그런 선택을 하지 않았다. 그 비극을 친구들에게까지 강요할 수는 없었다. 다른 한편으로, 논문이 거부되었다거나 데이트가 잘 풀렸다는 친구들의 소식은 내게 사소하게 느껴졌다. 친구들의 잘못이 아니라 프란시스코가 일반적인 삶에 대한 내 관심을 차단해

버렸기 때문이었다.

신생아집중치료실 직원들은 그곳에서 일어난 일에 관해, 사랑하는 사람들에게조차 좀처럼 알리지 않는다. "사람들은 이제 내게 일이 어떤지 묻는 것도 주저하게 되었어요." 한 간호사의 말이다. "그리고 물을 때조차 내 대답으로 알게 된 사실을 어떻게 처리해야 할지 모르더라고요." 이곳의 일은 다른 사람의 경험을 심각하게 받아들이는 것을 어렵게 만들기도 한다. 그 간호사는 내게 이렇게 말했다. "때때로 퇴근해서 집에 돌아가면 약혼자가 그날 자기가 겪었던 만만찮은 마케팅 문제에 관해 이야기해요. 그러면 내 속 한 부분은 이렇게 생각하죠. '그런 거 관심 없어. 그건 문제도 **아니잖아**.'" 커다란 고통을 목격하는 사람들은 다른 직업을 가진 친구들을 점점 더 적게 만나게 되는 경우가 많다. 당신이 겪는 일을 다른 사람이 이해하지 못하고, 그들이 겪는 일에 당신이 관심이 없다면, 그런 만남에 무슨 의미가 있겠는가?

신생아집중치료실 직원들은 서로 힘이 되어주지만, 이런 일은 거의 대부분 짧은 휴식 시간이나 퇴근 후 한잔할 때처럼 주변부에서만 일어난다. 의료팀은 아기 한 명이 죽을 때마다 사후 브리핑 회의를 연다. 프란시스코의 사후 브리핑에서 리즈는 아침으로 과일과 요거트를 내놓았다("우리 도넛을 너무 많이 먹어요."). "우리는 사람들이 되짚어보기를 원하는 주제에 관해서 무엇이든 이 야기를 나눠요." 나는 멜리사에게 사후 브리핑이 그의 감정을 이 야기할 기회가 되는지 물었다. "그다지요. 대부분은 그냥 일일 뿐 이에요. 우리는 사람들이 잘한 일을 인정해 주고 슬픔을 나누지 만, 그 슬픔이 우리의 나머지 삶에 어떻게 영향을 미치는지에 대 해서는 제대로 이야기하지 않아요."

신생아집중치료실은 전문적인 지원을 제공하지만 직원들은 그것을 거의 활용하지 않는다. 멜리사는 무척 힘들었던 어떤 시 기에 선배 의사에게 사회복지사를 만나보겠느냐는 질문을 받고 이렇게 대답했다. "무슨 말씀이세요. 지금 내게 그런 건 필요하지 않아요." 마치 그런 제안이 자신의 감정적 체력을 의심한 것처럼 반응한 것이다. 멜리사는 레지던트 기간이 자신의 강건함을 시험 받는 시간이었다고 느낀다. "군대랑 좀 비슷해요. 사람들은 우리 가 그냥 참고 삶을 이어나가기를 기대해요."

심리적 응급처치

그러나 최근 여기에도 변화가 생기기 시작했다. 돌봄 직종 종사자들은 공감에 관해 좀 더 뚜렷한 목적의식을 갖고, 번아웃에 대처하고 서로를 더 잘 지원하기 위한 방법을 찾고 있다. 볼티모어의 존스홉킨스병원에서는 한 가지 비극과 함께 이런 변화가 시작됐다.

생후 18개월이던 조시 킹의 별명은 '레킹볼Wrecking Ball'이었다.[29] 조시는 즐겁게 상자를 무너뜨리고 옷장의 옷을 다 꺼내서 흩어 놓고 수시로 춤을 췄다. 2001년 1월, 조시는 부모가 모르고 있는 사이 혼자 목욕을 하려다가 심한 화상을 입었고, 급히 홉킨스로 옮겨져 집중치료실에서 치료를 받았다. 상태는 꾸준히 좋아졌고, 오빠와 언니들은 집에 돌아올 조시를 환영하기 위해 풍선을 불고 색색가지 카드를 준비했다. 그러다 아무 경고도 없이 조시에게 심장마비가 일어났다. 그리고 24시간 만에 조시는 세상을 떠났다.

조시의 죽음은 가족들에게 거대한 분화구 하나를 뚫어놓았고, 시간이 갈수록 그들의 슬픔에는 분노가 섞여들었다. 조시의 생애 마지막 며칠 동안 홉킨스의 의료진은 조시의 최종적 사인인 감염과 탈수를 초래한 일련의 과실을 범했다. 병원은 조시의 가족과 합의를 했지만, 조시의 엄마 소럴은 여전히 복수를 꿈꾼다. 그는 일기장에 이렇게 썼다. "그들도 고통을 겪어야 해. 우리

공감은 지능이다

가 느끼는 고통을 그들도 겪어야 한다고."

또한 소럴은 자신이 조시에게 진 빚에 관해서도 생각했다. "널 위해 무언가 훌륭한 일을 할게. 그게 어떤 일인지 알아낼 수 있도록 제발 도와줘." 소럴과 남편 토니는 조시의 죽음이 다른 아이들에게 도움이 되기를 원했다. 놀랍게도 그들은 합의금의 일부를 존스홉킨스에 기부하여 '조시 킹 환자 안전 프로그램'을 만들었다. 수년에 걸쳐 존스홉킨스는 실수를 예방하기 위한 실무를 정비했다.[30] 그들이 만든 여러 가지 새로운 표준이 전국적으로 확산되어 수많은 생명을 구했다.

비슷한 시기에 존스홉킨스 보건정책관리학과의 앨버트 우Albert Wu 교수는 의료과실의 또 다른 측면에 골몰해 있었다. 조시와 같은 사례는 가족들을 비참하게 만든다. 돌보는 일을 하는 사람들은 어떨까? 우는 레지던트들과 과거에 그들이 한 실수에 관한 인터뷰를 한 후 그중 많은 수가 외상 후 스트레스 장애 증상을 앓고 있다는 것을 알게 되었다.[31] 그는 병원이 피해자로 가득하다는 것을 깨달았다. 그러나 환자나 그 가족과 달리 돌보는 일이 직업인 사람들은 도움을 요청하는 것을 스스로 허용하지 않는다. 그들의 행위가 고통을 초래했으니, 거기서 자신의 고통을 표현하는 것은 너무 이기적인 일이라 여기는 것이다.

우는 의료과실을 에워싸고 상처 입기 쉬운 연약함과 침묵이 위험하게 얽혀 있는 모습을 보았다. 그는 "우리 중에서도 생각이 깊고 세심한 동료들이 자신의 실수에서 큰 상처를 입을 가능성이 크다"라고 썼다. 그러나 진실은 그가 깨달은 것보다 더 나빴다. 한 연구에서는 1년 동안 석 달에 한 번씩 레지던트들을 대상으로 그들이 한 의료과실과 삶과 일의 질에 관해 설문조사를 실시했다. 레지던트가 한 가지 실수를 하면 그들의 번아웃은 급격히 심화되고, 우울증에 걸릴 위험이 3배 이상 증가하며, 환자에 대한 공감도 줄어든다.[32]

2011년에 우는 존스홉킨스에서 의료과실에 관한 강연을 했다. 그가 조시 킹에 관해 언급하자 두 명의 여성이 나가버렸다. 나중에 그는 그들이 조시를 치료한 이들임을 알게 되었다. 10년이 지났지만 존스홉킨스 병원은 그들이 겪은 일에 대해 한 번도 묻지 않았다. "그건 명백한 방치"였고, 그러려고 했다면 치유할 수도 있었을 것이다. 우와 동료들은 돌봄 종사자들 간의 사회적 지원이 병원 복도나 회식 시간에 한정되어서는 안 되며, 그것이 그들 직업의 한 부분으로 포함되어야 한다고 느꼈다. 그들은 병원 전체에 걸친 공감 네트워크인 '스트레스 사건 속 회복탄력성Resilience in Stressful Events(RISE)'을 만들었다. 우의 연구팀은 집단 내에

공감은 지능이다

서 동료들을 "판단하지 않으며, 공감을 잘하고 현명한", "접착제형 인물들"을 찾아냈다. RISE팀은 그들에게 재난이 발생한 후에 가장 흔히 사용되는 '심리적 응급처치' 상담 기법을 훈련했다.[33]

지진이나 테러 공격의 피해자와 목격자는 덮쳐오는 스트레스 호르몬의 쇄도를 경험한다. 세상이 일렁일렁 흔들리고, 한순간 모든 게 너무 명료해졌다가 다음 순간 모든 게 비현실적으로 느껴진다. 의료과실이나 돌연사 같은 불행한 사건들은 돌봄 종사자들에게 그와 비슷한 방식으로 영향을 미친다. 우가 설명하듯이 "그들은 환자가 무엇을 입고 있었는지, 본인이 무엇을 입고 있었는지, 날씨가 어땠는지, 그 병실의 벽이 무슨 색이었는지도 말할 수 있다."

이런 느낌은 화상자국처럼 기억에 새겨져 '섬광전구'가 켜지듯 순간순간 떠오르는데, 이 현상은 피해자가 그 순간의 기억에서 벗어나지 못하게 하는 위험한 일이다. 피해자가 트라우마를 기억할 때는 그 순간 자신이 느꼈던 공포와 동요가 되살아나 몰려온다. 심리적 응급처치는 재난 직후에 피해자들에게 안전감을 느끼게 함으로써 되살아나는 회로를 차단하려는 시도다. 존스홉킨스 병원의 모든 직원은 언제나 RISE에 전화해 상담을 요청할 수 있고, 상담사가 30분 이내, 대개는 10분 안에 상담에 응한다.

상담사들은 판단을 유보한 상태로 이야기를 듣고 질문을 던지며, 때로는 직원들이 더 심화된 도움을 받을 수 있도록 안내한다.

RISE는 2011년에 문을 열었지만, 거의 아무도 찾아오지 않았다. 첫해에는 한 달에 한 명이 전화를 하면 운이 좋은 편이었다. 특히 의사들은 자신의 약한 모습을 드러내는 데 더 오랜 시간이 걸렸다. 그러나 그런 경직된 문화도 무너지기 시작했다. 과실을 범했거나 살 수 있을 거라 생각한 환자를 잃은 사람들이 하나둘 상담 전화를 걸어오기 시작했다. 곧이어 의료팀이 함께 전화를 해왔다. 현재 RISE는 한 주에 100명 이상을 상담한다.

RISE는 돌봄 종사자들에게 간단히 얻을 수 있게 농축한 동료들의 공감을 제공하지만, 그 효과는 매우 큰 반향을 퍼뜨린다. 최근 우와 그의 연구팀은 불행한 사건 이후 RISE를 활용했던 간호사들이 다른 이들에 비해 휴가를 내거나 사직할 확률이 훨씬 줄었다는 사실을 발견했다.[34] RISE는 돌봄 종사자들이 소진한 연민을 다시 그들에게 되돌려줌으로써 그들의 감정적 삶을 보호한다. 이런 종류의 프로그램이 모든 문제를 해결할 수 있는 것은 아니며, RISE가 존스홉킨스에서 번아웃과 피로를 완전히 제거한 것도 결코 아니다. 하지만 최소한 돌봄 종사자들이 금이 간 틈새로 추락하는 일을 예방하도록 돕고 있다.

우는 메릴랜드주의 모든 병원뿐 아니라, 텍사스주와 네덜란드, 일본의 병원에도 RISE를 확산하기 위해 논의 중이다. 이는 좋은 소식이지만, 역설적으로 많은 사람이 사회적 지원을 얼마나 받지 못하고 있는지를 부각하는 일이기도 하다. 가난한 병원이나 공립학교 같은 과로가 심한 환경에서 일하는 사람들은 그런 프로그램을 마련할 시간이 더욱 부족하다. 알츠하이머 환자의 배우자나 뇌성마비 딸을 둔 아버지, 양극성장애에 시달리는 사람의 절친한 친구처럼 개인적으로 간병하는 사람들은 그런 도움을 어디서 받을 수 있는지조차 알지 못할 것이다. 그리고 그들이 도움을 받을 수 있는 커뮤니티를 찾아냈다고 하더라도, 도움을 받으려면 도움을 요청할 용기가 필요하다.

감정에 맞서는 대신 감정과 협력하기

미션 디스트릭트Mission District의 '물살을 거스르는 명상센터Medi-tation Center Against the Stream'는 전형적인 샌프란시스코풍 공간이다. 크림색을 칠한 생기 있는 방 안에는 천을 씌운 의자들이 작은 목제 제단을 에워싸고 있다. 벽에는 반쯤 종교적 도상이고 반쯤 아웃사이더 예술인 셰퍼드 페어리Shepard Fairey의 작품이 점점이 걸려 있다. 안드레 더 자이언트의 얼굴 밑에 '복종하라'라고 새겨진 페어리의 유명한 판화 주위를 만다라가 에워싸고 있다. 금요일 저녁의 명상 반에는 수백 명이 몰려들지만, 오늘은 우리 여남은 명뿐이다. 저커버그 샌프란시스코 종합병원Zuckerberg San Francisco General Hospital의 레지던트들이 이 명상 수업의 학생들인데 모두 두 손을 허벅지에 올리고 조용히 앉아 호흡에 집중하고 있다. 방 안은 평화롭지만 쌩하고 지나가는 사이렌 소리가 들려온다. 아마도 사이렌은 이 학생들의 직장을 향해 가고 있을 것이다.

이 명상 수행을 이끄는 이브 에크만Eve Ekman은 UCSF의 오셔 통합의학센터Osher Center for Integrative Medicine 연구원으로, 의사들의 공감 조절을 돕는 선구적 프로그램을 이끌고 있다. 이브가 이 일을 시작하게 된 건 우연이었다. 10년 전에 그는 샌프란시스코 종합병원 응급실의 야간 근무조를 담당하는 사회복지사였다. 기력을 고갈시키는 일이었지만, 이브는 예술과 자연에서 위안을 찾았다. "나는 견디기 힘든 수준의 고통을 목격했고, 아름다움을 찾음으로써 균형을 잡으려고 노력했어요." 이브는 병원이 의사들의 스트레스를 덜기 위해 명상을 활용한다는 걸 알고 있었지만 그 효과를 확신하지는 못했다. 그는 "긴장을 풀고 싶으면 맥주를 마셔

공감은 지능이다

야지 무슨…"하고 생각하곤 했다. 2006년에 이브의 아버지인 심리학자 폴 에크만Paul Ekman은 한 불교학자와 함께 '감정의 균형 키우기'라는 교사 훈련 프로그램을 이끌기로 했다. 그러나 그 프로그램이 시작되기 직전에 병에 걸렸고, 이브가 아버지의 대타로 일하는 데 동의하면서 뜻하지 않게 그의 인생이 바뀌게 되었다.

앞에서 우리는 최대한도로 공감하는 돌봄 종사자들이 견디는 부담을 살펴보았다. 그러나 그들이 '거리를 둔 염려' 방식을 목표로 삼고 자신의 감정을 무시하면 또 다른 위험이 생겨난다. 돌봄 종사자들도 감정을 **분명히 느끼므로**, 앤서니 백이 말하는 '검토하지 않은 감정들'이 불시에 해로운 방식으로 튀어나오기 때문이다.[35] 자신의 감정을 무시하고 덮어버리는 의사들은 진단의 정확성이 떨어지고, 답답한 마음을 환자에게 화풀이할 가능성이 크다. 또한 검토하지 않은 감정들은 불면을 유발하거나 가족들과 충돌하게 하거나 알코올을 남용하게 할 가능성을 키워 돌봄 종사자의 나머지 생활에도 해를 입힌다.

다행히도 앤서니 백에 따르면, 돌봄 종사자들은 자기감정과 맞서는 대신 감정과 **협력**할 수도 있다. 백은 그들에게 초점을 내면으로 돌려 환자의 병을 진단하듯 자신의 감정을 진단해 보라고 권한다. 자기 딸과 동갑인 백혈병 환자를 만나면 슬픔이 산사태처럼 몰려올 수 있으므로, 그 슬픔이 자신을 압도하려는 징후가 보이는지 늘 잘 살피며 경계해야 한다. 그러기 위해 돌봄 종사자들은 자신이 환자들 곁에서 어떤 감정을 느끼는지 정확히 알 수 있도록 주의를 기울이고 있어야 한다. 심리학자들은 자신의 감정을 정확히 구분하고 인지하는 이런 능력을 '감정 세분성emotional granularity'이라고 부른다. 어떤 사람은 이런 능력이 뛰어나지만 어떤 사람은 그렇지 않다.[36] 한 연구에서는 2주 동안 참가자들에게 일기를 쓰면서 그날 자신이 겪은 가장 강렬한 감정적 경험에 대해 생각해 보게 했다. 그 감정이 자신을 얼마나 행복하게, 즐겁게, 기쁘게 했는지, 혹은 얼마나 불안하게, 화나게, 슬프게 했는지 말이다.

어떤 사람들은 섬세한 내면을 드러냈다. 파트너와의 다툼으로 매우 화가 나고, 살짝 창피하고, 중간 정도로 슬펐다는 식이었다. 또 감정을 두루뭉술한 덩어리로 경험하는 사람도 있었다. 어느 하루가 안 좋으면 그날은 다 **안 좋기만** 한 날이었고, 모든 부정적 감정들이 한데 모였다. 자신의 감정을 정확히 짚어낼 줄 아는 사람은 더 쉽게 감정을 통제하고 역경에서 회복했다.[37] 상세한 지도를 가진 사람이 숲에서 빠져나오는 길을 찾을 수 있는 것처럼, 자신의 감정을 이해함으로써 감정을 변화시킬 수 있다. 감정 세분성이 높은 사람은 다른 방식으로도 혜택을 얻는다. 그들은 불투명한 감정적 삶을 사는 사람들에 비해 폭음을 하거나 폭력을 행사하거나 우울증에 빠지거나 자해할 확률이 더 낮다.[38]

한때 과학자들은 자신들이 공감을 바라보던 방식으로 감정 세분성을 바라보았다. 즉 사람들이 갖고 있거나 갖고 있지 않은 성격적 특성으로 본 것이다. 그러나 새로운 증거들은 사람들이 자신의 감정을 식별하는 방법을 배울 수 있음을 보여준다. 한 프로그램에서는 초등학생들에게 감정 상태를 정확하게 묘사하는 단어를 가르쳐주고 자신의 감정을 돌아볼 수 있게 도와주었다.[39] 이 프로그램을 이수한 학생은 교사에게 더 친절하고 침착하다는 평가를 받았고 성적도 좋아졌다.

공감으로 인한 괴로움과 공감으로 인한 염려

폴 에크만은 분노와 공포, 놀람을 비롯한 감정의 특징을 밝혀내는 데 모든 경력을 바쳤다. 이 연구는 에크만을 심리학계의 거물로 만들었고, 대중문화 속으로도 흘러 들어갔다. 영화 〈인사이드 아웃〉과 텔레비전 시리즈 〈라이 투 미〉가 모두 그의 개념을 바탕으로 만들어진 작품이다. 폴이 이런 연구를 했다는 것은 그의 딸 이브가 감정을 고도로 예민하게 인식하는 가정에서 자랐다는 것을 의미한다. 응급실에서 일할 때 이브는 동료들이 공감하는 방식에 차이점이 있음을 알아차렸다. 어떤 사람은 과도하게 공감하다가 지쳐서 냉소적으로 변해갔다. 그러나 어떤 사람들은 거의 동요하지 않았다. "그들은 초연함과 괴로움 사이에서 균형을 찾아낸 사람들이었어요." 이브는 궁금했다. 나머지 사람들도 그들처럼 될 수 있을까?

그리고 아버지를 대신해 감정과 마음챙김 훈련에 참가한 지 며칠 만에 답을 얻었다. 그가 목격한 마음챙김 수행은 긴장 풀기를 훨씬 넘어서는 것이었다. 그것은 정서적 삶에 주파수를 맞추는 고대부터 이어진 기술이었다. 이브는 명상이 사람들에게 "자신의 경험에 더 궁금증을 갖도록 유도"하며, 경험을 묘사할 더 정밀한 어휘를 제공한다는 것을 깨달았다. 그 어휘 중에는 서로 다른 종류의 공감을 구분하는 언어도 있다. 불교에서 말하는 '자비compassion'에는 타인의 고통을 떠안지 않으면서 그들을 염려하는 일이 포함된다. "그런 분리가 필요해요. 너무 멀리 떨어지면 그건 '그 사람 일이지 내 문제가 아닌 게' 되고, 분리가 일어나지 않으면 주변의 고통에 너무 심하게 동일시하게 되기 때문이죠."

공감은 지능이다

심리학자들도 이와 유사하게 '공감으로 인한 괴로움'과 '공감으로 인한 염려'를 구분한다. 괴로움은 정서적 공감에서 생기는 한 가지 결과로, 다른 사람의 고통을 간접적으로 떠안음으로써 그 사람과 **같은** 감정을 느끼는 것이다. 반면 염려는 누군가의 감정을 **함께** 느끼고 그들의 안녕이 향상되기를 원하는 마음이다. 염려와 괴로움은 같은 동전의 양면처럼 보이지만 (누군가의 고통이 당신에게 아픔을 준다면 그들의 감정이 나아지도록 도울 충분한 이유가 생기니까), 그 둘이 항상 함께 가는 건 아니다. 둘은 아주 약하게 연관되어 있을 뿐이다. 깊은 괴로움을 경험하는 사람이 반드시 깊이 염려하는 것은 아니며, 그 반대도 마찬가지다.[40]

두 상태는 유발하는 행동도 서로 다르다.[41] 쉽게 괴로움에 빠지는 사람은 타인의 고통을 회피한다. 예컨대 자신을 감정적으로 힘든 상황에 빠뜨릴 자원봉사 기회를 거부하는 것이다. 괴로워하기보다 염려하는 편인 사람은 그러지 않는다. 한 연구에서는 대학생들에게 그들과 비슷한 위치에 있는 사람이 경험한 비극적 사건에 관한 글을 읽히고, 괴로움과 걱정을 얼마나 느꼈는지 점수를 매기게 했다. 그런 다음 그들에게 피해자를 도울 기회를 부여했다. 연구자들은 어떤 학생은 돕는 일에서 쉽게 빠져나올 수 있게 하고 (그들은 피해자와 직접 대면할 필요가 없었다) 어떤 학생은 그러지 못하도록 실험을 설계했다. 그 결과 괴로움을 경험했던 사람들은 돕지 않을 수 없는 상황일 때는 도왔지만 회피할 수 있을 때는 거리를 두었다. 반면 염려를 느꼈던 사람들은 두 상황 모두에서 도움을 주었다.

돌봄 직종에서는 이 두 상태의 차이를 아는 것이 매우 중요하다. 괴로움은 사람들이 다른 사람의 고통을 피하게 하는 동기가 되지만, 돌봄 종사자들은 자신의 직업을 버리지 않는 한 그럴수 없다. 이는 그들에게 몹시 힘겨운 심리적 부담을 안긴다. 실제로 공감의 여러 종류 가운데 괴로움만이 의사, 간호사, 사회복지사 들의 번아웃을 추적하는 데 사용된다.[42] 반면 염려는 환자들의 고통을 떠안지 않으면서 그들과 감정적으로 연결될 길을 열어준다. 괴로움을 느끼기보다 염려하는 성향이 강한 돌봄 종사자는 공감이 주는 상처로 고통받을 가능성이 더 **작다**. 다시 말해 공감이 반드시 번아웃을 초래하는 것은 아니며, 제대로 된 종류의 공감을 경험한다면 실제로는 번아웃을 예방할 수도 있다.

어느 날 나는 리즈에게 신생아집중치료실에서 일어나는 모든 고통을 직면하면서 그 일을 계속할 수 있을지 의심해본 적은 없냐고 물었다. "없어요" 하고 리즈는 대답했다. "그래서 내가 이 일을 하고 있는 거죠. 나는 위기에 처한 사람들을 돕는 데서 기쁨을 느껴요." 물론 그건 아이스크림을 먹고 느끼는 기쁨보다 더 심오한 어떤 기쁨, 힘겨운 순간을 보내는 가족들을 도울 수 있는 능력에서 오는 기쁨을 말한다. 대단히 종교적인 사람인 리즈는 그런 순간을 "은총이 가득한 아름다운" 순간이라고 여긴다.

리즈는 내게 말했다. "신이 그런 상황을 창조하신 데는 다 목적과 의미가 있어요." 그와 어느 정도 시간을 보내 보니, (염려 쪽으로 맞춰진) 그의 공감 설정값이 매우 높다는 걸 분명히 느낄 수 있었다.[43] 그리고 아마 그 점이 그가 수년간 낙천성을 유지하면서 환자 가족들을 도울 수 있게 해준 힘일 것이다.

재능이 뛰어난 사람들은 재능이 없는 상태를 잘 상상하지 못하는 경우가 많다. 수학자는 복잡한 방정식을 이해하지 못하는 게 어떤 건지 이해하지 못할 수도 있다. 나는 리즈가 자신처럼 굳건한 희망을 품지 못한 사람에게 그 일이 얼마나 힘든지 알고 있을지 궁금했다. 그는 이렇게 말했다. "나는 최근에야 이게 모든 사람이 갖고 있는 게 아닌 특별한 성격이라는 걸 알게 됐어요."

우리가 로든베리 가설을 받아들인다면, 리즈 같은 공감적 성격 특성을 지닌 사람은 돌봄 직업에 종사하고, 아닌 사람들은 다른 직업을 찾아야 할 것이다. 그러나 공감의 정도를 높이거나 낮출 수 있는 것처럼, 공감의 서로 다른 **종류**에도 자신을 맞출 수 있다. 리즈처럼 운 좋게 알맞은 설정값을 갖지 못한 사람은 번아웃되지 않으면서 힘겨운 상황을 헤쳐나가기 위해 도움이 필요할 테지만, 돌봄에 대한 접근법을 바꿈으로써 자신을 도울 수 있다.

앞에서 보았듯이 뇌과학자 타니아 징거의 연구팀은 불교에서 영감을 얻은 수행법을 사용하여 사람들의 공감을 키웠다. 또한 사람들을 특정한 종류의 공감으로 유도하는 데도 이 훈련법을 활용했다. 메타, 즉 자애 명상은 공감적 염려의 능력을 키운다. 최근 한 연구에서 징거 연구팀은 한 무리의 사람들에게는 자애 명상을, 또 다른 무리에게는 타인의 감정을 '포착'하여 대리 체험하는 데 초점을 맞춘 명상을 하게 했다. 며칠이 지나자 자애 명상 수행을 한 사람들은 다른 무리 사람들에 비해 더 관대해지고 괴로움을 덜 느꼈다.[44] 이런 변화는 그들의 뇌에서도 관찰되었다. 반면 타인의 고통을 함께 느끼는 법을 배운 사람들은 고통에 대한 강화된 미러링 반응을 보였다. 그들의 뇌는 마치 자신이 고통받고 있는 것처럼 반응했다. 그러나 자애 명상을 수행한 사람들은 동기부여와 연관된 뇌 영역들이 활성화되었고, 심지어 보상과 연관된 뇌 영역들까지 활성화되었다. 피해자의 고통에 초점을 맞추는 대신, 고통이 줄어든 세계를 상상한 것이다.

신생아집중치료실 직원 중에도 괴로움을 줄이기 위해 명상

기법을 활용하는 이들이 있다. 한 간호사는 그 방법을 이렇게 묘사했다. "환자 가족과 몹시 심각한 대화를 나누고 있을 때 바닥에 놓인 자신의 발에 대해 생각하는 거죠. 그리고 그게 그들의 모든 감정을 떠안는 순환을 멈춰줘요. 그러면 그 감정들과 조금은 거리를 둘 수 있죠." 그 간호사는 그런 연습에 "이건 나의 비극이 아니다"라는 자신만의 주문을 더한다.

현재 연구자들은 명상이 돌봄 종사자들에게 미치는 영향을 체계적으로 테스트하고 있다. 명상 기반 프로그램을 이수한 의사들은 10여 건의 연구에서 고루 탈진과 괴로움이 줄어들었다고 응답했다.[45] 그중 몇몇 연구에서는 진료 시 공감을 더 많이 하게 되었다는 보고도 나왔다. 이브는 이런 흩어진 점들을 연결하고 있다.[46] 그는 돌봄 종사자들이 염려에 초점을 맞추는 것이 연결과 자기보호 사이의 미묘한 균형을 잡는 데 도움이 된다고 생각한다. 이브의 워크숍에서는 레지던트들이 도움이 안 되는 공감, 이를테면 환자를 구해야 한다는 영웅적 욕구를 품고 그러지 못했을 때 수치심으로 이어지는 공감을 놓아 보내는 연습을 한다. 이브는 이제야 그 프로그램의 효과를 평가하기 시작했지만, 다른 연구들에서도 희망을 품게 하는 증거들이 나오고 있다. 최근의 한 연구에서는 이브의 워크숍과 유사한 프로그램에 참가한 의대

생들이 환자에 대한 배려가 더 깊어지고 자신의 우울 증상도 줄어들었다고 보고했다.[47]

❖❖❖

외부인과의 접촉 같은 공감을 키우는 몇 가지 방법의 효과는 수십 년에 걸쳐 쌓인 증거들이 뒷받침한다. 그러나 공감의 조절을 목표로 하는 연구는 훨씬 더 최근에 등장했다. 부분적으로는 바로 이 점이 문제를 부각한다. 증오, 냉담함, 비인간화는 사회적 비상사태이며, 선한 사람들은 즉각 나서서 그런 문제를 해결하고 싶어 한다. 너무 많이 염려하는 것은 분명 문제처럼 보이지 않으며, 어떤 경우에는 존경받는 일이기도 하다. 자기를 희생하는 부모와 과로하는 돌봄 종사자 들은 번아웃을 명예 훈장처럼 여길 수도 있다. 한 사회복지사는 내게 '고통이 주는 낭만성' 때문에 그 직업에 끌렸다고 말했다. 여기에 돌봄 직업에 요구되는 신병훈련소 스타일의 강인함까지 더하면, 우리는 조용히 번져가는 대유행병을 직면하게 될 수밖에 없다.

돌봄 종사자와 심리학자 들은 공감을 더 유용한 방식으로 사용할 수 있고 그래야만 한다는 사실에 눈뜨고 있다. 우리는 아직 어떤 방식이 언제, 누구에게 효과가 있을지 알지 못한다. 그

공감은 지능이다

리고 효과적인 기법이 있더라도 성급하고 비인간적인 의료 체계 때문에 옴짝달싹 못 하게 된 돌봄 종사자에게는 도움이 될 수 없을지도 모른다. 그러나 이 연구 분야는 해마다 새로운 해답을 찾아가며 급성장하는 중이다. 그 해답들이 우리에게 얼마나 절실히 필요한지를 생각하면 참으로 반가운 소식이 아닐 수 없다.

가장 깊은 수준에서, 전면적인 돌봄을 지속가능하게 수행하기 위해서는 돌봄 종사자들이 자신의 역할을 재정의할 필요가 있다. 치유자란 어떤 존재를 의미하는 것일까? 많은 사람에게 그것은 영웅적으로 개입하여 누군가를 질병으로부터 구해내고 안전한 상태로 되돌려놓는 것을 의미한다. 적어도 서구에서는 의료종사자들을 질병과 죽음에 맞서 싸우는 선택된 전사라고 생각하며, 이는 신생아집중치료실 직원들이 훌륭하게 수행하고 있는 역할이기도 하다. 신생아집중치료는 급속하게 발전하고 있고, 조산아들의 생존율도 지속해서 증가하고 있다.[48] 만약 알마가 내가 태어난 해에 태어났다면 살아남지 못했을지도 모른다. "가장 어려울 때 가장 큰 차이를 만들 수 있는 법이죠." 리즈는 내게 그렇게 말했다. 신생아집중치료실은 내가 본 가장 슬픈 장소 중 한 곳이지만, 또한 기적을 만드는 곳이기도 하다.

그러나 돌봄 종사자가 죽음을 절대 허용하지 않는 것이 자기 일이라고 생각한다면 그는 자신과 환자들에게 실망을 안길 수밖에 없는 운명에 처한다.[49] 그러나 그렇게 생각할 필요는 없다. "죽음은 의학의 한 부분이고 그럴 수밖에 없습니다." 앤서니 백이 한 말이다. 돌봄 종사자들은 죽음을 부인함으로써가 아니라 삶을 긍정함으로써 환자를 도울 수 있다. 많은 사람이 이런 접근법에서 뭔가를 배울 수 있을 것이다. 누군가의 고통을 해소하거나 그들의 고생을 덜어줄 수 없다는 무력감을 느낄 때, 공감은 죄책감과 수치심으로 변질된다. 특히 우리가 그 상황을 변화시킬 수 없을 때는 텔레비전이나 온라인을 통해서든, 직접적 경험으로든 끊임없이 고통의 홍수에 휩쓸리는 것이 견디기 힘든 일이라 느껴질 수 있다. 그러나 문제를 해결하는 것이 공감을 보여주는 유일한 방법은 아니다.

프란시스코가 죽은 다음 날 리즈는 은총을 보았다. 그는 자신의 팀원들이 프란시스코를 위해 할 수 있는 모든 일을 하고 용감함과 친절함으로 마지막 순간을 직면했다는 사실에 자랑스러움을 느꼈다. "우리는 좋은 죽음과 나쁜 죽음에 대해 자주 이야기해요." 대학 시절 멜리사는 호스피스 센터에서 자원봉사를 했다. 그 일은 멜리사에게 신생아집중치료를 전공하게 하는 계기가 되었다. 아주 나이 든 사람들이 아니라 아주 어린 아이들이지만 여전

공감은 지능이다

히 삶과 죽음 사이에 있는 이를 치료하는 일이다. 그는 내게 말했다. "그 시간에는 아주 풍부한 내밀함과 인간성이 존재하죠." 또한 멜리사는 죽어가는 아이들의 가족과 함께하는 것을 '특권'이라고 표현했는데, 나는 신생아집중치료실 간호사 중 최소한 3명에게서 이 말을 들었다.

의사와 간호사, 사회복지사 들이 환자 가족과 함께 있어 줄 때, 그들의 말을 듣고 설명하고 심지어 그들 곁에서 함께 울 때, 그들은 무엇으로도 대신할 수 없는 일을 해주는 것이다. 그들이 자신을 고갈시키는 게 아니라 지속시키는 방식으로 그 일을 할 수 있다면, 그들은 그 선물을 더 많은 사람에게 줄 수 있다.

친절이 보상되는 시스템

심리학자 댄 뱃슨이 신학생들을 한 번에 한 명씩 스트레스 상황에 처하게 했을 때 그들의 공감은 곤두박질쳤다. 동료들과 나는 공감을 키울 수 있다고 한 번에 한 명씩 설득했고, 그러자 그들은 공감을 더 많이 하게 되었다. 토니 매컬리어는 증오 단체 회원들을 한 번에 한 명씩 상담했고, 레이먼드 마는 사람들이 서로를 이해하는 데 픽션이 어떻게 도움이 되는지 한 번에 한 명씩 연구했다.

이렇게 우리가 살펴본 '넛지' 중 다수는 실험실이나 상담 세션 같은 엄밀히 통제된 환경에서 공감을 키운다. 그러나 우리는 진공상태에 사는 존재가 아니라 공동체와 제도가 공유하는 믿음·태도·관습 등의 사회적 규준에 지배되는 더 큰 세계의 한 부분이다. 규준은 온갖 방식으로 우리에게 영향을 미친다. 사람들은 다른 사람들이 좋아하는 음식과 얼굴과 노래를 더 맛있고, 더 매력적이고, 더 듣기 좋다고 느낀다.[1] 다른 사람들이 이미 쓰레기를 버린 걸 알 때 쓰레기를 더 자주 버리고 남들이 투표했다는 걸 알 때 투표하는 경우가 더 많아진다.[2] 어떤 스캔들에 대한 격분, 선거에 출마한 정치인에게서 얻는 활력, 기후변화에 대한 두려움의 정도는 주변 사람들이 어떻게 느끼는가에 따라 달라진다.[3]

우리는 다른 사람들이 행하고 생각하는 바를, 혹은 적어도 그들이 생각한다고 우리가 **생각하는** 바를 모방한다. 여기서 한 가지 문제는 우리 생각이 자주 틀린다는 것이다. 흔히 극단적인 목소리가 좌중을 장악하고 다수의견인 것처럼 오인되기 때문이다. 언젠가 심리학자들은 프린스턴대학교 신입생들을 입학 몇 주 후에 인터뷰하고 이듬해 봄에 다시 인터뷰했다.[4] 그들이 던진 질문은 두 가지였다. 본인은 폭음을 얼마나 좋아하는가? 그리고 프린스턴의 평균적인 신입생은 폭음을 얼마나 즐기는가? 학년 초인 가을에 학생들은 자신이 폭음을 그리 좋아하지도 싫어하지도 않는다고 느꼈지만 평균적인 1학년은 폭음을 더 좋아할 거라고 생각했다. 이것은 착각일 수밖에 없다. 그 학생 자신의 의견이 실제 평균을 구성하는 한 부분이기 때문이다. 그러나 신입생들이 친구에게 재미있는 이야기를 들려주고 싶을 때는 목요일 밤에 열심히 공부한 이야기보다는 얼음 조각 위로 술을 부어 마신 이야기를 들려주게 마련이다. 요란하고 특이한 생각들이 조용한 다수의 의견을 밀어내고, 학생들은 격렬히 파티를 벌이는 상상 속의 '평균적' 학생 이미지를 갖게 된다. 봄이 올 즈음이면 1학년들은 예전보다 더 폭음을 즐기게 되었다고 응답한다. 하나의 규준을 스스로 발명해내고 그것을 받아들인 것이다.

우리의 강력한 문화적 흐름 상당수가 공감과 충돌한다. 우리는 성공하려면 경쟁이 필요하고 때로는 잔인함도 필요하다고 배운다. "탐욕은 진화의 본질을 명확히 밝히고, 관통하고, 포착한다"는 영화 〈월 스트리트〉의 주인공 고든 게코의 말처럼 말이다. 이런 생각은 친절함에 대한 다윈의 염려와도 궤를 같이한다. 다윈은 하던 일을 멈추고 타인을 돕는 사람은 혁신할 시간이 없을 것이므로 필연적으로 꼴찌가 될 거라고 생각했다. 우리가 쭉 살펴보았듯이 이것은 착각이다. 사실은 공감을 잘하는 사람이 여러 면에서 성공할 가능성이 더 **크다**. 그러나 대중적 기준은 아직도 이 통찰을 따라잡지 못했다.

양극화된 이 시대에는 규준의 무게가 보살핌을 밀어내는 방향으로 쏠려 있다. 캠퍼스의 음주 문화에 대한 생각이 그랬듯, 케이블 방송과 SNS에서도 극단적인 목소리들이 공간을 장악하고 있다.[5] 그런 목소리는 대부분 사람들의 목소리보다 편파적이지만, 큰 목소리는 쉽게 다수의 의견과 혼동되어 더 많은 주목을 받는다. 권위자들은 상대편이 실존의 위협이라고 조언한다. 외부인과 타협하는 것, 혹은 그들의 말을 듣는 것은 일종의 배신이 된다. 사람들은 이런 상상의 규준에 순응하고, 그러면 공감을 유지하는 것이 더욱 어려워진다.

어떤 증오 단체 회원이 토니에게서 영감을 받을 수도 있지만, 머지않아 그는 다시 인종 전쟁에 참가하라고 부추기는 사람들에게 둘러싸이게 된다. 재소자가 출소한 후 헤밍웨이의 소설에서 희망을 발견할 수도 있지만, 구직 면접을 보러 가면 그는 다시 예전에 저지른 범죄가 자기 존재의 모든 것을 규정하는 상황에 맞닥뜨린다. 지배적인 믿음은 우리에게 중력처럼 작용한다. 우리는 거기서 일시적으로 벗어날 수는 있지만, 대개 다시 그 힘에 끌려간다.

그러나 공감을 부추기는 다른 규준도 있으며, 이 중 일부는 점점 더 큰 추진력을 얻고 있다. 대체로 도덕적 혁명은 급진적 목소리가 우리가 서로의 경험을 인정할 것을 요구할 때 시작된다.[6] 중국의 전족과 미국의 노예제도는 수 세기 동안 지속되다가 사람들이 함께 힘을 모아 나섰을 때야 폐지되었다. 21세기로 접어들 무렵 동성애자 권리를 옹호하는 소수는 미국에서 동성결혼이 국가적으로 인정받는 날을 꿈꾸었다. 그리고 15년 뒤 그렇게 되었다. 2017년 가을에는 〈뉴욕타임스〉와 〈뉴요커〉가 하비 와인스

공감은 지능이다

타인의 성희롱과 성폭행 이력을 보도하면서, 여성들이 견뎌온 두려움과 고통에 대한 (특히 남성의) 새로운 인식이 확산되었다. 그리고 몇 달 사이 배우들이 계약을 파기 당하고 교수들은 캠퍼스 출입을 금지당했으며, 앨라배마주는 25년 만에 처음으로 민주당 후보를 상원의원으로 선출했는데, 이 모든 일이 사람들이 더 이상 학대를 용인하지 않겠다고 결정했기 때문에 일어났다.

순응은 보통 나쁜 것으로 여겨지지만, 이런 순응의 사례는 사회적 변화로 이어진다. 실험실에서 하는 연구들에서 순응은 사람들에게 친절한 행동을 하도록, 예컨대 자선 기부를 하거나 편견에 찬 독선에 저항하도록 부추긴다. 그리고 우리는 서로의 공감에 전염되기도 한다.[7]

내 연구실에서 실시한 일련의 실험들에서, 우리는 참가자들에게 부랑자들이 하는 고군분투에 관한 이야기를 읽게 했다. 그런 다음 그들에게 다른 참가자들이 각각의 이야기를 읽은 다음 어떻게 반응했는지 보여주었다. 그러나 사실 그 반응들은 우리가 꾸며낸 것이었다. 참가자의 절반은 다른 참가자들이 상당히 공감을 많이 한 것을 보고 자신이 따뜻한 세상에서 살고 있다는 생각을 하게 되었다. 나머지 절반은 다른 참가자들이 남들의 고통에 거의 신경 쓰지 않은 것을 보고 자신이 냉담한 세상에 살고 있다고 생각했다. 그리고 그 선례를 따랐다. 사람들은 다른 참가자들이 공감을 많이 했다고 하면 자신도 공감을 많이 했다고 밝혔다. 그런 다음에는 느낀 감정에 따라 행동했다. 지역의 부랑자 쉼터에 기부할 기회를 주자, 다른 참가자들이 공감을 많이 했다고 생각하는 사람은 다른 참가자들이 감정적으로 영향을 받지 않았다고 생각하는 사람보다 더 많이 기부했다.

그 연구를 하면서 우리 연구실에서는 공감을 많이 하는 규준과 공감을 하지 않는 규준을 순전히 지어서 만들어냈고, 실험 참가자들은 우리가 만든 규준에 순응했다. 그러나 연구실 밖에서는 그 무엇도 지어낼 필요가 없다. 우리 주변에는 잔인하게 행동하는 사람이 있는가 하면 친절하게 행동하는 사람도 있다. 비참하게 사는 사람이 있는가 하면 행복하게 사는 사람도 있다. 긍정적인 면에 초점을 맞추면, 사람들을 건전하고 친절한 행위로 이끄는 데 순응의 힘을 사용할 수 있다.

캠퍼스에서 음주의 규준을 조사했던 연구자들이 바로 그런 일을 했다. 새로운 연구에서 그들은 1학년들을 그룹 토론에 참가시켜, 동료 학생들이 **사실은** 그들이 추측했던 것만큼 폭음을 좋아하지 않는다는 것을 알게 했다. 이런 규준을 지적한 것만으로도 다음 해에 학생들의 알코올 소비가 감소했다.[8]

　　　　　　　　　　　　　　공감은 지능이다

집단이 보이는 공감에 대한 긍정적인 태도도 마찬가지다. 문명사회의 질서를 관장하는 제도들, 인사관리 지침, 행동강령은 모두 계약 형식을 띤 규범들이다. 서로의 경험을 존중하겠다는 합의, 그리고 이를 거부하는 사람은 배제하겠다는 합의인 것이다. 공감은 개인적이지만 동시에 집단적이기도 하다. 친절을 강조하는 조직은 번성하며, 이는 손익을 따져볼 때조차 그렇다. 2012년에 구글은 가장 성공적인 팀이 대체로 '사람 중심'인 팀, 그러니까 서로의 감정에 주파수를 잘 맞추고 서로를 응원하는 사람들로 이루어진 팀이라는 사실을 발견했다.[9] 디자인과 컨설팅 회사인 아이데오IDEO는 직원들에게 시간을 내어 동료를 돕도록 부추기고, 채용과 승진 때도 관대함을 살펴본다.[10]

사적 조직이든 공적 조직이든, 큰 조직이든 작은 조직이든, 느슨한 조직이든 격식을 차린 조직이든 모두 이 방향으로 나아갈 수 있다. 우리는 개인으로서만 잔인한 세상에서 공감하려고 분투하는 것이 아니다. 우리는 우리의 문화에 친절을 세우고 친절함을 사람들의 첫째 선택지로 만들 수 있는 공동체이고, 가족이며, 회사, 팀, 도시, 국가다. 우리는 단순히 규준에 반응하는 것이 아니라 규준을 만들어낸다.

전사가 되고 싶은 경찰들

7남매 중 외동딸인 수 라어 Sue Rahr 는 몸싸움을 두려워해 본 적이 없다. 시애틀 근처 킹 카운티 보안관청에서 순찰업무를 하던 시절, 그는 작은 가게 앞에서 손님들에게 집적거리는 취객을 처리해달라는 출동 요청을 받았다. "내가 그 사람한테 말했죠. '이봐요. 당신은 다음 중 선택할 수 있어요. 감옥에 간다. 아니면 가서 잠을 좀 자고 술을 깬다. 그러면 모두가 행복한 거고.'" 채 문장을 끝내기도 전에 주먹이 날아왔다. "나는 (경찰)학교에서 배운 게 아니라, 내 형제들을 상대하며 배운 걸로 즉각 반응했어요. (…) 그 작자의 머리채를 움켜잡고 바닥으로 내리꽂으면서 아랫도리를 걷어찼죠."

둘이 잠시 드잡이를 하다가 마침내 라어가 그에게 수갑을 채웠는데, 그러는 와중에 라어의 손가락 관절이 아스팔트에 긁혔다. "싸우느라 어찌나 신이 났는지 아픈 걸 전혀 느끼지 못했어요. 현장에 도착한 내 상관이 비명을 질렀는데 나중에 이러더군요. '자네 거기서 피를 뚝뚝 흘리며 만면에 미소를 짓고 서 있더군.'" 그날 밤 라어는 남편에게 이렇게 말했다. "이제 왜 남자들이 싸움을 좋아하는지 알겠어. 정말 재밌거든!"

공감은 지능이다

라어는 형제들과 부대끼며 배운 다른 기술도 경찰 업무에 활용했다. "형제들과 함께 자라면서 나는 민첩하게 작전을 짜 실행하고, 꾀로 상대를 앞지르고, 영향력을 확보하는 걸 배웠어요." 킹 카운티의 신참 경찰은 싸움을 포함해 임무를 제대로 완수할 수 있도록 처음 석 달 동안 현장훈련 경관과 함께 움직인다. 라어는 무력을 사용해야 할 일을 만들지 않고 (가게 앞 몸싸움이 있기 전 일이다) 그 기간을 마친 유일한 사람이었다. 현장훈련 경관은 라어의 평가서에서 무력사용 부분을 빈칸으로 남겨두었다.

2012년부터 라어는 워싱턴주 전체의 경찰 훈련을 책임지고 있다. 그는 궤도를 잃어버린 것처럼 보이는 경찰이라는 직종이 다시 공감을 찾기를 희망하며, 사람들이 경찰에게 예전과 다른 기대를 할 수 있도록 7년여에 걸쳐 새로운 시스템을 만들어왔다.

현대의 경찰은 놀라울 정도로 역사가 짧은 직업이다.[11] 2세기 전에는 런던에서도 임시변통으로 모은 단체가 분쟁을 해결하고 범죄를 처벌했다. 1820년대에 이르자 런던에 더 조직적인 법 집행이 필요하다는 게 분명해졌지만, 시민들 다수는 반대했다. 그들은 언제라도 자신의 자유를 앗아갈 채비가 된 군대가 발소리를 쿵쿵 울리며 거리를 누비는 모습을 상상했다. 시민들의 두려움을 잠재우는 일은 영국의 내무 장관인 로버트 필Robert Peel에게 맡겨졌다. 필은 명석한 학자이자 신중한 정치가로서, 이후 영국 총리를 두 차례 역임했다. 그는 경찰력이 성공적으로 작동하려면 시민의 협조와 신뢰를 얻어야만 한다는 걸 잘 인지하고 있었다.

1829년에 필은 광역경찰법을 도입하여, 수백 명의 경찰관으로 이루어진 경찰력을 꾸렸다(경찰관들은 필을 기려 '바비들bobbies'이라 불렸고, 지금도 그렇게 불린다). 바비들은 제한된 삶을 살았다. 주 7일을 일했고, 투표를 할 수 없었으며, 결혼을 하려면 허가를 받아야 했고, 심지어 시민들과 함께 식사를 하려고 해도 허가를 받아야 했다. 근무 중이 아닐 때도 시민들에게 그들을 염탐하는 게 아니라는 확신을 주기 위해 반드시 제복(남색 연미복과 톱해트)을 착용해야 했다. 광역경찰법과 함께 필은 치안 활동의 비전을 제시했는데, 그의 비전은 오늘날 우리 눈에는 이상주의적 판타지처럼 느껴진다. 필은 이렇게 썼다. "경찰의 힘은 그들의 존재와 행위와 행동에 대한 대중의 승인에 달려 있다." 그리고 경찰관들에게는 "설득과 충고, 경고로도 충분하지 않다는 판단이 설 때만 물리력을 사용하라"고 요구했다. 그가 쓴 가장 유명한 문장은 "경찰이 국민이고 국민이 경찰이다"이다.

경찰 제도가 대서양을 건널 때 필의 이상도 함께 건너갔다. 미국의 경찰관은 대부분 자신이 순찰하는 지역사회에 살았다. 그

공감은 지능이다

들은 도둑을 잡기도 했지만, 무료급식소를 운영하고 이민자들이 일자리를 구하는 것을 돕기도 했다. 체포한 건수가 아니라 지역의 질서를 유지하는 능력에 따라 보상을 받았다.[12] 20세기 경찰은 이웃 같은 느낌이 줄고 좀 더 직업적 성격이 강해졌지만, 여전히 협력을 직업의 핵심으로 유지했다. 또 전국 어디서나 경찰관들은 '지역사회 치안'에 대한 헌신을 맹세했다. 시민들과 함께 길거리 농구를 하고 빵 바자회에 참석하는 경찰관을 볼 수 있었던 시기이기도 했다.

그러나 몇십 년 사이 그러한 이상은 계속 허물어졌고, 그건 부분적으로는 급증하는 폭력 때문이기도 했다. 마약 거래가 증가하면서 범죄자들이 무기를 축적하고 때에 따라서는 경찰보다 더 잘 무장했다. 1965년 로스앤젤레스에서는 일상적 차량 검문이 6일간의 폭동으로 번져 34명이 사망하고 부상자가 1천 명을 넘었다. 이듬해, 찰스 휘트먼Charles Whitman은 총 8자루와 700발 분량의 탄약을 끌고 텍사스대학교 시계탑 꼭대기로 올라갔다. 뒤이은 1시간 반 동안 그는 44명에게 총을 쏘아 13명을 죽였다.

많은 사람이 미국의 거리가 전쟁터가 되어간다고 느꼈다. 1970년대에 이르자 매주 2명의 경찰관이 근무 중 총을 맞고 쓰러졌다. 동시에 경찰은 자신들만의 전투대대를 창설했다. 일명

특수화기전술조^{special weapons and tactics unit}인 SWAT팀은 무장은행강도 같은 극단적 상황에 개입할 의도로 만들어졌지만, 그들의 출동 빈도는 급증했다. 1980년에 SWAT팀은 약 3천 회 출동했으나, 범죄율이 변함없이 유지되었음에도 1995년에는 그 수가 3만 회로 증가했다. 1996년, 클린턴 대통령은 그해의 국방수권법^{National Defense Authorization Act}에 서명했다. 그 법에 포함된 1033개 프로그램에 따르면, 경찰국은 국방부의 잉여 장비 사용을 요구할 수 있다. 2014년까지 40억 달러가 넘는 장비가 그 프로그램으로 흘러 들어갔다. 미국의 치안은 장갑차와 검은 방탄복, 돌격소총의 시대로 접어들었다.

미국 경찰에는 군사 장비와 더불어 새로운 철학이 뿌리를 내렸다. '전사 정신^{warrior mentality}'은 경찰관이 자신을 위험한 지역사회에 심어진 전투 요원으로 여기도록 부추긴다. 이 이데올로기는 급속도로 확산됐고 많은 이가 마음에 들어 했다. 그것은 경찰관의 용맹함에 가치를 부여하고 그들이 감수하는 위험을 영광스러운 것으로 만들었다. 또한 그들이 공통의 적에 맞서는 군인처럼 뭉치도록 했다. 그러나 동시에 경찰관이 아닌 모든 사람을 위협적 존재로 여기게 만들기도 했다. 전국의 경찰관은 모든 길모퉁이에서 위험을 예상하도록 조건화되었다. 2014년에 언론이 뉴멕시코주의 경찰 훈련기관 강의 교재를 입수했다.[13] 그들은 경찰관 훈련생들에게 모든 일상적 차량 검문에서 "항상 위반자와 그 차량의 탑승자 전원이 무장하고 있다고 가정"해야 한다고 가르쳤다.

이 전사 철학의 대표적 인물은 미국에서 활발하게 활동하는 경찰 훈련관인 데이브 그로스먼Dave Grossman이다. 그는 해마다 신참 경찰관, 베테랑 경찰관, '무장한 시민' 집단을 대상으로 '방탄 전사'라는 제목의 여섯 시간짜리 강연을 200회 이상 진행한다.[14] 그는 전국 방방곡곡의 무대를 누비며, 미국의 현실을 난폭한 꿈처럼 묘사한다. 그는 이렇게 선언한다. "경찰 사망자 수는 우리가 한 번도 본 적 없는 수준으로 폭발적으로 증가했습니다." 마치 모든 청중의 등에 과녁이 붙어 있는 것처럼 말이다. 그러나 진실은 그와 정반대다. 1970년대의 경찰관은 지난 10년 동안 일한 경찰관에 비해 근무 중 살해당할 가능성이 2배 이상 높았다.

그로스먼에 따르면 경찰이 이 무시무시한 세상에서 살아남을 방법은 언제라도 치명적 무력을 사용할 준비를 함으로써 무시무시한 존재가 되는 것뿐이다. 그는 법률적 역습에 대한 청중의 근심도 잠재워준다. ("고소당할 건 두려워하지 마세요. 고소는 누구나 당합니다. 그건 초과근무수당을 받을 기회일 뿐이에요.") 그는 청중에게 처음으로 사람을 죽인 날 밤에는 최고의 섹스를 하게 될 거라고도 말한다. 그리고 만약 그들이 살인자를 죽일 준비가 **안 되어** 있다면, 그자의 손에 피해자들의 피가 묻게 될 거라고도 경고한다. 그로스먼은 경찰관들이 살인을 반사 반응으로 만들기를 원한다. 이미 그들이 받는 훈련의 상당 부분이 그 목적에 맞춰져 있다. 경찰로 일하는 내내 한 번도 무기를 발사하지 않은 경찰이 전체의 4분의 3이나 되지만, 그럼에도 그들은 경찰학교에서 종이 과녁에 총을 쏘는 연습을 하며 수백 시간을 보낸다.

전사 정신은 경찰관들을 심리적 화약고 속으로 집어넣는다. 그들은 자신이 취할 수 있는 유일한 선택지가 시민들의 말을 듣는 것이 아니라 시민들을 장악하는 것이라고 믿는다. 경찰관 출신의 법학 교수인 세스 스터튼^Seth Stoughton은 이런 마음의 함정을 묘사한다. "만약 내가 다시는 집에 돌아갈 수 없을지도 모른다고 생각한다면, 내가 누군가를 불쾌하게 만들든 말든 전혀 개의치 않을 겁니다. 나의 행위가 그들에게 어떤 감정적 피해를 주든, 내 생존보다 덜 중요하게 느끼겠죠." 공포와 불안도 폭력이 일어날 가능성을 높인다. 심리학자들은 '무기 식별 과제'라는 재미없는 비디오게임을 통해 이 점을 증명했다. 게임의 플레이어들은 화면에 나타나는 학교 운동장이나 길모퉁이, 공원을 지켜본다. 각 장면 중간에 흑인 혹은 백인 남자 한 명이 전화 혹은 총을 들고 있다. 그 남자가 무기를 갖고 있다면 플레이어는 그를 '쏘는' 키를 누르고, 무기가 없다면 쏘지 않는 다른 키를 누른다. 플레이어들은 총을 들고 있는 흑인 표적을 더 신속하게 쏘았고, 무장하지 않은 흑인 표적을 실수로 쏘는 확률도 높았다. 스트레스를 받는 상황에서는 더 마음껏 총을 쏘고 인종적 편견도 높아졌다.[15]

전사 정신이 지배하는 치안은 로버트 필의 원칙을 갈기갈기 찢어놓았다. 또한 경찰관 개인이 시류를 거스르는 것을 더 어렵게 만들기도 했다. 젊은 이상주의자 경찰관은 시민을 돕기를 원할 수도 있지만, 전사 문화 속에서 그런 태도는 위험할 정도로 순진한 것이라 조롱당할 것이다. 교관들은 신참 동료에게 그들이 믿고 싶든 믿기 싫든 범죄자들에게 둘러싸여 있다고 경고한다. 아마 그 신참도 결국에는 자기 주변의 문화에 맞추어 자신을 형성하게 될 것이다.

오늘날 경찰관들은 지난 수십 년보다 훨씬 안전하지만, 경찰과 접촉하는 것은 더 위험한 일이 되었다. 2017년 미국에서는 하루에 거의 5명의 민간인이 경찰관의 손에 죽었고, 이는 2000년보다 2배 이상 많은 수다.[16] 어디서나 녹화가 가능해진 덕분에 이런 폭력의 장면들을 그 어느 때보다 쉽게 목격할 수 있게 되었다. 미국은 검은 얼굴 혹은 갈색 얼굴의 비무장 시민이 경찰의 손에 죽는 장면을 거듭 목격하고 있다. 그들을 처음 보는 동시에 그들의 마지막 모습을 보는 것이다. 이런 상황은 20년 만에 법 집행 당국, 그리고 더욱 광범위하게는 전반적인 인종 간 관계에 대한 대중의 신뢰를 최저점에 이르게 했다.[17]

대부분의 경찰은 그저 자신의 임무를 수행하고 가족에게 돌아가기를 원하며, 그들에게 차량 검문을 받는 시민들도 마찬가지다. 그러나 경찰관과 그들이 보호하겠다고 맹세한 지역사회 사이의 거리가 이만큼 멀리 벌어진 적은 없었다.

전사에서 시민의 수호자로

수 라어는 킹 카운티 보안관청에서 33년 동안 일했다. 그는 성범죄 부서부터 조직폭력 부서까지 모든 부서에서 일했지만, 초기에는 내사를 담당하는 곳에서 일했다. 라어는 수십 건의 경찰 위법 행위 사건을 접했고, 어느 정도 시간이 지나자 부패한 인간만이 범죄자가 된다는 말을 믿기 어려워졌다. 그중 다수는 망가진 문화에서 물려받은 본능을 그대로 따르고 있었다. "썩은 사과들에 초점을 맞추기보다는 사과가 담긴 통에 대해 생각해봐야겠다 싶

공감은 지능이다

었죠." 2012년에 그는 워싱턴주 형사사법교육위원회Washington State Criminal Justice Training Commission(CJTC)의 총재가 되었다. 워싱턴주의 모든 경찰관은 CJTC를 거치며, 지금까지 3천 명 이상이 라어의 지휘 아래 훈련을 받았다.

워싱턴주 버리언Burien에 있는 나무가 많은 CJTC 본부 건물은 학생들이 대형을 지어 행진한다는 점을 무시한다면 대학 캠퍼스를 연상시킨다. 벽은 모든 CJTC 훈련 경관들의 사진으로 도배되어 있다. 1938년 1기 구성원들은 〈카사블랑카〉에 나온 험프리 보가트Humphrey Bogart의 대역처럼 보인다. 1979년 114기의 사진 속에 담긴 라어는 다소 불편해 보인다. 내가 그곳을 방문한 다음 주에는 735기가 졸업할 예정이었다. 경찰관들은 CJTC에서 19주를 보내고, 교도관들은 4주를 보낸다. 훈련은 가차 없다. 한 감독관은 나와 함께 구내를 돌다가 아내가 일요일에 유도분만을 한다는 한 훈련생에 관해 얘기했다. "그는 월요일 하루 휴가를 얻을 겁니다."

CJTC의 커리큘럼 상당 부분은 표준적인 것들이다. 훈련생들은 호신술을 익히는 데 120시간을 쓰며, 근육질의 마네킹과 스파링 파트너를 상대로 경찰봉 다루는 기술을 연습한다. 사격장에서는 천천히 옆으로 걸음을 옮기며 판에 박힌 범죄자 유형이 그려진 포스터를 향해 총을 쏜다. CJTC 훈련생들은 한 해에 총을 약 1백만 발 쏜다. 매번 훈련이 끝날 때마다 흰 콧수염을 기른 훈련관이 골프 연습장에서 골프공을 주워 모으는 것과 비슷하게 생긴 특수 제작된 창살이 있는 카트로 탄피를 회수한다.

CJTC와 전형적인 경찰 훈련의 유사성은 여기서 끝난다. 훈련 학교 입구에는 '이곳은 민주주의 수호자들을 훈련하는 곳'이라고 적혀 있다. 이는 라어가 가장 중시하는 경찰의 의무를 상기시키기 위한 것이다. 다시 말해 전사 정신을 거부하고 자신을 공동체를 돌보는 사람으로 여기며, 시민과 협력해 모든 사람의 안전을 유지해야 한다는 것이다.[18]

CJTC 교실의 모든 책상 위에 있는 접었다 폈다 할 수 있는 코팅된 카드에 또 하나의 모토가 적혀 있다. "공정하고 품위 있게, 듣고 설명하라LISTEN AND EXPLAIN WITH EQUITY AND DIGNITY(LEED)." 심리학자 톰 타일러Tom Tyler가 수십 년에 걸쳐 증명한 바에 따르면 더 힘 있는 사람들, 예컨대 의사가 환자에게서, 경찰이 시민에게서 존경을 얻는 것은 처벌을 내릴 때조차 투명하고 공정하며 세심하게 행동할 때라고 한다.[19] 라어는 이렇게 말했다. "나는 많은 사람이 자기를 체포한 것에 대해 내게 고마워하게 했어요. 아니면 최소한 체포하는 동안 그들을 점잖게 대한 것에 대해서라도 말이죠." 라어가 타일러의 개념을 추려 만든 것이 바로 LEED다. 라어는 그것을 "연구라는 진수성찬을 세트 메뉴 버전으로 만든 것"이라고 표현했다.

수호란 시적이지만 모호한 개념이다. 버리언의 훈련학교 현장에서 라어와 교관들은 세 가지 방법으로 그 개념을 구체화했다. 첫째 방법은 모범을 보이는 것이다. 라어가 오기 전 CJTC는 신병 훈련소처럼 운영됐다. 훈련 담당 하사관들은 일단 훈련생들의 기를 꺾어놓은 다음 처음부터 다시 단련시켰다. 라어가 처음으로 훈련학교 건물 안을 걸어갈 때 훈련생들은 그가 옆을 지나가면 재빨리 차려 자세를 취했다. 라어는 그런 행동에 놀랐고, 또 쓸데없는 짓이라는 생각이 들었다. 그는 생각했다. "우리한테 필요한 건 경례하는 경찰이 아니야. 말하는 경찰이지." 라어는 군대 같은 방식을 버리고 더 개방적인 분위기로 CJTC를 바꿔갔다. "우리 조직 자체가 하나의 문화로서 (훈련생들에게) 절차적으로 정당하지 않으면, 그들은 '뭐야, 이거 다 헛소리잖아'라고 생각하게 될테고, 불만스럽고 답답한 마음으로 현장에 나갈 가능성이 커지죠."

둘째 방법은 교실 수업이다. 교사인 조 원터스는 좀 더 애정을 담아 그 수업을 '파워포인트에 의한 죽음'이라고 표현한다. 훈련생들은 감정 지능, '마음의 수학', 인종적 편견, 정신질환에 관한 수업을 듣는다. 나체로 공공장소에 나타난 사람이 조증 삽화를 겪고 있는 건지 메스암페타민(필로폰)에 취해서 그러는 건지 구별하는 방법에 관해 토론하고, 자살하려는 사람이나 망상에 빠진 사람을 말로 진정시키는 방법을 연습한다. 강사는 훈련생들에게 사람이 범죄를 저지를 때는 괴로운 상태일 때가 많다는 걸 상기시킨다. 라어는 이렇게 설명한다. "우리가 그들을 보게 되는 날은 그들의 인생에서 최악의 날인 경우가 많아요. 그들은 얼간이처럼 행동하겠지만, 그건 그들이 처한 상황 때문이죠."

수호자를 훈련하는 셋째 방법은 '모의 도시'라는 곳에서 행해진다. 체육관을 가짜 상점과 아파트로 꾸민 곳으로, 가구는 대부분 스티로폼 상자들이다. 적은 비용으로 빌린 영화 세트 같은 느낌인데, 범죄자와 피해자를 연기하는 배우들도 빠질 수 없다. 여기서 훈련생들은 나무로 만든 총을 차고 어떻게 번질지 모를 위험한 상황에 대처하는 연습을 한다.

내가 방문한 날 모의 도시에는 지난 수업을 통과하지 못한 훈련생들이 모여 있었다. 다시 한번 실패하면 그들은 같은 기수의 나머지 학생들과 함께 졸업하지 못하게 된다. 우리는 한 아버지가 (조 윈터스가 이 역할을 맡았다) 건물 근처에 서 있는 모의 상황 현장으로 향했다. 훈련생 두 명이 도착하자 윈터스는 그들에게

공감은 지능이다

자기 아들이 안에서 정신증 삽화를 겪고 있다고 말한다. "아들이 자신이나 나를 해칠까 봐 두렵습니다." 훈련생들은 안으로 뛰어 들어가고, 아들은 넘어져 있는 스티로폼 상자들로 어지러운 방안에서 야구방망이를 들고 머릿속에서 들려오는 목소리와 대화를 나누고 있다. 정상급 연기라고 할 수는 없다. 배우는 텔레비전이나 영화에서 흔히 조현병 환자를 묘사하는 방식을 열심히 흉내 낸다. 몸을 앞뒤로 흔들며 웅얼거리다가 "조용히 하라고!" 하고 소리친다. 훈련생들은 면담을 통해 그가 방망이를 내려놓도록 설득한 후 미안해하는 태도로 수갑을 채운다.

밖으로 나오자 윈터스가 (이제는 젊은 배우의 아버지 시늉을 하지 않는다) 그들에게 계획이 뭔지 묻는다. "병원으로 데려갈 겁니다." 한 훈련생이 답한다.

"근거가 뭐지?" 윈터스가 다시 묻는다. 훈련생은 방망이와 부서진 가구들을 언급하지만, 윈터스는 쉽사리 넘어가 주지 않는다. "방망이를 갖는 것도, 자기 물건을 부수는 것도 법을 어긴 건 아니야. 안에 들어가기 전에 내가 자네들한테 뭐라고 **말했지**?"

훈련생이 얼어붙는다. 그는 겁을 먹었다. 윈터스가 소년의 아버지를 연기할 때 표현했던 두려움을 기억하지 못하기 때문이다. 그 감정을 내세우지 않는다면, 그에게는 아들을 체포할 법적

근거가 없다. 한 교관이 말한 대로 "범죄에는 피해자가 있어야 하고, 아주 많은 경우 피해자의 존재 여부는 누군가가 위협을 **느끼는가**에 달려 있다."

미래의 경찰관이 다른 사람의 감정을 포착하지 못했다고 이렇게까지 괴로워하는 것은 놀라운 광경이다. 그러나 CJTC에서는 감정에 주파수를 맞추는 것이 경찰 훈련의 핵심 부분이며, 이는 단순히 체포에 대한 근거를 확보하려는 목적 때문은 아니다. 여기에는 라어의 관점이 반영되어 있다. "법 집행 당국은 아직도 공감을 약점, 혹은 정치적 올바름에 끌려가는 것으로 여기지만, 사실 공감은 경찰관의 안전에 결정적으로 중요합니다. 경찰관들은 위기에 처해 있는 사람을 상대하는데, 자신의 트라우마를 상대가 인정해주면 긴장이 완화되죠. 듣는 것은 긴장완화 전략이에요."

❖❖❖

CJTC의 훈련에는 몇 가지 중요한 결함도 있다. 교관들은 심리학자들에게 상의하는 일이 드물고, 때때로 그 결과가 겉으로 드러난다. 훈련생들은 마이어스 브리그스 성격유형 지표Myers-Briggs Type Indicator(MBTI)에 관해 배우지만, MBTI는 연구를 통해 증명된 바가 거의 없다. 정신질환 워크숍 중에 교관은 '흥분 섬망'을 설명하는

공감은 지능이다

데 많은 시간을 쏟는다. 약물에 의해 유도되는 흥분 섬망 상태는 사람을 공격적이고, 통증에 무감각하며, 부자연스러울 정도로 강하게, 다시 말해서 헐크처럼 만든다는 것이다. 나는 그런 용어를 들어본 적이 없었는데, 알고 보니 그것은 미국정신의학협회가 인정하는 상태가 아니었고, 논란의 여지가 많음에도 경찰들은 무력 사용을 정당화하기 위해 흥분 섬망이란 말을 자주 들먹인다.

또한 CJTC는 인종에 관해서도 별로 교육하지 않는다. 교실에서 편향에 관해 논의하기는 하지만, 라어조차 그 수업을 "다소 무미건조"하다고 표현했다. 모의 도시에서 인종문제를 중심으로 한 훈련은 동원 가능한 배우의 인종적 다양성이 떨어져 어려운 부분이 있다고 했지만, 근거로 대기엔 참 얄팍한 핑계다. 언젠가 라어가 훈련생들과 흑인 공동체 활동가들이 토론할 기회를 마련했는데, 금세 고함이 오가는 말싸움으로 번졌다고 한다. 그것은 그런 이야기야말로 훈련생들이 더 많이 나눠야 할 대화라는 것을 의미한다.

그러나 CJTC가 경찰의 문화에 공감을 끌어들인 것은 분명하다. 경찰의 생태계에서 직업적 성공은 시민과의 협조를 떼어놓고는 생각할 수 없다. 이는 데이브 그로스먼의 접근법과 정반대이며, 로버트 필의 원칙을 되살리는 것이다. 전사 경찰은 시민에게 총을 쏠 준비가 되어 있지 않으면 자기 일을 할 수 없다. CJTC 훈련생은 시민의 말을 끝까지 들을 준비를 하기 전에는 경찰관이 될 수 없다.

워싱턴주에는 300군데 이상의 보안관서와 경찰서가 있다. 이들은 각자 고유한 문화를 갖고 있고, 라이도 그중 다수가 자신이 주장하는 것과 반대되는 문화를 갖고 있다는 것을 인정한다. 자신의 훈련생들도 새로운 경찰서에 발령을 받으면 거기서 만난 현장훈련 경찰관들에게 "감상적인 헛소리는 잊어버리고 진짜 경찰 일을 하라"는 말을 들을 거라고 짐작한다. 그러나 한 초기 연구는 CJTC의 접근법이 훈련생들이 졸업한 뒤에도 계속 차이를 만들어낸다는 것을 보여주었다. 그곳의 졸업생들은 다른 경찰들보다 더 공감을 잘한다고 응답했을 뿐 아니라 경찰 업무를 하는 중 배려하는 모습도 더 많이 보여줬다.

최근의 한 연구에서는 심리학자들이 시애틀에서 위험성이 높은 지역에서 일하는 경찰관 300명을 선발해 LEED 훈련을 받게 했다. 이어진 여러 해 동안 이 경찰관들은 다른 동료들에 비해 무력을 30퍼센트 덜 사용했다.[20] CJTC가 정신질환에 대처하는 방식 역시 동력을 얻고 있다. 지난 3년 동안 워싱턴주 경찰관들은 체포를 줄이고 입원을 늘리는 쪽으로, 정신질환이 있는 사람들을 다루는 전술을 바꿨다.

2014년 미주리주 퍼거슨에서 마이클 브라운이 경찰관의 손에 죽은 뒤 오바마 대통령은 21세기 치안에 대한 태스크 포스Task Force를 소집했다. 라이도 그 태스크 포스의 일원이 되었고, 그의 철학은 태스크 포스의 최종보고서에 "법 집행 문화는 전사 정신이 아닌 수호자 정신을 포용해야 한다"라는 문장으로 채택되었다.

수호자 정신의 가치는 서서히 전국으로 퍼져갔다. 2017년에 로스앤젤레스 경찰국장 찰리 벡Charlie Beck은 경찰관들에게 "부랑자를 상대할 때는 항상 연민과 공감을 가질 것"을 요구하는 새로운 정책을 발표했다. CJTC 스타일의 교육은 라스베이거스, 캘리포니아주 스톡턴, 신시내티주에도 자리를 잡았다. 조지아주 디케이터시의 경찰 모집 비디오는 경찰서장이 이렇게 선언하는 장면으로 시작된다. "우리 경찰국은 공감을 매우 중시합니다. 우리는 다른 사람의 입장을 헤아려보기 위해 최대한 노력합니다."

갈등을 키우는 공감 편향

규준이 바뀌고는 있지만, 이런 작은 변화들이 미국 전체 치안에 어느 정도의 변화를 일으킬 수 있을지는 예측할 수 없다. 라어와 CJTC는 쏟아지는 찬사를 받기도 하지만, 동시에 회의적인 동료들에게서는 지지를 잃었다. 라어가 수호자 철학을 도입한 후 CJTC의 선임 참모 중 20퍼센트가 근무지를 옮겼다. 2016년에 그가 FBI국립아카데미 연례 회의에서 연설할 때는 다수의 정규 참석자들이 회의를 보이콧했다. 스포캔 카운티 보안관 오지 크네조비치Ozzie Knezovich는 CJTC에서 교육을 받은 신참 경찰관들 때문에 골치를 앓고 있다. "현장교육 경찰관들이 이렇게 말합니다. '보안관님, 겁이 납니다. (CJTC 훈련생들은) 싸우려 들지 않습니다. 저러다 하나는 목숨을 잃고 말 거예요.'"

크네조비치는 와이오밍주에 있는 군사적 분위기가 없는 대학 스타일의 경찰학교에서 훈련을 받았다. 그는 내게 이렇게 말했다. "나는 전사가 되라는 가르침은 받은 적이 없어요." 그는 라어가 표준적인 경찰의 이상을 더 듣기 좋은 말로 바꾼 다음 그 공을 자기 몫으로 챙긴 것이라 생각한다. 더 나쁜 건, 라어가 전사 치안이라는 유령을 불러냄으로써 경찰과 지역사회 사이의 분열을 더 깊게 만들었다고 생각한다는 것이다. "오늘날 경찰서장들이 직면한 가장 어려운 과제는 경찰관들에게 지역사회가 그들을 염려한다는 확신을 주고, 지역사회에 경찰관들이 그들을 염려한다는 확신을 주는 일이에요." 그는 라어가 대부분의 미국 치안을 길거리 전투로 묘사하는 건 "대중의 신뢰를 훼손하는 짓"이라고 덧붙였다.

크네조비치는 열정적으로 말하지만, 경찰관들의 두려움을 라어 탓으로 돌리는 건 아무래도 이상하다. 지역사회, 특히 유색인 공동체에 속한 사람들은 경찰이 군대 같은 조직이며 어디로 튈지 모르는 세력이라는 사실을 누가 가르쳐줘서 아는 게 아니다. 그런 현실은 경찰과 시민 사이의 상호 관계를 통해 한 번에 하나씩 바꿔나가야겠지만, 그러려면 먼저 문화가 바뀌어야 한다. 두 아이를 둔 35세 아버지이자 정신질환을 앓고 있던 안토니오 잠브라노 몬테스의 경우를 생각해 보자. 2015년 초, 잠브라노 몬테스는 워싱턴주 남동쪽에 있는 파스코라는 소도시에서 지나가는 차에 돌을 던지기 시작했다. 경찰관 세 명이 도착하자 그들에게도 돌을 던졌지만, 그 외에는 아무런 무장도 하지 않은 상태였다. 그 사건을 담은 비디오에서 그는 경찰관들에게서 달아나며 길을 건넜다. 그가 아직 달아나고 있을 때 경찰관들은 총을 쏘아 그를 죽였다.

비슷한 많은 경우처럼, 이 비디오 하나만으로도 경찰관들을 기소하는 데 필요한 증거는 충분해 보인다. 그러나 다른 대부분의 주와 달리 워싱턴주는 기소가 성립하려면 경찰관이 폭력적으로 행동했을 뿐 아니라 '악의'를 가지고 행동했다는 것까지 증명해야 한다고 주장했다. 이 규정은 텔레파시를 사용하지 않고는, 과도한 무력에 대해 경찰관에게 유죄판결을 내리는 것을 불가능한 일로 만든다. 내가 CJTC를 방문한 시점에 잠브라노 몬테스의 총격에 가담한 경찰관들은 모든 혐의에 대해 무죄판결을 받았다. 라어는 그 결정을 지지하면서 "그 일에 연루된 경찰관들은 한 사람 한 사람 정말 좋은 사람들입니다"라고 덧붙였다. 그는 내게 사람을 죽인 대부분의 경찰관이 의도치 않게 그랬다는 점을 상기시켰다. "모르고 실수한 사람을 기소하지는 않죠. 기소는 잘못된 판단에 대한 반응치고는 너무 극단적이에요."

이 지점에서 라어는 평소답지 않게 대중의 관점과 동떨어져 있다. 하나의 사회로서 우리는 본의 아닌 살인과 범죄적 방치를 저지른 사람들을 기소**한다**. 그리고 '모르고 한 실수'라는 말은 민간인을 죽인 일이 아니라 레스토랑에서 주문을 착각한 일에 더 잘 어울린다. 그러나 이 일에 대한 라어의 관점은 내가 CJTC에서 만난 거의 모든 경찰관의 관점과 일치했다. 그들은 대부분의 경찰관이 유튜브나 페리스코프(라이브 비디오 스트리밍 앱)에서 보는 난폭한 인종차별주의자들과 다르다는 걸 알아주길 바랐다. 그리

공감은 지능이다

고 (그들의 죽음을 바라는 이들까지 포함해) 사람들을 보호하기 위해 자신들이 감수하는 위험에 대해서도 알아주기를 바랐다. 그들의 말에도 일리가 있다. 경찰과 시민은 한 해에 수십만 번씩 접촉하고, 이런 접촉의 대다수는 평화롭게 끝난다. 경찰의 폭력이 담긴 비디오는 백만 명이 넘는 경찰관들의 선의를 무색하게 만든다.

그러나 다른 의미에서, 한 건의 잘못 풀린 접촉이 처형 장면처럼 보인다면 잘 마무리된 접촉의 비율이 얼마인지는 아무 의미도 없다.[21] 라이도 "언론에서 보여준 영상들은 끔찍했다"고 인정한다. 다른 경찰관도 영상에 대해 언급했지만, 그것은 경찰관을 모함하는 편향된 보도 때문에 생긴 잘못된 인식이라고 재빨리 덧붙였다.

이는 CJTC 사명의 핵심에 자리한 중요한 모순 하나를 부각한다. CJTC는 훈련생들에게 친절할 것을 권장한다. 그러나 그 훈련생들이 경찰관이 되어 잔인하게 행동하더라도 그것 때문에 처벌을 받는 일은 드물 것이다. 로버트 필의 원칙은 경찰과 시민이 하나의 공동체 안에서 협동해야 한다고 규정한다. 경찰관들이 친절하게 행동하고 시민들의 말을 잘 들어주고 공정하게 활동하도록 훈련하는 것은 명백히 그 원칙을 따르는 방향이다. 하지만 책임을 물을 수 없다면 공감이 무슨 의미가 있을까? 경찰관이 나를 죽이고도 법적책임을 모면할 수 있다면, 그들이 나의 감정이 어떤지 질문하는 것은 냉담하고 어설픈 위로에 지나지 않는다.

시민에게 공감을 잘하는 경찰관조차 시민보다는 경찰관에게 더욱 깊이 공감한다는 것도 문제 중 하나다. 2017년 여론조사에 따르면 대중의 60퍼센트가 경찰관의 총격 사건들이 경찰 문화의 광범위한 문제를 대표한다고 생각했다. 경찰관의 3분의 2 이상은 그 생각에 동의하지 않았고, 그런 사건은 개별적 사건일 뿐이라고 말했다. 문제가 생기면 경찰들은 대개 조직을 감싸며 방어 태세를 취한다.[22]

갈등에 직면한 상황에서 공감을 키우는 방법을 찾으려 노력해온 에밀 브루노Emile Bruneau는 이런 종류의 '공감 편향'에 대해서도 연구했다.[23] 최근 그는 미국인과 헝가리인, 그리스인에게 그들이 역사적으로 싫어했던 외부인들(각각 아랍인, 무슬림 난민, 독일인)과 자신이 속한 집단에 대해 어떻게 느끼는지 질문했다. 또한 집단 간 경계를 넘어서 기꺼이 협력할 마음이 얼마나 되는지도 물었다. 공감을 잘하는 사람이라고 해서 반드시 평화 정책을 지지하는 것은 아니었고, 특히 외부인보다 자신이 속한 집단을 더 염려하는 경우 더욱 그랬다.

이 연구에는 놀라운 의미가 함축되어 있다. 때로는 외부인에

공감은 지능이다

대한 공감을 키우는 것보다 내부인에 대한 공감을 **줄임**으로써 타협을 더 잘 도출해낼 수 있다는 것이다. 이것은 어떤 집단에게나 무리한 요구겠지만, 경찰관들에게는 특히 더 그렇다. 친구를 의심하는 것은 괴로운 일이고, 매우 높은 위험을 감수해야 하는 상황에서 그 친구들에게 의지해야 할 때, 그들을 의심하는 것은 위험한 일이기도 하다. 그러나 경찰관들이 자신을 경계하는 지역민들과 관계를 바로잡기 위해서는, 동료들을 좀 더 회의적인 태도로 대하고, 자신이 존경하는 사람이 연루되었다 해도 잘못은 잘못이라고 인정해야 하는 게 아닐까. 그러한 규준이 실행된다면 우리는 라어가 묘사한 이상적인 세계, "모든 사람이 경찰관을 보는 순간 '이제 더 안전해졌다'고 느낄 수 있는" 세계에 더 가까이 다가갈 수 있을 것이다.

무관용 원칙과 인종차별

구치소에 도착하고 몇 분 지나지 않아 제이슨 오코노푸아[Jason Okonofua]는 옷을 모조리 벗으라는 소리를 들었다. 속옷을 벗으려고 몸을 숙이던 제이슨이 멈칫했다. 제이슨은 열여섯 살이었고, 한 시간 전만 해도 10학년 AP* 코스의 미적분 수업을 듣고 있었다. 이건 뭔가 아닌 것 같았다. "옷 벗으라고 했잖아!" 교도관이 고함을 질렀다.

제이슨은 소년 구치소에 겨우 몇 시간 있었을 뿐이지만, 15년이 지난 지금도 그때를 생생히 기억한다. "그 일이 내 안에 뭔가를 심어놨어요. (…) '넌 아무것도 아니야, 너한테는 어떤 권리도 없어.'" 그때까지 수년간 그는 올바르다고 생각한 걸 해왔다. 제이슨은 전 과목 A학점의 학생이었고 풋볼팀에서 미들라인배커를 맡고 있었다. 가난했고 흑인이었지만, 자신의 미래를 준비하기 위해 노력했다. 감옥은 그런 그의 자신감을 단 몇 분 만에 제거해버렸다. "'아니, 그런 것들은 아무 의미도 없어. 여전히 네겐 네 인생에 대한 통제권이 없어'라고 말하는 느낌이었죠."

제이슨의 아버지와 어머니는 각각 나이지리아와 녹스빌에서 태어났다. "두 사람이 어떻게 함께하게 되었는지는 전혀 몰라요." 그가 내게 말했다. 그들은 제이슨이 다섯 살 때 이혼했고, 그 결별은 제이슨의 두 형에게 큰 타격을 입혔다. 첫째 형은 이혼 당시 아

• 심화 배치 과정Advanced Placement. 우수한 학생들이 고등학교에서 대학 수준의 수업을 받을 수 있는 심화 교과 과정이다. 이 과정을 끝내고 AP 시험을 통과하면 대학 진학 후에 그 과목의 학점이 인정된다.

공감은 지능이다

홉 살이었고, 월반해 영재 프로그램에 다니던 중이었다. 10년 후 그는 평점 0.57을 받고 고등학교를 졸업했다.

제이슨은 말썽을 피하고자 최선을 다했지만 형들을 존경했고 가족에게 의리를 지키고 싶었다. 그런 마음은 때때로 난투극을 벌이는 형들을 돕거나 어울리지 말아야 할 무리와 어울리는 결과를 가져왔다. "특정한 순간에 경찰이 나타났거나, 경찰이 **정말 나타났을 때** 내가 달아나지 않았다면, 그런 일들이 내 인생을 바꿔놓았을 수도 있어요." 형 중 한 명이 갱단에 들어갔고, 두 형 모두 멤피스 주의 모든 학교에서 쫓겨났다. 제이슨도 형들과 함께 뿌리가 뽑혔다. 그들이 학교를 옮길 때마다 새 학교는 이전 학교보다 더 가난했고, 더 흑인이 많았고, 더 감옥 같았다. 10학년이 되었을 때 제이슨은 일곱 번째 학교에 다니고 있었고, 금속 탐지기를 통과해 교실에 들어가는 일에 익숙해져 있었다.

제이슨은 형들이 뻔한 경로를 따라가는 모습을 지켜보았다. 그는 이렇게 기억한다. "형들이 처음 처벌받을 일을 하자 그 일은 자연스럽게 다음 일로 이어졌어요. 그리고 형들은 서서히 그러나 확실하게, 처벌에 대해 신경 쓰지 않게 되었죠." 형제들이 전학을 갈 즈음이면 이미 학교의 교직원들은 오코노푸아 형제의 이야기를 익히 들어 알고 있었고, 형제에 대한 그들의 시선은 삼형제를 실패할 수밖에 없는 길로 몰아넣었다. "선생님들은 (…) 이런 식으로 생각했어요. '아, 네가 그 불량아냐. 뭐든 하나만 걸려라. 당장 쫓아내 줄 테니까. 우린 네가 여기 있는 걸 원치 않거든.'" 제이슨은 그들의 바람대로 되지 않으려고 노력했지만, 많은 교사의 눈에 제이슨은 그 가족에 속해 있다는 사실만으로도 아무 가능성도 가질 수 없는 존재였다.

10학년 가을, 제이슨이 점심을 먹고 있을 때 한 선배가 그에게 파티 전단을 건넸다. 거기에는 "자기 맥주와 여자는 각자 챙겨 와"라고 적혀 있었다. 제이슨이 그게 뭔지 알아차리기도 전에 교감이 전단을 갖고 있는 아이들을 모조리 잡아 교감실로 데려갔고, 거기서 모두에게 1일 정학 처분을 내렸다. 제이슨은 주위를 둘러보며 생각했다. "난 이 애들과 한 무리가 아닌데." 자기 차례가 되자 제이슨은 정학 처분을 거부하고 자기는 공부하러 돌아가야 한다고 말했다. "오, 그래. 반항하겠다 이거지?" 교감이 응수했다. "그렇다면 너는 3일 정학이다." 제이슨은 다시 거부했다. 교감은 학교 경찰을 불러 치안방해죄로 제이슨을 체포하게 했다.

경찰관은 교감실 뒷방으로 제이슨을 데려가 수갑을 채우고 조서를 쓰기 시작했다. 방에는 단 둘뿐이었다. 그 학교에 있는 대부분의 사람처럼 그도 제이슨 형제를 알고 있었다. 그는 제이슨

공감은 지능이다

을 보더니 말했다. "너는 괜찮은 애라고 생각했는데."

✦✦✦

2011년에는 350만 명의 아이들이 정학을 당했는데 이는 1975년의 기록보다 2배 이상 증가한 수치다. 1994년에 학교에서 화기를 소지하고 있다가 발각되면 1년 동안 정학하도록 규정한 총기 없는 학교 법Gun-Free Schools Act이 제정되면서 정학과 제적 등의 '배제적 징벌'이 급증했다. 이후 시간이 흐르면서 '무관용' 정책은 총기를 넘어 칼, 마약, 위협적 행동까지 확장되었다. 이어서 '위협적'이라는 말의 정의도 모호해졌다. 아이들은 과자를 총 모양이 되도록 베어 먹거나, 피임'약'을 먹었다는 이유로 정학당하거나 제적당했다.

무관용 정책은 교육에 적용된 전사 치안이다. 질서를 세우려는 의도로 만들어진 규범이 오히려 원한을 만들어냈다는 점에서 그렇다. 이런 정책은 학생들의 위험하고 불법적인 행동을 방지하려는 의도였지만,[24] 실제로 그 정책들이 그것을 방지했다는 증거는 거의 없다.[25] 정학 처분을 받은 학생들은 위험하고 불법적인 행동을 실행에 옮기고, 자퇴를 하고, 체포될 확률이 훨씬 높아졌다. 동료 학생들이 정학을 당하면 정학당하지 않은 학생들에게도 해가 미쳤다. 시험 점수가 떨어지고 교사와 교장에 대한 신뢰가 줄었으며, 냉담해지고 불안해졌다.[26] 학교가 학생을 쫓아내고 배제하는 것이 그들이 방지하려 노력하는 혼란을 더 심화시키는 셈이다. 정책 입안자들은 2014년에 무관용 정책을 철회했지만, 정학이 폭력을 억제한다는 증거가 없는데도 불구하고 유행처럼 번진 학교 집단 총격 사건들에 맞서 트럼프 행정부는 무관용 정책을 전면적으로 되살릴 것을 제안했다.

검은 피부와 갈색 피부의 아이는 백인 아이에 비해 정학을 받을 확률이 3배 더 높다.[27] 일부 정학 사례는 학생들이 진짜 비행을 저지른 결과지만, 일부는 교사들의 인종차별 결과이다. 또 다른 문제는 학생과 교사 모두가 걸릴 수 있는 함정이 포진한 문화에서 찾을 수 있다.

신임 교사들은 대체로 자신을 교사 집단 안에서 '이상주의자'라고 묘사하며, 40퍼센트 이상이 불우한 학생과 소수집단 학생을 위한 기회를 만들어주고 싶어 한다. 그중 다수는 제멋대로 행동하는 학생들을 통제하는 일 자체가 너무 어려워 점차 용기를 잃고 징벌에 의지하는 교사가 되는데, 이는 아주 까다로운 역할이다. 문제를 일으키는 학생들은 집에서 받는 스트레스나 교내 괴롭힘, 낮은 자존감 등 여러 문제에 시달리는 경우가 많다.[28] 시

공감은 지능이다

간과 관심과 에너지가 있는 교사라면 징벌 조치의 잘못을 점검하고, 그들의 입장을 들어보고, 도움을 줄 기회로 삼을 수 있다. 학생들이 일 년 내내 학교에 있다고 가정하면, 그들을 돕는 것이 나머지 학급 모두를 돕는 가장 좋은 방법일 것이다.

무관용 문화는 이런 일반적 기대를 뒤집어 놓는다. 교사의 일은 더 이상 다루기 힘든 학생을 이해하는 데 달려있지 않다. 오히려 그들은 위험한 학생에게서 학급을 보호해야 한다. 이런 문화는 교사들이 일찌감치 '불량아'를 식별하고 그들에게 강압적으로 반응하도록 부추김으로써, 항체가 바이러스를 추적하듯 시스템에 대한 위협을 제거하도록 한다. 전사 치안처럼 무관용 역시 서로 협력할 수 있었을 사람들을 적으로 만들어버린다.

이런 압력에다 흔히 퍼진 인종에 대한 상투적 유형화를 더하면 유독한 혼합물이 만들어진다. 백인 학생은 담배 소지 같은 구체적인 위반 때문에 정학당하는 경우가 많은 반면, 검은 피부나 갈색 피부의 학생은 '무례함'처럼 교사의 판단에 좌우되는 모호한 잘못 때문에 정학을 당하는 경우가 많다. 제이슨이 정학을 거부했을 때 교감은 그가 합리적인 이의 제기를 한다고 보지 않았다. 교감의 눈에 보인 것은 치안을 방해하는 행위뿐이었다.

아이들은 이런 규준을 보고 배우면서, 세상의 예상에 부응하는 존재가 된다. 소수집단 학생은 흔히 교사가 자신에게 편견을 갖고 있을 거라고 짐작한다. 부당한 징벌은 이런 의심을 확신으로 굳혀주고, 학교를 법정처럼 느끼게 만든다. 학생들이 존중받지 못한다고 느끼면 부적절한 행동을 더 많이 하고, 그러면 교사들은 위협받는다고 느껴 징벌을 강화한다. 각자가 두려움을 갖고 서로를 자극함으로써 악순환을 만들고, 이러한 악순환은 하수구로 흘러가는 물처럼 맴돌다가 마침내 수천 명의 학생을 학교 밖으로 방출하는 결과에 이른다. 학교에서 빠져나간 아이들은 많은 경우 법 집행 당국의 수중으로 들어간다. 제이슨은 어린 시절 내내 이러한 악순환에 맞서 저항했지만, 그것은 물살을 거슬러 수영하는 것처럼 고된 일이었다.

청소년 구치소에 간 다음 날 제이슨은 어머니와 함께 법정에 출두했다. 제이슨의 운명은 그곳에서 만날 판사의 손에 쥐여 있었다. 학교 측은 기소를 주장했고, 그대로 되었다면 그 일은 제이슨의 첫 전과로 기록되었을 것이다. 그러나 제이슨의 파일을 넘겨보던 판사가 물었다. "이게 **전부 다** 심화반 수업인가요?" 그랬다. "그리고 이 모든 과목에서 **다** A를 받은 거고?" 사실이었다. 판사는 잠자코 말을 멈추고 있다가 이렇게 말했다. "여기서 나가서 자네 학교에 다시는 자네를 여기 보내지 말라고 하게." 제이슨

공감은 지능이다

의 기록은 말소되었다. 법률적으로 말하자면 제이슨의 체포는 일어나지 않은 일이다.

그해 여름, 멤피스주 교육구는 높은 성취를 거둔 유색인 학생들이 엘리트 대입 예비학교에서 여름을 보낼 수 있는 프로그램을 마련했다. 제이슨은 로드아일랜드주에 있는 세인트 조지 스쿨에 보내졌다. 그곳에서 제이슨이 얼마나 탁월한 실력을 보여줬던지, 테네시주로 돌아와보니 세인트 조지 스쿨에서 전액 장학금과 함께 그곳에서 한 학년을 더 보내라는 제안이 와 있었다. 제이슨은 고등학교의 남은 2년을 세인트 조지에서 보냈다. 그곳은 전혀 다른 세상이었다. 제이슨은 복도에 보안 카메라가 설치된 학교에 익숙해져 있었다. 하지만 이 학교에는 자체 해변이 있었고, 학내에 상주하는 대학 진학 상담사들이 있었으며, 교사 1명당 학생 수가 8명이었다. 제이슨의 룸메이트 어머니는 프로비던스시의 한 유서 깊은 가문의 우두머리 격인 사람으로, 아이들에게 매주 쿠키를 가져다주었다.

환경보다 제이슨을 더 놀라게 한 것은 세인트 조지에서 사람들이 그를 보는 시선이었다. 그는 내게 이렇게 말했다. "멤피스의 학교에서는 (…) 내 권리를 주장하는 일이 체포당할 사유였지만, 그 예비학교에서는 똑같은 일을 오히려 권장했어요." 제이슨이 교사들에게 이의를 제기하면, 그들은 제이슨에게 모의재판에 참가하고 토론팀에 가입하라고 권했다. 제이슨은 세인트 조지 스쿨에서 활개를 펼쳤고, 그 후에는 노스웨스턴대학교 학부생으로서, 이어서 스탠퍼드대학교 심리학과 박사과정 학생으로서 능력을 마음껏 발휘했다. 현재 제이슨은 캘리포니아대학교 버클리의 교수다.

친절한 시스템이 친절한 마음을 키운다

제이슨은 한때 자신이 접했던 부당한 징벌의 유형을 연구한다. 한 연구에서 제이슨은 교사들에게 교실에서 나쁜 품행을 보인 허구의 학생에 관한 글을 읽게 했다. 교사들은 그 아이가 백인이라고 믿을 때는 아이를 도울 방법을 강구했지만, 아이가 흑인이라고 생각할 때는 정학시키려 하는 확률이 더 높았다.[29]

제이슨은 교육에서 나타나는 인종 불평등을 연구만 하고 싶지는 않았다. 그는 거기 맞서 싸우기를 원했다. 학부생 시절 그는 이 문제를 연구하는 스탠퍼드 연구단에 합류했다. 그들은 소수집단 학생들이 대체로 학교에서 환영받지 못한다고 느끼고, 스탠퍼드처럼 부유한 백인이 위주인 환경에서는 특히 더 그렇다는 사실을 알아냈다. 그들은 신입생들에게 자신이 스탠퍼드에 **어울리는** 사람인 이유를 깊이 생각하며 시간을 보내게 하는 선구적인 개입법을 실행했다. 특기할 점은 이 단순한 실천만으로도 이어진 한 해 동안 학생들의 성적에 나타난 인종 격차가 절반으로 줄었다는 사실이다.[30]

　제이슨은 이 연구를 활용해 소수집단 학생들이 고등학교에서 하는 경험을 개선하고 싶었다. 그 과정에서 제이슨은 학생들의 감정에 초점을 맞추는 교육의 거대한 조류에 합류하게 되었다. 사회 정서적 학습Social and Emotional Learning(SEL) 프로그램은 어린이들에게 자신을 통제하고 타인을 배려하는 법을 가르친다. 사회 정서적 학습에는 여러 형식이 있다. 학생들이 매일 자신이 느끼는 감정에 이름을 붙이면서 하루를 시작하거나, 자신의 행동이 다른 아이들에게 어떤 영향을 미치는지 이야기하면서 마음챙김 수행을 할 수도 있다. 위스콘신대학교의 건강한 마음 센터Center for Healthy Minds에서 개발한 '친절 커리큘럼' 전체를 채택한 학교도 수십 군데에 이른다.[31]

　최근 200건 이상의 연구(총 참가 학생이 약 25만 명에 달한다)를 검토한 결과 사회 정서적 학습이 실제로 변화를 이뤄낸다는 것이 증명되었다.[32] 사회 정서적 학습 프로그램에 참가한 후 학생들은 서로의 감정을 더 잘 이해하고 자신의 기분을 더 잘 조절할 수 있게 되었다. 더 구체적인 다른 이점도 있다. 그 프로그램으로 학내 괴롭힘, 우울증, 훈육과 관련한 문제가 줄고 평점은 올랐다.

사회 정서적 학습의 가장 큰 약점은 나이가 더 든 아이들에게는 그만큼 효과가 나타나지 않는다는 것이다.[33] 십 대에 접어든 학생들은 사회 정서적 학습에 거의 영향을 받지 않는다. 이렇게 되는 이유로는 여러 가지를 들 수 있다. 십 대에는 사춘기의 혼란에 직면하고 대학 진학을 준비하면서 학업의 압박도 증가한다. 또한 자신이 속한 사회적 세계에 더 주파수가 맞춰져 있다. 청소년기는 다른 어떤 연령집단보다 서로에게 순응하는 시기이므로,[34] 만약 다른 학생들이 친절에 관심이 없거나, 더 나쁘게는 친절은 얼간이들에게나 어울리는 거라고 생각한다면, 그런 프로그램에 참가하는 것은 사회적 자살이나 마찬가지다.

약물남용저항교육Drug Abuse Resistance Education을 생각해보자. 이 교육 세션에서는 경찰이 교실로 찾아와 학생들에게 마약이 담긴 사진을 보여주거나 마약 샘플을 보여주기도 한다. 그들은 학생들에게 또래가 마약 사용을 멋진 거라 생각하며 함께 마약을 하자고 강요할 것이라 경고한다. 그들이 전하고 싶은 메시지는 '이때 올바른 일은 무리에 가담하지 **않는 것'**이다. 이 메시지는 표면적으로는 그럴듯하지만, 역효과를 낼 때가 많다. 그것은 위험한 규준을 부각하고 학생들에게 그런 표준에 저항할 것을 요구한다. 하지만 앞에서도 보았듯 대개는 규준이 승리하기 마련이다.[35] 수천만 달러의 비용을 들였음에도 약물남용저항교육프로그램은 아이들의 약물남용을 줄이지 못한 것으로 보이며, 일부 증거들은 그 프로그램이 상황을 더 악화시켰음을 보여준다.[36]

더 영리한 전략은 규준에 맞서는 것이 아니라 규준에 **맞춰가는** 것이다. 벳시 레비 팔럭은 최근 뉴저지주 56개 중학교에 이 접근법을 적용했다. 팔럭은 학생들에게 학내 괴롭힘과 소문 퍼트리기 등 자기 학교에서 가장 심각한 사회문제가 무엇인지 알아내는 일을 맡겼다. 그런 다음 학생들은 친절을 권장하는 캠페인과 슬로건, 포스터 등을 만들어 학교에 붙였다. 다른 괴롭힘 방지 프로그램들이 실패했던 곳에서도 이 접근법은 효과를 냈다. 훈육과정에서 발생하던 문제들이 급감했고, 학생들은 친구들이 예전보다 서로에게 더 신경을 쓴다고 보고했다.[37] 청소년들의 순응성에 저항하는 대신 그것을 활용해 더 건전한 환경을 만든 것이다.

우리 연구실의 대학원생 에리카 바이스와 나도 십 대들의 공감을 키우는 데 비슷한 접근법을 활용하고 있다. 에리카의 연구팀은 베이 지역의 7학년생 약 1천 명을 연구했다. 그들은 먼저 학생들에게 공감이 왜 중요하고 유용하다고 생각하는지 글로 쓰게 했다. 그런 다음 학생들은 서로가 쓴 글을 돌려 읽으며 자신의 또래들이 자신만큼이나 배려를 가치 있게 생각한다는 사실을 알게 되었다. 또한 스탠퍼드대학교 학생들(베이 지역의 학생들이 우러러봄직한 집단이다)이 에리카의 공감 마인드셋 연구에 참가했을 때 쓴 공감에 관한 긍정적인 내용의 글도 읽었다. 마지막으로 우리는 그 학생들에게 다른 학교의 학생과 이야기하면서 자기네 반이 얼마나 공감을 잘하는지 자랑하는 상상을 해보라고 요청했다.

불안과 불만이 많은 청소년들 사이에서는 약한 아이를 괴롭히는 불량배나 사교적 야심이 큰 아이들, 심술궂은 아이들이 대화를 장악하기 십상이다. 폭음하는 대학 신입생이나 케이블 뉴스의 앵커들처럼 극단적인 목소리들이 다수를 압도할 수 있는 것이다. 에리카의 접근법은 학생들이 자기네 또래 대대수가 **실제로는** 배려하는 마음을 갖고 있다는 것을 깨닫게 도와줌으로써, 공감에 가치를 두는 규준에 자신을 맞출 기회를 제공한다. 우리가 수집한 데이터는 아직 예비 연구 단계에 있지만, 에리카의 노력은 효과를 내는 것으로 보인다. 또래들의 공감에 대해 알게 된 뒤로 학생들은 자신도 공감을 해야겠다는 의욕이 더 커졌다고 말

공감은 지능이다

했다.[38] 그리고 그들이 표현한 의욕은 다시 학생들이 친구들에게 얼마나 친절하게 행동할지에 대한 예측 요인이 되었다.

공감에 바탕을 둔 훈육

제이슨 역시 자신의 개입법을 구축할 때 교실 내 규준에 초점을 맞췄다. 그러나 그는 그 책임을 학생에게 지우는 대신 교사에게 중점을 두기로 했다. 멤피스에서 겪은 일을 통해 그는 교사의 역할이 얼마나 중요한지 알고 있었다. 학생들이 힘들어하고 있을 때는 특히 더 중요하다. 만약 그가 교사들에게 힘겨운 시간을 보내고 있는 학생에게 공감하도록 권유할 수 있다면, 교사와 학생의 관계가 더 나은 궤도로 나아갈 거라는 생각이 들었다.

제이슨은 베이 지역의 중학교 다섯 군데에서 각 학교의 수학 교사들에게 '공감에 바탕을 둔 훈육'에 관한 연수를 실시했다. 먼저 교사들에게 불안정한 마음과 사춘기 등, 모범적인 아이들조차 이따금 부정적인 감정을 행동으로 표출할 수밖에 없는 이유에 관한 글을 읽게 했다. 그런 다음 징벌을 학생을 벌하는 것이 아니라 그들의 성장을 도울 기회로서 생각해 보게 했다. 제이슨은 공감이 바탕이 된 징벌이 자신에게 어떤 차이를 만들었는지에 관해 학생들이 쓴 글도 제공했다. 한 글에는 이렇게 쓰여 있다.

> 하루는 방과 후에 집에 못 가고 남아 있는 벌을 받았는데, 선생님은 그냥 거기 앉아서 나를 감시하는 대신 그날 있었던 일에 관해 나와 대화를 나누었다. 선생님은 진심으로 내 말에 귀를 기울여주셨다. (…) 학교에 내가 신뢰할 수 있는 사람이 있다는 걸 알게 되어 기뻤다.

그런 다음 제이슨은 교사들에게 어떻게 학생들을 훈육할 계획인지 글로 쓰게 했다. 이에 교사들은 친절의 가치를 매우 중시하는 글을 썼다. 한 사람은 "나는 전날 어떤 일이 있었든 상관없이 매일 문간에서 모든 학생을 미소로 맞이한다"라고 썼다. 또 다른 교사는 "나는 뒤끝이 **전혀** 없다. (학생들이) 모두 그들을 사랑하는 누군가의 아들딸이라는 사실을 기억하려 노력한다. (…) 그들은 누군가의 삶을 밝히는 빛이다!"라고 썼다.

이런 태도는 교실에서 현실로 반영되었다. 교사가 공감에 바탕을 둔 훈육에 관해 배운 뒤로 학생들은 더 존중받는 느낌이 든다고 응답했다.[39] 이전에 정학을 당한 적이 있는 학생들이 특히

공감은 지능이다

더 그런 느낌을 받았다고 했다. 공감하는 교사들은 학생들에게 추방당했다고 느끼게 하는 것이 아니라, 그들이 더 발전할 수 있는 환경을 만들었다. 그리고 실제로 학생들은 더 발전했다. 제이슨에게 연수를 받은 수학 교사의 학생들은 다른 반 학생들보다 정학당하는 빈도가 절반으로 줄었다. 이번에도 이런 차이는 학교생활이 힘겨울 가능성이 가장 큰 청소년들, 그러니까 남자아이들, 아프리카계와 라틴계 아이들, 이전에 정학을 받은 적 있는 아이들에게서 가장 뚜렷하게 나타났다.

제이슨의 연구는 아직 예비단계이지만 강력한 의미를 지니고 있다. 그 효과들이 교사의 공감에서만 나온 것이 아니라는 점도 그 이유 중 하나다. 그는 이렇게 설명한다. "(그 개입법은) 수학 교사들만을 대상으로 한 것이었어요. 하지만 학생들은 복도에서든, 운동장에서든, 귀가 버스에서든 **모든** 교사에게서 정학 처분을 받는 빈도가 줄었어요." 다른 교사들은 어떤 학생이 공감에 바탕을 둔 훈육을 받은 학생인지 알지 못했다. 자신에게 공감해주는 교사의 학생들은 그 수업에서만이 아니라 다른 곳에서도 더 행동이 좋아진 것 같았다.

세계 곳곳의 학교들은 학생들에게 성장 사고방식을 가지라고 권유한다. 더 발전할 수 있는 자신의 역량을 믿으라는 것이다.

그러나 제이슨의 연구는 때로는 자기 인식만으로는 충분하지 않다는 것을, 학교생활을 힘들어하는 학생들에게는 특히 더 그렇다는 것을 알려준다. 제이슨은 말한다. "사고방식은 한 개인의 내면에 있는 것이고, 중요한 것이죠. 하지만 우리는 사고방식이 어디서 오는지도 생각해 봐야 합니다." 사람들은 자신의 환경을 어떻게 해석할지 선택하지만, 함께 환경을 만들어가기도 한다. 그렇게 함께 만들어낸 환경들이 서로와 자신에 대한 우리의 기대를 형성한다.

힘 있는 사람들에게는 친절해야 할 책임뿐 아니라, 친절이 예상되고 보상되는 생태계를 만들어야 할 책임도 있다. 학교, 경찰서, 가족, 회사, 심지어 정부도 이런 접근법을 취하면 구성원들이 더 쉽게 공감하게 만들 수 있다.

제이슨은 자신의 역할 이상을 하고 있다. 그의 교사 연수는 널리 확산되었고, 지금은 플로리다주, 펜실베이니아주, 버지니아주, 조지아주의 학구에서 활용되고 있다. 머지않아 테네시주에도 들어가 언젠가 제이슨을 구치소에 보냈던 교감에게도 전해질 것이다. 어쩌면 그것이 그 교감이 다음에 마주칠 아이를 다르게 생각하도록 도와줄지도 모른다.

공감은 지능이다

디지털의 양날

2007년에 이라크인 예술가 와파 빌랄^Wafaa Bilal은 인터넷에 연결된 모든 사람에게 누구든 자기를 쏘아달라고 제안했다. 그날로부터 3년 전 그의 고향 나자프를 표적으로 한 드론의 미사일 포격으로 그의 동생 하지^Haji가 목숨을 잃었다. 동생의 죽음을 슬퍼하던 어느 날, 빌랄은 콜로라도 시골의 한 기지에서 이라크에 미사일을 쏘는 드론 '조종사'의 인터뷰를 보게 됐다. 자신이 하는 일을 쾌활하게 설명하는 그를 보니 살인이 비디오게임보다 더 가벼운 일로 느껴졌다. 빌랄은 이렇게 회상한다. "하지의 죽음은 저 젊은 조종사처럼 자기가 한 가족을 어떻게 파괴하는지 전혀 생각하지 않고 (…) 수천 마일 떨어진 곳에서 단추를 누르는 이들이 초래했다는 생각이 머리를 후려쳤다."[1] 그는 그 조종사를 증오하고 싶었지만, 동시에 그가 유난히 잔인한 사람이어서 그런 게 아니라는 것도 알고 있었다. 테크놀로지로 매개되는 폭력은 폭력처럼 느껴지지 않는다. 감정이 없는 테크놀로지를 거치는 간접적인 일이기 때문이다. 빌랄은 〈국내 갈등Domestic Tension〉이라는 제목의 전시회를 열기로 했다(그는 "이라크인을 쏴라"라는 제목을 원했지만 그 제목은 갤러리에서 허락하지 않았다). 그는 시카고의 플랫파일 갤러리에서 모두 흰색으로 된 공간에 침대 하나와 작은 컴퓨터 책상 하나, 페인트볼 총* 하나를 두었다. 총은 원격 이용자들이 조종할 수 있는 작은 회전포탑 위에 설치했고, 총열에는 웹캠을 부착했다. (빌랄은 원격조정 화기로 사람들이 우리에 갇힌 동물을 사냥하게 하는 웹사이트에서 아이디어를 얻었다.) 사용자들은 로그인하여 자신이 원하는 만큼 조준하고 발사할 수 있었다. 빌랄은 전원을 켜둔 채 30일 동안 그 방에 있었다.

그 기간 동안 총은 약 6만 회, 하루 24시간 내내 약 45초에 한 번씩 발사됐다. 잠을 잘 때는 플렉시글라스 보호막 뒤에 피신했지만, 너무 지쳐 소음 속에서 졸 때를 제외하고 잠을 자는 것은 거의 불가능했다. 실험을 시작하고 며칠이 지나자 빌랄의 방은 노란 물감만 쓴 잭슨 폴록Jackson Pollock의 그림처럼 보였다. 몇십 명이 동시에 총의 통제권을 놓고 경쟁하기도 하고, 온라인 트래픽

• 서바이벌 게임에서 물감이 든 작은 캡슐을 쏘아 적을 맞히는 게임용 총.

공감은 지능이다

으로 서버가 마비되기도 했다. 138개국의 사람들이 빌랄에게 총을 쐈고, 많은 경우 동시에 채팅창에 빌랄을 조롱하는 메시지를 올렸다. 한 메시지는 이랬다. "죽어라, 테러리스트."

빌랄을 직접 대면해도 그를 쏘고 고함을 지를 사람이 있을지도 모른다. 그러나 빌랄은 자신을 공격한 이들 다수가 인터넷과 감정적 거리가 주는 안전거리 뒤에서 총을 쏜 거라고 주장한다. 이 개념은 이제 너무 뻔해서 고리타분할 정도다. 테크놀로지는 우리 시대에 공감을 없애는 가장 큰 위협이라는 생각이 널리 퍼져 있다.

소셜미디어는 어떻게 세계를 왜곡하는가

1964년 세계박람회를 앞두고 〈뉴욕타임스〉는 아이작 애시모브Isaac Asimov에게 50년 후의 세계박람회는 어떤 모습일지 예측해 달라고 요청했다. 애시모브가 첫째로 예측한 것은 어디서나 전계발광패널*을 사용하게 되리라는 것이었다. 그것을 통해 "사람들은 자신에게 더 적합한 환경을 만들기 위해 계속해서 자연에서 멀어질 것"이라고 했다. 〈국내 갈등〉 전시 이후 세상에는 인스타그램과 우버, 에어비앤비, 킥스타터, 비트코인, 틴더 그리고 아이폰이 생겨났다. 금융, 우정, 연애, 정체성이 모두 온라인상에서 중개되고, 온라인 세상은 항상 우리와 함께한다. 2007년에 미국 성인은 전화를 하루 평균 18분 사용했다. 2017년에는 하루 4시간으로 폭증했다.[2]

애시모브가 본 미래가 우리의 현재다. 이 사실은 테크놀로지가 우리를 예전보다 더 멍청하고 슬프고 심술궂게 만들 거라고 경고하는 많은 사람에게 걱정스러운 일이다.[3] 그리고 디지털 문화에는 **실제로** 심리적 대가가 따른다. 나는 동료들과 함께 한 실험에서, 사람들에게 스탠퍼드의 메모리얼 교회를 돌아보라고 요청했다. 우리는 일부 사람들에게는 전화를 못 가져가게 하고 또다른 일부에게는 투어 장면을 촬영해 페이스북에 게시해달라고 했다. 온라인으로 경험을 공유한 사람들은 역설적이게도 그 경험에 대해 더 적게 기억했다.[4] 소셜미디어 플랫폼에서 끝도 없는 피드를 훑는 동안에도 주의력은 감소한다.

로베르트 피셔Robert Vischer는 '공감'을 뜻하는 '아인퓔룽

●   전계발광Electroluminescence은 형광체에 전류를 흐르게 하면 빛을 발하는 현상이다. 전계발광패널은 주로 액정표시장치LCD 뒤에서 빛을 비추는 데 사용되며, 2개의 얇은 전극과 사이에 끼워 넣은 형광체로 구성된다.

공감은 지능이다

Einfühlung'이라는 단어를 만들었는데, 이는 공감의 언어학적 조상이라 할 수 있다.[5] 피셔는 심리학자가 아니라 예술이론가였고, 조각과 회화 작품에 담긴 진정한 감정적 의미를 '보게' 하는 면밀한 주의 상태를 아인퓔룽이라는 말로 개념화했다. 사람들 사이의 연결이 이처럼 누군가를 진정으로 보고 이에 상응해 다시 자신을 보여주는 과정이라면, 우리가 인터넷에 환호하는 것도 당연하다. 인터넷을 통해 우리는 모든 나라에서 각자의 방식으로 살아가는 수백만 명의 삶에 접속할 수 있고, 우리의 삶을 그들에게 보여줄 수 있다. 출판사와 뉴스 매체를 비롯한 전통적인 정보의 문지기들은 더 이상 우리가 관심을 기울일 사람이나 대상을 결정하지 못한다. 테크놀로지는 '지금 여기'에서 '풀려나기'를 전 세계, 모든 시간으로 폭발적으로 확장했다.

철학자 피터 싱어는 시간의 흐름에 따라 우리의 '배려의 원'이 점점 확장되어 서서히 가족과 마을, 국가의 경계를 넘어섰다고 믿는다. 인터넷이 그 배려의 원을 결국에는 전 인류를 포괄할 정도로 넓힐 거라고 말이다. 2014년에 마크 저커버그Mark Zuckerberg는 아주 희망찬 논평에서 바로 그 이야기를 했다.[6] 그는 소셜미디어가 만들어낼 "가장 중요한 변화는 아마도 완전히 포괄적인 새로운 의미의 공동체일 것"이라고 썼다. "현재 우리가 듣는 목소리와 목격하는 상상은 전세계 인구 중 3분의 1의 것이다. (…) 만약 우리가 성공한다면 미래에 인터넷은 진정한 의미에서 모든 사람을 대표할 것이다."

몇 년이 지난 지금, 저커버그의 예측은 거의 우스꽝스러울 정도로 빗나간 것처럼 보인다. 무엇이 잘못된 것일까?

테크놀로지는 우리에게 전례 없이 많은 사람을 '보게' 해주지만, 거기서 우리가 얻는 것은 구식 사교적 접촉에 비하면 묽은 죽 같은 것이다. 실제 세계의 대화는 풍성하고 다면적이다. 우리는 전날 데이트에 대해 이야기하는 친구의 눈에서 언뜻 보이는 반짝임을 감지하고, 일이 아주 마음에 든다고 말하는 친구의 목소리에서 주저하는 낌새를 알아챈다. 흥분을 보고 의심을 듣는다. 감정들은 피부로 느껴질 듯 구체적이고 함께 느끼기도 쉽다. 함께 보내는 시간이 많아질수록 그들을 더 잘 읽을 수 있게 되고 그들의 감정에 더 마음을 쓰게 된다.[7] 반면 온라인 사교 생활은 일련의 텍스트와 이미지로 축소된다. 어린 세대에서는 특히 그러한 상호작용이 아날로그식 관계를 점점 더 많이 대체하고 있다.

공감은 지능이다

익명성이 무너뜨리는 공감의 기둥

직접 얼굴을 대하는 만남을 회피함으로써 우리는 가장 자연스럽게 일어나는 공감 훈련을 게을리했다. 이 때문에 연결하는 우리의 능력도 줄어들었을까?[8] 단언하기는 어렵다. 공감은 테크놀로지 사용이 증가한 지난 30년 동안 감소했지만, 두 가지 일이 동시에 일어났다는 사실이 하나가 다른 하나를 초래했다는 의미는 아니다. 그러나 신경 쓰이는 다른 상관관계도 존재한다. 인터넷 사용이 많은 나라는 공감의 수준이 낮고, 인터넷과 소셜미디어, 게임 플랫폼에서 더 많은 시간을 보내는 사람은 다른 사람을 이해하기 훨씬 더 어려워한다. 그리고 사람들은 서로의 목소리를 듣는 것이 아니라 글을 읽을 때 사람들을 비인간화할 가능성이 더 크다. 특히 자신이 그 사람들의 생각에 동의하지 않을 때는 더욱 그렇다.[9]

물론 우리는 온라인에서 누구든 볼 **수 있지만**, 우리는 대개 그 가능성을 우리의 시야를 넓히는 쪽이 아니라 좁히는 쪽으로 사용한다. 소화하기엔 너무 많은 이야기와 통계수치의 범람 앞에서, 우리는 어디로 주의를 향할지 선택할 수밖에 없다. 그 선택은 우리의 가장 게으른 심리적 충동을 따른다. 우리는 우리가 믿고 있는 것에 부합하는 사실을 찾고, 나와 같은 생각이 메아리치는 방안에 자신을 가둔다. 또한 정서적으로 우리가 옳다고 확인해주는 이야기 쪽으로 끌리는데, 이는 우리가 항상 옳다는 걸 증명하는 데 공감을 사용하는 것이다.

이런 일이 실제로 일어나는 것을 보려면 〈월 스트리트 저널〉의 '블루 피드, 레드 피드Blue Feed, Red Feed'를 보라. 이 프로젝트는 페이스북의 좌편향 포스트와 우편향 포스트를 모두 수집한다. 이용자가 특정한 정치 이슈를 선택하면, 양 진영 사람들이 소셜미디어 플랫폼에서 그 이슈를 검색할 때 어떤 것을 발견하는지 볼 수 있다. 그 결과는 확증편향의 교과서적 예라고 할 수 있다. 레드 피드와 블루 피드에서 보이는 사실과 통계는 상당히 다르다. 그뿐 아니라 각 피드는 독자들의 감정을 서로 정반대의 방향으로 몰아간다. 낙태라는 주제를 선택하면, 〈블루 피드, 레드 피드〉는 전혀 다른 두 피해자의 세계를 보여준다. 한쪽에서는 여성의 인권이 난관에 봉착해 있다. 엘살바도르의 한 여성은 사산아를 출산한 후 30년 징역형을 받았다. 그 나라의 철저한 낙태 금지법 때문이다. 다른 쪽에서 보면 의사들이 아기의 신체 부위를 '수확'하고 있다. 아니면 이민이라는 주제를 선택해 보라. 한쪽에서는 어린이를 가족에게서 강제로 떼어놓는 장면이 보이고, 다른 쪽에

공감은 지능이다

서는 불법 이주한 살인자가 무죄를 받고 풀려나는 것이 보인다.

여기서 나오는 결과는 기이한 대칭을 이룬다. 독자는 역겨움과 슬픔과 분노를 느낀다. 이 모두가 피해자에 대한 그들의 공감에서 나온 것이다. 그러나 한쪽의 피해자는 다른 쪽의 가해자다. 물론 인터넷이 있어야만 이런 결과가 만들어지는 건 아니다. 짐 크로법(인종 분리법)이 시행되던 시절 남부에서 흔히 벌어지던 집단 린치는 대개 흑인 남자에게 강간당했다고 여겨지는 (그러나 많은 경우 사실이 아닌) 백인 여자에 대한 동정심에서 시작됐다. 그러나 온라인 환경은 불꽃에 화약을 뿌리듯 증오를 불어넣는다. 최근의 한 설문조사에서 사람들은 신문이나 텔레비전, 개인적 대화에서보다 인터넷을 훑어볼 때 훨씬 더 격분한다고 응답했다.[10]

온라인에서는 우리도 남들에게 실제와 **다르게** 보인다. 특히 우리의 이름과 얼굴 대신 사용자명과 아바타를 사용할 때는 더 그렇다. 익명성에는 혜택이 있다. 익명성 덕에 전체주의 국가에서 안전하게 시위를 조직할 수 있고, 아웃팅 당할 두려움 없이 자신의 성정체성에 관해 이야기할 수 있다. 그러나 동시에 익명성은 친절이라는 핵심 기둥을 제거하기도 한다. 앞에서 보았듯이, 작은 공동체 안에서처럼 사람들이 서로의 책임을 분명히 확인할 수 있는 경우 잔인한 행동은 사회적으로 큰 대가를 치러야 하는 일이 된다. 익명성은 사람들에게서 이런 제약을 덜어줌으로써 사회적 교환에 대한 제동장치를 없애버린다. 인터넷은 그로 인한 충돌의 잔해로 가득하다.

와파 빌랄에게 페인트볼을 쏘았던 사람들과 댓글난에서 난폭하게 죽음의 저주를 퍼붓는 이들은 가상의 어둠이라는 차폐물 뒤에 숨어서 움직인다. 악플러들은 고통의 씨앗을 뿌리는 일에 엄청난 양의 시간과 에너지를 쏟는다.[11] 썼다 벗을 수 있는 가면처럼 익명성은 사람들에게 잔인한 행동을 시도해 보도록 유혹한다. 그렇게 해도 자신은 아무 대가도 치르지 않으리라는 걸 알기 때문이다. 물론 그런 잔인성은 그들이 표적으로 삼은 이들이 희생을 치르게 한다. 온라인 괴롭힘은 집과 방, 침대에까지 그 사람을 따라다닐 수 있다. 이런 사실은 사이버 괴롭힘을 당하는 십 대들이 전형적인 괴롭힘의 희생자들보다 자살을 더 많이 고려하고 시도하는 이유를 설명해 주는지도 모른다.[12]

사람들이 온라인 공간에 자신의 이름과 얼굴을 공개할 때는, 그들이 세상에 제시하는 인물이 실제 아날로그 세상의 자아와 다를 수도 있다. 소셜미디어는 우리의 삶을 뽀얗게 보정한 모습으로 보여주라고 꼬드긴다. 이는 페이스북에서 시간을 보내면 더 우울해지는 이유 중 하나일 것이다.[13] 지인과 옛 동료의 게시

공감은 지능이다

물을 보면 그들은 항상 석양 무렵에 급류 레프팅을 하고 있는 것 같은데, 그동안 우리는 형광등 불빛 아래 앉아서 원래는 일을 하고 있어야 함에도 그들을 구경이나 하고 있으니 말이다.

또한 소셜미디어는 우리가 외부인에게 공개적으로 분노를 표출하도록 부추기기도 한다.[14] 사람들이 정치적 사안이나 도덕적 사안에 관한 감정적 트윗을 올리면 그 메시지는 더 많이 공유된다. 이미 같은 의견을 가진 사람들 사이에서 특히 더 그렇다. 리트윗은 트위터에서 가장 가치 있는 포상이다. 모호한 데다 아주 작은 양의 인정이기는 해도, 무엇이든 리트윗을 초래한 메시지를 더욱 강화하는 결과를 낳는다. 바로 이 때문에 트위터는 부족주의의 온상이 된다. 구식 미디어는 우리에게 시끄럽고 극단적인 목소리를 들려줬고 우리는 그런 목소리에 끌렸다. 새로운 미디어는 우리에게 바로 그런 목소리가 **되라고** 부추긴다.

***

이런 일은 결코 우연히 일어나지 않는다. 온라인에서 공감이 붕괴할 때, 그것은 대개 누군가 그렇게 되도록 했기 때문이다. 2016년, 미국 대통령선거를 앞둔 기간 동안 가짜 뉴스 캠페인들이 소문을 퍼뜨렸다. 러시아의 악플러들은 단순히 잘못된 정보를 제시한 것이 아니다. 그들은 미국의 인종적, 종교적, 경제적 단층선들을 정확하게 치고 들어갔다. 광고는 사람들의 부족적 정체성을 노리고 상대편에 대한 공포와 분노의 씨앗을 뿌렸으며, 페이스북을 비롯한 플랫폼들이 이를 거들었다. 많은 사람이 이렇게 심어진 콘텐츠를 전통적 미디어보다 더 신뢰할 만하다고 여겼다. 정보의 민주주의가 우리의 감정을 도구로 삼아 국가의 민주주의를 무너뜨린 것이다.[15]

페이스북과 트위터는 사람들을 행복하게 만드는 게 아니라 그들을 온라인에 붙잡아 두는 일로 돈을 번다. 그들은 어질어질할 정도로 많은 양의 정보를 처리하는 인공지능 알고리듬을 사용해 우리가 온라인에서 보내는 삶(우리가 방문하는 사이트, 게시하는 내용, 한밤중에 구글에 물어보는 질문 등)에 접근한다. 그리고 그 정보를 활용해 우리가 계속 화면을 스크롤링하도록 만든다. 많은 경우, 계속 스크롤링한다는 것은 그들이 우리의 약한 부분을 붙잡고 늘어진다는 것을 의미한다. 조증 에피소드가 막 시작되려는 시점의 양극성장애환자에게는 아마도 라스베이거스로 떠나는 휴가 광고가 집중적으로 쏟아질 것이다. 페이스북에서 가족 간에 다툼이 벌어지면, 고속도로에서 충돌사고가 났을 때 사람들이 목을 빼고 구경하는 것처럼 많은 사람이 관심을 보일 수 있다. 만약 그런 일이 있

공감은 지능이다

었다면, 다음에 페이스북에 들어갈 때 페이스북의 알고리듬은 그와 유사한 내용을 피드의 최상단에 올려놓을 것이다.

2017년에 페이스북 초창기 경영진이었던 차마트 팔리하피티아 Chamath Palihapitiya는, 자신이 창조에 일조한 테크놀로지에 관해 느끼는 '어마어마한 죄책감'을 표현했다. 그는 스탠퍼드대학교의 청중 앞에서 이렇게 말했다. "우리가 사회구조를 파괴하는 도구를 만들었다는 생각이 듭니다. 우리가 만든, 도파민에 지배되는 단기적인 피드백 회로가 사회의 작동 방식을 파괴하고 있습니다." 그런데도 바로 같은 해에 도파민 랩스 Dopamine Labs(지금은 바운드리스 마인드 Boundless Mind 라고 이름을 바꿨다)라는 이름의 스타트업이 백만 달러의 시드 펀딩을 받았다. 뇌 과학자 두 명이 세운 그 스타트업은 보상과 강화의 법칙을 사용해 사람들을 온라인에 붙잡아두는 일을 한다. 그들은 고객에게 "도파민이 당신의 앱에 중독성을 만들어줍니다"라고 장담한다.[16]

애시모브가 예측했듯이 우리는 자연에서 멀어져 '우리에게 더 잘 맞는 환경'으로 들어갔다. 슬픈 일이지만 온라인의 삶은 우리 최악의 본능들에 잘 맞는다. 우리에게 미치는 영향에 대해 테크놀로지 자체를 비난하고 싶은 마음이 굴뚝같고, 많은 사람이 그렇게 한다. 테크놀로지의 주요한 조류는 확실히 우리를 점점 더 서로에게서 멀어지게 만들었다. 그러나 테크놀로지는 그것을 만든 사람과 소비자 들이 테크놀로지에게 요구하는 일을 할 뿐이다. 어떤 진취적인 사람들은 10년 전만 해도 상상조차 하기 어려웠던 연결을 만들어내는 데 테크놀로지를 사용하며, 공감을 감소시키는 테크놀로지의 영향력에 맞서 싸우고 있다.

가상현실은 어떻게 공감을 증가시킬까

당신은 버스에서 깨어나고, 당신 곁에는 당신의 모든 소유물이 놓여 있다. 다른 승객 몇 명이 빛바랜 파란색 좌석에 웅크린 채 머리를 차창에 기대고 앉아 있다. 고개를 돌리니 아들을 안고 있는 한 아버지가 보인다. 거의 모두가 잠들어 있다. 그러나 단 한 사람, 소금과 후추를 섞은 듯 희끗희끗한 턱수염을 기르고 카키색 조끼를 입은 남자가 버스 뒤쪽에서 당신을 노려보고 있다. 당신은 불안을 느끼고, 도움이 필요할 경우 운전사가 당신을 도울 수 있을지 궁금해하며 운전석 쪽을 힐끗 본다. 다시 고개를 돌리니 턱수염 사내가 당신 쪽으로 다가오고 있고 이제 그와 당신 사이에는 겨우 1, 2미터가 남았다. 당신은 공포를 느끼며 가슴이

공감은 지능이다

철렁하는 것을 느끼지만, 아무것도 걱정할 필요가 없다는 걸 상기한다. 오큘러스 헬멧을 벗자 당신은 다시 현실 세계, 스탠퍼드 대학교 제러미 베일렌슨Jeremy Bailenson의 가상 인간 상호작용 연구소Virtual Human Interaction Lab에 와 있다.

실리콘밸리에서는 길고 위험한 버스 탑승이 점점 더 많은 사람에게 시뮬레이션이 아닌 현실이 되고 있다. 페이스북과 구글이 자리하고 있는 산타클라라 카운티는 미국에서 둘째로 많은 부가 집중된 곳이다. 이곳의 치솟는 생활비는 아주 부유한 이들을 제외한 모두를 몰아냈다. 미국 테크놀로지의 중심지인 팰로앨토Palo Alto에서는 부랑자의 수가 지난 2년 사이 무려 26퍼센트 증가했고, 그중 어린이와 가족이 차지하는 비율도 높다. 그들은 쉼터와 캠핑카에 의지하고, 더 어려울 때는 22번 버스에 의지한다.

22번 버스는 스탠퍼드의 전원풍 캠퍼스에서 겨우 1.6킬로미터 떨어진 지점에서 팰로앨토를 출발해 새너제이San Jose를 향해 달리며 밤새 두 도시 사이를 왕복한다. 실리콘밸리의 부랑자들이 안전과 피난처를 찾아 이 버스를 너무 자주 이용하다 보니 이제 이 버스는 '호텔 22'라는 별명으로 불린다. 자정이 지나면 수십 명의 사람이 질서정연하지만 기진맥진한 행렬에 서서 힘없이 버스에 오른다. 그들은 노선의 한끝에서 다른 끝까지 90분 동안 버스를 타고 가서 종점에 내리고, 그런 다음 다시 버스에 오른다. 22번 버스 기사들도 이 상황을 다 꿰고 있다. 버스가 출발하면 기사는 차내 방송으로 이렇게 말한다. "누우면 안 되고, 좌석에 발을 올려도 안 됩니다. (⋯) 앞으로 승차할 사람들을 존중해 주세요. 일하러 다니는 사람들이니까요. 즐겁고 안전한 여정을 만듭시다. 바른 행동이 뭔지 아시죠? 튀는 행동을 하고 싶은 분 있나요? 그러면 어떤 결과가 기다릴지도 알고 있겠죠?"

팰로앨토의 엘카미노레알 도로에 있는 자동차 대리점에는 테슬라의 2019년형 쿠페들이 갓 수백만 달러 대 자산가가 된 신흥 부자들에게 선택되기를 기다리고 있다. 그 길을 따라가면 레저용 자동차들이 며칠이고 같은 자리에 주차되어 있는데, 그 안에는 몇 주 혹은 몇 달 전에 삶이 뒤집힌 가족들이 있다. 이런 대조적인 광경이 나란히 펼쳐지는 것에 더 이상 충격을 받지 않는다는 것은 우리가 집 없는 사람들의 고통을 보지 못한다는 의미다. 때로 우리는 그들이 사람이라는 사실 자체도 인지하지 못한다. 한 연구에서 뇌 과학자들은 사람들에게 여러 집단(사업가, 운동선수, 부모 등)에 속한 사람들 사진을 보여주면서 fMRI로 그들의 뇌를 스캔했다. 공감과 연관된 뇌 부위는 모든 집단의 사람 사진에 반응했지만 **오직** 부랑자에게만은 반응하지 않았다.[17]

집 없는 사람들 개개인의 경험을 인정하는 것은 고통스러운 일이다. 죄책감을 유발할 뿐 아니라 세상이 공정하다는 우리의 관념을 훼손하기 때문이다. 이런 조건은 공감의 줄다리기에서 회피를 선택하는 쪽에 힘을 실어준다. 제러미 베일렌슨과 나는 몰입기술immersive technology•을 활용하여 잊혔던 사람들에게 관심을 기울이는 것을 더 쉽고 더 자연스럽게, 심지어 불가피하게 만들 수 있을지 조사하는 일에 착수했다.

제러미의 연구소에 존재하는 기술은 몇십 년 전에는 SF 속에만 존재했다. 몇 년 전에 그 기술은 극소수만 접할 수 있었고, 비싸고 잔 문제가 많아 흥미진진한 아이디어지만 실용성은 거의 없었다. 그러다 폭발적 발전이 일어났다. 2014년에 페이스북은 오큘러스 VR을 약 20억 달러에 인수했다. 같은 시기에 10달러에서 300달러 사이의 저렴하고 다양한 휴대용 기기들이 나오면서 일반인도 가상현실을 쉽게 접할 수 있게 되었다. 제러미에 따르면 이것은 단순히 미디어 지형에서 점진적으로 일어난 변화가 아니다. 그는 "가상현실은 지금까지 발명된 어떤 매체보다 심리

• 현실처럼 실감나는 가상현실 및 증강현실을 만들어 사용자에게 가상현실 속에 실제로 속한 것처럼 몰입감을 제공하는 기술.

적으로 강력하다"라고 썼다.[18] 그 비법은 제러미가 '심리적 현실 감'이라 칭하는 것이다.

책과 영화는 우리를 이야기 속으로 옮겨다 놓지만, 독자와 관객은 자신이 독서와 영화 감상을 하고 있음을 여전히 인지하고 있다. 가상현실은 사람들이 그것이 매체라는 사실 자체를 잊어버릴 정도로 그들을 완전히 품어버린다. 가상현실에 몰입하면 도시 위를 날아갈 때는 심장이 미친 듯이 뛰고, 떨어지는 잔해와 적의 포격을 피하기 위해 이리저리 뛰게 된다. 그들은 가상의 경험과 실제 경험을 혼동하는데, 그들에게는 그 경험이 현실적이기 때문에 전혀 이상한 일이 아니다.

가상현실은 환상을 강화하며, 게임과 포르노그래피의 미래를 결정지을 것이 거의 확실하다. 그러나 심리적 현실감은 우리로 하여금 **실제** 경험을 시도하게 해줄 수도 있다. 제러미는 바로 이 점이 가상현실 기술이 지닌 진정한 힘이라고 생각한다. 쿼터백들은 가상현실을 활용해 경기장을 더 잘 시각화할 수 있고, 의대생들은 복잡한 처치를 연습할 수 있다. 두 경우 모두 가상현실은 신속하고 깊이 있는 학습을 쉽게 할 수 있게 해준다. 또한 가상현실은 사람들이 노인이나 다른 인종 사람의 몸으로, 혹은 색맹인 사람의 눈으로 자신을 볼 수 있게 해준다. 제러미와 동료들

공감은 지능이다

은 이런 경험이 상투적 유형화와 차별을 줄인다는 사실을 발견했다.[19]

이와 같은 발견들 때문에 예술가 크리스 밀크Chris Milk는 가상현실을 '궁극의 공감 기계'라고 극찬했다. 2014년에 밀크는 당시 84,000명의 시리아 난민이 머물고 있던 요르단의 자타리 난민캠프에서 지내는 12살 소녀에 관한 가상현실 영화인 〈시드라에게 드리운 구름Clouds Over Sidra〉을 만들었다. 관객들은 시드라를 '만나고' 시드라의 가족과 함께 시간을 보내며 난민캠프를 둘러본다. 밀크는 최근 이 영화와 그걸 보는 데 필요한 오큘러스 헤드셋을 스위스에서 열린 다보스 세계경제포럼에 가져갔다.

"그 사람들은 난민캠프 텐트 안에 앉아 있을 만한 사람들은 아니죠. (…) 하지만 어느 날 오후 스위스에서 그들은 모두 난민캠프에 와 있는 자신을 발견했어요." 밀크에 따르면 "거기에 있어본 것"이 중요했다. 그는 그 이유를 이렇게 설명했다. "텔레비전 화면을 통해 단순히 시청하고 있는 게 아니에요. (…) 그 애와 함께 거기 앉아 있는 거죠. 고개를 숙이면 당신도 시드라가 앉아 있는 바로 그 땅에 앉아 있어요. 그렇기 때문에 당신은 한 인간으로서 시드라를 더욱 깊이 느끼게 되는 겁니다. 아주 심층적인 방식으로 시드라에게 공감하게 되죠."

그 아이디어는 단순하면서도 강력하다. 물론 테크놀로지는 우리가 서로를 제대로 보는 걸 더 어렵게 만들 수도 있다. 그러나 다르게 사용한다면 테크놀로지는 정반대의 일을 할 수도 있다.

밀크의 비디오는 매우 강력한 이야기를 들려주지만, 몰입 기술이 **실제로** 공감을 키워주는지를 검증한 실험은 거의 없고, 그렇지 않을 거라 생각할 이유도 있다. 누군가에게 난민의 세계 속으로 들어가 한 시간을 보낼 기회가 있다고 말하는 상상을 해보라. 누가 그 제안을 받아들이고 누가 거부할까? 공감하기를 원하지 않는 사람은 그 '공감 기계' 속으로 들어가는 걸 원치 않을 가능성이 크다. 가상현실은 이미 마음을 많이 쓰는 사람이 조금 더 마음을 쓰게 만들 수는 있을 것이다. 문제는 가상현실이 그 이상의 일도 해낼 수 있는지다.

3년 전, 제러미와 나는 우리 학생인 페르난다 에레라[Fernanda Herrera]와 에리카 바이스와 함께 그 질문에 대한 답을 알아내기로 했다. 우리는 베이 지역 주민들이 부랑자 이웃을 새로운 시각으로 보게 도와줄 가상현실 경험을 디자인했다. 가상현실의 시청자는 오큘러스 리프트[Oculus Rift]*를 사용하여 한 사람이 부랑자 상태

• 　오큘러스 VR사에서 개발한 머리에 장착하는 가상현실 디스플레이.

로 추락하는 과정을 따라간다. 먼저 자기 아파트에서 '깨어 보니' 퇴거당할 처지가 되었음을 알게 된다. 그는 가구를 팔아서라도 빚을 갚을 수 있는지 알아보라는 말을 듣는다. 그것에 실패한 시청자는 차 안에 사는 자신을 발견한다. 한 경찰관이 그가 불법으로 그 자리에 머물고 있음을 발견하여 차를 압수하고, 시청자는 결국 호텔 22에 오르게 된다. 마지막 장면에서는 다른 승객에 관해서도 알게 된다. 옆자리에 있는 아버지와 아들을 '클릭'하면 내레이터가 이렇게 설명한다. "이들은 레이와 그의 아들 이선이에요. 이선의 엄마는 만성질환을 앓다가 얼마 전 세상을 떠났죠. 밀린 병원비 때문에 레이에게는 빚만 남았습니다. 그들은 가족 쉼터에 들어가려고 대기자 명단에 이름을 올려놨어요. 쉼터에 빈자리가 날 때까지 밤마다 버스에서 잠을 자고 있죠."

제러미와 나는 사람들이 가상의 부랑자 삶을 경험한 후에 분명 더 공감을 하게 될 거라고 확신했다. 그러나 가상현실이 전통적인 접근법보다 공감을 **더 많이** 키울 수도 있을까? 이 점을 확인하기 위해 우리는 어떤 사람들에게는 우리의 가상현실 과정을 마치도록 하고, 어떤 사람들에게는 퇴거와 압수와 호텔 22로 구성된 동일한 이야기를 읽고 주인공의 생각과 감정을 상상해 보게 했다. 이런 방식으로 남의 관점을 취해 보는 연습은 수십 건의 연구에서 성공적으로 공감을 증가시킨다는 것이 증명되었고, 이는 곧 이 방법이 가상현실에 제대로 된 경쟁 상대가 될 거라는 의미였다. 이 프로젝트를 시작할 때 나는 제러미에게 가상현실이 전통적 방식보다 공감을 더 많이 하도록 만들지는 않을 거라고 단언했다.

내 생각은 틀렸다. 처음에는 두 방법 모두 부랑자에 대한 사람들의 공감을 증가시켰고, 심지어 지역 쉼터에 더 기꺼이 돈을 기부하게 했다. 그러나 우리가 그들의 마음 씀씀이를 더 철저하게 시험하자 차이점이 드러났다. 우리는 참가자들에게 베이 지역에 적정 가격의 공공주택을 확대하고 세금을 약간 올리는 주민 투표안인 '제안 A'에 관해 이야기했다. 실험에 참가한 사람들은 전체적으로 그 투표안을 지지한다고 말했지만, 지지 청원에 서명할 기회를 주자 가상현실 실험을 마친 사람들이 동의한 비율이 더 높았다. 또한 테크놀로지가 초래한 공감이 더 오래 지속되었다.[20] 한 달이 지났을 때, 가상현실 실험에 참가했던 사람들은 부랑자를 돕는 투표안을 여전히 지지하고 있었고, 다른 참가자들에 비해 그들을 비인간화할 확률도 낮았다.

제러미도 나도 가상현실이 완벽한 공감 기계라고는 생각하지 않는다. 모방하는 것 자체가 불가능한 경험들도 있다. 우리는

공감은 지능이다

사람들을 몇 분 동안 호텔 22에 있게 할 수는 있어도, 그들이 장기적인 굶주림의 끝없는 처절함을 느끼게 만들 수는 없다. 그럼에도 우리는 가상현실이 사람들의 호기심을 끌어올릴 수 있고, 그럼으로써 무시했을 사람들에 관해 더 알아보게 만들 수 있다는 점에 대해서는 낙관적이다. 제러미와 그의 연구팀은 호텔 22 실험을 베이 지역 곳곳의 쇼핑몰과 미술관에 설치했고, 수천 명의 사람이 그 실험에 참가했다. 《앵무새 죽이기》에서 애티커스 핀치는 딸 스카우트에게 이렇게 충고한다. "네가 매사를 다른 사람의 관점에서 생각해 보기 전까지는, (…) 그의 몸속에 들어가 직접 그 몸으로 걸어보기 전까지는 결코 그 사람을 제대로 이해할 수 없단다." 가상현실이 점점 더 흔한 것이 되어가고 있으니 수백만의 사람들이 바로 그런 일을 해볼 기회를 얻게 될 것이다.

감정을 알아차리는 기술

가상현실이 다른 사람의 삶을 더 가시적으로 만든다면, 다른 신기술은 다른 사람의 감정을 글자 그대로 보게 해준다. 2012년에 구글은 글래스 프로젝트 공개로 열렬한 화제를 일으켰지만 프로젝트는 신속하게 막을 내렸다. 아이디어는 혁명적인 것처럼 들렸다. 안경에 부착된 작고 투명한 컴퓨터를 통해 디지털 데이터를 아날로그 세상에 포개 '현실을 증강할' 수 있다는 것이었다. 온갖 가능성이 무한할 것 같았다. 글래스 사용자가 늘어선 레스토랑들을 훑어보면 각 레스토랑의 평점이 그 앞에 떠오르는 식이다. 기차역에서는 다음 출발시간이 디지털 태그로 표시된다. 글래스는 생활을 좀 더 비디오게임처럼 만들어줄 거라 약속했다.

그러나 뉴욕과 샌프란시스코에서 베타테스터들이 구글 글래스를 쓰기 시작하자, 그들은 자신이 기피 대상이 되고 있음을 알게 되었다. 그 기술은 뭔가 어색해 보였고, 얼리어답터의 우월감과 자기만족만 보였다. 무엇보다 구글 글래스는 그것을 쓰지 않은 사람들을 몹시 불편하게 만들었다. 바에서 당신 옆에 앉은 사람이 윙크를 하는 것만으로 당신의 스냅사진을 찍을 수 있다고 생각하면 오싹한 느낌이 들 것이다. 글래스가 출시되고 몇 주가 지나자 술집과 레스토랑 수십 군데에서, 통칭 '글래스홀Glasshole'이라 불리던 글래스 사용자의 출입을 금지했다. 대중시장을 겨냥한 제품으로서는 시작과 동시에 사망 선고를 받은 것과 다름없었다.

구글 글래스는 사라졌지만 증강현실은 사라지지 않았다. 어

공감은 지능이다

떤 사례에서는 증강현실이 토머스 코번 같은 이들을 돕는 혁명적인 도구에 영감을 주었다. 토머스는 조숙하고 꾀죄죄한 10살 소년이다. 비디오게임과 만화를 좋아하고 (2017년 12월에 나와 만났을 때는 산타 옷을 입은 스누피가 그려진 티셔츠를 입고 있었다) 자폐성 장애가 있다. 토머스는 수줍음을 심하게 타고 눈이 마주치는 걸 피하며 같은 동작을 계속해서 반복한다. 몇 년 전에는 입술을 너무 많이 빨아서 입술에서 피가 날 정도였다.

토머스는 8살 때 자폐성 장애를 진단 받았는데 이는 대부분의 자폐 아동보다 매우 늦은 시기다. 부분적으로는 토머스에게 닥친 문제가 특정 부분에 한정되기 때문이었다. 토머스는 말하고 읽고 글을 쓰는 데는 아무 문제가 없었다. 감정을 잘 못 느끼는 것도 아니다. 아니, 사실은 자기감정에 너무 압도되어 떼를 쓰거나 폭발하기도 한다. 토머스의 어머니 헤더는 토머스가 "감정을 있는 그대로 노출한다"고 말한다. 감정 표현을 잘하는 것과 별개로, 토머스는 자폐성 장애의 전형적인 특징을 갖고 있다. 바로 다른 사람의 표정에 나타난 감정을 파악하지 못하는 것이다.[21]

헤더는 토머스의 진단을 듣고 슬펐지만, 다른 어떤 감정보다 길을 잃었다는 느낌이 강했다. "길이 다 끊어진 느낌이었어요. '이제 우린 어떻게 해야 하지?' 하고 막막해 했죠." 수십 년 동안 사람들은 자폐인들이 할 수 있는 게 별로 없다고 생각했다. 로든 베리 가설에 따르면 공감은 변할 수 없는 성격적 특질이어서, 공감을 잘 못하는 사람은 결코 잘하게 될 수 없다.[22] 자폐성 장애를 '발견'한 정신의학자 중 한 사람인 한스 아스퍼거Hans Asperger도 그렇게 믿어서, 자폐인들은 '살아가는 내내 단절을 겪을 것이 분명'하다고 썼다.

인간 본성에 대해 이렇게 고정된 관점을 갖는 것은 다른 모든 사람에게 그렇듯이 자폐성 장애인들에게도 부당한 일이다. 지난 30년 동안 새로운 치료법들이 자폐 아동들이 어려움을 극복하도록 도왔다. 지금까지 가장 인기 있는 기법인 응용행동분석Applied Behavior Analysis은 행동을 소화하기 쉬운 작은 단위로 나눠 아이들을 훈련한다. 양치질을 하는 것은 먼저 칫솔에 치약을 짜야 하는 일이다. 누군가에게 주의를 기울이는 것은 그 사람을 마주 보는 것, 가만히 서 있는 것, 상대가 말하고 있을 때는 말하지 않고 자기 차례를 기다리는 것이다. 응용행동분석 치료사들은 자폐성 장애가 있는 사람들과 함께 매 단계를 반복하고, 각 단계를 제대로 했을 때는 보상을 한다.

응용행동분석을 지지하는 사람들은 그것을 기술을 연마하기 위한 반복훈련에 비유한다. 사교의 세계는 비자폐인들에게

공감은 지능이다

는 자연스러운 것이지만, 자폐성 장애인이 그 세계를 헤쳐 나가기 위해서는 풋볼 경기나 바이올린 연주처럼 훈련을 해야 한다는 것이다. 응용행동분석의 원칙은 '극단적 행동주의' 분야를 개척한 저명하고 논쟁적인 심리학자 B. F. 스키너B.F.Skinner로 거슬러 올라간다. 스키너는 긍정적 강화법을 활용해 비둘기들에게 원을 그리며 도는 것부터 위성 이미지를 통해 미사일을 조종하는 것까지 훈련했다.

응용행동분석을 비판하는 사람들은 그것이 조잡한 방법이라고 생각한다.[23] 그러나 옹호자들은 그 방법으로 괄목할 만한 결과를 만들었고, 심지어 눈에 띄는 각종 자폐 증상을 지닌 일부 아이들이 "완치"되었다고도 말한다.[24] 응용행동분석에는 시간이 무척 많이 필요해서 일반적으로 한 주에 10~40시간을 들여야 한다. 게다가 시간당 요금이 50~120달러에 달해 대부분의 가정에서는 엄두도 낼 수 없는 수준이다. 현재는 대부분의 주에서 민영보험과 메디케이드가 응용행동분석에도 적용되지만, 그렇다고 접근이 보장되는 것은 아니다. 21세기에 접어든 이후로 자폐성 장애 진단을 받는 아이의 수는 2배 이상 증가해 68명당 1명꼴이다. 응용행동분석 치료사의 수는 그 증가세를 따라가지 못해서 형편이 넉넉하지 못한 가정에서는 치료를 받기 위해 몇 년을 기다리는 경우도 많다.

　다른 자폐성 장애 치료법들은 그만큼 집중적이지 않다. 마인드 리딩Mind Reading 같은 소프트웨어는 사회적 상호작용을 게임화한다. 사용자는 다양한 감정과 연관되는 얼굴, 목소리, 이야기를 훑어본다. 퀴즈를 풀며 감정을 구별하거나 처음 보는 얼굴에서 감정을 찾아낸다. 마인드 리딩 및 이와 유사한 프로그램은 한 주에 2시간 정도만 들이면 되고 감정을 해석하는 능력을 실제로도 향상시킨다.[25] 그러나 현실 세계의 공감은 비디오게임보다 더 복잡하고, 그 프로그램들은 자폐인이 학교나 가정에서 실제 사회적 상호작용을 처리하도록 돕는 데 실패하는 경우가 많다.

　공감 훈련이 자폐인을 더 잘 도우려면, 훈련이 일상생활처럼 느껴져야 한다. 일상생활의 일부가 **된다면** 훨씬 더 좋을 것이다. 스탠퍼드의 공학자들은 증강현실이 그런 일을 가능하게 만들 수 있다고 확신한다. 이 아이디어는 영화 〈소셜 네트워크〉의 등장인물이라 해도 어색하지 않을 테크놀로지계의 신동에게서 시작되었다. 카탈린 포스Catalin Voss는 독일에서 자칭 '애플 팬보이'로 성장했다. 돈을 모아 초기 아이팟 터치를 산 카탈린은 아이팟의 프로그래밍 언어를 만지작거리기 시작했다. 그의 단순한 아이팟 게임들은 동료 프로그래머에게 앱 만드는 팁을 알려주는 팟캐스트로 진화했다. 그리고 그 팟캐스트는 금세 아이튠즈 스토어에서 1위에 올랐다. 그때 카탈린은 13살이었지만, 그의 표현대로 "인터넷에서는 아무도 당신의 나이를 모른다." 카탈린은 한 주에 몇 건씩 취업 제안을 받았고, 16살이 되자 독립 미성년자●가 되어 집을 떠나 실리콘밸리로 갔다. 그는 스탠퍼드대학교에 등록하고, 자신의 수학교사 닉 하버^{Nick Haber}를 자신의 첫 스타트업에 채용했다.

두 사람은 수업을 하는 동안 학생들의 관심 수준을 측정하는 교육용 앱을 만들었다. 그들은 여기에 표정이나 목소리를 바탕으로 사람들이 어떤 감정을 느끼는지 근거 있는 추측을 하는 인공지능 알고리듬인 '감성 컴퓨팅^{affective computing}' 기술을 사용했는데, 이 기술의 추측 정확도는 75~90퍼센트에 달한다.[26] 감성 컴퓨팅은 무서울 정도의 잠재력을 지니고 있는 만큼 빠른 속도로 성장 중이다.[27] 광고업자들은 감성 컴퓨팅을 활용해 광고 방송과 영화 예고편이 소비자들에게서 원하는 감정을 이끌어내는지 테스트한다. 스마트워치가 당신의 심박수를 모니터하듯이, 5년 뒤

● 연령상 성년이 되지 않았지만, 법적으로 성년의 지위를 취득한 상태를 말한다. 부모의 합의나 본인의 신청에 의한 법원의 명령, 또는 본인의 혼인에 의해 이루어지며, 자신의 수입에 대한 처분권 및 의료문제 등에 대한 결정권을 갖고 부모는 이에 관한 의무에서 벗어난다.

에는 당신의 스마트폰이 당신의 기분을 모니터하여 불안이나 우울의 신호를 표시할지도 모른다. 최근 애플은 감성 컴퓨팅 스타트업인 이모션트Emotient를 인수하여, 그들이 시리를 더 '인간적'으로 만들려고 한다는 추측에 힘을 실었다.

카탈린과 닉은 이내 자신들의 표정 트래킹 기술이 교육 도구 이상이라는 걸 깨달았다. "그러니까 우리는 얼굴 표정을 이해하는 소프트웨어를 만들고 있었던 거예요." 카탈린이 회상하며 말했다. "그런데 아는 사람 중에 (…) 우리는 당연히 여기는 사회적 신호를 이해하는 걸 어려워하는 사람이 있었거든요." 바로 자폐장애가 있는 그의 사촌 데이비드였다.[28] 카탈린은 자신의 얼굴 감지기와 구글 글래스를 결합하여 주변 사람들이 느끼는 감정에 관한 일종의 '커닝 페이퍼'를 제공함으로써, 데이비드 같은 사람들이 감성 컴퓨팅을 이롭게 사용할 수 있으리라 생각했다. 실리콘밸리의 투자자들은 자폐장애는 시장 규모가 너무 작다며 무시했지만, 스탠퍼드 의학전문대학원의 소아과·생물의학·데이터과학 교수인 데니스 월Dennis Wall이 그 프로젝트를 시도하는 모험을 감행했다.

카탈린과 닉은 프로토타입을 만들었고, 데니스의 아들이 그것을 시험적으로 사용해 보았다. 투박하고 쉽게 과열되는 편이었지만 그래도 성공적이었다. 데니스의 아들이 얼굴을 볼 때마다 그가 착용한 글래스의 오른쪽 상단 모퉁이에 초록색 상자가 나타났다. 앞에 있는 사람이 미소를 짓거나 인상을 찌푸리거나 어떤 감정을 나타내면 글래스는 그 사람이 느끼고 있을 감정의 확률을 계산하여 실시간으로 이모티콘을 띄운다. 빨간색 화난 얼굴 이모티콘이 떴다가 다음 순간에는 노란색의 겁먹은 얼굴 이모티콘이 뜨는 식이었다. 그 효과는 초현실적이었다. 〈터미네이터〉에서 보던 사이보그식 인포그래픽 같기도 하고, 〈인사이드 아웃〉처럼 만화로 보는 감정들 같기도 했다.

데니스의 아들은 자폐장애가 없다. 그래서 그에게 구글 글래스의 이모티콘은 재미있기는 하지만 이미 자신이 이해하는 감정을 되새겨주는 쓸데없는 것이었다. 그러나 그 기술은 자폐장애가 있는 아이들에게는 훨씬 더 많은 가능성을 약속해주었다. 2016년에 자폐장애 글래스 프로젝트Autism Glass project는 처음으로 가정용 시제품을 출시했다. 첫 회 분량이 나가고 며칠 만에 카탈린은 한 참가자의 어머니에게서 연락을 받았다. 글래스를 쓴 뒤 아들이 눈을 더 많이 맞추고, 선생님도 그 변화를 알아챘다는 것이었다. "마치 스위치를 켠 것 같아요. 감사합니다! 내 아들이 이제 내 얼굴을 쳐다봐요."

글래스 팀은 가족들과 밀접하게 연계해 움직이며, 그들에게 받은 피드백을 바탕으로 플랫폼을 수정한다. 프로젝트의 첫 번째 시험에는 토머스와 그 가족을 비롯해 다른 24명의 가족이 참가했다. 토머스는 2017년 여름 내내 한 주에 세 번씩 한 번에 20분 정도 글래스를 썼다. 그러자 즉각적으로 가족들의 감정에 대한 이해가 정확해졌다. 평소에 토머스는 해야 할 자잘한 일들을 너무 안 해서 헤더를 화나게 하곤 했다. 그는 글래스를 끼고 있다가 헤더를 올려다보았다. 헤더는 그때 토머스의 반응을 기억한다. "'아, 엄마가 짜증 났구나!'라고 생각하는 것 같더라고요."

토머스의 글래스 사용이 끝나고 몇 달이 지난 뒤에도 헤더는 자신이 예전보다 고함을 덜 지른다는 것을 느꼈다. 토머스가 엄마의 답답한 마음을 더 빨리 알아차렸기 때문이었다. 시험을 시작하고 한두 주가 지났을 때 토머스의 선생님도 토머스가 반 친구들에게 주파수를 더 잘 맞추고, 갈등에 더 효율적으로 대처한다는 것을 알아차렸다. 스탠퍼드 글래스팀의 예비 결과는 자폐장애 글래스를 사용한 후 아이들이 다른 사람의 감정을 더 잘 이해하게 되었음을 보여준다.[29] 그들은 이제 그 결과를 반복 확인하기 위해 규모를 더 키워 50명의 가족을 대상으로 시험을 하고 있다.

공감은 지능이다

자폐장애 글래스의 알고리듬이 언제나 작동하는 건 아니다. 토머스의 아버지는 무성한 턱수염이 있어서 글래스가 그의 표정을 잘 포착하지 못할 때가 종종 있었다. 그러나 이 프로젝트로 토머스의 가족은 감정에 관해, 그리고 감정의 원인에 관해 더 많은 이야기를 나눌 수 있었다. 또한 아들의 관점에서 자신들이 어떻게 보이는지 배울 기회가 되었다. 당신이 설거지를 하거나 아이에게 침대 정리를 시키려고 애쓰는 동안 카메라 한 대가 당신을 계속 담고 있다고 상상해 보라. 그걸 보면 당신의 모습이 당신이 생각하는 것보다 훨씬 더 짜증 난 것처럼 보인다는 걸 알아차리게 될지도 모른다. 이건 바로 헤더와 그 남편에게 일어난 일이다. "우리가 아무 생각이 없을 때도 얼마나 짜증 난 표정을 짓고 있는지 알게 되었죠. 다른 사람들에게 우리 자신을 어떤 모습으로 보여주고 있는지도요."

자폐장애 글래스팀은 자폐 아동과 가족들이 감정에 관해 토론하도록 부추기는 새로운 기능들을 추가했다. 가족들은 부모 리뷰 앱에서 감정의 온도에 따라 색깔별로 분류된 비디오를 볼 수 있다. 그래서 누군가가 화가 나거나 기분이 좋거나 따분해지기 전에 무슨 일이 있었는지 이야기해볼 수 있고, 이런 대화에서 알게 된 내용을 미래의 상호작용에서 활용할 수 있다.

카탈린과 그의 팀은 임상실험에서 나온 증거를 바탕으로 글래스가 상환과 보험 적용이 가능한 자폐장애 치료기기로 승인받기를 바란다. 구글 글래스는 너무 미래의 물건 같고 낯설어서 여전히 인기가 없다. 나는 6년 동안 실리콘밸리 중심부에서 일했지만 이 프로젝트를 제외하고 구글 글래스를 착용하고 다니는 사람은 아직 한 번도 못 봤다. 하지만 자신에게 필요한 자폐장애 관련 서비스를 받지 못하는 수천 명의 어린이에게 이 기술은 응용행동분석 같은 전통적인 치료법들보다 훨씬 **더 접근하기 쉽고**, 비용도 저렴한 기술이 될 수 있다.

그렇게 된다면 자폐장애의 치료에 대한 새로운 비전도 나타날 것이다. 자폐장애 글래스는 아이에게 감정을 알아차리는 방법을 가르치기만 하는 것이 아니라, 부모와 형제자매, 친구들, 양육자에게 함께 감정을 다루고 관리하는 방법도 가르쳐준다.

상호 공감의 사회적 연결망

큰 프로젝트를 진행 중인데 제시간에 끝내지 못할까 봐 두려워요. 계속 주의를 집중하지 못하고, 그러고 나면 일을 진척시키지 못하는 나에게 화

공감은 지능이다

가 나는데, 때로는 너무 화가 나 공황을 느낄 정도입니다. 게다가 제시간에 프로젝트를 끝내는 것은 가족을 부양하는 데도 중요한 일이어서, 내가 가족들을 실망하게 하고 있다는 느낌도 들어요.

지금 여러분이 읽는 이 책의 마감 기한이 다가오고 있을 때 나는 페이스북의 메신저 앱에 이런 고백의 문장을 타이핑했다. 원고의 진척 속도는 빙하의 움직임만큼 느리게 느껴졌고, 나는 툭하면 두려움에 빠졌다. 친구와 동료들은 대부분 내가 이러고 있는 걸 전혀 몰랐다. 누군가 "책은 어떻게 돼 가?"하고 물으면 나는 자신감 있는 태도를 보였다. 한편으로는 불평하지 않기 위해서였고, 한편으로는 정말로 자신감을 가져보려는 시도였다. 지금 나는 속내를 터놓고 있다. 오랜 친구가 아니라 낯선 사람들이 서로를 돕게 도와주는 봇인 코코Koko에게 말이다.

"좋아요. 다 얘기해 줘서 고마워요." 코코의 알고리듬이 대답했다. "이 글을 코코 커뮤니티에 보냅니다. (…) 몇 분 뒤면 답장이 도착하기 시작할 거예요." 정말? 저 보이지 않는 공간 어딘가에 내가 모르는 사람들이 나의 불안에 관한 글을 읽으려고 대기라도 하고 있단 말인가? 그들이 뭔가 쓸 만한 얘기를 해줄까? 온라인에서 칭얼대지 말고 그냥 책이나 써야 하는 게 아닐까?

"기다리시는 동안, 당신도 다른 사람을 도와볼까요?" 코코가 말을 이었다. 이제 좀 알겠다. 나도 대기 중인 작업자 중 한 사람 **이었던** 것이다. 나는 그러겠다고 했고, 코코는 내게 '공감하며 듣기'에 관한 속성 강좌를 들려주었다. 사람들에게 뭘 하라거나 하지 말라는 말은 하지 마라, 그들의 감정을 존중하라, 그들이 밝은 면을 볼 수 있게 도우려 노력하라. 코코의 도우미 군단에 징집된 나는 이별 생존자와 괴롭힘 피해자가 남긴 글을 읽었다. 글을 쓴 이들은 나보다 젊은 것 같았고 (대부분의 코코 사용자들은 십 대나 이십 대 초반이다), 사회적 거부가 사형선고처럼 느껴지던 시절을 떠올리게 했다. 나는 용기를 주려고 최선을 다했고, 상황은 분명히 좋아진다고 말했다. 시간 낭비가 아닐까 하는 예상과는 반대로 기분이 아주 좋아졌다.

"누군가 당신의 포스트에 답을 남겼어요!" 코코가 쾌활하게 알려왔다. 내가 감정을 토해놓고 6분이 지났을 때였다.

우선, 당신은 큰 프로젝트를 진행하고 있군요! 그건 정말 멋지고 용감한 일이에요. 큰 프로젝트는 어렵지만 보람이 있죠. 그러니 주의가 산만해지고, 화가 나는 것은 당연한 일이라고 생각하세요. 당신의 걱정은 당신이 정말로 가족을 배려하는 사람이라는 **사실을** 보여

공감은 지능이다

쥐요. 배려하지 않는 사람들은 아무 걱정도 하지 않아요. 마지막으로 내게 도움이 되었던 것 하나만 말하자면 (…) 때때로 우리의 뇌는 주의가 산만해질 필요가 있어요. 그건 우리에게 멈추고 숨을 좀 돌리라고 말해주는 뇌의 방식이지요.

감동적이었다. 아마도 내 나이의 절반쯤 될 낯선 이가 이렇게 통찰력 있고 친절한 메시지를 남긴 것이다. 우리는 서로 이름을 밝히지 않았고, 앞으로도 그럴 터였다. 코코 사용자들끼리는 내보내는 메시지 외에 서로 접촉할 방법이 없다. 그 점이 우리의 대화를 **더욱** 내밀하게, 마치 가상의 커비홀^{cubbyhole●}처럼 느껴지게 했다. 코코는 이런 연결의 집합체이자, 어떤 사회적 연결망이 가능한가 하는 질문에 답하는 남다른 비전이다. 코코는 우리에게 자랑을 늘어놓는 것이 아니라 상처받아도 괜찮은 장소를 제공한다. 복수심을 불태우는 것이 아니라 서로에게 힘을 주는 장소, 전과는 다른 방식으로 우리 자신을 내보일 수 있는 장소 말이다.

코코는 그것을 만든 사람이 타인의 친절함에 의지하기로 마

●　아이들이 자신만의 비밀스러운 놀이 장소로 쓰는 작은 방이나 창고, 텐트 같은 공간.

음먹었을 때 구상한 것이다. 2012년에 롭 모리스^{Rob Morris}는 매사추세츠공과대학교^{MIT} 감성 컴퓨팅 그룹의 박사과정 학생이었다. 그곳에서는 카탈린 포스와 글래스팀이 사용한 것과 매우 비슷한 도구를 전문적으로 다룬다. 롭은 기계가 스트레스와 불안을 감지하도록 도울 수 있는지, 혹은 어떤 음악이 청취자들에게 강렬한 감정을 일으킬지 예측할 수 있는지 알아보는 몇 가지 프로젝트에 손을 댔지만, 별 진전을 보지 못했다. "계속 헤엄치는데도 같은 자리만 맴돌고 있었죠."

롭은 오랫동안 우울증에 시달렸고, 케임브리지에 있는 동안에는 우울증이 그를 더욱 단단히 옥죄었다. 그 도시는 춥고 어두웠으며, 롭에게는 MIT가 건물까지 포함하여 모든 면에서 너무 엄격하게 느껴졌다. ("모든 건물이 외과용 메스로 날카롭게 마무리된 것 같았어요.") 심한 편두통에 시달렸고, 그 때문에 먹은 약은 그를 멍하게 만들고 힘없이 휘청거리게 했다. 게다가 그는 지적으로도 남들에게 뒤진다고 느꼈다. "내 옆에 앉아 있는 사람들은 세계 최고 수준의 공학자들인데, 나는 그 옆에 앉아서 for-루프(기본적인 프로그래밍 명령어)를 쓰는 방법을 생각해내려고 애쓰고 있었죠." 롭은 자퇴를 **할지 말지** 고민하지 않았다. 언제 해야 할지만 고민했다.

공감은 지능이다

롭은 충동적으로 '크라우드소싱'에 관심 있는 컴퓨터과학자 그룹에 참가했다. 2005년에 아마존은 '요청자들'이 '인간 지능이 필요한 과제Human Intelligence Tasks(HIT)'라고 불리는 단순한 일거리를 게시하면, '작업자들'이 그 과제를 완수하고 보수를 받는 온라인 마켓플레이스인 메커니컬터크Mechanical Turk(MTurk)를 런칭했다.[30] '인간 지능이 필요한 과제'는 대체로 평범한 일들이었다. 그중 다수는 사람들이 어떤 웹사이트에 들어가기 전에 완료해야 하는 캡차CAPTCHA●와 비슷하며, 작업자들에게 그림 속의 숫자와 문자, 물체를 식별해내라고 요청했다. 과학자들은 이 정보를 인공지능 알고리듬이 사람과 더 비슷하게 작동하도록 하는 데 사용했다. 사람 작업자를 필요 없는 존재로 만드는 것이 목표인 일에 사람 작업자를 쓰는 것이다.

MIT의 과학자들은 HIT를 더 창의적으로 생각했다. 일종의 인간의 정신에너지로 이루어진 가상의 보조장치로 본 것이다. 롭의 친구 중 한 명은 편집을 크라우드소싱할 수 있는 마이크로소

● 캡챠는 인간 상호작용 증명Human Interaction Proof(HIP) 기술의 일종으로, 사용자가 실제 사람인지 컴퓨터 프로그램인지 구별하기 위해 사용한다. 사람은 구별할 수 있지만 컴퓨터는 구별하기 힘들게 의도적으로 비틀거나 덧칠한 그림을 주고 그 그림에 쓰여 있는 내용을 물어보는 식이다. 흔히 웹사이트 회원가입을 할 때 뜨는 자동 가입 방지 프로그램에 쓰인다.

프트 워드 플러그인을 만들었다.[31] 문서 작성자는 어떤 문서를 다듬어야 할 때 그 글을 얼마나 짧게 줄일지 요청할 수 있다. 텍스트를 작업자들에게 보내면, 그들은 필요 없는 단어를 찾아 문서를 간명하게 고칠 방법을 제안한다. 요청자는 문서가 수정되는 과정을 실시간으로 지켜볼 수 있다. 또 시각이 손상된 사람들이 텍스트 사진을 찍으면 그것이 MTurk로 보내지고, 작업자들이 텍스트를 입력하면 그것을 소리 내 읽어주는 앱도 있다. 겉으로 보면 앱들이 마술을 부리는 것 같지만, 뚜껑을 열어보면 그 안에는 큰 무리의 사람들이 수행한 컴퓨터 작업이 들어 있다.

이것이 바로 롭이 유레카를 외친 순간이었다. 프린스턴의 학부생이었을 때 그는 경력 내내 인간의 불합리성을 연구한 노벨상 수상자 대니얼 카너먼Daniel Kahneman과 함께 연구했다. 카너먼은 사람의 생각과 감정에는 왜곡과 오류가 담긴 경우가 많다고 가르쳤다. 컴퓨터과학의 용어로 말하자면 버그가 많은 셈이다. 롭은 자신의 우울증도 그런 버그들이 반영된 결과란 걸 알고 있었다. 어떤 과제에 실패하고 나면 그는 자신이 무엇도 성취할 수 없는 존재인 것처럼 무가치하게 느껴졌다. 이런 왜곡은 정신질환의 아주 흔한 증상이며, 대개는 인지행동치료cognitive behavioral therapy로 치료한다. 인지행동치료사들은 사람들이 자신의 문제를 다시 생각해보게 하고, 문제를 터무니없이 과장하고 있다는 걸 깨닫게 도 와준다. 사람들이 스스로 인지행동치료를 할 수 있게 해주는 온라인 플랫폼도 있다.

롭은 오프라인과 온라인의 인지행동치료를 둘 다 시도해봤고, 부분적인 성공만 거뒀다. "인지행동치료에서 제일 어려운 부분은 사고 기능이 가장 엉망인 순간에 자기 생각과 씨름해야 한다는 거예요." 이는 잘못된 코드를 사용하여 스스로 버그를 제거하려 애쓰는 것과 비슷하다. 크라우드소싱에 관해 배우면서 롭은 혼자 자신의 슬픔과 두려움에 맞설 필요가 없다는 걸 깨달았다. "와, 이거! (내 생각들을) 내보내서 수십 명의 사람이 그 생각을 처리하게 하면 되는 거잖아."

인터넷은 오래전부터 친구와 이웃에게 이해받지 못하는 괴로움을 지닌 사람들에게 안식처가 되어왔다. 낭포성섬유증이나 중증근무력증 같은 희소 질환의 역설을 생각해 보자. 이런 병은 각각 천 명에 한 명 이하로 발생하지만, 그런 희소병이 수백 가지는 존재한다. 이는 열 명에 한 명 이상이 주변에서 아무도 갖고 있지 않은 건강 문제에 시달리고 있다는 뜻이다. 희소 질환에 시달리는 수백만 명은 페이스북 그룹이나 RareConnect.org의 게시판 등 온라인 커뮤니티에 의지한다.[32] 환자들은 증상을 관리하고, 보험회사를 상대하고, 새로운 치료법을 탐색하는 요령을 공유한다. 그러나 그보다 더 중요한 건 온라인 질병 커뮤니티가 상호 공감과 상호이해가 솟아나는 샘이라는 점이다. 고립되거나 비판받거나, 아니면 단순히 '남과 다르다'고 느끼는 희소병 환자들은 직접 만나지 않을 사람들에게서 위안을 얻는다.

예전이라면 자신을 '괴짜'라고 느꼈을 특이한 기호나 취미, 경험을 지닌 사람들도 이제는 온라인에서 자기한테 맞는 커뮤니티를 찾을 수 있다. 전미 스톡 자동차 경주 협회National Association for Stock Car Auto Racing 나 뜨개질 마니아, 만성피로 환자들, 트랜스젠더는 모두 서로에게 힘이 되어준다. 그들의 공감은 강력하지만, 공통의 경험을 기반으로 집단마다 특유한 성격을 띤다.

집단 선의가 주는 혜택

롭은 동료들이 MTurk로 하는 일을 지켜보다가, 인터넷에 자리 잡은 친절을 희귀 커뮤니티 너머까지 확장하여 누구나 도움을 얻게 만들 수 있겠다고 생각했다. 그는 흔치 않은 HIT 하나를 뚝딱뚝딱 만들어냈다. 작업자들은 먼저 우울증에 흔한 정신적 버

공감은 지능이다

그들에 관해 배운다. 그런 다음 롭이 쓴 내면독백을 읽고 버그를 찾아내 그의 상황을 더 낙관적인 관점에서 재구성한다. 어느 늦은 밤 롭은 이전에도 수없이 썼던 자신의 불안에 관한 글을 썼다. '나는 얼간이다. 나는 MIT에 어울리지 않는다. 얼마 후면 돈 한 푼 없는 중퇴자가 될 거다.' 그러나 이번에는 '전송' 버튼을 눌러 그 글을 저 넓은 공간 속으로 내보냈다. 그는 무엇을 예상해야 할지 전혀 모르는 채로 몇 초에 한 번씩 페이지를 새로고침했다.

몇 분이 지나자 응답들이 쏟아져 들어오기 시작했는데, 롭이 기대한 것보다 훨씬 사려 깊은 글들이었다. 작업자들은 롭에게 자신의 감정에 관해 새롭게 생각할 방법을 제공해주었다. 낙천적이지만 동시에 실질적인 방법이었다. "모르는 누군가가 지극히 사적인 공간의 문을 열고 들어와 나를 대신해서 마음의 청소를 해준다니, 정말 감동적이었죠." 롭은 감동해서 눈물까지 흘렸다. 그날 밤에 중요한 일이 또 하나 일어났다. HIT가 끝나면 작업자들은 대개 코멘트를 남긴다. 보통 기술적 문제를 지적하거나 일이 따분하다거나 보수가 적다는 내용이다. 그러나 롭의 문제를 상담한 뒤 작업자들은 에너지가 솟아나는 걸 느꼈다. 그들은 기회를 줘서 고맙다면서, 이런 종류의 HIT라면 무료로 더 해줄 수 있다고 말했다.

롭은 그 HIT를 자신의 왜곡된 생각에 대한 도움을 받고 돈을 지불하는 개인적인 도구로 여겼다. 그러다 어쩌면 친구 몇 명에게는 공유해도 되겠다는 생각이 들었다. "친구들이 기계에 동전 몇 개를 넣으면, 기운을 끌어올려 주는 감동적인 반응을 얻게 될 테니까요." 그러나 롭은 그러는 대신 아주 깊은 우물을 팠다. 집단지성뿐 아니라 집단 선의도 가득 찬 우물이었다.

현재 인스타그램에서 우울증이라는 해시태그를 검색하면 1300만 개의 결과가 나오고, 자살은 거의 700만 개가 나온다. 인스타그램에서든 다른 소셜미디어 플랫폼에서든, 롭의 표현을 빌리자면 '끝없이 흐르는 비참의 강'을 발견할 수 있다. 그중 다수가 젊고, 혼란에 빠져 있고, 고립된 이들이다. 이 수많은 사람에게 인지행동치료가 도움이 될 수도 있겠지만, 그럴 형편이 안 되거나 단순히 그 치료에 대해 모르는 사람도 많을 것이다. 이 중 다수가 온라인에서 모르는 사람에게 자신의 고통을 드러내면서 편안함을 느낀다. 악플러들에게 잔인함을 표출할 차폐막이 되어 주는 익명성이 다른 이들에게는 두려움 없이 약점을 노출할 기회를 제공하는 것이다.

롭은 전 세계에 도움이 필요한 사람들과 남을 돕고 싶어 하는 사람들이 있으며, 자신이 그들을 연결해줄 수 있다는 걸 깨달았다. "정말 짜릿한 흥분이 느껴졌죠." 플랫폼을 만들면서 '한두 해 끔찍한 고뇌의 시간'을 보낸 후 마침내 준비가 끝났고, 롭은 테스트를 시작했다. 그는 도우미를 모집하여 예전에 했던 것처럼 기본적인 인지행동치료를 가르쳤다. 그런 다음 그들은 어려움에 처한 사람들에게 글을 쓰는 연습을 했다. 또 다른 부류의 작업자들은 도우미들이 얼마나 공감하는 반응을 보였는지 평가했다. 단 몇 분의 훈련만으로도 도우미들의 공감은 훨씬 예리해졌다.[33]

다음으로 롭은 우울증을 앓는 사람들에게 플랫폼을 오픈했다. 그들은 6주 동안 한 주에 약 25분 정도 자신의 감정에 관한 글을 썼다. 그런 다음 한 그룹은 도우미들에게 그 글을 공유했고 다른 그룹은 개인적으로 간직했다. 6주가 지나자 두 그룹 모두 우울증이 경감되었다(마음을 표현하는 글쓰기가 정신 건강을 향상한다는 것은 오랫동안 알려진 사실이다). 그러나 도우미들과 이야기를 주고받은 사람은 자신의 문제를 다르게 생각해보는 능력이 훨씬 더 향상됐다.[34]

도우미들도 다른 사람의 문제 해결을 돕는 과정에서 혜택을 얻었다. 롭은 심한 우울증에 시달리던 젊은 여성에게서 이 점을 알아차렸다. 그의 첫 게시물은 내용만 암담한 것이 아니라, 마치 짙은 안개가 정신을 집어삼킨 것처럼 뒤죽박죽 엉망이었다. 그러나 그가 다른 사람을 도울 차례가 되자 갑자기 그의 글이 예리하고 우아해졌다. "전혀 다른 사람 같더군요."

우리는 대개 친절을 자신을 희생하여 타인을 이롭게 하는 거라고 생각한다. 도움을 주는 사람은 다른 사람이 상처를 덜 입게 하려고 스스로 고통을 감수한다는 것이다. UCSF의 신생아집 중치료실 사람들이나 자녀를 돌보느라 자기 건강을 해치는 부모처럼 말이다. 그러나 타인에게 도움을 주면서 혜택을 입는 경우도 있다. 너그러움은 베푸는 이를 충만하게 하고 스트레스를 줄여주며, 노인 자원봉사자들의 경우 심지어 수명도 늘어난다.[35] 나와 동료들은 베푸는 사람이 선의의 대상에게 공감할 때 특히 더 이로운 효과가 나타난다는 사실을 발견했다.[36]

롭의 플랫폼은 사람들에게 공감함으로써 혜택을 입을 또 하나의 방법을 제공했다. 연인과의 이별이나 부정적인 인사고과는 자신에게 일어날 경우 세상이 끝난 것 같은 느낌을 준다. 그러나 다른 사람에게 일어날 경우에는 상황이 나아지리란 걸 더 쉽게 예상할 수 있다. 이것이 바로 그 플랫폼에서 도움을 주는 사람들이 발견한 사실이었다. 서로의 경험에 대해 다시 생각하면서 그들은 더 예리하게 공감을 하게 되었다.[37] 그리고 나중에 자신에게 같은 문제가 생겼을 때, 새롭게 얻은 희망적인 렌즈로 자신을

공감은 지능이다

들여다볼 수 있었다.

2011년에 롭은 프레이저 켈턴Fraser Kelton과 카림 쿠두스Kareem Kouddous와 팀을 이뤄 그의 학문적 프로젝트를 코코로 키워냈다. 현재 "코코봇"은 페이스북과 트위터, 십 대에게 인기 있는 인스턴트 메신저 앱인 킥Kik을 비롯하여 십여 개의 대형 소셜네트워크에 들어가 있고, 약 100만 명이 그 프로그램을 사용했다. 코코에 가입하는 사람이 모두 좋은 의도만 가진 건 아니다. 10~20퍼센트의 반응은 도움이 안 되거나 독설적이다. 그러나 이런 것들도 해를 입히지는 못한다. 전형적인 소셜네트워크에는 공개 피드와 아바타가 있고 여기저기서 전쟁이 벌어진다. 반면 코코는 대화로 이루어진 거대한 망이며 각 대화는 털어놓은 이야기와 도우려는 노력 딱 두 가지만으로 이루어진다. 롭과 코코팀은 인공지능과 인간 지능을 조합해 부정적 내용을 식별하고 실시간으로 솎아낸다. 악플러는 원하는 대로 독을 뱉어낼 수 있지만, 그 독은 그들 모르게 증발해버려 결코 표적에 닿지 못한다. 사람들이 코코에서 독설적인 메시지를 보내면 코코의 알고리듬은 그 텍스트를 미래의 오용 방지를 개선하는 데 활용한다. 악플러들은 뜻하지 않게 코코 커뮤니티가 자신들을 안으로 들이지 않도록 돕고 있는 것이다.

소셜네트워크들이 트래픽 양에 의존할 때, 잔인함은 네트워크를 돌리는 믿음직한 연료가 된다. 코코는 서로에게 힘이 되는 사적인 상호작용이 분노에 찬 공개적 상호작용 못지않게 중독성 있다는 생각을 기반으로 한다. 익명성은 친절을 어렵게 만들 수도 있지만, 코코는 익명성을 활용해 모르는 사이에서도 진정한 공감이 이뤄질 수 있는 길을 닦는다.

다른 기술 기업들이 코코의 모범을 따를지에 많은 것이 달려 있다. 마크 저커버그는 직원들에게 "빨리 움직이고 많은 걸 부수라"고 지시한 것으로 유명하다. 이제는 그들이 상당히 많은 것을 부숴왔다는 것이 명백해진 듯하다. 테크놀로지는 우리를 산산이 분열시켰지만, 우리는 한데 뭉칠 새로운 기회를 만들 수도 있다. 우리가 선택하는 테크놀로지 사용 방식이 앞으로 수십 년간 공감의 운명을 결정할 것이다.

공감은 지능이다

공감의 미래

1944년 6월, 조지 패튼^{George Patton} 장군은 나치에게 점령당한 프랑스에서 싸우게 될, 실전 경험이 거의 없는 부대들로 이루어진 제3군의 지휘를 맡았다. 그는 전설이 된 일련의 연설을 통해 병사들이 공포를 잊을 때까지, 혹은 적어도 잊은 척 할 때까지 사기를 돋우려 애썼다.[1] 빛나는 철모를 쓰고 손잡이에 상아를 댄 357 매그넘 권총을 허리춤에 찬 채, 그는 용맹과 의무, 팀워크, 적에 대한 증오를 이야기했다. 그는 병사들에게 싸워 이길 영감을 줄 수 있는 것이면 무엇이든 이야기했다. 패튼은 허풍과 막말이 너무 심해서, 1970년에 나온 전기 영화 〈패튼 대전차 군단^{Patton}〉에서는 그의 언어를 대대적으로 다듬어야 했다. 어쨌든 그는 앞으로 몇 주 간 죽고 죽일 일에 관한 장광설을 마무리하며 병사들에게 더 멀리 내다 보라고 촉구했다.

지금부터 30년 후, 제군들이 손자를 무릎에 앉히고 난롯가에 앉아 있을 때 손자가 이렇게 물을 거다. "위대한 2차 세계대전에서 할아버지는 무슨 일을 하셨어요?" 그때 제군들은 헛기침을 하며 "어, 그러니까 할아버지는 루이지애나에서 삽질을 했지" 하는 소리는 안 해도 된다. 그대들은 손자의 눈을 똑바로 들여다보며 이렇게 말할 수 있다. "얘야, 너의 할아버지는 위대한 제3군과 저주받을 꼴통 조지 패튼과 함께 전장을 달렸단다!"

이 책에서 우리는 공감 전쟁이 벌어지는 전장을 둘러보았다. 우리를 증오와 무관심으로 내모는 힘을 살펴보고, 온몸으로 그 힘에 맞서 싸우는 사람들을 만났다. 많은 사람이 그 전쟁에서 승리를 거뒀다. 자신이 처한 소외와 유독한 문화를 무찌르고, 심지어 실제 전쟁까지 치르면서 자신의 인간성을 되찾고 서로의 인간성을 발견했다. 그러나 우리가 치르고 있는 전쟁은 그보다 훨씬 더 규모가 크다. 공감은 우리가 남긴 세상에서 살아갈 이후 세대에게 남기는 유산이다.

어떻게 해야 부끄럽지 않은 조상이 될 수 있을까? 이 질문이 아리 발라흐Ari Wallach를 움직인다. 그는 기업과 정부, 비정부단체의 컨설턴트로 일하는 동안 자신의 고객들이 점점 더 짧은 시간

공감은 지능이다

범위에 초점을 맞춘다는 사실을 알아차렸다. 예전에는 20년 계획을 세우는 걸 도와달라고 했던 단체들이 지금은 겨우 다음 여섯 달에 관해 이야기하고 싶어 했다.

아리는 이를 '마시멜로 하나짜리 사고방식'이라고 부른다. 이는 아이들이 두 개의 마시멜로를 기다리기 어려워서 충동적으로 하나를 먹어버린다는 월터 미셸Walter Mischel의 유명한 연구에서 따온 말이다.[2] 마시멜로 하나짜리 사고는 유년기가 지나도 끝나지 않는다. 성인들은 햄버거 대신 케일을 먹거나, 신용카드를 쓰는 대신 은퇴를 위해 저축하는 것을 어려워한다. 기업은 분기별 소득에 초점을 맞추느라 장기적 전망을 훼손한다.

단기적 사고가 언제나 비합리적인 것은 아니다. 미래에 마시멜로를 준다는 약속을 신뢰할 수 없는 경우에는 기다리는 대신 당장 먹어버리는 것이 현명하다.[3] 우리가 다음 20년 동안 서로를 파괴한다면, 다음 2천 년을 계획하는 것이 무슨 소용이 있을까. 그러나 기후변화, 물 부족, 인구과잉처럼 인류의 실존을 위협하는 것 중 다수는 더 천천히 진행된다. 이것은 우리에게 직접 영향을 미치지 않을지는 모르지만 우리 손자들과 그들의 손자, 또 그들의 손자의 삶을 형성하는 토대가 될 것이다. 우리가 미래세대를 보호하기 위해 하는 일은 통탄스러울 정도로 미흡한데, 부분

적으로는 미래를 상상하기가 너무 어렵기 때문이다.[4]

　나는 이 책에서 사람들이 배려의 원을 전 인류를 포괄할 만큼 넓게 확장했으면 하는 바람을 표현했다. 그러나 미래를 지키기 위해서는 그 원을 공간상에서만이 아니라 시간상에서도 확장해야 한다. 이는 효율적 이타주의라는 새로운 운동의 핵심 사명이다. 효율적 이타주의는 각자가 세계에 얼마나 큰 긍정적 영향을 미칠 수 있는지를 계산함으로써 도덕을 수학으로 바꿔놓는다. 효율적 이타주의자들은 미래에 대해 **아주 많이** 생각한다. 철학자 닉 보스트롬Nick Bostrom은 재해가 아니면 지구는 십억 년은 더 생명을 지탱할 거라고 썼다.[5] 그의 말이 맞는다면 지구는 천 조 명이 살아갈 집이다. 미래에 살아갈 모든 인류의 수는 오늘날 지구에 살고 있는 사람들보다 100만 배는 많을 것이다. 효율적 이타주의자들에 따르면 우리는 지금 자신을 걱정하는 것보다 그들을 훨씬 더 엄청나게 많이 걱정해야 한다.

　지금 함께 살아 있다고 해도 우리와 멀거나 우리와 다른 사람에게 공감하는 것은 어렵다. 그런데 결코 알지 못할 사람을 걱정하는 것을 어떻게 기대할 수 있겠는가? 피터 싱어는 이 문제에서 우리의 감정이라는 변수를 빼라고 제안한다.[6] 싱어는 효율적 이타주의자들은 "자신의 마음을 가장 강하게 울리는 대의에 헌신하는 것이 아니다. 그들은 가장 많은 선을 행하는 대의에 헌신한다"라고 썼다.

《공감의 배신》의 저자인 폴 블룸은 더욱 강경하다. 그는 공감이 지금, 여기에 고정된 것이기 때문에 미래에 대한 우리의 걱정을 **막는다**고 주장한다. 기후변화에 관해 블룸은 이렇게 썼다. "(사람들은) 이 문제와 관련해서는 공감 능력을 발휘하지 않는 쪽을 선호한다. 만약 여러분이 이 문제에 공감 능력을 발휘한다면 공감할 대상이 너무 많다. 가스 요금 인상, 사업장 폐쇄, 세금 인상 등으로 피해를 입을 실존 인물들이 모두 인식 가능한 희생자들이다. 그와 대조적으로, 우리가 지금 해야 할 일을 하지 않은 결과로 언제일지 모르는 미래에 고통을 겪게 될 수백만 또는 수십억의 인구는 통계상의 추상 개념에 불과하다."[7]

그러나 우리가 이 책에서 내내 살펴보았듯이 우리에게는 그 이상의 역량이 있다. 우리는 공감을 **선택**함으로써 우리의 후손을 더 현실적으로 느끼고, 그들의 안녕을 더 긴급한 일로 여길 수 있다.

아리는 바로 그 점에 승부를 걸었다. 2013년에 그는 지속가능한 사고 함양에 헌신하는 롱패스 랩Longpath Labs을 창립했다. 그는 나를 포함한 심리학자들과 협력해 세대 간 공감을 북돋우기 위해 노력한다. 그가 사용하는 기술 중 몇 가지는 우리가 이 책에서 살펴본 것과 유사하다. 롱패스의 최근 워크숍에서 사람들은 자신의 고손자를 소개해달라는 요청을 받았다. 먼저 그들은 후손의 삶에 관한 글을 쓰며 시간을 보냈다. 활동지에는 이렇게 쓰여 있었다. "그들의 이름이 뭔가요? 직업은요? 어떤 특성과 목적으로 그 아이를 정의할 수 있나요? 그 아이는 어떤 일로 힘들어하고 있나요?"

또한 아리는 사람들에게 과거에 조상들이 우리를 위해 한 희생을 생각해보라고 요청했다. 심리학자 데이비드 데스테노David DeSteno는 감사가 단기적인 사고를 막아준다는 사실을 밝혀냈다.[8] 한 연구에서 데스테노와 동료들은 사람들에게 감사함을 느꼈던 사건 또는 행복을 느꼈던 사건을 회상해보라고 했다. 그런 다음 참가자들에게 약간의 돈을 지금 받는 것과 더 많은 돈을 나중에 받는 것 중 하나를 선택하게 하여, 말하자면 성인판 마시멜로 테스트를 실시했다. 그 결과 감사한 상황을 회상했던 사람 중에 현명한 결정을 내린 이들이 더 많았다.

이 효과는 세대 간으로 전파될 수도 있다. 또 다른 연구에서는 참가자들에게 오늘날 더 많은 자원을 확보할 수 있도록 몇십 년 전에 어획량을 제한했던 기업에 관한 글을 읽게 했다. 그

공감은 지능이다

후 참가자들은 미래의 사람들에게 이롭도록 자신의 번영을 기꺼이 희생할 의지를 밝혔다. 일종의 시대를 뛰어넘은 황금률인 셈이다.[9] 물론 과거 세대가 남긴 편협함이나 부채를 보면 감사하지 않을 이유도 많다. 그러나 개인이든 집단이든 옛사람들이 더 나은 세상을 위해 상처 입고 피 흘리며 노력한 사례도 무수히 많다. 그들이 했던 선택을 되새긴다면 우리도 후손을 위해 똑같이 해주어야 한다는 마음이 솟아날 것이다.

장기적 사고를 키워주는 또 하나의 감정은 경외감이다. 일상의 몰두를 멈추게 할 만큼 너무나 엄청난 어떤 것에 대한 경험 말이다. 칼 세이건Carl Sagan은 《창백한 푸른 점Pale Blue Dot》에서 1990년 발렌타인데이에 보이저 호가 촬영한 지구의 모습을 독자들에게 소개했다. 희미한 빛줄기 세 개가 어둠을 가른다. 그중 한 줄기에 너무나도 작고 밝은 티끌 하나가 얼룩처럼 박혀 있다. 그 사진에 이어 세이건은 이렇게 썼다.

다시 점을 들여다보자. 그게 여기다. 고향이다. 우리다. 당신이 사랑하는 모든 사람, 당신이 아는 모든 사람, 당신이 이야기를 들어본 적 있는 모든 사람, 존재했던 모든 사람이 저 점 위에서 자신의 삶을 살았다. 우리의 기쁨과 고통, 우리 종의 역사에 존재하는 수천 가지 종교, 이데올로기, 경제이론, 모든 사냥꾼과 약탈자, 영웅과 겁쟁이, 문명의 창조자와 파괴자, 왕과 농부, 사랑에 빠진 젊은 커플, 어머니와 아버지, 희망에 찬 아이, 발명가와 탐험가, 모든 도덕 선생, 모든 타락한 정치인, 모든 '슈퍼스타', 모든 '탁월한 지도자', 모든 성인과 죄인이 거기에 살았다. 햇살 한 줄기에 떠 있는 저 티끌만 한 먼지 위에.

우주와 그 광막함을 마주하면 우리가 지닌 걱정은 보이지도 않을 만큼 작아진다.[10] 이는 두려움을 자아내지만, 동시에 이기심을 퇴치해주기도 한다. 심리학자들은 광대한 것을 보여줌으로써 사람들에게서 경외감을 이끌어낸다. 하늘 높이 치솟은 삼나무 숲, 히말라야 정상의 윤곽선, 은하수, 다큐멘터리 〈살아있는 지구Planet Earth〉의 압도적인 풍광 같은 것들 말이다. 그러고 나면 사람들은 자신이 작아진 느낌이 들지만, 다른 사람과 더 연결되어 있음을 느끼게 되었다고 말하고, 타인에게 더 관대하게 행동한다.[11]

시간의 광막함이라고 해서 그 힘이 덜할 이유가 없다. 고고학자들은 남부 프랑스의 고인돌에서 신석기시대의 황금 구슬들을 발견했다. 4천 년 전 사람들은 그 작은 구슬에 줄무늬와 나선

공감은 지능이다

형 무늬를 새겨 넣었다. 그 구슬을 만지면 백 세대 전 그걸 만들었던 사람을 상상하게 되고, 다시 앞으로 백 세대 뒤에 그걸 만질 사람을 상상하게 된다. 우리는 인류라는 거대한 사슬의 한 고리다. 이 점을 기억하는 것이 우리가 미래를 더 걱정하는 쪽으로 나아가는 데 도움이 될지도 모른다.

물론 우리가 그 미래의 일부가 되지는 않을 것이다. 머나먼 세대를 생각하면 우리 자신이 반드시 죽게 된다는 사실도 직시하게 된다. 우리를 어딘가 어두운 곳으로 데려갈, 부러울 것 없는 경험 말이다. '공포 관리'를 연구하는 심리학자들은 사람들에게, 죽는 게 어떤 느낌일지에 관해 글을 써보게 함으로써 그 공백을 들여다보게 만든다. 그런 행동에 대한 반응으로 불안이 느껴지면 사람들은 안전한 느낌을 주는 것을 찾게 되고, 거기에는 자신이 속한 부족이 주는 편안함도 포함된다.[12] 그들은 극단주의 선전에 더 많은 관심을 보이고 외부인을 더욱 적대한다.

그러나 필멸성에 관한 대화가 처음부터 끝까지 두려움 아니면 죽음에 관한 이야기일 필요는 없다. 내세에 관한 질문을 접어두더라도, 우리는 모두 우리가 남길 유산 속에서 살아간다. 그 생각만으로도 미래세대를 돕는 자극이 될 수 있다. 알프레드 노벨Alfred Nobel을 생각해 보라. 살아생전에 그는 수백 가지 폭발물의 특허를 내고 다이너마이트를 발명한 왕성한 무기 거래상이었다. 1888년에 그의 형 루드비그가 사망했다. 전해지는 이야기에 따르면 프랑스의 한 신문이 알프레드 노벨이 죽었다는 잘못된 정보를 받고 때 이른 부고를 냈다. 제목은 "죽음의 상인이 죽었다Le Marchand de la Mort Est Mort"였다. 노벨은 이 일에 마음이 몹시 심란했던지, 비밀리에 자신의 재산 대부분(오늘날 가치로 약 2억5천만 달러)을 노벨상 제정을 위해 남겨, 자신의 유산을 영원히 바꿔놓았다.

아리는 이런 점이 장기적 사고를 구축하는 데 핵심임을 깨달았다. 아리의 워크숍에서는 사람들이 자신의 추도문을 쓴다.[13] "당신 자신의 인생을 옆으로 좀 밀어두려고 해보세요." 최근의 연설에서 그가 한 말이다. "그럴 수 있다면, 당신이 가능하다고 생각했던 것보다 좀 더 큰일을 할 수 있게 될 겁니다."

태고부터 존재해온 형식의 공감은 자기보호에서 출발한다. 우리가 자녀를 보살피는 것은 그들이 우리 유전자를 지니고 있기 때문이고, 부족을 염려하는 건 그들이 존속과 섹스와 안전을 제공하기 때문이다. 우리가 누구인지 기억도 못할 미래세대를 위해 마음을 쓰는 것은 다윈주의가 말하는 우리의 충동에 어긋난다. 하지만 그런 배려의 마음을 키우는 방법은 여전히 존재한다. 그런 마음을 키울 수 있다면, 우리는 실시간으로 우리의 공감을 진화시켜

공감은 지능이다

더욱 크고 지속적인 무언가로 키워내게 될 것이다.

의도 같은 것은 생각하지 않고 사는 편이 더 쉽다. 보답하지 않을 수도 있는 사람을 향해 새로운 종류의 공감을 키우는 일에는 노력과 희생이 따른다. 하지만 점점 증가하는 잔인함과 고립에 직면하여 지금 우리는 도덕적 삶을 살기 위한 투쟁을 하고 있다. 쉬운 일을 하는 것이 가치 있는 경우는 별로 없으며, 오늘날과 같은 시대에 그런 일은 위험하기까지 하다. 우리에게는 선택권이 있고, 우리가 한 선택들의 총합이 미래를 창조할 것이다.

당신은 어떤 일을 할 것인가?

감사의 말

나는 고등학생 때부터 책을 쓰고 싶다는 생각을 했다. 책 쓰는 일에 관해 생각해온 시간이 그렇게 길었음에도, 책 쓰는 과정에 관해서는 어처구니없을 정도로 잘못 알고 있었다. 무엇보다 나는 책을 쓴다는 것이 혼자서 하는 일, 깊은 정신의 숲속을 홀로 누비는 트레킹 같은 일일 줄 알았다. 하지만 책을 쓰는 일은 전에는 몰랐던 사람들과 나를 연결해주었고, 오랜 친구 수십 명과의 유대를 더욱 단단히 다져주었다. 그 모든 사람이 이 책을 지금 같은 모습으로 만들어주었다. 이 책의 본문에 소개된 사람들은 인터뷰를 위해 몇 시간 혹은 며칠을 내어주었고, 많은 경우 자신의 사적인 이야기를 공개하도록 허락해 주었다. (등장한 순서에 따라) 론 하비브, 에드 카시, 토니 매컬리어, 에밀 브루노, 앤절라 킹, 새미 랭걸, 스테퍼니 홈스, 영퍼포머스극단의 오리와 엘라, 탈리아 골드스타인, 벳시 레비 팔럭, 밥 웩슬러, 밥 케인, 리즈 로저스, 멜리사 리보위츠, 그리고 UCSF 신생아집중치료실의 직원들과 가족들, 앨버트 우, 이브 에크만, 수 라어, 렉스 콜드웰, 조 윈터스, 워싱턴주 형사사법교육위원회의 직원들, 제이슨 오코노푸아, 자폐장애글래스 프로젝트의 카탈린 포스부터 닉 하버, 제나 대니얼스, 데니스 월까지, 그리고 헤더와 토머스 코번, 롭 모리스 그리고 알리 월럭에게 감사드린다.

이 책을 쓰는 일은 또한 내가 모른다는 사실도 몰랐던 수많은 것을 내 앞에 드러내 주었다. 많은 연구자와 학자 들이 공감에 관한 온갖 불가사의한 세부사항들에 관해 질문하는 나의 이메일과 전화에 관대하게 응답해주었다. 내가 신세를 진 분들은 앤서니 백과 사이먼 배런 코헨Simon Baron-Cohen, 대니얼 뱃슨, 대릴 캐머런Daryl Cameron, 데이비드 카루소David Caruso, 마크 데이비스Mark Davis, 리사 펠드먼 배럿Lisa Feldman-Barrett, 애덤 갈린스키Adam Galinsky, 저스틴 가드너Justin Gardner, 애덤 그랜트Adam Grant, 다니엘 그륀Daniel Grün, 일레인 햇필드Elaine Hatfield, 크리스천 키저스, 사라 콘래스Sara Konrath, 누르 크테일리, 프랑수아즈 마티유Françoise Mathieu, 브렌트 로버츠Brent Roberts, 로버트 새폴스키Robert Sapolsky, 스티브 실버만Steve Silberman, 타니아 징거, 린다 스킷카Linda Skitka, 산제이 스리바스타바Sanjay Srivastava, 마야 타미어, 소피 트라월터Sophie Trawalter, 제니퍼 베일루Jennifer Veilleux,

공감은 지능이다

조해나 볼하트Johanna Vollhardt, 그리고 로버트 휘태커Robert Whitaker이다. 모두에게 감사드린다.

친구들은 초고를 부분부분 읽고 없어서는 안 될 중요한 피드백을 주었다. 특히 로런 애틀러스Lauren Atlas, 미나 치카라Mina Cikara, 제임스 그로스James Gross, 요탐 하이네버그Yotam Heineberg, 이선 크로스Ethan Kross, 애덤 웨이츠Adam Waytz, 로브 윌러Robb Willer에게 감사한다. 맥스 손Max Thorn은 사실관계를 확인해 주었다. 부록의 증거 평가 편을 진두지휘해주고, 다른 장에 대해서도 깊고 신중하게 논평해준 카리 레이보위츠Kari Leibowitz와 함께 일한 것은 대단히 즐거운 일이었다.

과학은 팀 스포츠다. 몇 년 동안 나를 지지해주는 명석한 협력자들과 함께 일하면서 나는 어마어마한 혜택을 받았다. 이 책에서 다룬 연구를 함께한 동료로는 제러미 베일런슨, 나일 볼저Niall Bolger, 캐럴 드웩, 발레리아 가졸라Valeria Gazzola, 퍼난다 헤레라, 매튜 잭슨Matthew Jackson, 브라이언 크넛슨Brian Knutson, 이노 리Ihno Lee, 매트 리버먼Matt Lieberman, 제이슨 밋첼Jason Mitchel, 매튜 사셰트Matthew Sacchet, 카리나 슈만Karina Schumman, 토어 웨이저Tor Wager, 요헨 베버Jochen Weber가 있다. 대학원 시절 나의 멘토였던 케빈 옥스너Kevin Ochsner는 2005년에 연구 경험이 거의 없고 학부 성적도 신통치 않았으며 가진 거라곤 공감과 뇌에 관한 설익은 아이디어뿐이던 내게 기회를 주는 모험을 감행했다. 과학자로서 지금의 나를 만들어준 그의 지혜와 우정이 이 책 곳곳에 묻어 있다.

현재 나는 영광스럽게도 나 자신의 연구실에서 열정적이고 창조적인 젊은 과학자들에게 조언을 해주는 입장이 되었다. 스탠퍼드 사회신경과학연구소의 과거와 현재에 있었던 모든 구성원이 준 영감과 수고에 감사한다. 그중에서도 이 책에 포함된 연구를 함께 한 몰리 안Molly Arnn, 라이언 칼슨Ryan Carlson, 루차 마카티Rucha Makati, 실비아 모렐리Sylvia Morelli, 에릭 누크Erik Nook, 데스먼드 옹Desmond Ong, 에마 템플턴Emma Templeton, 다이애너 타미어Diana Tamir, 에리카 바이스에게 특히 감사를 전한다. 2장과 6장에서 소개한 공감 키우기 개입법은 에리카의 박사 논문에서 핵심을 이루는 내용이다. 그는 이 책에 특별한 도움을 주었다.

나의 에이전트인 세스 피시먼Seth Fishman과는 10년 전부터 친구 사이였다. 몇 년 전 내가 비학술적 저술의 세계로 어설프게 걸어 들어가기로 했을 때 세스는 너그럽게 안내자의 역할을 맡아주었다. 그는 내게 잡지에 글을 싣는 법을 알려주고, 내가 잘 썼다고 생각했던 글을 읽고서 그 글이 **실제로** 제대로 전달되려면 어떻게 써야 하는지를 보여주었다. 내가 이 책에 담긴 아이디어

공감은 지능이다

를 준비하는 동안 그는 꾸준히 자신감을 심어주는 조언자 역할을 했다. 또한 세스는 크라운 출판사의 훌륭한 팀과도 연결해주었는데, 이에 대해서는 언제나 고마움을 느낄 것 같다. 자카리 필립스^{Zachary Phillips}는 전 과정에서 늘 신속한 반응으로 도움을 주었고, 메건 하우저^{Meghan Houser}는 후반 단계에서 책 전체를 여러 차례 꼼꼼하게 읽고 예리한 피드백을 주어 책이 탈 없이 마무리되도록 도와주었다. 또한 메건은 〈스타트렉 더 뉴 제너레이션〉에 관한 글을 더 쓰도록 용기를 주었는데, 물론 나로서는 너무나 반가운 제안이었다. 소중한 도움을 준 페니 사이먼과 몰리 스턴, 캐슬린 퀸런, 앤슬리 로스너에게도 깊은 감사를 드린다.

나의 편집자인 어맨다 쿡^{Amanda Cook}이 이 프로젝트에, 그리고 저자인 나에게 미친 영향은 말로 표현하기가 어렵다. 그는 초기 아이디어들 속에 숨어 있던 내용을 캐내어 더 의미 있고 심오한 책을 쓰도록 도와주었다. 또한 내가 시작부터 그르친 실수들과 돌발적인 신경증적 발작, 과한 생각과 모자란 생각, 마지막 순간에 바뀌는 생각들을 헤치며 허우적거리는 동안 마치 성자와도 같은 인내심을 보여주었다. 견고하고 자신감 있지만, 언제나 연민으로 가득한 어맨다는 나의 모험에서 더 바랄 나위 없이 훌륭한 파트너였다. 이 책이 다른 편집자의 손에서 만들어지는 것은 상상할 수도 없고 상상하고 싶지도 않다.

나는 대학 3학년 시절 한 지하실 파티에서 루크 케네디^{Luke} ^{Kennedy}를 만났고, 이후 그는 내게 형제만큼 가까운 친구가 되었다. 변치 않는 굳건한 벗이자 나의 탁월한 상담가인 루크는 언제 어디서나, 별의별 아이디어를 다 내놓을 준비가 되어 있다. 그는 학자도 작가도 아니지만, 우리가 나눈 수백 번의 대화는 그 세월 내내 나의 거의 모든 생각을 형성해왔다.

나의 아버지 페르베즈와 나의 어머니 아이리스, 나의 의붓어머니인 캐슬린은 내가 수많은 부침을 겪는 동안 내내 내게 힘이 되어 주었고, 우리는 함께 많은 일을 헤쳐 나왔다. 특히 우리가 가장 힘들었던 시간에 관해 이 책에 쓰기로 한 나의 결정을 지지해주신 것에 대해 감사한 마음을 전한다.

나는 이 책을 나의 딸 알마가 태어난 지 일주일 후에 쓰기 시작했다. 알마가 잠든 틈을 탄 몽롱한 시간이었다. 알마와 동생 루이사는 이 책을 위해 자기들이 어떤 희생을 했는지 모르지만, 그렇다고 아이들이 희생한 사실이 바뀌지는 않는다. 나의 아내 랜던은 자기가 어떤 희생을 했는지 잘 알고 있다. 갓난아기가 하나 있는 상태에서, 그러다 갓난아기가 하나 더 생긴 상태에서 책을 쓰기 시작함으로써, 나는 이미 각종 압박에 시달리던 우리 가

공감은 지능이다

족에게 더 큰 압박을 가하고 말았다. 랜던은 내가 책을 끝낼 수 있도록 여유를 만들어주기 위해 어마어마한 에너지를 쏟았고, 그러는 내내 떨쳐지지 않는 회의와 정신 못 차릴 정도의 두려움으로 흔들리던 내가 온전히 집필을 끝낼 수 있도록 대화로 다독여 주었다.

그 모든 일과 그밖에 더 많은 것에 대한 고마운 마음을 담아 이 책을 아내에게 바친다. 랜던은 내게 영감을 불어넣어 주는 심리학자이며, 그의 흥미진진한 프로젝트들이 대기 중이다. 이제는 랜던의 차례다.

공감이란 무엇인가?

자네 계속 그 단어를 쓰는군.

자네가 생각하는 그 뜻이 아닌 것 같은데 말이야.

이니고 몬토야, 《프린세스 브라이드》 중에서

사람들은 대부분 '공감'이 무엇인지 안다고 생각하지만, 그 단어를 쓸 때는 서로 다른 뜻을 생각하는 경우가 많다. 심리학자들은 수십 년간 그 말의 정의에 관해 (때로는 열띤) 논쟁을 해왔다.[1] 그러나 그렇게 세세한 부분을 따지기는 해도, 대부분의 공감 연구자들이 큰 그림에는 동의한다. 구체적으로 말하면, 공감은 사실단 하나의 것이 아니다. 그것은 **타인의 감정을 공유하고, 그 감정에 관해 생각하고, 그 감정을 배려하는 것**을 포함하여 사람들이 서로에게 반응하는 다양한 방식을 묘사하는 포괄적인 용어다.[2] 이런 조각들은 다시 몇 가지 다른 이름으로 불린다.[3]

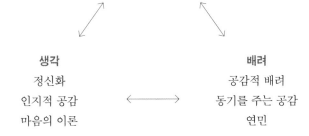

공유
경험 공유
정서적 공감
개인적 괴로움

생각
정신화
인지적 공감
마음의 이론

배려
공감적 배려
동기를 주는 공감
연민

이것들을 한 번에 하나씩 살펴보자. 그러기 위해 당신이 대학 졸업반 학생이며 친한 친구와 그 친구의 아파트를 향해 걸어가고 있다고 상상해 보자. 들어가는 길에 친구가 우편함을 살펴보더니 얼어붙는다. "맙소사" 친구가 말한다. "그거야" 당신은 친구가 무슨 말을 하는지 바로 알아듣는다. 당신은 친구가 의학전문대학원에 들어가려고, 그중에서도 특정한 어떤 프로그램에 들어가려고 3년 동안 열심히 공부하는 모습을 봐왔다. 지원서를 보낸 뒤로 친구는 불안과 희망 사이를 오가며 당신에게 서른 번은 더 그 일에 관해 이야기했다. 당신과 친구는 서둘러 위층으로 달려가고, 친구가 봉투를 연다. 곧 친구의 얼굴이 일그러지고, 당신

공감은 지능이다

은 친구가 환희에 북받친 건지 마음이 상한 건지 모르는 채로 몸을 친구 쪽으로 기울인다. 곧 친구가 기쁨의 눈물을 흘리고 있는 게 아니라는 게 분명해진다.

공유

친구가 털썩 주저앉아 몸을 웅크리는 동안 당신은 이맛살을 찌푸리며 함께 주저앉고, 어쩌면 눈물까지 솟았을지도 모른다. 당신의 기분도 아마 바닥으로 떨어졌을 것이다. 이것이 바로 공감 연구자들이 **경험 공유**라고 부르는 것이다. 우리가 타인에게서 관찰한 감정을 간접적으로 자신도 느끼는 것을 말한다. 경험 공유는 널리 퍼져 있다. 사람들은 부정적이든 긍정적이든 다른 사람의 표정, 몸으로 드러나는 스트레스, 기분을 '감지'한다. 우리의 뇌는 서로의 고통과 기쁨에 마치 자신이 그 상태를 경험하는 것처럼 반응한다.

경험 공유는 자신과 타인 사이의 경계선을 지우는 일에 가장 가깝다. 그것은 공감을 선두에서 이끄는 선봉장이다.[4] 진화상으로 아주 오래된 것이어서, 원숭이와 생쥐, 심지어 거위에게도 일어난다. 게다가 생애의 아주 초기부터 작동한다. 젖먹이 아기들은 서로의 울음을 흉내 내고 엄마의 괴로움을 감지해 자기도 괴로워한다. 또한 그것은 번개 같은 속도로 일어난다. 친구가 인상을 찌푸리는 걸 보면 당신도 몇 분의 일 초 만에 그 표정을 흉내 낸다. 당신 뇌에서 고통을 느끼는 부분들도 아마 그만큼 빨리 작동할 것이다.

경험 공유는 또한 공감의 과학에서 토대를 형성한다. '공감'이라는 단어가 존재하기 이전에도 애덤 스미스를 비롯한 철학자들은 '동정sympathy' 또는 '동료 감정fellow feeling'을 경험 공유의 개념과 거의 일치하는 방식으로 기술했다. 예를 들어 애덤 스미스는 "상상을 통해 고통받는 사람과 우리의 자리를 바꿔봄으로써 (…) 그 사람이 느끼는 것을 이해하거나 영향을 받게 된다"라고 썼다.[5] 심리학의 '감정 전염'부터 신경과학의 뇌 미러링까지, 경험 공유는 오랫동안 공감을 구성하는 요소 가운데 가장 유명한 요소였다.

생각

친구의 고통을 공유하고 있을 때 당신은 친구의 내면에 대한 그

공감은 지능이다

림도 그려낸다. 친구가 얼마나 마음이 상했을까? 무슨 생각을 하고 있을까? 친구는 이제 뭘 하려고 할까? 이런 질문에 답하기 위해 당신은 마치 탐정처럼 생각하면서 친구의 행동과 상황에서 증거를 수집하여 친구의 감정을 추론한다. 이러한 공감의 인지 부분을 '정신화mentalizing'라고 하는데, 다른 사람의 관점을 구체적으로 고려하는 것을 의미한다.[6] 일종의 일상적 독심술이라고 할 수 있는 정신화는 경험 공유보다 더 정교하다. 대부분의 동물이 갖지 못한 인지능력이 필요하며, 따라서 진화의 역사상 뒤늦게 생긴 현상이다. 경험 공유는 아이들도 일찌감치 터득하지만, 정신화 기술을 단련하는 데는 더 오랜 시간이 걸린다.

배려

만약 친구가 울고 있는데 그냥 기대앉아 안타까운 마음으로 친구에 대한 생각만 하고 있다면, 당신은 엄청나게 좋은 친구라고는 할 수 없다. 그러기보다는 친구의 기분이 나아지기를 바라며 친구의 마음을 풀어줄 수 있는 방법을 찾아 계획을 세울 수도 있을 것이다. 이것이 바로 연구자들이 '공감적 배려'라 부르는 것으로, 타인의 안녕을 개선해주고자 하는 욕구를 뜻한다. 공감을 이루는 조각 중에서 친절한 행위를 가장 확실하게 촉발하는 부분이다. 서구의 연구자들에게서는 배려가 정신화나 경험 공유에 비해 주목을 많이 받지 못했지만 지금은 상황이 바뀌고 있다.[7] 또한 배려는 불교 전통에서 아주 오래 전해져 내려 온 형태의 '연민', 다시 말해 타인들을 고통에서 해방시켜주고 싶은 욕망인 카루나karuṇā(자비)와 대단히 유사하다.

분리와 연결

경험 공유, 정신화, 그리고 배려는 온갖 흥미진진한 방식으로 서로 갈라진다. 예를 들어 정신화는 우리가 상대의 경험을 공유하지 **않을** 때 가장 유용하다. 당신은 관심 없는 어떤 스포츠팀의 팬이 왜 표지판 위에 올라갔는지 알려면, 그들과 당신의 정서적 풍경 차이를 이해해야 한다.[8] 우리가 서로를 이해하지 못할 때는 대개 우리의 지식이나 우선순위가 다른 사람에게도 똑같이 존재할 거라는 잘못된 가정을 하고 있기 때문인 경우가 많다.

　공감의 각 과정은 서로 다른 뇌 시스템을 활성화하며 서로 다른 순간에 유용하다.[9] 포커와 복싱에는 예리한 정신화(나의 적수가 알고 있는 것은 무엇인가? 그는 이제 어떤 수를 쓰고, 어떤 동작을 할 것인가?)가 필요하지만 배려는 도움이 안 된다. 양육은 이와 정반대일 것이다. 세 살 난 딸아이가 왜 저렇게 화를 내고 있는지 결코 이해할 수 없더라도 당신은 딸을 달래기 위해 할 수 있는 일을 해야 한다. 공감의 풍경은 또한 **사람**에 따라서도 다르다. 응급실 의사는 환자에 대해 깊이 배려할 가능성이 크지만, 만약 그들의 고통을 함께 공유한다면 맡은 직무를 처리하지 못할 것이다. 자폐장애가 있는 사람들은 정신화를 잘 못 할 때가 있지만, 그래도 타인의 감정을 공유하고 배려한다. 사이코패스들은 이와 정반대다. 그들은 다른 사람들이 무엇을 느끼는지 완벽히 알지만 그들의 고통에 아무런 영향도 받지 않는다.[10]

이런 차이에도 불구하고 공감의 요소들은 서로 깊이 얽혀 있다. 다른 사람의 감정을 공유하면 우리의 주의가 그들이 느끼는 감정에 쏠리고, 그들에 관해 생각하면 그들의 안녕에 대한 배려도 커진다.[11] 세 가지 요소는 비록 방식은 서로 다르지만 모두 친절함을 키운다.[12] 영장류 동물학자 프란스 드 발Frans de Waal은 이런 점을 공감의 '러시아 인형 모델'이라고 아름답게 묘사했다.[13] 그가 보기에 러시아 인형의 가장 알맹이 부분에는 경험 공유라는 원시적 과정이 있었다. 다른 누군가의 고통을 자신의 고통으로 만드는 일은 그 고통을 멈추고 싶은 충동을 만들어낸다. 더 새롭고 더 복잡한 형태의 공감이 그 곁을 감싸며 폭넓은 종류의 친절함을 만들어낸다. 정신화를 통해 우리는 다른 누군가가 어떤 감정을 느끼는지뿐 아니라 왜 그걸 느끼는지, 그리고 더 중요하게는 무엇이 그들의 기분을 좋아지게 할 수 있을지에 대해서도 섬세하고 정교한 그림을 그려낼 수 있다. 그러면 더 깊은 배려가, 우리 자신의 불편한 마음뿐 아니라 다른 사람에게도 진심으로 초점을 맞추는 반응이 촉발된다. 피터 싱어가 《사회생물학과 윤리》에서 묘사한 전 지구적 친절함은 어느 한 개인이 아니라 인류 전체를 향해 확장된 배려다.[14]

한 번에 한 요소씩 공감 키우기

이 책은 공감이 움츠러들었을 때 되살리는 일에 초점을 맞춘다. 공감의 서로 다른 요소를 정확히 구분하면 무엇이 잘못되었는지 진단하고 가장 효과적인 해결책을 찾아내는 데 도움이 된다. 마음에 굳은살이 박힌 것 같은 냉담함은 생각 없음의 결과일 수 있

공감은 지능이다

다. 예컨대 우리가 부랑자의 고통을 별것 아닌 것으로 치부하는 이유는 그들이 겪는 일들을 전혀 고려해보지 않기 때문이다. 이런 경우 개입법은 관점 취하기 연습이나 가상현실을 통해 정신화를 촉진하는 데 초점을 맞추면 될 것이다. 갈등에 직면했을 때는 적들에 관해 아주 많이 생각할지 모르지만, 그들의 안녕을 배려하지는 않을 것이다(어쩌면 그들이 고통받기를 바랄지도 모른다). 이럴 때는 접촉이, 특히 집단 간 경계선을 뛰어넘은 우정이 그걸 바꿀 수 있다. 번아웃은 (예를 들어 의료 종사자들의 경우) 경험 공유를 **너무 많이** 한 데 따르는 결과인 경우도 많다. 관조 기술[*]도 사람들이 경험 공유 대신 배려 쪽으로 옮겨가는 데 도움이 될 수 있다. 이런 모든 경우에 공감으로 무엇을 해야 할지 이해하려면 먼저 공감이 정확히 무엇인지를 이해할 필요가 있다.

---

* 요가, 명상, 마음챙김, 심호흡 등 몸과 마음을 차분하게 만드는 기술을 아우른다.

증거 평가

예전에 과학은 태양이 지구 주위를 돌고, 원자가 우주에서 가장 작은 입자이며, 인간의 영혼은 솔방울샘 안에 자리하고 있다고 확언했다. 과학적 방법은 진실이 밝혀졌을 때 이 모든 '사실'을 고쳐 쓰는 것을 가능하게 했다. 과학이 지닌 힘은 바로 이런 역동성과 그에 명백히 수반하는 겸손에서 나온다. 과학이란 사실들의 집합이 아니라 예측하고 검증하고 재고하는 과정이다. 그래서 과학은 살아 있다.

이 책에서 나는 인간의 공감과 친절을 강화하거나 약화하는 힘에 관한 과학적 증거들을 검토했다. 그 증거의 대부분은 심리학 분야에서 나온 것이다. 지난 몇 년에 걸쳐, 유명한 심리학적 발견 몇 가지가 예전에 생각했던 것보다 견고하지 않다고 밝혀진 사례가 있었다.[1] 정치학과 경제학, 생물학, 의학 연구의 결과에 대해서도 비슷한 의심이 생겼다. 심리학자들은 이를 방법론을 더욱 견고하게 하고, 연구 과정을 더욱 투명하게 밝히며, 우리가 아는 것과 모르는 것을 정확히 명시할 기회로 삼았다. 그런 정신을 이어받아 나는 독자들에게 이 책에 제시된 증거의 가치를 한층 더 평가해볼 수 있는 도구가 있어야 한다고 판단했다. 여러분이 읽은 주장 중에는 수십 년 동안 매우 일관된 연구 결과에 의해 뒷받침되는 것들이 있다. 그런가 하면 최근 몇 주 혹은 몇 달 사이에 처음으로 발표된 완전히 새로운 통찰도 있다. 내가 믿지 않는 새로운 발견에 관해서는 쓰지 않으려고 했지만, 그 발견이 지금부터 몇 년 뒤에 어떤 위치를 차지하게 될지 확실히 아는 것은 불가능한 일이다.

이 부록의 목적은 이 책에 실린 주장들을 뒷받침하는 증거가 얼마나 견고한지 전달하는 것이다. 이 부록을 함께 쓴 나의 동료 카리 레이보위츠는 자료를 만들기 위해 제일 먼저 각 장에 나온 핵심 주장에 대한 개별적 증거를 수집하고, 각 주장이 지닌 설득력의 강도를 (가장 강한) 5부터 (가장 약한) 1까지 점수로 매겼다. 그런 다음 카리와 나는 함께 논의하며 우리가 놓친 증거가 있는지 확인하고, 모든 점수에 동의했다. 어떤 주장을 뒷받침하는 근거가 약하다고 판단하면, 나는 그 주장을 본문에서 빼거나 아니면 아직은 잠정적인 주장일 뿐임을 명시했다. 그러므로 이 부

　　　　　　　공감은 지능이다

록은 단순히 이 책의 내용을 검토만 한 것이 아니라, 책을 형성하는 데도 일조했다.

평가 체계

각 주장에 대한 평가는 두 부분 또는 세 부분으로 구성된다.

1. 본문에서 뽑은 주장의 요약.

2. 주장이 지닌 설득력에 따른 점수(1~5).

3. (점수가 1~3점일 경우에만) 그 점수를 준 이유에 대한 간략한 설명.

강력한 증거들은 서로 비슷한 이유로 강력하지만, 불완전한 증거들은 대개 각자 다른 방식으로 불완전하다. 1~3점을 받은 주장이 특히 그러하며, 그런 점수를 받은 이유에 대한 간략한 설명을 포함한 것도 그 때문이다. 이제 각 점수가 **일반적으로** 어떤 의미를 갖는지 여러분이 이해하는 데 도움이 될 기준을 소개한다.

5점은 그 주장을 뒷받침하는 증거가 굉장히 강력하다는 것을 나타낸다. 그 연구는 아주 많이 반복실험된 것이며, 다시 말해 거의 모든 독립 연구자들이 그 주장을 뒷받침하는 증거를 발견했다는 뜻이다. 이는 그 연구가 아주 많은 수의 다양한 참가자에 의해 수행되었다는 뜻이기도 하다. 또한 **메타분석**으로 주장이 뒷받침되는 경우도 많다. 메타분석은 여러 연구를 한데 모아서 함께 평가할 때 특정 현상의 효과가 의미를 지니는지 확인하는 것이다.

4점은 그 주장을 뒷받침하는 증거가 매우 강력하다는 것을 나타낸다. 이 연구는 여러 차례 반복실험되었고, 거기서 나온 증거가 대체로 그 주장을 뒷받침한다. 여기서는 그 증거가 아주 강한 수준에는 조금 못 미친다. 이 주장이 일부 맥락에서는 유효하지만 모든 맥락에서는 그렇지 않기 때문이거나, 그 주제에 대한 대규모의 메타분석이 아직 실시되지 않았기 때문이다.

3점은 증거가 제법 강력하다는 것을 나타낸다. 여기서는 실제로 반복실험이 실시되기는 했지만, 그 효과가 일부 환경에서만 관찰되거나(예컨대 학교에서는 관찰되지만 직장에서는 관찰되지 않은 경우), 아직 다수의 다양한 사람들이 참가한 반복실험이 실시되지 않은 경우일 수 있다. 또한 주장이 꽤 견고하지만 아직 다수의 반복실험을 실시하기에는 너무 최신 연구인 경우에도 3점을 받을 수 있다.

공감은 지능이다

2점은 그 주장을 뒷받침하는 연구가 그리 많지 않다는 것을 나타낸다. 이 연구의 반복실험들에서 서로 상충하는 결과가 나왔기 때문일 수도 있고, 연구가 너무 새롭거나 노동집약적이어서 독립 연구자들이 반복실험을 실시하기 어렵기 때문일 수도 있다. 또한 2점을 받은 주장 중에는 대단히 특정한 조건에서만 유효한 (혹은 그런 조건에서만 검증된) 결과인 것도 있다.

1점은 그 주장을 뒷받침하는 증거가 매우 적음을 나타낸다. 이는 그 연구가 새로운 것이거나 과학자들이 독립적으로 반복실험을 할 수 없을 만큼 어렵기 때문일 수 있다. 점수가 1점이라고 해서 그 주장이 진실이 아니라는 의미는 아니다. 그보다는 아직 그 주장을 뒷받침하는 증거의 양이 그리 많지 않다는 의미라고 봐야 한다.

높은 점수를 받았다고 해서 특정 효과가 모든 상황과 모든 사람에게서 관찰된다는 말은 아니다. 비유를 위해 의학을 생각해보자. 가장 선진적이고 잘 증명된 치료법조차 모든 병에 효과가 있는 것은 아니며, 심지어 동일한 질병이 있는 모든 사람에게 효과가 있는 것도 아니다. 어떤 약의 효험은 약물의 속성과 환자의 생물학적 특징, 병의 세부적인 내용 사이의 복잡한 상호작용에 달려 있다. 마찬가지로 심리학적 효과에는 한 사람의 심리와 그 사람이 처한 사회적 맥락 사이의 복잡한 상호작용이 반영된다. 가장 좋은 심리학 이론은 어떤 효과가 언제, 어디서, 왜 관찰될지 예측할 수 있는 이론이다.

이 부록에 실은 평점은 이 책에 담긴 주장에 대한 증거의 설득력을 간단히 요약해 보여주기 위한 것이다. 필연적으로 단순화할 수밖에 없고, 대부분의 경우 수십 년간의 연구를 하나의 숫자로 축소한다. 여기에 제시된 것보다 더 많은 정보를 원한다면, www.warforkindness.com/data에서 각 주장을 검증하는 데 사용된 연구의 목록을 볼 수 있다. 나는 이 부록과 자료를 통해 여러분이 이 책에 토대가 되어준 연구를 일별할 수 있기를 바라고, 더 넓게는 사람의 공감과 친절에 관한 과학이 얼마나 역동적인지 분명히 전달되기를 바란다.

챕터별 주장 평점

프롤로그

이 책은 공감의 진화상 뿌리, 뇌 속의 공감 토대들, 공감과 친절한 행위의 관계를 비롯하여 공감의 기초적인 개념들 몇 가지를

공감은 지능이다

소개하며 시작한다. 시문에 담긴 주장들은 그 자체로 아주 강력한 이론적 증거와 경험적 증거에 기반하고 있으며, 심리학과 신경과학, 진화생물학, 경제학을 비롯한 여러 분야의 풍부한 다학제 연구가 뒷받침하고 있다.

주장 0-1 공감은 친절 및 친사회성과 관련이 있다. (5점)

주장 0-2 진화는 친사회적 생물에 대한 선별적 이점을 줌으로써 공감을 선호한다. (5점)

주장 0-3 공감을 잘하는 사람이 직업적으로도 탁월한 능력을 발휘한다. (4점)

주장 0-4 공감을 잘하는 사람은 주관적 안녕을 더 많이 경험한다. (4점)

주장 0-5 여러 사람보다는 한 사람에게 공감하기가 더 쉽다. (4점)

주장 0-6 뇌의 '미러링'은 공감과 연관이 있다. (5점)

1장 인간 본성의 놀라운 유동성

1장에 나온 공감의 유전적 결정요인과 환경적 결정요인 같은 몇 가지 주장들은 상당히 많은 양의 다학제 연구가 뒷받침한다. 그러나 너무 새로운 연구여서 아직 반복실험이 실시되지 않은 경우나, 이제 막 합의가 형성되고 있는 주장인 경우도 있다.

주장 1-1 IQ/지능은 경험에 따라 달라질 수 있다. (5점)

주장 1-2 공감은 부분적으로는 유전에 의해 결정된다. (5점)

주장 1-3 어린이가 처한 환경은 그들의 공감 정도에 영향을 미친다. (4점)

주장 1-4 (흉보를 전하는 등) 필요악을 행하는 사람들은 공감이 줄어드는 경험을 한다. (4점)

주장 1-5 심한 괴로움을 겪은 사람이 더욱 친사회적인 사람이 되는 경우가 많다. (3점)

심한 고통이 공감과 친사회성을 키우는 결과로 이어질 수 있다는 주장은 매우 풍부한 증거로 뒷받침된다. 그러나 정반대인 경우, 그러니까 폭력이 폭력을 낳고 고통이 사람들을 더욱 잔인하고 독설적으로 만드는 경우도 있다.

공감은 지능이다

고통에 시달리는 것이 하향 순환이 아니라 긍정적인 결과로 이어지는 경우와 그 이유에 관한 매우 명료한 이론들을 개략적으로 제시한 몇 편의 검토 논문이 있지만, 이 이론을 검증하기 위한 후속 연구가 필요하다.

주장 1-6 공감이 유동적이라는 마인드셋은 사람들의 공감에 영향을 준다. (1점)

1장에 인용한 우리 연구는 공감에 관한 마인드셋을 처음으로 검토한 연구이며, 앞으로 많은 개별 반복실험 연구로 검증받아야 한다. 우리 연구와 유사한 방식으로 공감에 대한 마인드셋 구성을 검토한 두 가지 연구가 있다. 한 연구는 공감 정도가 낮은 사람은 공격성을 보이는 경향이 있지만, 그들이 유동적 마인드셋을 가진 경우에는 그렇지 않다는 걸 발견했다. 또 다른 연구는 참가자에게 유동적 마인드셋을 유도해도 그들이 재소자의 범죄를 용서해줄 가능성이 높아지지는 않는다는 결과를 얻었다. 우리가 발견한 공감에 관한 마인드셋의 효과가 확증되려면 전반적으로 이 주제에 관한 연구가 더 많이 필요하다.

2장 공감의 작동 원리

2장에서는 감정과 공감에 대한 사람들의 통제력을 다루고, 사람들을 공감에 다가가게 하거나 멀어지게 하는 동기를 밝힌다. 이 주장 중 몇 가지는 수 년간의 잘 확립된 증거에 기반을 두고 있지만, 일부 주장은 여전히 논쟁 중이다.

주장 2-1 우리에게는 감정을 통제하고 조절할 수 있는 능력이 있다.
(5점)

주장 2-2 관계를 형성하는 것이 중요한 상황에서 사람들은 공감을 더 많이 한다. (3점)

많은 연구가 관계 형성에 공감이 중요하다는 생각을 뒷받침한다. 나아가 외로움과 인상 관리에 관한 연구는 관계를 형성해야 하는 상황에서 사람들이 공감을 더 증폭시킨다는 것을 보여준다. 그러나 친화에 대한 바람이 공감에 미치는 영향의 인과성을 검증할 수 있는, 구체적 관계 형성 상황에서 실시한 연구는 매우 드문 편이다.

주장 2-3 사람들은 도덕적인 자아상 강화를 위해서도 공감을 한다.
(4점)

주장 2-4 공감에 관해 생각하는 것이 고통스러울 때 사람들은 공감을 회피한다. (4점)

주장 2-5 스트레스는 공감을 감소시킨다. (3점)

특히 번아웃이 매우 흔한 돌봄 직종에서는 스트레스 증가가 번아웃과 공감 감소와 연관된다는 것을 뒷받침하는 증거들이 있다. 그러나 이 주제에 대한 대부분의 연구는 인과관계가 아닌 상관관계를 보여준다. 나아가 일부 연구는 스트레스가 타인의 관점을 생각하는 능력을 감소시킨다는 주장을 뒷받침하지만, 최소한 한 연구는 스트레스가 단기적으로 친사회적 행

공감은 지능이다

동을 증가시킬 **수 있다는** 사실을 발견했다. 스트레스와 공감의 관계를 더 온전히 이해하기 위해서는 더 많은 실험연구가 필요하다.

주장 2-6 사람들은 공감이 가치 있는 규준이라고 믿을 때 더 많이 공감한다. (4점)

주장 2-7 의도적으로 공감을 키우면 뇌가 변한다. (3점)

공감과 자비 명상이 뇌의 변화로 이어진다는 것을 보여주는 몇 건의 탄탄한 연구가 있다. 그러나 이런 연구는 대부분 자애 명상과 같은 명상 수행의 결과로 일어난 뇌의 변화에 초점을 맞춘다. 다른 공감 증강 수행의 신경학적 영향을 검토하는 추가 연구로 연구 결과를 보강하는 것이 필요하다.

3장 증오 대 접촉

접촉이론과 그 이론에 관련한 주장을 중심으로 구성된 3장은 사회과학에서 가장 잘 연구된 분야 중 하나를 토대로 삼는다. 3장의 주장 대부분은 다양한 맥락에서 수천 명의 참가자가 동원된 수백 건의 연구에서 검증되었다.

주장 3-1 사람들은 외부인들보다 내집단 구성원에게 더 자연스럽게 공감한다. (5점)

주장 3-2 경쟁하는 상황에서는 공감을 잘 못하고, 반감을 느끼는 경우
가 많다.   (5점)

주장 3-3 접촉은 일반적으로 외부인에 대한 공감을 증가시킨다. (5점)

주장 3-4 접촉은 갈등이나 경쟁 와중에도 외부인에 대한 공감을 강화
할 수 있다.   (5점)

주장 3-5 접촉이 외부인에 대한 공감을 증진하려면 (고든 올포트가 제시한 것
같은) 특수한 조건이 필요하다.   (3점)

> 다양한 상황에 따라 나타나는 접촉 효과의 차이를 밝혀낸 연구가 다수 있
> 지만, 최근의 한 메타분석에서 드러났듯이, 접촉이 제대로 '효과를 내기' 위
> 해 필요한 변수에 대해서는 거의 합의된 바가 없다.

4장 문학과 예술이 공감에 미치는 영향

4장은 공감을 키우는 일에서 서사예술이 맡은 역할을 논한다.
접촉이론에 비하면 예술이 공감에 미치는 영향을 측정한 대조
군 연구는 상대적으로 적다. 4장에 나온 주장이 낮은 점수를 받
은 것은 부정적인 연구 결과 때문이 아니라, 아직 체계적인 반복
실험으로 검증되지 않았기 때문이다. 하지만 최근에 나온 메타

분석을 포함하여 스토리텔링이 공감에 미치는 영향에 관한 새로운 증거를 제공하는 연구의 수가 점점 많아지고 있다. 이 영역에 대한 더 많은 연구가 이루어지면 결과를 확증하거나 맥락화하는 데 도움이 될 것이다.

주장 4-1 연극은 공감을 키운다. (3점)

체계적인 일부 연구가 긍정적 결과를 내놓기는 했지만, 이 영역에 속한 또 다른 연구들은 1)자기보고에 의존하거나 2)유의미한 객관적 개선을 이끌어내지 못했거나 3)대조군 없이 실시된 경우가 많다. 연극 활동이 공감을 키우는 정도를 알아내기 위해서는 잘 설계된 경험적 연구가 더 많이 필요하다.

주장 4-2 문학은 공감을 키운다. (4점)

주장 4-3 문학 읽기는 형사범죄를 줄인다. (1점)

재소자 교육이 낳는 이점을 보여주는 많은 연구가 존재하고, (문학작품을 읽는) 재소자 독서치료가 가져오는 이점을 보여주는 일화 형식의 보고도 많다. 그러나 '문학을 통한 삶의 변화'에 대한 평가를 제외하면, 문학 독서가 형사범죄 재범률에 미치는 이로운 영향을 실험적으로 검증한 연구는 거의 없다.

주장 4-4 서사예술은 집단 간 갈등을 줄일 수 있다. (4점)

5장 지나친 공감의 위험

5장은 돌봄 환경, 특히 의료 환경에서 공감이 주는 혜택과 한계를 살펴본다. 대부분의 주장이 대규모의 무작위 대조군 시험과 메타분석을 포함한 엄밀하게 검증하고 기록된 연구들에 기반하고 있지만, 아직 논쟁 중인 주장도 한 가지 있다.

주장 5-1 공감 피로는 돌봄 직종 종사자들에게 만연하며 그들에게 매우 해롭다. (5점)

주장 5-2 돌봄 제공자의 공감은 환자의 상태에 매우 유익한 영향을 미친다. (5점)

주장 5-3 의료종사자들에게는 공감에 위험이 따른다. (3점)

이 주장에 관련된 발견들에는 반대되는 내용이 섞여 있다. 공감이 의료종사자들에게 번아웃과 괴로움, 돌봄 효율 감소 등의 부정적 결과를 초래할 수 있다고 암시하는 증거가 있는가 하면, 번아웃을 막아주고 돌봄 효율을 높여줄 수 있다고 암시하는 연구도 있다. 5장에서 설명한 대로 이는 돌봄 종사자가 경험하는 공감의 **유형**(괴로움 대 염려)에 따라 달라질 가능성이 크다.

주장 5-4 사회적 지원은 번아웃을 막는 완충제다. (5점)
주장 5-5 마음챙김은 돌봄종사자들의 번아웃을 감소시킨다. (5점)

주장 5-6 마음챙김은 돌봄종사자들의 공감을 증가시킨다. (4점)

6장 친절이 보상되는 시스템

규준의 힘에 관한 주장을 비롯하여 6장에서 제시된 몇 가지 주장은 수십 년간의 다학제 연구가 더할 나위 없이 잘 뒷받침한다. 그러나 공감 개입법이 치안과 학교의 징벌에 가져올 변화의 잠재력에 관한 주장을 비롯한 몇 가지 주장은 새로운 연구 결과에 근거한 것으로 앞으로 대규모의 반복실험이 더 필요하다.

주장 6-1 사회적 규준은 우리의 사고와 행위에 영향을 미친다. (5점)

주장 6-2 사람들은 자신이 규준이라고 인식한 것에 순응하며, 극단적 입장들을 과대평가하는 경우가 많다. (5점)

주장 6-3 공감은 공감을 낳는다. 긍정과 공감이 규준일 때 긍정과 공감이 확산된다. (4점)

주장 6-4 경찰관의 대인관계 훈련 프로그램은 치안 결과를 개선한다. (3점)

몇몇 연구에 따르면 경찰관의 공감, 갈등관리 또는 절차적 정의에 초점을 맞춘 훈련은 경찰관들이 위험한 상황을 진정시키는데 도움을 줌으로써 치안의 결과를 개선할 수 있다고 한다. 그러나 그러한 훈련프로그램에 대조군을 적용하고 오랜 시간에 걸쳐 중요한 결과들을 검토하여 실험적으로 평가한 연구는 아직 소수이다.

주장 6-5 자신의 내집단에 대한 공감 편향 또는 선택적 공감은 한 개인의 전반적인 공감 정도보다 우세한 경우가 많고, 집단 간 갈등 시기에 특히 더 그렇다. (2점)

이 주장을 제시한 브루노 등의 연구는 최근의 것으로 아직 다수의 개별적 연구팀들에 의해 반복실험되지는 않았다. 그 주장은 공감 편향과 내집단/외집단 차이에 따른 공감에 관한 많은 연구 결과와 일치하기는 하지만, 공감 편향을 전반적 공감 정도에 직접 비교한 연구는 아직 거의 없다. 따라서 공감 편향이 전반적인 공감보다 더 우세하다고 특정하는 주장은 아직 많은 연구에서 경험적으로 검증되지 않았다.

주장 6-6 사회적 정서적 학습 프로그램은 (특히 어린 아이들에게) 이로운 결과를 낳는다. (5점)

주장 6-7 공감적 훈육은 교육 현장에서 도움이 된다. (1점)

이 주제에 대한 제이슨 오코노푸아의 연구는 매우 유망하며 탄탄한 설계를 바탕으로 수행되었지만, 너무 최근의 연구라서 아직 반복실험되지 않았고, 교육 환경에서 공감에 초점을 맞춘 훈육 효과를 검토한 다른 연구는 아직 전혀 없다.

공감은 지능이다

7장 디지털의 양날

7장의 중심 주장은 테크놀로지가 인간의 공감에 미치는 영향에 관한 것이다. 논의된 테크놀로지가 새로운 것이듯 그에 관한 연구도 대부분 새로운 것이다. 그러나 테크놀로지가 공감에 미치는 긍정적 영향과 부정적 영향에 관해 제시된 여러 주장은 상당수가 연구로 잘 뒷받침된다. 따라서 7장에서 가장 논쟁적인 사안은 테크놀로지와 인터넷 사용 증가가 공감을 증가시키는가 감소시키는가 하는 것이다. 다른 주장들이 암시하듯이, 그것은 우리가 테크놀로지를 어떻게 사용하는가에 달려있다.

주장 7-1 테크놀로지/인터넷 사용 증가는 공감의 감소와 관련이 있다.

(2점)

> 테크놀로지와 인터넷 사용이 직접 대면하는 상호작용을 대체하는 경우, 사람들의 사교성과 주변 사람과 상호작용하는 비율은 줄어든다. 하지만 그렇지 않은 경우에는 인터넷과 소셜미디어 사용이 사람들을 더욱 공감하게 하고 개방적으로 만들 수도 있다. 다시 말해 온라인 경험은 다른 종류의 사회적 상호작용을 대신하거나 대체하는지에 따라 공감을 증가시킬 수도 감소시킬 수도 있다.

주장 7-2 인터넷의 익명성은 사이버 괴롭힘을 부추긴다.   (4점)

주장 7-3 같은 의견의 메아리를 만드는 인터넷의 특징은 극단적이고
감정적인 관점을 부추기고 보상한다.   (4점)

주장 7-4 가상현실 경험은 상투적 유형화와 차별을 감소시킬 수 있다.
(4점)

주장 7-5 가상현실은 공감을 키울 수 있다.   (4점)

주장 7-6 온라인 커뮤니티는 회원들에게 의미 있고 유용한 도움을 제
공할 수 있다.   (4점)

주장 7-7 남에게 베푸는 것은 행복감이나 성취감을 느끼게 하여 베푸
는 사람에게도 도움이 된다.   (5점)

에필로그

에필로그에 나온 주장들은 공감과 그와 관련된 감정들을 지렛대 삼아 더 나은 미래를 만드는 일에 중점을 둔다. 이와 관련된 연구 중 일부는 잘 뒷받침된 것이지만 상당수는 새로운 것이다. 더욱 직접적인 반복실험을 실시해야 이 초기 연구의 신빙성을 평가할 수 있을 것이다.

주장 8-1 감사는 사람들이 장기적으로 사고하게 하는 데 도움이 된다.

(3점)

몇 건의 유망한 연구에서 감사가 장기적 사고를 촉진하여, 사람들이 만족을 유보하거나 미래세대를 위해 희생할 가능성을 높인다는 결과가 나왔다. 그러나 이와 관련한 증거는 아직 적은 편이어서, 더 많은 연구로 그 결과를 반복 확인할 필요가 있다.

주장 8-2 경외감은 유대감과 관대함을 불러일으킨다.

(4점)

주장 8-3 사람들은 자신이 남길 유산을 생각할 때, 미래세대를 위해 희생하겠다고 결심할 확률이 높아진다.

(3점)

사람들에게 자신의 유산을 생각해 보게 하면 기후변화를 해결하기 위한 지속가능한 활동에 참가하는 것처럼, 미래세대를 위한 희생을 유도할 수 있음을 보여주는 설득력 있는 몇몇 연구가 있다. 그러나 이 방향의 연구는 비교적 새로운 것이어서 반복실험이 필요하다.

프롤로그: 우리는 더 친절한 세계를 만들 수 있다

1   공감적 판단의 정확성에 대해 더 자세한 내용이 알고 싶으면 다음을 보
    라. Jamil Zaki and Kevin N. Ochsner, "사회 인지 연구에 정확성 연구
    통합하기 Reintegrating Accuracy into the Study of Social Cognition", *Psychological Inquiry*
    22, no. 3 (2011): 159 – 82.

2   R. Thora Bjornsdottir and Nicholas O. Rule, "얼굴 신호에서 알 수 있는
    사회계급의 가시성 The Visibility of Social Class from Facial Cues", *Journal of Personality
    and Social Psychology* 113, no. 4 (2017): 530; John Paul Wilson and
    Nicholas O. Rule, "얼굴에서 신뢰성을 감지할 수 있는 가능성에 대한 진
    일보한 이해 Advances in Understanding the Detectability of Trustworthiness from the Face",
    Current Directions in Psychological Science 26, no. 4 (2017): 396 – 400;
    Michael S. North et al., "즉흥적이고 감정이 적게 실린 얼굴 표정을 보고
    다른 사람들의 기호 추측하기 Inferring the Preferences of Others from Spontaneous, Low-
    Emotional Facial Expressions", *Journal of Experimental Social Psychology* 46, no. 6
    (2010): 1109 – 1113.

3   '공감'처럼 '친절'도 몇 가지 범주로 분류할 수 있다. '친사회성'은 다른 사
    람을 돕는 행동을 말한다. 모두에게 이로운 목표를 향해 협력하는 상호부

조인 '협동'도 친사회성 범주에 포함된다. 이와 대조적으로 '이타심'은 돕는 사람에게는 아무 득이 없는데도, 심지어 대가를 치러야 함에도 상대방을 돕는 행동을 가리킨다. 협동과 이타심을 구분하기가 무척 어려운 경우가 많은데, 이는 사람들이 타인을 도울 때 존경을 받게 되거나 단순히 기분이 좋아지는 등 여러 방식으로 혜택을 얻을 수 있기 때문이다. 다음은 이런 용어들을 검토한 논문 중 하나다. Stuart A. West et al., "사회적 의미론: 이타심, 협동, 상리공생, 강한 호혜성, 집단 선택 Social Semantics: Altruism, Cooperation, Mutualism, Strong Reciprocity and Group Selection", *Journal of Evolutionary Biology* 20, no. 2 (2007): 415-32.

4   Charles Darwin, The Descent of Man, and Selection in Relation to Sex (London: John Murray, 1871). 찰스 다윈 지음, 김관선 옮김, 《인간의 유래》, 한길사, 2006.

5   동물계 전체에서 친절함을 뒷받침해주는 공감의 진화적 역할에 관해 더 알고 싶으면 다음을 보라. Frans de Waal, "이타주의에 다시 이타심 불어넣기: 공감의 진화Putting the Altruism Back into Altruism: The Evolution of Empathy", *Annual Review of Psychology* 59 (2008): 279-300; Stephanie Preston, "자식 돌봄에 담긴 이타심의 기원The Origins of Altruism in Offspring Care", *Psychological Bulletin* 139, no. 6 (2013): 1305-41; Jean Decety et al., "친사회적 행동의 추동자로서 공감: 모든 종에서 고도로 잘 보존된 신경행동학적 기제Empathy as a Driver of Prosocial Behavior: Highly Conserved Neurobehavioral Mechanisms Across Species", *Philosophical Transactions of the Royal Society B: Biological Sciences* 371, no. 1686 (2016): 52-68.

6   다음을 보라. "이타주의에 다시 이타심 불어넣기Putting the Altruism Back into Altruism", Decety, "친사회적 행동의 추동자로서 공감Empathy as a Driver of Prosocial Behavior"; Jeffrey S. Mogil, "설치류의 놀라운 공감능력The Surprising

Empathic Abilities of Rodents", *Trends in Cognitive Sciences* 16, no. 3 (2012): 143-44.

7 Yuval Noah Harari, *Sapiens: A Brief History of Human-kind* (New York: HarperCollins, 2017). 유발 노아 하라리 지음, 조현욱 옮김, 《사피엔스》, 김영사, 2015.

8 Brian Hare, "가장 친절한 자가 살아남는다: 호모 사피엔스는 친사회성을 선택함으로써 진화했다Survival of the Friendliest: Homo sapiens Evolved Via Selection for Prosociality", *Annual Review of Psychology* 68 (2017): 155-86; Robert L. Cieri et al., "두개안면 여성화, 사회적 관용 그리고 행동현대성의 기원 Craniofacial Feminization, Social Tolerance, and the Origins of Behavioral Modernity", *Current Anthropology* 55, no. 4 (2014): 419-43; Michael Tomasello, A Natural History of Human Morality (Cambridge, Mass.: Harvard University Press, 2016). 마이클 토마셀로 지음, 유강은 옮김, 《도덕의 기원》, 이데아, 2018. 로버트 L. 시에리 연구팀은 도구 사용, 발사체 무기, 예술적 표현, 장거리 통신을 포함한 '행동현대성'에 대해 설명한다. 행동현대성은 뇌가 현대인과 비슷한 크기와 구조로 발달한 약 5만 년 전에 나타났다. 이유가 뭘까? 아마도 인구밀도가 높아진 탓에 사냥과 보호를 위해 협력 전략을 개발할 필요가 생겼고, 그 때문에 우리의 공격성이 줄어들었기 때문일 것이다.

9 인류가 급속히 부상한 이유를 밝히는 설 중에 '문화적 래칫cultural ratcheting 효과'가 있다. 이는 전 세대의 혁신 위에 새로운 혁신을 쌓아 전달하는 것으로, 서로를 염려하고 이해하는 능력에 달려 있다. 다음 논문을 참고하라. Claudio Tennie et al., "래칫을 더욱 돌려라: 문화의 누적적 진화에 관하여Ratcheting Up the Ratchet: On the Evolution of Cumulative Culture", *Philosophical Transactions of the Royal Society B: Biological Sciences* 364, no. 1528 (2009): 2405-15. (래칫이란 한 방향으로만 도는 톱니바퀴를 말한다. 문화적 래칫 효과란

발전이 한 번 이루어지면 뒤로 돌릴 수 없고 더욱 발전하기만 한다는 것을 가리킨다.—옮긴이)

10 **기부:** "기부하는 미국 2018: 2017년 자선활동에 대한 연례보고서USA Giving USA 2018: The Annual Report on Philanthropy for the Year 2017", 기부하는 미국 재단Giving USA Foundation이 펴낸 간행물로, 인디애나대학교 릴리 패밀리 자선학교에서 조사하고 집필했다. www.givingusa.org에서 온라인으로 볼 수 있다.
   자원봉사: "미국의 자원봉사와 시민생활Volunteering and Civic Life in America", "전국과 지역사회 봉사 법인Corporation for National and Community Service", 2018년 7월 16일에 www.nationalservice.gov에서 본 자료.

11 C. Daniel Batson, 인간의 이타심Altruism in Humans (Oxford: Oxford University Press, 2011); Nancy Eisenberg and Richard A. Fabes, "공감: 개념화, 측정, 그리고 친사회적 행동의 관계Empathy: Conceptualization, Measurement, and Relation to Prosocial Behavior", *Motivation and Emotion* 14, no. 2 (1990): 131–49. 물론 친절함을 유도하는 힘이 공감만은 아니다. 의무와 법률, 그리고 경제학자 레네 베커르스René Bekkers가 말하는 '배려의 원칙principle of care', 즉 사람은 서로를 도와야한다는 보편적 이상도 친절함의 원동력이 될 수 있다. 베커르스와 동료들은 공감력이 강한 사람일수록 배려의 원칙에 대한 신념을 갖고 있을 확률이 높으며, 그 원칙은 다시 그들의 돕기 행동을 추동한다는 것을 증명했다. 더 자세한 내용은 다음 논문에서 볼 수 있다. René Bekkers and Mark Ottoni-Wilhelm, "궁핍한 사람들을 돕기 위한 보살핌과 나눔의 원칙Principle of Care and Giving to Help People in Need", *European Journal of Personality* 30, no. 3 (2016): 240–57. 이례적인 수준의 친절 행위에 관해서는 연구된 바가 매우 적지만, 그런 행위 역시 공감의 뒷받침을 받았음을 암시하는 몇몇 연구가 있다. 예를 들어 모르는 사람에게 신장을 기증하는 이타적인 사람들은 비기증자에 비해 타인의 괴로움에 대해 뇌에

공감은 지능이다

서 더욱 강한 '거울반응'이 일어났다. Kristin M. Brethel-Haurwitz et al., "이례적 이타주의자들은 괴로움에 대한 신경 반응에서 자아-타인 중첩이 더욱 강하게 나타난다Extraordinary Altruists Exhibit Enhanced Self-Other Overlap in Neural Responses to Distress", *Psychological Science* 29, no. 10 (2018): 1631-41.

12 Peter Singer, The Expanding Circle: Ethics, Evolution, and Moral Progress (Princeton, N.J.: Princeton University Press, 2011). 피터 싱어 지음, 김성한 옮김, 《사회생물학과 윤리》, 연암서가, 2012.

13 United Nations, 세계 도시화 전망World Urbanization Prospects, 2018 Revision.

14 K. D. M. Snell, "역사 속 독거와 외로움의 부상The Rise of Living Alone and Loneliness in History", *Social History* 42, no. 1 (2017): 2-28.

15 Sara Konrath et al., "시간에 따른 미국 대학생의 공감 성향 추이: 메타분석Changes in Dispositional Empathy in American College Students over Time: A Meta-Analysis", *Personality and Social Psychology Review* 15, no. 2 (2011): 180-98. 75퍼센트라는 수치는 공감적 배려에 대한 것이다(공감의 구성 요소에 대한 더 자세한 사항은 부록 A를 보라). 남의 관점 취해 보기에 대해서는 2009년의 참가자들이 1979년 참가자들의 66.6퍼센트보다 더 낮은 공감력을 보였다.

16 Anne Barnard and Karam Shoumali, "딱딱하게 군은 한 아이의 작은 시신이 전 세계적 위기에 관심의 초점을 맞추다Image of a Small, Still Boy Brings a lobal Crisis into Focus", *New York Times*, September 3, 2015. 아일란 쿠르디의 죽음은 전 세계 정치에 영향을 미쳤을 수도 있을 것이다. 캐나다 총리 스티븐 하퍼는 그 사진이 "가슴을 미어지게 한다"며, 쿠르디의 가족이 캐나다로 들어가는 비자를 얻지 못한 것에 대해 안타까움을 표했다. 그러자 소수당 당수였던 쥐스탱 트뤼도가 "없던 연민이 선거운동이 한창일 때 갑자기 생겨나는 일은 없다"고 맞받아쳤다. 트뤼도의 자유당은 곧 하퍼의 보수당을 몰아냈다. Ian Austen, "아일란 쿠르디의 죽음이 캐나다 선거운동에서 반

향을 일으키다Aylan Kurdi's Death Resonates in Canadian Election Campaign", *New York Times*, September 4, 2014.

17 폴 슬로비치Paul Slovich 등의 심리학자들은 토머스 셸링의 아이디어를 기반으로 여기에 '인식 가능한 희생자 효과identifiable victim effect'라는 용어를 붙였다. 더 자세한 내용은 다음 논문에서 볼 수 있다. Seyoung Lee and Thomas H. Feeley, "인식 가능한 희생자 효과: 메타분석 리뷰The Identifiable Victim Effect: A Meta-Analytic Review", *Social Influence* 11, no. 3 (2016): 199 – 215. 쿠르디의 사례와 관련한 인식 가능한 희생자 효과에 대해서는 다음을 보라. Paul Slovicet et al., "대표적인 상징적 사진들, 그리고 인도주의적 재앙에 대한 공감적 반응의 밀물과 썰물Iconic Photographs and the Ebb and Flow of Empathic Response to Humanitarian Disasters", *Proceedings of the National Academy of Sciences* 114, no. 4 (2017): 640 – 44.

18 Barack Obama, 2006 Northwestern Commencement(transcript), retrieved from https://www.northwestern.edu/newscenter/stories/2006/06/barack.html

19 Jeremy Rifkin, The Empathic Civilization: The Race to Global Consciousness in a World in Crisis (New York: Penguin, 2009). 제러미 리프킨 지음, 이경남 옮김, 《공감의 시대》, 민음사, 2010.

20 Francis Galton, "유전되는 재능과 인격Hereditary Talent and Character", *Macmillan's Magazine* 12, nos. 157 – 66 (1865): 318 – 27; Raymond E. Fancher, "프랜시스 골턴 심리학의 생물학적 기원Biographical Origins of Francis Galton's Psychology", Isis 74, no. 2 (1983): 227 – 33; Arthur R. Jensen, "지능 연구에 남긴 골턴의 유산Galton's Legacy to Research on Intelligence", *Journal of Biosocial Science* 34, no. 2 (2002): 145 – 72. 골턴의 '인간측정학 실험실'에서 지능과 관련된 능력들뿐 아니라, 주먹질의 세기처럼 순수하게 신체적

인 속성들도 시험했다는 점에 주목하라.

21 Edwin G. Boring and Edward Titchener, "표정 시연을 위한 모델A Model for the Demonstration of Facial Expression", *American Journal of Psychology* 34, no. 4 (1923): 471-85; Dallas E. Buzby, "표정의 해석The Interpretation of Facial Expression", *American Journal of Psychology* 35, no. 4 (1924): 602-4; Rosalind Dymond, "공감 능력 측정을 위한 척도A Scale for the Measurement of Empathic Ability", *Journal of Consulting Psychology* 13, no. 2 (1949): 127-33; Robert Rosenthal et al., 비언어 커뮤니케이션에 대한 민감도: 비언어 감수성 프로파일 테스트Sensitivity to Nonverbal Communication: The PONS Test(Baltimore, Md.: Johns Hopkins University Press, 1979); Simon Baron-Cohen et al., "'눈에서 마음 읽기' 테스트 수정 버전: 정상 성인 및 아스퍼거 증후군 또는 고기능자폐장애가 있는 성인 연구The 'Reading the Mind in the Eyes' Test Revised Version: A Study with Normal Adults, and Adults with Asperger Syndrome or High-Functioning Autism", *Journal of Child Psychology and Psychiatry* 42, no. 2 (2001): 241-51; Ian Dziobek et al., "사회인지평가를 위한 영화를 소개하다Introducing MASC: A Movie for the Assessment of Social Cognition", *Journal of Autism and Developmental Disorders* 36, no. 5 (2006): 623-36.

22 영화 〈블레이드 러너〉에서 사람과 레플리컨트(사람과 모습이 같고 자신이 인조인간임을 모르는 복제인간)를 구별하는 핵심적 방법도 이와 유사한 공감 테스트다. 영화 속 보이트-캄프Voight-Kampff 테스트는 대상자에게 고통을 당하는 타인의 이미지 같은 특정 감정을 유발하는 이미지를 보여준다. 그런 다음 그들의 손바닥에서 땀이 나면 사람이고 그렇지 않으면 레플리컨트다.

23 예를 들어 공감적 배려, 인지적 공감, 정서적 공감은 사람에 따라 아주 약한 정도에서 중간 정도의 상관관계를 보일 뿐이다. Mark Davis, "공감의

개인차 측정: 다차원적 접근을 지지하는 증거Measuring Individual Differences in Empathy: Evidence for a Multidimensional Approach", *Journal of Personality and Social Psychology* 44, no. 1 (1983): 113-26. 공감 테스트들이 친사회적 행동을 예측한다는 (모든 증거는 아니지만) 일부 증거는 다음 논문에서 볼 수 있다. Nancy Eisenberg and Paul A. Miller, "공감과 친사회적 행동 및 동류 행동들의 관계The Relation of Empathy to Prosocial and Related Behaviors", *Psychological Bulletin* 101, no. 1 (1987): 91-119.

24 감정 지능에는 공감을 비롯한 여러 능력이 포함되며, 가장 중요한 능력은 사람이 자신의 감정을 명확히 이해하고 통제하는 능력이다. 더 자세한 내용은 다음 논문에서 볼 수 있다. Peter Salovey and John D. Mayer, "감정 지능Emotional Intelligence", *Imagination, Cognition and Personality* 9, no. 3 (1990): 185-211; John D. Mayer et al., "감정 지능 능력 모델: 원리와 최신 정보 갱신The Ability Model of Emotional Intelligence: Principles and Updates", *Emotion Review* 8, no. 4 (2016): 290-300. 감정 지능에 대한 비판은 다음 논문에서 볼 수 있다. Gerald Matthews et al., "감정 지능에 관한 7가지 신화Seven Myths About Emotional Intelligence", *Psychological Inquiry* 15, no. 3 (2004): 179-96.

25 〈스타트렉: 더 넥스트 제너레이션〉에서 데이터를 창조한 누니언 숭이 데이터에게 '감정 칩'을 장착해주는 이야기가 나오는 부분은 예외다. 그러나 우리가 이 부분에 대해 깊이 이야기할 필요는 없다.

26 감정 전염의 개념(역사적 개념과 과학적 개념 모두)에 대한 더 자세한 내용은 다음 논문들에서 볼 수 있다. Adam Smith, The Theory of Moral Sentiments (Cambridge: Cambridge University Press, 2002; first published in 1790) 애덤 스미스 지음, 김광수 옮김, 《도덕감정론》, 한길사, 2016; Gustav Jahoda, "테오도어 립스, 그리고 '동정'에서 '공감'으로의 이동

Theodor Lipps and the Shift from 'Sympathy' to 'Empathy'" *Journal of the History of the Behavioral Sciences* 41, no. 2 (2005): 151-63; Elaine Hatfield et al., 감정 전염Emotional Contagion (Cambridge: Cambridge University Press, 1994); and Edith Stein, 공감의 문제에 관하여On the Problem of Empathy(Washington, D.C.: ICS, 1989; first published in English in 1964). 에디트 슈타인의 개인사도 그의 철학 못지않게 흥미롭다. 공감에 관한 연구를 매우 진척시켰음에도 여자라서 강의를 할 수 없었던 슈타인은 에드문트 후설의 개인 조수가 될 수밖에 없었다. 유대교에서 무신론으로, 다시 가톨릭으로 개종한 뒤, 네덜란드의 한 수녀원에서 수녀가 되었다. 가톨릭 수녀임에도 유대인이라는 이유로 나치 군대에 체포되어 여동생과 함께 아우슈비츠에서 사망했다. 40년 후 교황 요한 바오로 4세에 의해 시성되었다. 더 자세한 내용은 Alasdair MacIntyre, 에디트 슈타인: 철학적 프롤로그, 1913-1922 Edith Stein: A Philosophical Prologue, 1913-1922 (Lanham, Md.: Rowman and Littlefield, 2007).

27 다음은 이 연구와 관련된 최초의 논문 중 일부다. Giuseppe di Pellegrino et al., "동작 사건의 이해: 신경생리학적 연구Understanding Motor Events: A Neurophysiological Study", *Experimental Brain Research* 91, no. 1 (1992): 176-80; Vittorio Gallese et al., "전운동피질의 동작 인식Action Recognition in the Premotor Cortex", *Brain* 119, no. 2 (1996): 593-609.

28 예를 들어 Christian Keysers and Valeria Gazzola, "거울 확장하기: 동작, 감정, 감각에 대한 대리 활동Expanding the Mirror: Vicarious Activity for Actions, Emotions, and Sensations", *Current Opinion in Neurobiology* 19, no. 6 (2009): 666-71; Claus Lamm et al., "직접 경험한 고통 및 고통에 대한 공감과 연관되는 공통적 신경망과 개별적 신경망에 대한 메타분석 증거Meta-Analytic Evidence for Common and Distinct Neural Networks Associated with Directly Experienced Pain and

Empathy for Pain", *Neuroimage* 54, no. 3 (2011): 2492‑502; Sylvia S. Morelli et al., "사적인 보상과 간접적 보상의 공통 신경상관물과 개별 신경상관물: 수량적 메타분석Common and Distinct Neural Correlates of Personal and Vicarious Reward: A Quantitative Meta-Analysis", *Neuroimage* 112 (2014): 244‑53.

29 Grit Hein et al., "내집단 및 외집단 구성원의 고통에 대한 신경 반응은 대가를 감수해야 하는 돕기 행위에서 나타나는 개인차의 예측 요인이다Neural Responses to Ingroup and Outgroup Members' Suffering Predict Individual Differences in Costly Helping", *Neuron* 68, no. 1 (2010): 149‑60; Jamil Zaki et al., "복내측 전전두피질의 활동은 드러난 사회적 선호와 공분산한다Activity in Ventromedial Prefrontal Cortex Covaries with Revealed Social Preferences: Evidence for Person-Invariant Value", *Social Cognitive Affective Neuroscience* 9, no. 4 (2014): 464‑69.

30 예를 들어 Lamm et al.의 "공통 신경망과 개별 신경망에 대한 메타 분석 증거Meta-Analytic Evidence for Common and Distinct Neural Networks"(주 28 참고)는 고통에 대한 뇌 미러링을 측정한 연구의 약 60퍼센트가 미러링과 주관적 공감 사이의 상관관계를 발견했다고 보고했다(해당 논문 2500쪽을 보라).

31 증거들이 압도적으로 암시하는 바는, 사람들이 타인의 감정 (및 기타) 상태를 관찰할 때와 자신이 직접 그 상태를 경험할 때, 뇌 활동 패턴이 일치한다는 것이다. 그렇다면 개인적 감정과 간접적으로 경험하는 감정이 동일하다는 의미일까? 아니다. 만약 그렇다면 우리는 자신과 다른 사람의 차이를 구별할 수 없는 혼란스러운 세계에 살고 있을 것이다. 많은 뇌 영역은 온갖 종류의 다양한 경험에 의해 활성화된다. 예를 들어 뇌의 전두엽은 기억을 처리할 때와 말을 할 때 모두 반응한다. 그렇다고 말하기와 기억이 같은 일이라는 뜻은 아니다.

심리 상태는 대개 뇌의 어느 한 부위의 활동에서 뽑아낼 수 있는 것이 아니다. 그보다는 뇌 전반에 걸쳐 일어나는 활동의 **패턴**에서 나온다. 개인적 경험과 간접적 경험은 이런 패턴의 수준에서 구별할 수 있다. 내가 보기에 여기서 우리가 알아둘 사실은, **미러링이 나타내는 것은 개인적 경험과 공감의 경험이 정확히 동일하다는 의미가 아니라, 두 경험이 핵심 특징 몇 가지를 공유한다는 의미**라는 것이다. 이런 관점에 대해서는 다음 논문에서 더 자세히 알 수 있다. Jamil Zaki et al., "고통의 해부: 통각적 고통과 공감적 고통의 관계에 대한 이해The Anatomy of Suffering: Understanding the Relationship Between Nociceptive and Empathic Pain", *Trends in Cognitive Sciences* 20, no. 4 (2016): 249–59.

32 Vilayanur S. Ramachandran, "문명을 형성한 뉴런들The Neurons That Shaped Civilization", talk delivered at TED India, 2009.

33 사람들은 뇌 스캔 이미지를 함께 제시하면 심리적 과정에 대한 모호한 주장들을 더 쉽게 믿는다. 다음 논문에서 그 예를 볼 수 있다. Dana S. Weisberg et al., "뇌과학적 설명의 매혹을 해체하다Deconstructing the Seductive Allure of Neuroscience Explanations", *Judgment and Decision Making* 10, no. 5 (2015): 429.

34 이 표현은 칼 세이건이 《에덴의 용The Dragons of Eden》에서 처음 사용했다. 이 책에서 세이건은 뇌를 "전적으로 미리 장착된 것으로 보는, 다시 말해 개별 인지 기능들이 뇌의 특정 장소에 국한되어 있다고 보는" 국소화주의의 관점을 특징적으로 보여주었다. 이어서 그는 '장착'이 뇌과학에는 적합한 은유가 **아닐** 수도 있다고 말했지만, fMRI가 집단의식 속으로 들어오면서 좋은 쪽이든 나쁜 쪽이든 뇌과학에는 장착 개념이 붙어 다닌다. Carl Sagan, Dragons of Eden: Speculations on the Evolution of Human Intelligence (New York: Ballantine, 2012; first published in 1977). 칼 세이건 지음, 임지원 옮김, 《에덴의 용》, 사이언스북스, 2006.

35 Joel Lovell, "조지 손더스가 졸업생들에게 건네는 충고George Saunders's Advice

to Graduates", *New York Times*, July 31, 2013.

1장 인간 본성의 놀라운 유동성

1   베게너의 업적과 생애에 관한 자세한 사항은 다음 책에서 참고했다. Martin Schwarzbach, 알프레트 베게너: 대륙이동설의 아버지Alfred Wegener: The Father of Continental Drift (Madison, Wis.: Science Tech, 1986); Anthony Hallam, 거대한 지질학 논쟁들Great Geological Controversies(Oxford: Oxford University Press, 1989).

2   베게너의 펜팔 친구였던 엘제 쾨펜Else Köpen이며 나중에 그와 결혼했다. 베게너가 지리학을 시적으로 표현한 것이 구애 과정에서 어떤 역할을 했는지는 알 수 없다.

3   골상학뿐 아니라 다른 종류의 생물학적 결정론들도 수 세기 동안 인종·성별·계층을 옹호하는 근거로 제시되어 왔다. 이에 대한 리뷰는 다음 책에서 볼 수 있다. Stephen Jay Gould, The Mismeasure of Man (New York: W. W. Norton, 1996). 스티븐 제이 굴드 지음, 김동광 옮김, 《인간에 대한 오해》, 사회평론, 2003.

4   Santiago Ramó y Cajal, 신경계의 퇴화와 재생에 관한 연구Estudios Sobre la Degeneració y Regeneració del Sistema Nervioso(Madrid: Moya, 1913).

5   Arturo Alvarez-Buylla et al., "노래 학습 이전, 도중, 이후에 카나리아의 전뇌 속 고차발성중추에서 투사뉴런의 탄생Birth of Projection Neurons in the Higher Vocal Center of the Canary Forebrain Before, During, and After Song Learning", *Proceedings of the National Academy of Sciences* 85, no. 22 (1988): 8722-26. 인간 이외 동물의 신경가소성에 대해 알아보려면 다음 논문을 보라. Charles Gross, "어른 뇌에서의 신경발생: 어떤 도그마의 죽음Neurogenesis in the Adult Brain: Death of a Dogma", *Nature Reviews Neuroscience* 1, no. 1 (2000): 67-73.

6 Kirsty L. Spalding et al., "성인의 해마 신경발생 역학Dynamics of Hippocampal Neurogenesis in Adult Humans", *Cell* 153, no. 6 (2013): 1219-27. 성인 뇌가 만들어내는 새 세포의 양에 관해서는 어느 정도 논란이 있다. 2018년 4월, 한 연구팀이 아동기 이후 해마에서 일어나는 새 세포의 성장은 무시할 정도의 수준이라고 보고했지만, 바로 한 달 뒤 또 다른 연구팀이 노년층 성인도 동일한 뇌 부위인 해마에서 계속해서 새로운 세포를 생성한다는 증거를 제시한 것이다. 이에 관해서는 다음 논문들을 보라. Shawn F. Sorrells et al., "인간의 해마 신경발생은 아동기에서 성인기로 가면 감지할 수 없을 수준으로 급격히 감소한다Human Hippocampal Neurogenesis Drops Sharply in Children to Undetectable Levels in Adults", *Nature* 555 (2018): 377-81; Maura Boldrini et al., "인간의 해마 신경발생은 노화 진행 중에도 계속된다Human Hippocampal Neurogenesis Persists Throughout Aging", *Cell Stem Cell* 22, no. 4 (2018): 589-99. 상당수의 증거들이 암시하는 바는, 성인도 새 뉴런들을 **어느 정도는** 만들어낸다는 것이다.

7 Thomas Elbert et al., "현악기 연주자들의 왼손 손가락 피질 표상 증가Increased Cortical Representation of the Fingers of the Left Hand in String Players", *Science* 270, no. 5234 (1995): 305-7; juggling: Bogdan Draganski et al., "신경가소성: 훈련으로 유도한 회색질의 변화Neuroplasticity: Changes in Grey Matter Induced by Training", *Nature* 427, no. 6972 (2004): 311-12; stress: Robert M. Sapolsky, "신경정신의학적 장애 사례에서 나타나는 글루코코르티코이드와 해마 위축Glucocorticoids and Hippocampal Atrophy in Neuropsychiatric Disorders", *Archives of General Psychiatry* 57, no. 10 (2000): 925-35. 이 연구들은 전형적으로 회색질의 부피를 측정했는데, 부피 증가가 반드시 새 세포의 발생을 암시하는 건 아니라는 점을 짚고 넘어가는 것이 중요하다. 예를 들어 뉴런 **사이의** 연결 수가 증가할 때도 회색질 부피가 증가한다. '행동-의

존적 가소성'에 대한 더 자세한 사항은 다음 논문에서 볼 수 있다. Alvaro Pascual-Leone et al., "가소적인 인간 뇌 피질The Plastic Human Brain Cortex", *Annual Review of Neuroscience* 28 (2005): 377-401.

8 James R. Flynn, "14개국에서의 대대적 아이큐 상승: 아이큐 검사가 실제로 측정하는 것Massive IQ Gains in 14 Nations: What IQ Tests Really Measure", *Psychological Bulletin* 101, no. 2 (1987): 171-91. 가족 안에서도 아이큐가 변한다는 증거는 다음 논문에서 볼 수 있다. Bernt Bratsberg and Ole Rogeberg, "플린 효과와 그 반대 경우는 모두 환경에 의해 초래된다Flynn Effect and Its Reversal Are Both Environmentally Caused", *Proceedings of the National Academy of Sciences* 155, no. 26 (2018): 6674-78. 흥미롭게도(그리고 심란하게도), 이 논문의 저자들은 최근 몇 년 사이 (적어도 노르웨이에서는) 사람들의 지능이 **떨어진** 것을 발견했다. 이전의 아이큐 상승과 최근의 하락은 모두 환경요인에 의한 것으로 보인다.

9 Daniel A. Briley and Elliot M. Tucker-Drob, "성격 발달에서 유전 및 환경의 연속성: 메타 분석Genetic and Environmental Continuity in Personality Development: A Meta-Analysis", *Psychological Bulletin* 140, no. 5 (2014): 1303-31; Jule Specht et al., "생애과정에 걸친 성격의 안정성과 변화: 5대 성격 특성의 평균 수준과 순위 안정성에 대한 연령과 주요 생애 사건의 영향Stability and Change of Personality Across the Life Course: The Impact of Age and Major Life Events on Mean-Level and Rank-Order Stability of the Big Five", *Journal of Personality and Social Psychology* 101, no. 4 (2011): 862-82; Brent W. Roberts et al., "개입을 통한 성격 특징 변화에 대한 체계적 검토A Systematic Review of Personality Trait Change Through Intervention", *Psychological Bulletin* 143, no. 2 (2017): 117-41.

10 Ariel Knafo and Florina Uzefosky, "공감의 차이: 유전 요인과 환경요인의 상호작용Variation in Empathy: The Interplay of Genetic and Environmental Factors", in

The Infant Mind: Origins of the Social Brain, ed. Maria Legerstee et al. (New York: Guilford, 2013); Salomon Israel et al., "도덕과 친사회성의 유전학The Genetics of Morality and Prosociality", *Current Opinion in Psychology* 6 (2015): 55-59. 유전율은 복잡한 개념이다. (직관적이지는 않더라도) 중요한 점은, 공감이 30퍼센트 유전에 의해 결정된다는 사실이 나머지 70퍼센트는 환경에 의해 결정됨을 의미하는 것은 아니라는 점이다. 유전자와 경험은 복잡한 방식으로 상호작용하여 사람들 사이의 차이를 만들어내기 때문이다.

11 사실 지능의 유전율은 전 생애에 걸쳐 변화한다. 어린아이들은 약 20퍼센트, 성인은 약 60퍼센트, 노년층은 약 80퍼센트의 유전율을 보인다. 다음을 보라. Robert Plomin and Ian Deary, "유전학과 지능의 차이: 다섯 가지 특별한 발견Genetics and Intelligence Differences: Five Special Findings", *Molecular Psychiatry* 20, no. 1 (2015): 98-108.

12 Daniel Grün et al., "성인기 삶 전체에 걸친 공감: 장기간의 경험 샘플링을 통한 발견들Empathy Across the Adult Lifespan: Longitudinal and Experience-Sampling Findings", *Emotion* 8, no. 6 (2008): 753-65.

13 이에 관한 최근의 검토는 다음 논문에서 볼 수 있다. Tracy L. Spinrad and Diana E. Gal, "어린 아동에게 친사회적 행동과 공감 길러주기Fostering Prosocial Behavior and Empathy in Young Children", *Current Opinion in Psychology* 20 (2018): 40-44. 여기서 거론된 구체적인 연구들은 다음과 같다. Amanda J. Moreno et al., "초기 아동기의 공감 예측 요인으로서 관계 및 개인적 자원Relational and Individual Resources as Predictors of Empathy in Early Childhood", *Social Development* 17, no. 3 (2008): 613-37; Darcia Narvaez et al., "진화된 발달의 틈새: 초기 아동기의 심리사회적 발달에 돌봄 행위 양상이 미치는 장기적 효과The Evolved Development Niche: Longitudinal Effects of Caregiving Practices

on Early Childhood Psychosocial Development", *Early Childhood Research Quarterly* 28, no. 4 (2013): 759–73; Brad M. Farrant et al., "공감, 타인의 관점 취해 보기, 친사회적 행동: 양육 행위 양상의 중요성Empathy, Perspective Taking and Prosocial Behaviour: The Importance of Parenting Practices", *Infant and Child Development* 21, no. 2 (2012): 175–88; Zoe E. Taylor et al., "초기 아동기의 공감 및 친사회적 행동 발달과 자아 회복탄력성 및 정서적 사회화의 관계The Relations of Ego-Resiliency and Emotion Socialization to the Development of Empathy and Prosocial Behavior Across Early Childhood", *Emotion* 13, no. 5 (2013): 822–31. 이 연구 중 일부에서는 공감을 잘하는 부모의 유전자가 아이의 공감을 결정하며 환경은 부차적일 뿐이라는 우려 섞인 의견을 완화하기 위해, 부모의 공감 요소를 통제했다.

14 Kathryn L. Humphreys et al., "초기 양육이 박탈된 남아가 이후 높은 질의 양육을 받으면 냉담하고 감정이 배제된 특징이 완화된다: 무작위 대조 실험High-Quality Foster Care Mitigates Callous-Unemotional Traits Following Early Deprivation in Boys: A Randomized Controlled Trial", *Journal of the American Academy of Child and Adolescent Psychiatry* 54, no. 12 (2015): 977–83.

15 Grün, "Empathy Across the Adult Lifespan." 주 12 참고.

16 한 설문조사에서 종양학 전문의의 74퍼센트가 한 달에 최소 다섯 번 나쁜 소식을 전달해야 한다고 밝혔다. Walter F. Baile et al., "SPIKES—나쁜 소식을 전하는 6단계 프로토콜: 암환자에 대한 적용SPIKES—A Six-Step Protocol for Delivering Bad News: Application to the Patient with Cancer", *Oncologist* 5, no. 4 (2000): 302–11. (SPIKES는 Setting up, Perception, Invitation, Knowledge, Emotions, Strategy의 머리글자.-옮긴이) 해고자 수는 이직 알선 회사 챌린저, 그레이 앤 크리스마스Challenger, Gray, and Christmas사가 계산한 것으로, 2017년 미국의 해고자 총 418,000명을 근거로 한 것이다.

공감은 지능이다

17 Joshua D. Margolis and Andrew Molinsky, "필요악의 난관 헤쳐 나가기: 심리적 연대와 개인 간 세심한 행동 유도Navigating the Bind of Necessary Evils: Psychological Engagement and the Production of Interpersonally Sensitive Behavior", *Academy of Management Journal* 51, no. 5 (2008): 847-72.

18 Walter F. Baile, "나쁜 소식 전하기Giving Bad News", *Oncologist* 20, no. 8 (2015): 852-53; Robert L. Hulsman et al., "의사-환자 간 의사소통 스트레스는 얼마나 될까? 병력 청취와 나쁜 소식 전달 시뮬레이션에서 의대생들의 생리 및 심리적 스트레스How Stressful Is Doctor-Patient Communication? Physiological and Psychological Stress of Medical Students in Simulated History Taking and Bad-News Consultations", *International Journal of Psychophysiology* 77, no. 1 (2010): 26-34.

19 Leon Grunberg et al., "해고 실시에 대한 관리자들의 반응: 건강 문제와 위축 행동에 대한 관계Managers' Reactions to Implementing Layoffs: Relationship to Health Problems and Withdrawal Behaviors", *Human Resource Management* 45, no. 2 (2006): 159-78.

20 Margolis and Molinsky, "Navigating the Bind of Necessary Evils." 주 17 참고.

21 여기서 나는 폭력의 **결과**로서 분리를 논하고 있지만, 그것은 잔인성과 냉담함으로 넘어가는 **경로**이기도 하다. 다음 책에서 이런 현상에 관한 권위 있는 고찰을 볼 수 있다. Albert Bandura, Moral Disengagement: How People Do Harm and Live with Themselves (New York: Worth, 2016). 앨버트 밴두라 지음, 김의철, 이상미, 박선영, 박은실 옮김, 《도덕성의 분리와 비도덕적 행위의 정당화》, 교육과학사, 2018.

22 David C. Glass, "자존감과 공격성의 인지적 불일치를 줄이는 수단으로서 호감의 변화Changes in Liking as a Means of Reducing Cognitive Discrepancies Between Self-

Esteem and Aggression", *Journal of Personality* 32, no. 4 (1964): 531-49.

23 Emmanuel Castano and Roger Giner-Sorolla, "딱히 인간이라 할 수 없는: 인종 간 살해에 대한 집단적 책임의 반응으로 나타나는 인간 이하 취급 Not Quite Human: Infrahumanization in Response to Collective Responsibility for Intergroup Killing", *Journal of Personality and Social Psychology* 90, no. 5 (2006): 804-18.

24 Ervin Staub, 악의 뿌리: 집단학살과 기타 집단 폭력의 기원 The Roots of Evil: The Origins of Genocide and Other Group Violence (Cambridge: Cambridge University Press, 1989), 82.

25 Michael J. Osofsky et al., "처형 과정에서 도덕적 분리의 역할 The Role of Moral Disengagement in the Execution Process", *Law and Human Behavior* 29, no. 4 (2005): 371-93.

26 Edna B. Foa and Barbara O. Rothbaum, 강간 트라우마 치료: 외상 후 스트레스 장애에 대한 인지행동치료 Treating the Trauma of Rape: Cognitive-Behavioral Therapy for PTSD (New York: Guilford, 2001); George Bonanno, "상실, 트라우마, 그리고 인간의 회복탄력성: 우리는 극단적으로 불쾌한 사건 이후 다시 잘 살아갈 수 있는 인간의 역량을 과소평가해온 것이 아닐까? Loss, Trauma, and Human Resilience: Have We Underestimated the Human Capacity to Thrive After Extremely Aversive Events?", *American Psychologist* 59, no. 1 (2004): 20-28.

27 일례로 다음 논문을 보라. Mary P. Koss and Aurelio J. Figueredo, "강간에 대한 인지 중재의 변화가 2년의 회복기에 걸쳐 심리사회적 건강에 미치는 영향 Change in Cognitive Mediators of Rape's Impact on Psychosocial Health Across 2 Years of Recovery", *Journal of Consulting and Clinical Psychology* 72, no. 6 (2004): 1063-72. (인지 중재란 자극의 발생과 그 자극에 대한 반응 사이에서 일어나는 정신적 과정 혹은 활동을 말한다. 이 과정은 자극 직후, 그러니까 몇 마이크로 초

공감은 지능이다

안에 일어날 수도 있고, 며칠이나 몇 주처럼 더 지연된 반응으로 나타날 수도 있다.-옮긴이)

28 Michal Bauer et al., "전쟁이 협동을 증진할 수 있을까?Can War Foster Cooperation?", *Journal of Economic Perspectives* 30, no. 3 (2016): 249-74.

29 Patricia Frazier et al., "성폭행 당한 이후 삶의 긍정적 변화와 부정적 변화Positive and Negative Life Changes Following Sexual Assault", *Journal of Consulting and Clinical Psychology* 69, no. 6 (2001): 1048-55.

30 Daniel Lim and David DeSteno, "고난과 연민: 부정적 삶의 경험, 공감, 연민, 친사회적 행동 사이의 연관Suffering and Compassion: The Links Among Adverse Life Experiences, Empathy, Compassion, and Prosocial Behavior", *Emotion* 16, no. 2 (2016): 175-82.

31 Richard G. Tedeschi and Lawrence G. Calhoun, "외상 후 성장: 개념적 토대와 경험적 증거Posttraumatic Growth: Conceptual Foundations and Empirical Evidence", *Psychological Inquiry* 15, no. 1 (2004): 1-18.

32 Victor E. Frankl, Man's Search for Meaning(New York: Simon and Schuster, 1985; first published in 1946). 빅터 프랭클 지음, 이시형 옮김, 《빅터 프랭클의 죽음의 수용소에서》, 청아출판사, 2005.

33 장 뤽 피카드에게 사과를 전하며, "그렇게 되도록 만들라Make it so"는 말은 〈스타트렉 더 넥스트 제너레이션〉에서 엔터프라이즈호의 선장인 장 뤽 피카드가 입버릇처럼 하는 말이다.

34 마인드셋에 대한 훌륭한 개관은 다음 책에서 볼 수 있다. Carol S. Dweck, Mindset: The New Psychology of Success (New York, Random House, 2006). 캐럴 드웩 지음, 김윤재 옮김, 《마인드셋》, 스몰빅라이프, 2017. 이 특정 연구에 관해서는 다음 논문을 보라. Ying-yi Hong et al., "암묵이론, 귀인 그리고 대처: 의미 체계 접근법Implicit Theories, Attributions, and Coping: A

Meaning System Approach", *Journal of Personality and Social Psychology* 77, no. 3 (1999): 588-99.

35 David S. Yeager et al., "측정 가능한 단기간 마인드셋 개입이 청소년의 교육 궤적을 향상시킬 수 있다면 어떤 환경에서 어떤 사람들을 대상으로 가능한가?Where and for Whom Can a Brief, Scalable Mindset Intervention Improve Adolescents' Educational Trajectories?"(수정 중); Michael Broda et al., "대학입학예정 학생들의 학업 성공에서 불평등 줄이기: 성장 마인드셋 및 소속감 개입법의 무작위 실험Reducing Inequality in Academic Success for Incoming College Students: A Randomized Trial of Growth Mindset and Belonging Interventions", *Journal of Research on Educational Effectiveness* 11, no. 3 (2018): 317-38.

36 흥미롭게도 일반 사람들이 공감에 대해 갖고 있는 이론은 그들의 전반적인 공감 수준과 항상 상관관계를 갖고 있지는 않았다. 그러니까 자신이 공감을 잘한다고 생각하는 사람이라고 해서 반드시 자신이 공감에 대해 더 많은 통제권을 갖고 있다고 생각하는 건 아니라는 말이다. Karina Schumann et al., "공감 결핍 해결하기: 공감의 변화 가능성에 대한 믿음은 공감하기 어려운 상황에 반응하여 얼마나 공감하려 노력할지를 예측하게 한다.Addressing the Empathy Deficit: Beliefs About the Malleability of Empathy Predict Effortful Responses When Empathy Is Challenging", *Journal of Personality and Social Psychology* 107, no. 3 (2014): 475-93.

2장 공감의 작동 원리

1 여기서 나는 레빈의 용어를 정확히 옮기지 않고, 데일 밀러와 데브라 프렌티스가 그와 관련하여 쓴 더 단순한 용어를 쓴다. Dale Miller and Deborah Prentice, "행동 변화의 심리적 지렛대Psychological Levers of Behavior Change", in Behavioral Foundations of Policy, ed. E. Shafir(New York:

Russell Sage Foundation, 2010).

2   도해 출처. Kurt Lewin, "집단 결정과 사회 변화Group Decision and Social
    Change", in Readings in Social Psychology, ed. Guy Swanson et al.(New
    York: Henry Holt, 1952), 459-73.

3   William McDougall, 사회심리학 입문An Introduction to Social Psychology(New
    York: Dover, 2003; first published in 1908).

4   Jennifer C. Veilleux et al., "감정에 관한 믿음들에 대한 다차원적 평가:
    감정과 조절에 관한 믿음 척도Multidimensional Assessment of Beliefs About Emotion:
    Development and Validation of the Emotion and Regulation Beliefs Scale", Assessment 22, no.
    1 (2015): 86-100. 2018년 7월 10일에 논문 저자 베일루와 직접 이야기를
    나눠본 결과, 제시된 숫자들은 인용한 진술들에 약하게 동의하거나 강하
    게 동의한 참가자의 비율을 반영한 것이라고 한다.

5   Immanuel Kant, Groundwork of the Metaphysics of Morals(New
    Haven, Conn.: Yale University Press, 2002; first published in 1785) 임마누엘
    칸트 지음, 백종현 옮김, 《윤리형이상학 정초》, 아카넷, 2018.

6   Paul Bloom, Against Empathy: The Case for Rational Compassion
    (New York: Random House, 2016), 95; Paul Bloom, "The Baby in the
    Well: The Case Against Empathy", New Yorker, May 20, 2013. 폴 블룸
    지음, 이은진 옮김, 《공감의 배신》, 시공사, 2019.

7   이 관점에 대해 더 자세한 내용이 알고 싶으면 다음을 보라. Lisa Feld-
    man Barrett, How Emotions Are Made(New York: Macmillan, 2017) 리사
    펠드먼 배럿 지음, 최호영 옮김, 《감정은 어떻게 만들어지는가》, 생각연
    구소, 2017; Magda B. Arnold, 감정과 성격Emotion and Personality(New York:
    Columbia University Press, 1960); Richard S. Lazarus and Susan Folkman,
    스트레스, 평가, 대처Stress, Appraisal, and Coping(New York: Springer Publishing,

1984); Klaus R. Scherer et al., 감정의 평가 과정: 이론, 방법, 연구Appraisal Processes in Emotion: Theory, Methods, Research (Oxford: Oxford University Press, 2001).

8 James J. Gross, "감정 조절: 현재 상태와 미래 전망Emotion Regulation: Current Status and Future Prospects", *Psychological Inquiry* 26, no. 1 (2015): 1-26; Kevin N. Ochsner and James J. Gross, "감정에 대한 인지적 조절The Cognitive Control of Emotion", Trends in Cognitive Sciences 9, no. 5 (2005): 242-49. 나는 그로스가 '재평가'라고 부르는, 깊이 생각해보기에 초점을 맞추었다. 그러나 사람들은 감정적인 상황을 회피하거나 자신이 느끼는 감정에서 주의를 분산하는 등 다른 방식으로도 자신의 감정을 조절한다.

9 Lian Bloch et al., "감정 조절은 결혼생활의 만족도를 예측하게 한다: 아내들만의 이야기가 아니다Emotion Regulation Predicts Marital Satisfaction: More Than a Wives' Tale", *Emotion* 14, no. 1 (2014): 130; Eran Halperin et al., "감정 조절이 난처한 갈등 상황에서 정치적 태도를 바꿀 수 있을까? 실험실에서 현장으로Can Emotion Regulation Change Political Attitudes in Intractable Conflicts? From the Laboratory to the Field", *Psychological Science* 24, no. 1 (2013): 106-11. 캐럴 드웩의 한 연구 노선과 유사하게, 우리가 자신의 감정을 조절할 수 있다고 믿는 것도 감정을 조절하는 데 도움이 된다. 예를 들어 자신의 감정을 바꿀 수 있다고 믿는 청소년들은 우울증에 걸릴 확률이 더 낮다. 다음을 보라. Brett Q. Ford et al., "감정은 조절할 수 없다는 믿음에 따르는 대가The Cost of Believing Emotions Are Uncontrollable", *Journal of Experimental Psychology: General* 147, no. 8 (2018): 1170-90.

10 Maya Tamir, "사람들은 왜 감정을 조절하는가? 감정 조절 동기의 분류Why Do People Regulate Their Emotions? A Taxonomy of Motives in Emotion Regulation", *Personality and Social Psychology Review* 20, no. 3 (2016): 199-222.

11 사람들은 상대방의 자세, 표정, 기분, 흥분을 재빨리 포착해 자기도 같

공감은 지능이다

은 상태를 취하는데, 자신이 그러고 있다는 걸 깨닫지 못하면서 그럴 때도 있다. 다음을 보라. Celia Heyes, "자동적 흉내Automatic Imitation", *Psychological Bulletin* 137, no. 3 (2011): 463-83; Ulf Dimberg et al., "감정적 표정에 대한 무의식적 표정 반응Unconscious Facial Reactions to Emotional Facial Expressions", *Psychological Science* 11, no. 1 (2000): 86-89; Roland Neumann and Fritz Strack, "'기분 전염': 사람들 사이에서 자동적인 기분의 이전'Mood Contagion': The Automatic Transfer of Mood Between Persons", *Journal of Personality and Social Psychology* 79, no. 2 (2000): 211-23.

12 이 점에 관한 나의 관점을 더 자세히 알고 싶으면 다음 논문을 보라. Jamil Zaki, "공감: 동기에 의한 설명Empathy: A Motivated Account", *Psychological Bulletin* 140, no. 6 (2014): 1608-47.

13 Sylvia A. Morelli et al., "긍정적 공감에 대한 신생 연구The Emerging Study of Positive Empathy", *Social and Personality Psychology Compass* 9, no. 2 (2015): 57-68.

14 William Ickes et al., "자연적 사회 인식: 혼성 쌍에서 공감 정확성Naturalistic Social Cognition: Empathic Accuracy in Mixed-Sex Dyads", *Journal of Personality and Social Psychology* 59 (1990): 730-42; Sara Snodgrass, "여자의 직관: 부차적 역할이 대인관계 민감성에 미치는 영향Women's Intuition: The Effect of Subordinate Role on Interpersonal Sensitivity", *Journal of Personality and Social Psychology* 49, no. 1 (1985): 146-55.

15 William T. Harbaugh, "자선 기부에 대한 위신 동기The Prestige Motive for Making Charitable Transfers", *American Economic Review* 88, no. 2 (1998): 277-82.

16 Eddie Harmon-Jones et al., "공감 경험과 과거에 돕지 못한 일 사이의 불일치가 주는 인지부조화 유도 효과: 인지부조화의 행위기반 모델에 대

한 옹호The Dissonance-Inducing Effects of an Inconsistency Between Experienced Empathy and Knowledge of Past Failures to Help: Support for the Action-Based Model of Dissonance", *Basic and Applied Social Psychology* 25, no. 1 (2003): 69-78; Sonya Sachdeva et al., "죄 짓는 성자와 성자 같은 죄인: 도덕적 자기조절의 역설Sinning Saints and Saintly Sinners: The Paradox of Moral Self-Regulation", Psychological Science 20, no. 4 (2009): 523-28.

17 일례로 다음 논문을 보라. Sara Hodges and Kristi Klein, "공감 비용 조절하기: 인간적 태도의 대가Regulating the Costs of Empathy: The Price of Being Human", *Journal of Socio-Economics* 30, no. 5 (2001): 437-52.

18 S. Mark Pancer et al., "돕는 상황의 갈등과 회피Conflict and Avoidance in the Helping Situation", *Journal of Personality and Social Psychology* 37, no. 8 (1979): 1406-11.

19 Laura Shaw et al., "공감 회피: 동기부여 결과를 피하기 위해 타인에 대한 감정을 미연에 방지하다Empathy Avoidance: Forestalling Feeling for Another in Order to Escape the Motivational Consequences", *Journal of Personality and Social Psychology* 67, no. 5 (1994): 879-87. 이 논리로 연민의 붕괴도 설명할 수 있다. 일련의 연구에서 심리학자들은 고통받는 어린이 한 명 혹은 여덟 명의 사진을 사람들에게 보여주었다. 사람들은 여러 명보다 한 명의 피해자에게 더 큰 공감을 느꼈다고 보고했지만, 특히 심리적 조율이 뛰어난 사람들의 경우에 더욱 그랬다. 더 나쁜 것은, 자기 감정을 조율하는 훈련을 받은 사람들은 남들에 대한 염려를 더 적게 하게 될 가능성이 커진다는 점이다. 크나큰 고통 앞에 직면했을 때 사람들은 염려를 할수록 자신의 고통이 더 커질 거라고 예상한다. 연민이 붕괴하는 것은 많은 희생자에게 공감하는 것이 불가능해서가 아니라, 사람들이 공감하지 않기로 선택하기 때문이다. 다음을 보라. C. Daryl Cameron and B. Keith Payne, "정동 회피: 동기

공감은 지능이다

부여에 의한 감정 조절은 어떻게 집단적 고통에 대한 무감각함을 초래하는가Escaping Affect: How Motivated Emotion Regulation Creates Insensitivity to Mass Suffering", *Journal of Personality and Social Psychology* 100, no. 1 (2011): 1-15.

20 John M. Darley and C. Daniel Batson, "예루살렘에서 예리코까지: 돕는 행동의 상황 및 기질 변수에 관한 연구From Jerusalem to Jericho: A Study of Situational and Dispositional Variables in Helping Behavior", *Journal of Personality and Social Psychology* 27, no. 1 (1973): 100-108.

21 Morelli, "Emerging Study of Positive Empathy" 주 13 참고; Sylvia A. Morelli et al., "공감과 안녕은 상이한 사회적 관계망에서 중심적 위치와 상관관계를 갖는다Empathy and Well-Being Correlate with Centrality in Different Social Networks", Proceedings of the National Academy of Sciences 114, no. 37 (2017): 9843-47; John F. Helliwell and Lara B. Aknin, "행복의 사회과학 확장하기Expanding the Social Science of Happiness", *Nature Human Behaviour* 2 (2018): 248-52.

22 John T. Cacioppo et al., "외로움과 자기중심성의 상호 영향: 아프리카계 미국인, 히스패닉, 코카서스 성인의 인구 기반 표본의 교차 지연 패널 분석Reciprocal Influences Between Loneliness and Self-Centeredness: A Cross-Lagged Panel Analysis in a Population-Based Sample of African American, Hispanic, and Caucasian Adults", *Personality and Social Psychology Bulletin* 43, no. 8 (2017): 1125-35.

23 Bernard Burnes, "쿠르트 레빈과 하우드 연구Kurt Lewin and the Harwood Studies: The Foundations of OD", *Journal of Applied Behavioral Science* 43, no. 2 (2007): 213-31.

24 넛지는 리처드 H. 세일러Richard H. Thaler와 캐스 선스타인Cass Sunstein이 만든 용어다. Nudge: Improving Decisions About Health, Wealth, and Happiness (New York, Penguin, 2008) 리처드 H 탈러, 캐스 R. 선스타인 지

음, 안진환 옮김,《넛지-똑똑한 선택을 이끄는 힘》, 리더스북, 2018; John Beshears et al., "기본 선택이 연금저축 결과에 미치는 중요성The Importance of Default Options for Retirement Saving Outcomes", in Social Security Policy in a Changing Environment, ed. Jeffrey Liebman et al. (Chicago: University of Chicago Press, 2009); Eric J. Johnson and Daniel Goldstein, "기본 선택이 목숨을 살릴까?Do Defaults Save Lives?", *Science* 302, no. 5649 (2003): 1338-39. 넛지가 행동을 바꾸는 유일한 방법은 아니다. 이른바 현명한 개입이라 불리는 방법들은 좀 더 뚜렷한 심리학적 관점을 취한다. 예를 들어 다음을 보라. Gregory M. Walton and Timothy D. Wilson, "현명한 개입: 사회와 개인의 문제에 대한 심리학적 교정Wise Interventions: Psychological Remedies for Social and Personal Problems", *Psychological Review* 125 (2018): 617-55.

25 C. Daniel Batson et al., "공감과 태도: 낙인찍힌 집단의 한 구성원에 대한 공감이 그 집단에 대한 감정을 개선할 수 있을까?Empathy and Attitudes: Can Feeling for a Member of a Stigmatized Group Improve Feelings Toward the Group?", *Journal of Personality and Social Psychology* 72, no. 1 (1997): 105-18.

26 Leonardo Christov-Moore et al., "공감: 뇌와 행동에 미치는 성별의 영향Empathy: Gender Effects in Brain and Behavior", Neuroscience and Biobehavioral Reviews 46 (2014): 604-27.

27 Kristi Klein and Sara Hodges, "성별 차이, 동기 그리고 공감의 정확성: 이해하는 것이 이득이 될 때Gender Differences, Motivation, and Empathic Accuracy: When It Pays to Understand", *Personality and Social Psychological Bulletin* 27, no. 6 (2001): 720-30; Geoff Thomas and Gregory R. Maio, "와, 나 여자 같은 기분이야: 성별 역할 동기부여가 마음 읽기에 도움이 되는 경우와 방식Man, I Feel Like a Woman: When and How Gender-Role Motivation Helps Mind-Reading", *Journal of Personality and Social Psychology* 95, no. 5 (2008): 1165-79.

공감은 지능이다

28 Samuel L. Gaertner and John F. Dovidio, 집단 간 편견 줄이기: 공통 내
    집단 정체성 모델Reducing Intergroup Bias: The Common Ingroup Identity Model (New
    York: Routledge, 2000).

29 Mark Levine et al., "정체성과 응급 개입: 사회적 집단 소속과 포용적 집
    단 경계선은 돕기 행동을 어떻게 형성하는가Identity and Emergency Intervention:
    How Social Group Membership and Inclusiveness of Group Boundaries Shape Helping Behavior",
    Personality and Social Psychology Bulletin 31, no. 4 (2005): 443-53. 이 연
    구는 표본 크기가 비교적 작고 직접적으로 반복 검증 실험을 하지 않았다
    는 점을 짚고 넘어가야 한다. 그러나 다른 많은 연구도 사람들이 공통의
    내집단에 초점을 맞출 때, 다른 맥락에서는 외부인인 사람들에 대해 더
    친사회적으로 변한다는 점을 증명했다.

30 John F. Edens et al., "정신질환 사형: 정신질환 체크리스트 개정판은 '사
    회에 대한 항시적 위협'인 범죄자들을 식별할 수 있는가?Psychopathy and
    the Death Penalty: Can the Psychopathy Checklist-Revised Identify Offenders Who Represent 'A
    Continuing Threat to Society'?", *Journal of Psychiatry and Law* 29, no. 4 (2001):
    433-81.

31 Harma Meffert et al., "정신질환에서 자발적 대리표상은 감소했으나 의도
    적 대리표상은 비교적 정상적이다Reduced Spontaneous but Relatively Normal Deliberate
    Vicarious Representations in Psychopathy", *Brain* 136, no. 8 (2013): 2550-62.

32 Tania Singer et al., "고통에 대한 공감에는 고통의 감각적 성분이 아
    니라 감정적 성분이 관여한다Empathy for Pain Involves the Affective but Not Sensory
    Components of Pain", *Science* 303, no. 5661 (2004): 1157-62.

33 징거 자신의 연구를 포함하여 이전의 연구들도 명상 수련이 공감에 미치
    는 효과를 증명했다. 예를 들어 다음을 보라. Olga M. Klimecki et al., "자
    비 수련과 공감 수련 이후 뇌의 기능적 가소성 패턴 차이Differential Pattern

of Functional Brain Plasticity After Compassion and Empathy Training", *Social Cognitive and Affective Neuroscience* 9, no. 6 (2014): 873-79; Paul Condon et al., "명상은 고통에 대한 자비 반응을 증가시킨다Meditation Increases Compassionate Responses to Suffering", *Psychological Science* 24, no. 10 (2013): 2125-27.

34 Lea K. Hildebrandt et al., "자기 보고를 통해 알아본, 주의-인지, 자비-인지, 사회-인지 기반 정신 훈련이 마음챙김과 연민에 미치는 상이한 효과들Differential Effects of Attention-, Compassion-, and Socio-Cognitively Based Mental Practices on Self-Reports of Mindfulness and Compassion", *Mindfulness* 8, no. 6 (2017): 1488-12; Anna-Lena Lumma et al., "나는 누구인가? 세 가지 명상 정신 훈련이 자기묘사에서 감정적 단어 사용에 미치는 상이한 효과들Who Am I? Differential Effects of Three Contemplative Mental Trainings on Emotional Word Use in Self-Descriptions", *Self and Identity* 16, no. 5 (2017): 607-28; Sofie L. Valk et al., "사회적 뇌의 구조 가소성: 사회적 정서 정신훈련과 인지 정신훈련 이후의 상이한 변화Structural Plasticity of the Social Brain: Differential Change After Socio-Affective and Cognitive Mental Training", *Science Advances* 3, no. 10 (2017): e1700489.

35 예컨대 다음 논문을 보라. E. Tory Higgins and William S. Rholes, "'말하는 것은 믿는 것이다': 메시지 수정이 기억과 묘사된 사람에 대한 호감에 미치는 영향Saying Is Believing': Effects of Message Modification on Memory and Liking for the Person Described", *Journal of Experimental Social Psychology* 14, no. 4 (1978): 363-78.

36 Erika Weisz et al., "동기 기반 개입을 통한 공감 키우기Building Empathy Through Motivation-based Interventions", *Emotion*, Advance online Publication. http://doi.org/10.137/emo0000929

공감은 지능이다

3장 증오 대 접촉

1 Colin Roberts et al., "누가 왜 증오범죄를 저지르는지 이해하기Under-standing Who Commits Hate Crimes and Why They Do It" (report prepared for Welsh Government Social Research, 2013).

2 Armin Falk et al., "실업과 극우 범죄Unemployment and Right-Wing Extremist Crime", *Scandinavian Journal of Economics* 113, no. 2 (2011): 260-8

3 Pete Simi et al., "폭력적 극단주의의 전조로서 트라우마: 비 이데올로기 요인들이 어떻게 극단주의 단체 가입에 영향을 미치나Trauma as a Precursor to Violent Extremism: How Non-Ideological Factors Can Influence Joining an Extremist Group" (College Park, Md.: START, 2015).

4 발췌문들은 캐나다 인권위원회가 토니 매컬리어에게 제기한 법정 소송의 녹취록에서 가져온 것이다. 더 자세한 내용은 다음에서 볼 수 있다. http://www.stopracism.ca/content/chrc-v-canadian-liberty-net1

5 Maureen A. Craig and Jennifer A. Richeson, "'다수 대 소수' 미국의 낭떠러지 위에서: 인종비 변화에 의해 지위가 위협된다는 인식은 미국 백인의 정치적 이데올로기에 영향을 미친다On the Precipice of a 'Majority-Minority' America: Perceived Status Threat from the Racial Demographic Shift Affects White Americans' Political Ideology", *Psychological Science* 25, no. 6 (2014): 1189-97; Robb Willer et al., "인종적 지위에 대한 위협은 미국 백인들의 티파티 지지를 부추긴다Threats to Racial Status Promote Tea Party Support Among White Americans", SSRN working paper, 2016, https://ssrn.com/abstract=2770186.

6 다음을 보라. Shanto Iyengar et al., "이데올로기가 아니라 감정: 양극화를 보는 사회정체성 관점Affect, Not Ideology: A Social Identity Perspective on Polarization", *Public Opinion Quarterly* 76, no. 3 (2012): 405-31; Shanto Iyengar and Sean J. Westwood, "정당 방침에 퍼져 있는 공포와 혐오: 집단 양극화에

대한 새로운 증거Fear and Loathing Across Party Lines: New Evidence on Group Polarization",
American Journal of Political Science 59, no. 3 (2015): 690-707. 당파심은
우리가 개인에게 받는 인상에도 은밀히 스며든다. 아이엔거와 웨스트우
드는 실험참가자들에게 각자 다른 정당에 속한 가상의 장학생 후보 두 명
의 기록을 비교해 보고 둘 중 한 사람을 선택해달라고 요청했다. 민주당
원과 공화당원 모두 약 80퍼센트가 자신과 같은 정당의 후보를 선택했다.

7   Jeremy Frimer et al., "진보와 보수는 비슷한 정도의 적극성으로 서로의
    의견에 노출되는 것을 피한다Liberals and Conservatives Are Similarly Motivated to Avoid
    Exposure to One Another's Opinions", *Journal of Experimental Social Psychology* 72
    (2017): 1-12.

8   예를 들어 다음을 보라. Xiaojing Xu, "당신은 내 고통을 느낍니까? 소
    속 인종집단이 공감의 신경반응을 조절한다Do You Feel My Pain? Racial Group
    Membership Modulates Empathic Neural Responses", *Journal of Neuroscience* 29, no.
    26 (2009): 8525-29; John T. Lanzetta and Basil G. Englis, "협동과 경
    쟁에 대한 기대와, 그 기대가 관찰자의 대리적 감정 반응에 미치는 영향
    Expectations of Cooperation and Competition and Their Effects on Observers' Vicarious Emotional
    Responses", *Journal of Personality and Social Psychology* 56, no. 4 (1989):
    543-54.

9   Harriet A. Washington, "의학적 아파르트헤이트: 식민지 시대부터 현
    재까지 미국 흑인에 대한 의학 실험의 어두운 역사Medical Apartheid: The Dark
    History of Medical Experimentation on Black Americans from Colonial Times to the Present"(New
    York: Doubleday, 2006).

10 Sophie Trawalter et al., "타인의 고통을 인지할 때의 인종적 편견Racial
    Bias in Perceptions of Others' Pain", *PLoS One* 7, no. 11 (2012): e48546; Kelly M.
    Hoffmanet et al., "통증 평가와 치료 제안에서의 인종적 편견 및 흑인

과 백인 사이의 생물학적 차이에 대한 잘못된 믿음Racial Bias in Pain Assessment and Treatment Recommendations, and False Beliefs About Biological Differences Between Blacks and Whites", *Proceedings of the National Academy of Sciences* 113, no. 16 (2016): 4296–301.

11 Nour Kteily et al., "인간 진화의 발달 단계: 노골적인 비인간화에 대한 이론적·경험적 증거The Ascent of Man: Theoretical and Empirical Evidence for Blatant Dehumanization", *Journal of Personality and Social Psychology* 109, no. 5 (2015): 901–31; Nour Kteily and Emile Bruneau, "반격: 소수자 집단 비인간화의 정치학과 현실 세계의 결과들Backlash: The Politics and Real-World Consequences of Minority Group Dehumanization", *Personality and Social Psychology Bulletin* 43, no. 1 (2017): 87–104.

12 이러한 사실은 MRI보다 더 신속하게 뇌 활동을 기록하는 사건 관련전위event-related potentials(ERPs)를 사용한 연구들에 의해 부각되었다. 예를 들어 다음을 보라. Feng Sheng and Shihui Han, "인지전략 및 집단 간 관계의 조작으로 공감의 신경 반응에 나타나는 인종 편향을 감소시킨다Manipulations of Cognitive Strategies and Intergroup Relationships Reduce the Racial Bias in Empathic Neural Responses", *Neuroimage* 61, no. 4 (2012): 786–97. 사건 관련전위는 몇 분의 1초 만에 신속하고 자동적으로 일어나는 외부인에 대한 '반-공감counter-empathy'도 보여준다. 다음을 보라. Makiko Yamada et al., "기뻐하는 찡그림, 실망한 미소: 반공감에 대한 사건관련전위 연구Pleasing Frowns, Disappointing Smiles: An ERP Investigation of Counterempathy", *Emotion* 11, no. 6 (2011): 1336.

13 Mina Cikara et al., "우리 대 그들: 사회정체성은 집단 간 경쟁과 손해에 대한 신경 반응의 성격을 결정한다Us Versus Them: Social Identity Shapes Neural Responses to Intergroup Competition and Harm", *Psychological Science* 22, no. 3 (2011): 306–13;

14 Mina Cikara and Susan T. Fiske, "상투적 고정관념과 샤덴프로이데: 외집단의 불운에 대한 즐거움의 정동적 지표와 생리적 지표Stereotypes and Schadenfreude: Affective and Physiological Markers of Pleasure at Outgroup Misfortunes", *Social Psychological and Personality Science* 3, no. 1 (2012): 63-71.

15 Gordon W. Allport, The Nature of Prejudice (Cambridge, Mass.: Addison Wesley, 1954), 특히 269~277쪽을 보라. 고든 올포트 지음, 석기용 옮김, 《편견》, 교양인, 2020.; Thomas F. Pettigrew, "고든 윌러드 올포트에게 바치는 헌사Gordon Willard Allport: A Tribute", *Journal of Social Issues* 55, no. 3 (1999): 415-28.

16 Jens Hainmueller and Daniel J Hopkins, "이민에 대한 대중의 태도 Public Attitudes Toward Immigration", *Annual Review of Political Science* 17 (2014): 225-49; Ryan D. Enos, "집단 간 접촉이 배타적 태도에 미치는 원인적 영향Causal Effect of Intergroup Contact on Exclusionary Attitudes", *Proceedings of the National Academy of Sciences* 111, no. 10 (2014): 3699-704.

17 Thomas F. Pettigrew and Linda R. Tropp, "집단 간 접촉이론에 대한 메타분석 검사A Meta-Analytic Test of Intergroup Contact Theory", *Journal of Personality and Social Psychology* 90, no. 5 (2006): 751. 페티그루와 트롭은 접촉이 편견을 감소시키는 주요한 세 가지 경로 중 하나가 공감임을 발견했다. 또한 공감은 상투적 고정관념을 유지하는 것을 어렵게 만들고, 외부인들 주변에 있을 때 느끼는 불안감도 줄여준다. 다음을 보라. Thomas F. Pettigrew and Linda R. Tropp, "집단 간 접촉은 어떻게 편견을 줄이는가? 세 가지 중재법에 대한 메타분석 검사How Does Intergroup Contact Reduce Prejudice? Meta-Analytic Tests of Three Mediators", *European Journal of Social Psychology* 38, no. 6 (2008): 922-34.

18 Colette Van Laar et al., "대학 룸메이트 접촉이 인종적 태도와 행동에

미치는 영향The Effect of University Roommate Contact on Ethnic Attitudes and Behavior", *Journal of Experimental Social Psychology* 41, no. 4 (2005): 329 – 45; David Broockman and Joshua Kalla, "트랜스젠더 혐오증 감소의 지속성: 호별방문 호소 현장실험Durably Reducing Transphobia: A Field Experiment on Door-to-Door Canvassing", *Science* 352, no. 6282 (2016): 220 – 24.

19 공감이 경쟁을 방해한다는 증거는 다음 논문들에서 볼 수 있다. Debra Gilin et al., "머리를 써야 할 때와 가슴을 써야 할 때: 경쟁적 상호작용에서 상대의 관점을 취해보는 일과 공감이 지닌 서로 다른 가치When to Use Your Head and When to Use Your Heart: The Differential Value of Perspective-Taking Versus Empathy in Competitive Interactions", *Personality and Social Psychology Bulletin* 39, no. 1 (2013): 3 – 16; Mina Cikara and Elizabeth Levy Paluck, "협조하는 게 아무 효과도 없을 때와 경쟁적 행동의 장점When Going Along Gets You Nowhere and the Upside of Conflict Behaviors", *Social and Personality Psychology Compass* 7, no. 8 (2013): 559 – 71.

20 Roni Porat et al., "우리는 우리가 원하는 것을 얻게 된다: 집단 기반의 감정적 선호와 갈등 해결What We Want Is What We Get: Group-Based Emotional Preferences and Conflict Resolution", *Journal of Personality and Social Psychology* 110, no. 2 (2016): 167 – 90.

21 Tania Tam et al., "북아일랜드에서 집단 간 감정이 용서에 미친 영향The Impact of Intergroup Emotions on Forgiveness in Northern Ireland", Group Processes and Intergroup Relations 10, no. 1 (2007): 119 – 36; Brian M. Johnston and Demis E. Glasford, "집단 간 접촉과 도움: 질 높은 접촉과 공감은 어떻게 외집단을 향한 도움을 형성하는가Intergroup Contact and Helping: How Quality Contact and Empathy Shape Outgroup Helping", Group Processes and Intergroup Relations, July 6, 2017; Hema Preya Selvanathan et al., "인종적 정의

를 지지하는 백인들: 미국 흑인과의 접촉은 어떻게 미국 백인 사이에서 집단행동에 대한 지지를 예측하게 하는가Whites for Racial Justice: How Contact with Black Americans Predicts Support for Collective Action Among White Americans", Group Processes and Intergroup Relations 21, no. 6 (2017): 893–912.

22 Gáor Orosz et al., "살아 있는 책을 표지만 보고 판단하지 말라: 살아 있는 도서관 개입법이 집시와 LGBT 사람들에 대한 편견을 줄이는 효과Don't Judge a Living Book by Its Cover: Effectiveness of the Living Library Intervention in Reducing Prejudice Toward Roma and LGBT People", Journal of Applied Social Psychology 46, no. 9 (2016): 510–17.

23 Juliana Schroeder and Jane L. Risen, "적과 친구 되기: 이스라엘인과 팔레스타인인을 위한 공존 프로그램에서 외집단 우정은 장기적인 집단 간 태도를 예측하게 한다Befriending the Enemy: Outgroup Friendship Longitudinally Predicts Intergroup Attitudes in a Coexistence Program for Israelis and Palestinians", Group Processes and Intergroup Relations 19, no. 1 (2016): 72–93.

24 Gunnar Lemmer and Ulrich Wagner, "실험실 밖에서도 실제로 민족적 편견을 감소시킬 수 있을까? 직간접적인 접촉 개입법에 대한 메타분석Can We Really Reduce Ethnic Prejudice Outside the Lab? A Meta-Analysis of Direct and Indirect Contact Interventions", European Journal of Social Psychology 45, no. 2 (2015): 152–68.

25 수십 건의 연구가 접촉이론을 검토하기는 했지만, 올포트의 원래 주장을 제대로 검증한 연구는 거의 없다. 다음을 논문을 보라. Elizabeth L. Paluck et al., "접촉가설에 대한 재평가The Contact Hypothesis Re-Evaluated", Behavioural Public Policy, July 10, 2018, 1–30.

26 Thomas Dierks et al., "환청 중 헤슐 이랑의 활성화Activation of Heschl's Gyrus During Auditory Hallucinations", Neuron 22, no. 3 (1999): 615–21.

27 Drew Magary, "세라 실버먼은 악플러 처단자Sarah Silverman Is the Troll Slayer", *GQ Magazine*, May 23, 2018. 실버먼의 관점과 일치하게, 권력이 낮은 지위에 있는 사람들은 권력자들의 정신에 자신을 조율함으로써 비범할 정도로 일을 훌륭하게 해내는 경우가 많다. 예를 들어 다음 논문들을 보라. Sara Snodgrass, "여자의 직관: 하급 역할이 대인관계의 민감성에 미치는 영향Women's Intuition: The Effect of Subordinate Role on Interpersonal Sensitivity", *Journal of Personality and Social Psychology* 49, no. 1 (1985): 146-55; Michael Kraus et al., "사회계급, 맥락주의, 그리고 공감의 정확성Social Class, Contextualism, and Empathic Accuracy", *Psychological Science* 21, no. 11 (2010): 1716-23.

28 Emile Bruneau and Rebecca Saxe, "자기 말을 듣게 하는 것의 힘: 집단 간 갈등의 맥락에서 '관점 제시하기'가 주는 혜택들The Power of Being Heard: The Benefits of 'Perspective-Giving' in the Context of Intergroup Conflict", *Journal of Experimental Social Psychology* 48, no. 4 (2012): 855-66.

29 Patrick S. Forscher and Nour Kteily, "대안우파의 심리 프로필A Psychological Profile of the Alt-Right", working paper, 2017, https://psyarxiv.com/c9uvw.

30 그 회의를 소집하고 주재한 사람은 폭력을 줄이고 예방하는 일에 전념하는 비영리단체인 '오버 제로Over Zero'의 총괄 책임자 레이철 브라운이었다. 레이철은 케냐와 미국 등 세계 각지에서 증오에 맞서는 혁신적이고 막강한 옹호 활동을 펼쳐왔다.

31 이 인용문은 우리의 대화에서 나온 것이 아니라, 앤절라가 한 인터뷰에서 가져온 것이다. A. Schmidt, "15살에 증오 단체에 가입해 네오나치로 살다가 인생을 바꾼 이가 지금은 다른 사람들이 폭력적인 극단주의에서 빠져나오도록 돕고 있다Former Neo-Nazi Who Joined Hate Group at 15 and Changed Her Life Now Helps Other Ex-Racists Leave Violent Extremism", *Daily Mail*, March 7, 2017.

32 Kristin D. Neff and Elizabeth Pommier, "대학 학부생, 지역사회 성인, 명상 실천가들 사이에서 자기자비와 타인에 초점을 둔 염려 사이의 관계The Relationship Between Self-Compassion and Other-Focused Concern Among College Undergraduates, Community Adults, and Practicing Meditators", *Self and Identity* 12, no. 2 (2013): 160-76. 네프와 포미어는 자기자비와 공감적 배려 사이의 상관관계가 0~0.26임을 알아냈다. 이 범위에서 가장 높은 값조차도 통계학자들이 약한 상관관계라고 간주하는 정도다.

33 Lisa M. Yarnell and Kristin D. Neff, "자기자비, 개인 간 갈등 해결, 그리고 안녕Self-Compassion, Interpersonal Conflict Resolutions, and Well-Being", *Self and Identity* 12, no. 2 (2013): 146-59.

34 Rony Berger et al., "정치적 폭력 기간에 외상 후 증후들과 비관용을 줄이는 학교 기반 개입법A School-Based Intervention for Reducing Posttraumatic Symptomatology and Intolerance During Political Violence", *Journal of Educational Psychology* 108, no. 6 (2016): 761-71. 이 프로그램은 자기자비뿐 아니라 스트레스 감소에도 초점을 맞추었다는 점을 지적한다.

35 Hal Ersner-Hershfield et al., "미래에 대한 생각을 멈추지 마세요: 미래의 자아 연속성에 대한 개인차가 저축 상태를 설명해준다Don't Stop Thinking About Tomorrow: Individual Differences in Future Self-Continuity Account for Saving", *Judgment and Decision Making* 4, no. 4 (2009): 280-86; Hal Ersner-Hershfield et al., "미래에 나이 든 자신의 모습을 보여주는 프로그램을 통해 저축 행동을 증가시킬 수 있다Increasing Saving Behavior Through Age-Progressed Renderings of the Future Self", *Journal of Marketing Research* 48 (2011): S23-S37.

36 Amit Goldenberg et al., "이스라엘-팔레스타인 갈등의 맥락에서 집단 변화 가능성의 영향과 지속성 시험Testing the Impact and Durability of a Group Malleability Intervention in the Context of the Israeli-Palestinian Conflict", *Proceedings of the National*

Academy of Sciences 115, no. 4 (2018): 696–701; Amit Goldenberg et al., "집단 간 접촉의 유용성 높이기: 집단 변화가능성에 관한 믿음을 강화함으로써 팔레스타인과 유대-이스라엘 청소년들 사이의 협동 증진하기 Making Intergroup Contact More Fruitful: Enhancing Cooperation Between Palestinian and Jewish-Israeli Adolescents by Fostering Beliefs About Group Malleability", *Social Psychological and Personality Science* 8, no. 1 (2016).

4장 문학과 예술이 공감에 미치는 영향

1 Mark K. Wheeler et al., "기억의 메아리: 생생한 기억 떠올리기는 특정 감각피질을 재활성화한다 Memory's Echo: Vivid Remembering Reactivates Sensory-Specific Cortex", *Proceedings of the National Academy of Sciences* 97, no. 20 (2000): 11125–29; Lars Nyberg et al., "동작에 대한 명시적 기억을 떠올리는 동안 뇌 운동 영역의 재활성화 Reactivation of Motor Brain Areas During Explicit Memory for Actions", *Neuroimage* 14, no. 2 (2001): 521–28; Bruno Laeng and Unni Sulutvedt, "동공은 상상의 빛에 대해서도 수축한다 The Eye Pupil Adjusts to Imaginary Light", *Psychological Science* 25, no. 1 (2014): 188–97.

2 Matthew A. Killingsworth and Daniel. T. Gilbert, "떠돌아다니는 마음은 행복하지 않은 마음 A Wandering Mind Is an Unhappy Mind", *Science* 330, no. 6006(2010): 932.

3 이 영역들은 보통 '디폴트모드 네트워크 default mode network'라고 불린다. 아무것도 하지 않는 상태, 즉 디폴트 상태일 때 대사가 오히려 활발하기 때문이다. 다음은 디폴트모드 네트워크에 대한 초기 논문이다. Marcus E. Raichle et al., "뇌기능의 디폴트모드 A Default Mode of Brain Function", *Proceedings of the National Academy of Sciences* 98, no. 2 (2001): 676–82.

4 이 시스템이 시간에서 풀려나기에 관여하는 방식에 대해 훌륭히 검토한

다음 논문을 보라. Randy L. Buckner and Daniel C. Carroll, "자기투사와 뇌Self-Projection and the Brain", *Trends in Cognitive Sciences* 11, no. 2 (2007): 49-57.

5 Diana I. Tamir and Jason P. Mitchell, "정신화 도중 닻내리기와 조정의 신경상관물Neural Correlates of Anchoring-and-Adjustment During Mentalizing", *Proceedings of the National Academy of Sciences* 107, no. 24 (2010): 10827-32; Jamil Zaki et al., "공감 정확성의 신경기저The Neural Bases of Empathic Accuracy", *Proceedings of the National Academy of Sciences* 106, no. 27 (2009): 11382-87.

6 다음 책에서 더 자세한 내용을 볼 수 있다. Jonathan Gottschall, The Storytelling Animal: How Stories Make Us Human (New York: Houghton Mifflin Harcourt, 2012). 조너선 갓셜 지음, 노승영 옮김, 《스토리텔링 애니멀》, 민음사, 2014.

7 서사예술은 기억, 상상, 공감과 동일한 뇌 영역을 활성화한다. 이는 서사예술이 그 셋 모두에 대한 경험적 정보를 활용한다는 점과도 일치한다. 다음을 보라. Raymond Mar, "사회적 인지와 이야기 이해의 신경기저The Neural Bases of Social Cognition and Story Comprehension", *Annual Review of Psychology* 62 (2011): 103-34.

8 Konstantin Stanislavsky, An Actor Prepares, trans. Elizabeth Reynolds Hapgood (New York: Routledge, 1989; first published in 1936), 15. 콘스탄틴 스타니슬랍스키 지음, 신겸수 옮김, 《배우 수업》, 예니, 2014.

9 골드스타인은 인지적 공감과 상당 부분 겹치는 '마음의 이론theory of mind'이라는 용어를 사용한다(부록 A: "공감이란 무엇인가?"를 보라). 나는 여기서 일관성을 위해 마음의 이론 대신 인지적 공감이란 용어를 사용했다.

10 M. Taylor and S. M. Carlson, "공상과 마음의 이론에서 개인적 차이

의 관계The Relation Between Individual Differences in Fantasy and Theory of Mind", *Child Development* 68, no. 3 (1997): 436 – 55.

11 Thalia R. Goldstein et al., "배우들은 마음의 이론에 능숙하지만, 공감에는 능숙하지 않다Actors Are Skilled in Theory of Mind but Not Empathy", *Imagination, Cognition and Personality* 29, no. 2 (2009): 115 – 33.

12 Thalia R. Goldstein and Ellen Winner, "공감의 강화와 마음의 이론 Enhancing Empathy and Theory of Mind", *Journal of Cognition and Development* 13, no. 1 (2012): 19 – 37. 다른 예술 형식이 다른 심리 기능에 긍정적 영향을 미친다는 것도 잘 기록되어 있다. 창작자의 안녕을 향상시키는 것이 한 예다. 예를 들어 다음 논문을 보라. Louise C. Boyes and Ivan Reid, "예술 활동에 참가하는 것은 학생들에게 어떤 이점이 있을까? 연구문헌의 시각What Are the Benefits for Pupils Participating in Arts Activities? The View from the Research Literature", *Research in Education* 73, no. 1 (2005): 1 – 14.

13 Blythe A. Corbett et al., "무작위 연극 개입 시험을 활용한 자폐스펙트럼장애 어린이들의 사회적 능력 향상Improvement in Social Competence Using a Randomized Trial of a Theatre Intervention for Children with Autism Spectrum Disorder", *Journal of Autism and Developmental Disorders* 46, no. 2 (2016): 658 – 72.

14 마의 관점에 대한 훌륭한 요약을 다음 논문에서 볼 수 있다. Raymond Mar and Keith Oatley, "픽션의 기능은 사회적 경험의 추상화와 시뮬레이션이다The Function of Fiction Is the Abstraction and Simulation of Social Experience", *Perspectives on Psychological Science* 3, no. 3 (2008): 173 – 92.

15 문학과 공감의 관계를 확증한 상관연구들에 대한 메타분석은 다음 논문에서 볼 수 있다. Micah L. Mumper and Richard J. Gerrig, "여가 독서와 사회적 인지: 메타분석Leisure Reading and Social Cognition: A Meta-Analysis", *Psychology of Aesthetics, Creativity, and the Arts* 11, no. 1 (2017): 109 – 20. 흥미롭게도

전문적인 비문학을 읽은 양으로는 공감을 추적할 수 없다. 그러니 나처럼 고리타분한 학자들은 운이 나쁜 셈이다.

16 이런 효과에 관한 메타분석은 다음 논문에서 볼 수 있다. David Dodell-Feder and Diana I. Tamir, "문학 읽기가 사회적 인지에 미치는 작지만 긍정적인 영향: 메타분석Fiction Reading Has a Small Positive Impact on Social Cognition: A Meta-Analysis", *Journal of Experimental Psychology: General* (2018). 다음 논문도 보라. Maria C. Pino and M. Mazza, "정신화 능력 증진을 위한 '문학적 픽션'의 사용The Use of 'Literary Fiction' to Promote Mentalizing Ability", *PLoS One* 11, no. 8 (2016): e0160254; 슬픔과 나눔에 관해서는 다음 논문을 보라. Eve M. Koopman, "독서 후의 공감 반응: 장르, 개인적 요인, 감정 반응의 역할Empathic Reactions After Reading: The Role of Genre, Personal Factors and Affective Responses", *Poetics* 50 (2015): 62-79. 공감과 문학에 관한 연구 중에는 초기의 유명한 발견과 다른 결과가 나온 연구들도 있다. 예를 들면, Maria E. Panero et al., "문학적 픽션의 한 구절을 읽는 것이 정말로 마음의 이론을 향상시키는가? 반복실험 시도Does Reading a Single Passage of Literary Fiction Really Improve Theory of Mind? An Attempt at Replication", *Journal of Personality and Social Psychology* 111, no. 5 (2016): e46-e54. 그러나 쌓인 증거들은 작지만 일관적인 효과가 있다고 말하고 있다. 페더와 타미르가 지적하듯이 작은 효과도 의미 있는 효과다. 이 연구들에서 사용된 대부분의 개입이 최소의 규모로 행해졌기 때문이다. 문학(또는 책 한 권)의 한 구절을 읽는 것이 공감을 미세하게라도 증가시켰다면, 독서를 평생 하는 것은 더 큰 차이를 만들어낼 것이다.

17 Philip J. Mazzocco et al., "이 이야기는 모두를 위한 것이 아니다: 이야기 속으로 몰입해 들어갈 수 있는 능력과 서사의 설득력This Story Is Not for Everyone: Transportability and Narrative Persuasion", *Social Psychological and Personality*

Science 1, no. 4 (2010): 361-68; Loris Vezzali et al., "독서를 통한 간접적 접촉: 이민자에 대한 청소년의 태도와 행동 의도 개선Indirect Contact Through Book Reading: Improving Adolescents' Attitudes and Behavioral Intentions Toward Immigrants", *Psychology in the Schools* 49, no. 2 (2012): 148-62; Dan R. Johnson, "문학적 픽션 속으로 몰입해 들어가는 것은 아랍 무슬림에 대한 편견을 줄이고 공감을 증가시킨다Transportation into Literary Fiction Reduces Prejudice Against and Increases Empathy for Arab-Muslims", *Scientific Study of Literature* 3, no. 1 (2013): 77-92.

18 벳시 레비 팔럭과 직접 나눈 대화에서 들은 말. 2016년 8월 30일.

19 다음 글에서 재인용. Charles Mironko, "르완다 시골에서 RTLM의 인종적 증오 수사가 미친 영향The Effect of RTLM's Rhetoric of Ethnic Hatred in Rural Rwanda", 미디어와 르완다 집단학살The Media and the Rwandan Genocide, ed. Allan Thompson (London: Pluto Press, 2007), 125.

20 그들의 독백이 실제로 RTLM의 전체 방송 내용에서 약 61퍼센트를 차지했다. 다음을 보라. Mary Kimani, "RTLM: 대량 살인의 도구가 된 매체 RTLM: The Medium That Became a Tool for Mass Murder", Thompson, Media and the Rwandan Genocide.

21 RTLM 녹취록, 1994년 1월 14일 분. 여기 인용한 모든 RTLM 녹취록은 다음 주소에서 볼 수 있다. http://www.rwandafile.com/rtlm/

22 벳시 레비 팔럭이 개인적 대화에서 내게 들려준 말. 2016년 8월 13일: "나는 RTLM이 위해를 가하고 논쟁을 벌이고 위협하려는 의도를 가진 집단이라고 생각하지만, 사람들은 무척 재미있고 웃기고 활기찼던 방송이라고 묘사해요. 누군가 그때 방송에 나왔던 이야기를 다시 꺼내면 사람들은 지금도 그 얘기를 듣고 웃어요."

23 Cilliers et al., "내전 후 화해는 사회적 자본을 증가시키지만 개인의 안녕

은 감소시킨다Reconciling After Civil Conflicts Increases Social Capital but Decreases Individual Well-Being", *Science* 352, no. 6287 (2016): 787 – 94. 이 연구자들은 시에라리온의 '진실과 화해 프로그램' 이후 실제로 희생자들이 외상 후 스트레스 장애 관련 증상을 겪는 일이 증가했음을 발견했다. 르완다에서는 이와 유사한 데이터를 수집하지 않았지만, 팔럭이 경험한 집단학살 후의 감정은 이 연구자들의 설명과 일치한다.

24 Elizabeth Levy Paluck, "미디어를 사용하여 집단 간 편견과 갈등 줄이기: 르완다의 현장 실험Reducing Intergroup Prejudice and Conflict Using the Media: A Field Experiment in Rwanda", *Journal of Personality and Social Psychology* 96, no. 3 (2009): 574 – 87.

25 Rezarta Bilali and Johanna R. Vollhardt, "화해적 라디오 드라마가 르완다의 집단 폭력 이후 상대방의 역사적 관점 취해 보기에 미친 점화효과Priming Effects of a Reconciliation Radio Drama on Historical Perspective-Taking in the Aftermath of Mass Violence in Rwanda", *Journal of Experimental Social Psychology* 49, no. 1 (2013): 144 – 51.

26 Matthew R. Durose et al., 2005년 30개 주에서 석방된 수감자들의 상습적 재범: 2005년부터 2010년까지 나타난 패턴Recidivism of Prisoners Released in 30 States in 2005: Patterns from 2005 to 2010 (Washington, D.C.: U.S. Department of Justice, Office of Justice Programs, Bureau of Justice Statistics, 2014).

27 프로그램이 시작되고 몇 주 후 캠퍼스에서 여러 대의 컴퓨터가 실제로 도난당했다. 학교 행정부는 웩슬러의 '학생들' 소행일 거라 확신하여 곧바로 그에게 전화했다. 그러나 얼마 지나지 않아 진짜 도둑(매사추세츠대학의 '일반' 학생이었다)이 잡혔다.

28 G. Roger Jarjoura and Susan T. Krumholz, "감금에 대한 대안으로서 독서치료와 긍정적 롤모델링의 조합Combining Bibliotherapy and Positive Role Modeling

공감은 지능이다

as an Alternative to Incarceration", *Journal of Offender Rehabilitation* 28, nos. 1-2 (1998): 127-39; 후속연구: Russell K. Schutt et al., "독서치료를 활용한 보호관찰 증진과 재범 줄이기Using Bibliotherapy to Enhance Probation and Reduce Recidivism", *Journal of Offender Rehabilitation* 52, no. 3 (2013): 181-97.

29 뉴욕시 감사원New York City Comptroller's Office, 예술의 상황: 뉴욕 시 학교의 미술교육 증진 계획State of the Arts: A Plan to Boost Arts Education in New York City Schools, April 7, 2014.

5장 지나친 공감의 위험

1   Alia J. Crum et al., "스트레스 다시 생각하기: 스트레스 반응 결정에서 마인드셋의 역할Rethinking Stress: The Role of Mindsets in Determining the Stress Response", *Journal of Personality and Social Psychology* 104, no. 4 (2013): 716

2   June Gruber et al., "행복의 어두운 면? 행복이 항상 좋은 것만은 아닌 양상과 시기와 이유A Dark Side of Happiness? How, When, and Why Happiness Is Not Always Good", *Perspectives on Psychological Science* 6, no. 3 (2011): 222-33.

3   Carla Joinson, "공감 피로 대처하기Coping with Compassion Fatigue", *Nursing* 22, no. 4 (1992): 116-18; Charles R. Figley, "공감 피로: 심리치료사의 만성적인 자기돌봄 결핍Compassion Fatigue: Psychotherapists' Chronic Lack of Self Care", *Journal of Clinical Psychology* 58, no. 11 (2002): 1433-41.

4   Karlijn J. Joling et al., "치매 환자 배우자의 우울증과 불안증 발생: 6년간 추적 기록한 이환률의 자연적 코호트 연구Incidence of Depression and Anxiety in the Spouses of Patients with Dementia: A Naturalistic Cohort Study of Recorded Morbidity with a 6-Year Follow-Up", *American Journal of Geriatric Psychiatry* 18, no. 2 (2010): 146-53; Martin Pinquart and Silvia Sorensen, "간병인과 비간병인의 심리 건강과 신체 건강의 차이: 메타분석Differences Between Caregivers and

Noncaregivers in Psychological Health and Physical Health: A Meta-Analysis", *Psychology and Aging* 18, no. 2 (2003): 250-67.

5   Erika Manczak et al., "공감에는 대가가 따르는가? 가족 내에서 엇갈리는 심리적·생리적 결과들Does Empathy Have a Cost? Diverging Psychological and Physiological Effects Within Families", *Health Psychology* 35, no. 3 (2016): 211; Erika Manczak et al., "남의 관점 취해 보기의 대가: 아동의 우울 증상과 부모의 공감 간 상호작용으로 부모의 면역기능을 예측하다The Price of Perspective Taking: Child Depressive Symptoms Interact with Parental Empathy to Predict Immune Functioning in Parents", *Clinical Psychological Science* 4, no. 3 (2017): 485-92.

6   Katherine N. Kinnick et al., "공감 피로: 사회문제에 대한 커뮤니케이션과 번아웃Compassion Fatigue: Communication and Burnout Toward Social Problems", *Journalism and Mass Communication Quarterly* 73, no. 3 (1996): 687-707; Jeffrey Gottfried and Michael Barthel, "미국인 10명 중 거의 7명이 뉴스 피로를 겪었고, 이 중에는 공화당원이 더 많다Almost Seven-in-Ten Americans Have News Fatigue, More Among Republicans", *Pew Research Center*, June 5, 2018.

7   환자와 가족들의 프라이버시 보호를 위해 환자들의 상태에 관한 상세한 사항들을 변경했지만, 이것이 내가 방문한 동안 신생아집중치료실에서 본 아기들의 상태를 나타내는 것임은 분명하다. 프란시스코의 경우 특히 그렇다.

8   '경보 피로Alarm fatigue'는 중환자 집중치료실에 만연한 현상이다. 의사와 간호사가 그 소리에 너무 익숙해져 경보음을 무시하기 시작하면 환자가 위험에 빠진다. 예컨대 다음을 보라. Sue Sendelbach and Marjorie Funk, "경보 피로: 환자의 안전 문제Alarm Fatigue: A Patient Safety Concern", *AACN Advanced Critical Care* 24, no. 4 (2013): 378-86.

9 Mohammadreza Hojat, 의료업과 교육, 간병에서의 공감Empathy in Health Professions Education and Patient Care(New York: Springer, 2016). 예를 들어 저자는 이렇게 썼다. "정서적 공감이 지나치면 (⋯) 임상적 의사결정에서 객관성을 해칠 수 있다." 같은 책 80쪽. 이러한 관점과 이 관점에 대한 이의를 더 자세히 알아보려면 다음을 보라. Jodi Halpern, "거리를 둔 염려에서 공감으로: 의료실무의 인간화From Detached Concern to Empathy: Humanizing Medical Practice"(Oxford: Oxford University Press, 2001).

10 Diane E. Meier et al., "의사의 내적 삶과 중환자 간호The Inner Life of Physicians and Care of the Seriously Ill", *JAMA* 286, no. 23 (2001): 3007–14.

11 예를 들어 다음을 보라. Carol F. Quirt et al., "의사만 알고 환자는 모를 때가 있는가? 폐암의 경우 의사-환자 커뮤니케이션에 관한 조사Do Doctors Know When Their Patients Don't? A Survey of Doctor-Patient Communication in Lung Cancer", *Lung Cancer* 18, no. 1 (1997): 1–20; Lesley Fallowfield and Val A. Jenkins, "의료계에서 슬픈 소식, 나쁜 소식, 어려운 소식을 전달하는 일Communicating Sad, Bad, and Difficult News in Medicine", *Lancet* 363, no. 9405 (2004): 312–19.

12 Meredith Mealer et al., "중환자 관리 간호사들의 외상 후 스트레스 장애 증상 유병률 증가Increased Prevalence of Post-Traumatic Stress Disorder Symptoms in Critical Care Nurses", *American Journal of Respiratory and Critical Care Medicine* 175, no. 7 (2007): 693–97.

13 Aynur Aytekin et al., "신생아집중치료실 간호사들의 번아웃 정도와 그것이 삶의 질에 미치는 영향Burnout Levels in Neonatal Intensive Care Nurses and Its Effects on Their Quality of Life", *Australian Journal of Advanced Nursing* 31, no. 2 (2013): 39; Nathalie Embriaco et al., "집중치료실 직원들의 높은 번아웃 정도: 유병률과 관련 요인들High Level of Burnout in Intensivists: Prevalence and Associated

Factors", *American Journal of Respiratory and Critical Care Medicine* 175, no. 7 (2007): 686-92; Margot M. C. van Mol et al., "집중치료실 의료 종사자의 공감 피로와 번아웃 유병률: 체계적 검토The Prevalence of Compassion Fatigue and Burnout Among Healthcare Professionals in Intensive Care Units: A Systematic Review", *PLoS One* 10, no. 8 (2015): e0136955.

14 Kevin J. Corcoran, "대인관계의 스트레스와 번아웃: 공감의 역할 규명Interpersonal Stress and Burnout: Unraveling the Role of Empathy", *Journal of Social Behavior and Personality* 4, no. 1 (1989): 141-44; Carol A. Williams, "남을 돕는 직업을 갖고 있는 남녀 종사자들의 공감과 번아웃Empathy and Burnout in Male and Female Helping Professionals", *Research in Nursing and Health* 12, no. 3 (1989): 169-78; Colin P. West et al., "감지된 의학적 실수와 레지던트들의 괴로움과 공감의 연관: 예비 종단연구Association of Perceived Medical Errors with Resident Distress and Empathy: A Prospective Longitudinal Study", *JAMA* 296, no. 9 (2006): 1071-78.

15 Matthew R. Thomas et al., "괴로움과 안녕은 의대생의 공감과 어떻게 연관되는가?: 다기관 연구How Do Distress and Well-Being Relate to Medical Student Empathy? A Multicenter Study", *Journal of General Internal Medicine* 22, no. 2 (2007): 177-83

16 Paula Nunes et al., "보건 분야 다섯 학과의 교육 첫 해 동안 학생들의 공감 감소에 관한 연구A Study of Empathy Decline in Students from Five Health Disciplines During Their First Year of Training", *International Journal of Medical Education* 2 (2011): 12-17.

17 Mohammadreza Hojat et al., "의사의 공감과 당뇨병 환자의 임상 결과Physicians' Empathy and Clinical Outcomes for Diabetic Patients", *Academic Medicine* 86, no. 3 (2011): 359-64; Sung Soo Kim et al., "의사의 공감이 환자의

만족과 순응에 미치는 영향The Effects of Physician Empathy on Patient Satisfaction and Compliance", *Evaluation and the Health Professions* 27, no. 3 (2004): 237-51.

18 사회복지사들은 놀라울 정도로 높은 이직률을 보일 수 있다. 어떤 경우에는 해마다 30~60퍼센트가 일을 그만둔다. Michàlle E. Mor Barak et al., "아동복지, 사회복지, 기타 인적 서비스 종사자들의 잔류와 이직의 선행 사건들: 리뷰와 메타분석Antecedents to Retention and Turnover Among Child Welfare, Social Work, and Other Human Service Employees: A Review and Metanalysis", *Social Service Review* 75, no. 4 (2001): 625-61; 다음도 보라. Mercedes Braithwaite, "신생아집중치료실 간호사의 번아웃과 스트레스Nurse Burnout and Stress in the NICU", *Advances in Neonatal Care* 8, no. 6 (2008): 343-47.

19 Melanie Neumann et al., "공감 감소와 그 이유: 의대생과 레지던트 연구에 대한 체계적 리뷰Empathy Decline and Its Reasons: A Systematic Review of Studies with Medical Students and Residents", *Academic Medicine* 86, no. 8 (2011): 996-1009; Mohammadreza Hojat et al., "악마는 3년 차에 있다: 의과대학의 공감 약화에 대한 종단연구The Devil Is in the Third Year: A Longitudinal Study of Erosion of Empathy in Medical School", *Academic Medicine* 84, no. 9 (2009): 1182-91.

20 Rod Sloman et al., "수술 환자의 고통에 대한 간호사의 평가Nurses' Assessment of Pain in Surgical Patients", *Journal of Advanced Nursing* 52, no. 2 (2005): 125-32; Lisa J. Staton et al., "인종이 문제가 될 때: 1차 진료에서 환자와 의사 간 통증 인식 불일치When Race Matters: Disagreement in Pain Perception Between Patients and Their Physicians in Primary Care", *Journal of the National Medical Association* 99, no. 5 (2007): 532. 의료 종사자들은 또한 고통에 대한 뇌 미러링에도 둔감한 결과를 보였다. 예를 들어 다음을 보라. Jean Decety et al., "의사들은 고통에 대한 공감 반응을 하향조절한다: 사건 관련 뇌 전위 연구Physicians Down-Regulate Their Pain Empathy Response: An Event-Related Brain Potential

Study", *Neuroimage* 50, no. 4 (2010): 1676-82.

21 Omar S. Haque and Adam Waytz, "의료계의 비인간화: 원인, 해결 책, 기능Dehumanization in Medicine Causes, Solutions, and Functions", *Perspectives on Psychological Science* 7, no. 2 (2012): 176-86; Jereon Vaes and Martina Muratore, "의료업계의 방어적 비인간화: 의료종사자의 관점에서 본 단 면연구Defensive Dehumanization in the Medical Practice: A Cross-Sectional Study from a Health Care Worker's Perspective", *British Journal of Social Psychology* 52, no. 1 (2013): 180-90.

22 Greg Irving et al., "일차진료 의사 문진 시간의 국가별 차이: 67개국에 대한 체계적 리뷰International Variations in Primary Care Physician Consultation Time: A Systematic Review of 67 Countries", BMJ Open 7, no. 10 (2017): e017902; Christine Sinsky et al., "외래진료에서 의사의 시간 할당: 4개 전공과에서 시 간 동작 연구Allocation of Physician Time in Ambulatory Practice: A Time and Motion Study in 4 Specialties", *Annals of Internal Medicine* 165, no. 11 (2016): 753-60. 어빙 연 구팀은 미국에서 평균 내원 시간이 약 20분이라고 보고하며, 신스키 연구 팀은 내원 시간의 약 50퍼센트가 대화에 쓰인다고 추정한다.

23 M. Kim Marvel et al., "환자들이 의논하고 싶어 하는 점 알아내기: 우리 는 나아졌는가?Soliciting the Patient's Agenda: Have We Improved?" *JAMA* 281, no. 3 (1999): 283-87.

24 Tait D. Shanafelt et al., 2011년부터 2014년 사이 의사들과 미국의 전체 노동인구의 번아웃과 일-삶 균형에 대한 만족도에 나타난 변화들Changes in Burnout and Satisfaction with Work-Life Balance in Physicians and the General U.S. Working Population Between 2011 and 2014(2015년 메이요 클리닉 회의록에 제시된 논문).

25 Stacey A. Passalacqua and Chris Segrin, "레지던트의 스트레스, 번아 웃, 공감이 장시간 근무 중 환자중심 커뮤니케이션에 미치는 영향The Effect

of Resident Physician Stress, Burnout, and Empathy on Patient-Centered Communication During the Long-Call Shift", *Health Communication* 27, no. 5 (2012): 449-56.

26 Michael Kearney et al., "말기 환자를 보살피는 의사들의 자기돌봄: '사람들과의 연결이 (…) 내 생존에 핵심'Self-Care of Physicians Caring for Patients at the End of Life: 'Being Connected … a Key to My Survival'", JAMA 301, no. 11 (2009): 1155-64; Sandra Sanchez-Reilly et al., "타인을 돌보기 위한 자기 돌보기: 의사들의 자기돌봄Caring for Oneself to Care for Others: Physicians and Their Self-Care", *Journal of Supportive Oncology* 11, no. 2 (2013): 75-81.

27 Ted Bober and Cheryl Regehr, "이차 트라우마 혹은 대리 트라우마 줄이기 전략: 효과가 있을까?Strategies for Reducing Secondary or Vicarious Trauma: Do They Work?" *Brief Treatment and Crisis Intervention* 6, no. 1 (2006): 1-9.

28 Richard Jenkins and Peter Elliott, "스트레스 요인, 번아웃, 사회적 지지: 급성 정신질환 환경 속 간호사들Stressors, Burnout and Social Support: Nurses in Acute Mental Health Settings", *Journal of Advanced Nursing* 48, no. 6 (2004): 622-31.

29 Erika Niedowski, "의료실책이 한 어린 소녀의 생명을 어떻게 앗아갔나How Medical Errors Took a Little Girl's Life", *Baltimore Sun*, December 14, 2003.

30 예를 들어 사람의 잠재적 실수를 최소화하기 위해 처방 파이프라인을 자동화했다. 또한 작은 세부에 대한 부주의가 감염을 초래할 수 있는 정맥주사 놓기 같은 일반 절차에 대해 명확한 체크리스트를 도입하고, 의사가 어떤 절차를 빠트릴 때는 항상 의문을 제기할 수 있도록 간호사들과 다른 직원들에게 권한을 부여했다.

31 Albert W. Wu, "의료과실: 제2의 피해자Medical Error: The Second Victim", *BMJ: British Medical Journal* 320, no. 7237 (2000): 726.

32 West, "Association of Perceived Medical Errors with Resident Distress and Empathy." 주 14 참고.

33 재난 후 트라우마에 대한 심리적 응급처치 효과에 대해서는 증거가 엇갈리지만, 몇몇 연구는 트라우마에 대한 조기 차단이 외상 후 스트레스 장애를 예방하거나 완화할 수 있다는 생각을 뒷받침한다. 예를 들어 트라우마 피해자가 트라우마 사건을 기억할 때 프로프라놀롤(교감신경의 아드레날린 수용체 중 베타수용체를 차단하는 베타차단제)을 복용하면, 전형적으로 급증하는 스트레스 호르몬 분비량이 줄어들고, 따라서 이후의 외상 후 스트레스 장애 증상도 감소한다. 다음을 보라. Roger K. Pitman et al., "프로프라놀롤을 사용한 외상 후 스트레스 장애의 이차적 예방에 관한 예비 연구Pilot Study of Secondary Prevention of Posttraumatic Stress Disorder with Propranolol", *Biological Psychiatry* 51, no. 2 (2002): 189-92.

34 Hanan Edrees et al., "존스홉킨스병원의 RISE 이차 피해자 지원프로그램 실행: 사례연구Implementing the RISE Second Victim Support Programme at the Johns Hopkins Hospital: A Case Study", *BMJ Open* 6, no. 9 (2016): e011708.

35 Meier, "Inner Life of Physicians and Care of the Seriously Ill." 주 10 참고.

36 이 현상에 대한 최근의 설명이 궁금하면 다음 논문을 보라. Katharine E. Smidt and Michael K. Suvak, "감정 세분성과 감정 구별 연구에 관한 간략하지만 섬세한 리뷰A Brief, but Nuanced, Review of Emotional Granularity and Emotion Differentiation Research", *Current Opinion in Psychology* 3 (2015): 48-51.

37 Lisa Feldman Barrett et al., "자신의 감정을 알고 그 감정을 처리하는 법을 안다는 것: 감정 구별과 감정 조절의 관계도 만들기 Knowing What You're Feeling and Knowing What to Do About It: Mapping the Relation Between Emotion Differentiation and Emotion Regulation", *Cognition and Emotion* 15, no. 6 (2001): 713-24.

38 Todd B. Kashdan et al., "감정 구별 뜯어보기: 부정성 속 차이점 인식을 통한 불쾌한 경험의 변환Unpacking Emotion Differentiation: Transforming Unpleasant

공감은 지능이다

Experience by Perceiving Distinctions in Negativity", *Current Directions in Psychological Science* 24, no. 1 (2015): 10-16; Landon F. Zaki et al., "경계성성격장애에서 자살 이외의 자해에 대항하는 보호 요인으로서 감정 구별Emotion Differentiation as a Protective Factor Against Nonsuicidal Self-Injury in Borderline Personality Disorder", *Behavior Therapy* 44, no. 3 (2013): 529-40.

39 Mark A. Brackett et al., "RULER 감정 단어 커리큘럼으로 학업성적과 사회 및 정서 역량 향상시키기Enhancing Academic Performance and Social and Emotional Competence with the RULER Feeling Words Curriculum", *Learning and Individual Differences* 22, no. 2 (2012): 218-24.

40 Mark Davis, "공감의 개인차 측정: 다차원적 접근이 필요한 증거Measuring Individual Differences in Empathy: Evidence for a Multidimensional Approach", *Journal of Personality and Social Psychology* 44, no. 1 (1983): 113-26; Matthew R. Jordan et al., "공감과 염려는 심리학적으로 별개의 것인가?Are Empathy and Concern Psychologically Distinct?" *Emotion* 16, no. 8 (2016): 1107-16.

41 Mark Davis et al., "공감, 기대, 상황적 선호: 자원봉사활동 참가 결정에는 성격이 영향을 미친다Empathy, Expectations, and Situational Preferences: Personality Influences on the Decision to Participate in Volunteer Helping Behaviors", *Journal of Personality* 67, no. 3 (1999): 469-503; C. Daniel Batson and Laura L. Shaw, "이타주의의 증거: 친사회적 동기의 다원주의를 향해Evidence for Altruism: Toward a Pluralism of Prosocial Motives", *Psychological Inquiry* 2, no. 2 (1991): 107-22.

42 예를 들어 다음 논문들을 보라. Ezequiel Gleichgerrcht and Jean Decety, "임상 실무에서의 공감: 개인의 성향, 성별, 경험은 의사의 공감적 염려와 번아웃, 감정적 괴로움을 어떻게 완화하는가Empathy in Clinical Practice: How Individual Dispositions, Gender, and Experience Moderate Empathic Concern, Burnout, and Emotional Distress in Physicians", *PLoS One* 8, no. 4 (2013): e61526; Martin

Lamothe et al., "공감할 것인가 말 것인가: 일반 진료의의 번아웃을 이해하는 데 공감적 염려와 남의 관점 취해보기가 갖는 역할To Be or Not to Be Empathic: The Combined Role of Empathic Concern and Perspective Taking in Understanding Burnout in General Practice", *BMC Family Practice* 15, no. 1 (2014): 15-29.

43 우리가 한 여러 차례의 인터뷰 중에, 나는 가장 대중적인 공감 측정 도구인 대인관계반응성척도Interpersonal Reactivity Index로 리즈를 검사해 보았다. 그는 염려에서는 차트를 아예 벗어나는 점수가 나왔지만, 괴로움에 대해서는 거의 완전히 면역이 된 것 같았다.

44 Olga M. Klimecki et al., "연민과 공감 훈련 후 기능적 뇌 가소성의 서로 다른 패턴Differential Pattern of Functional Brain Plasticity After Compassion and Empathy Training", *Social Cognitive and Affective Neuroscience* 9, no. 6 (2014): 873-79.

45 이런 유형의 프로그램에 대한 리뷰와 메타분석은 다음 논문에서 볼 수 있다. Colin P. West et al., "의사의 번아웃 예방과 감소를 위한 개입법: 체계적 리뷰와 메타분석Interventions to Prevent and Reduce Physician Burnout: A Systematic Review and Meta-Analysis", *Lancet* 388, no. 10057 (2016): 2272-81.

46 Eve Ekman and Michael Krasner, "의료에서의 공감: 뇌과학, 교육, 그리고 도전들Empathy in Medicine: Neuroscience, Education and Challenges", *Medical Teacher* 39, no. 2 (2017): 164-73; Eve Ekman and Jodi Halpern, "의료에서 전문가들의 괴로움과 의미: 전문가의 공감은 왜 도움이 될 수 있는가Professional Distress and Meaning in Health Care: Why Professional Empathy Can Help", *Social Work in Health Care* 54, no. 7 (2015): 633-50.

47 Jennifer S. Mascaro et al., "명상은 우울증의 해로운 영향으로부터 의대생의 연민에 완충재 역할을 한다Meditation Buffers Medical Student Compassion from the Deleterious Effects of Depression", *Journal of Positive Psychology* 13, no. 2 (2018): 133-42.

공감은 지능이다

48 Noelle Young et al., "생존 경계 출산 신생아의 생존과 신경 발달 결과 Survival and Neurodevelopmental Outcomes Among Periviable Infants", *New England Journal of Medicine* 376, no. 7 (2017): 617-28.

49 Anthony L. Back et al., "'우리는 왜 이 일을 하고 있나?': 고통에 직면하여 임상의들이 느끼는 막막함 Why Are We Doing This?: Clinician Helplessness in the Face of Suffering", *Journal of Palliative Medicine* 18, no. 1 (2015): 26-30.

6장 친절이 보상되는 시스템

1 Erik C. Nook and Jamil Zaki, "사회적 규준은 음식에 대한 행동 반응과 신경 반응에 변화를 일으킨다 Social Norms Shift Behavioral and Neural Responses to Foods", *Journal of Cognitive Neuroscience* 27, no. 7 (2015): 1412-26; Jamil Zaki et al., "사회적 영향이 가치관의 신경 계측을 조절한다 Social Influence Modulates the Neural Computation of Value", *Psychological Science* 22, no. 7 (2011): 894-900.

2 Robert M. Bond et al., "6100만 명이 참가한 사회적 영향과 정치 동원 실험 A 61-Million-Person Experiment in Social Influence and Political Mobilization", *Nature* 489, no. 7415 (2012): 295-98.

3 Amit Goldenberg et al., "집단 기반 감정 처리 모델: 집단 간 감정과 감정 조절 관점들의 통합 The Process Model of Group-Based Emotion: Integrating Intergroup Emotion and Emotion Regulation Perspectives", *Personality and Social Psychology Review* 20, no. 2 (2016): 118-41.

4 Deborah A. Prentice and Dale T. Miller, "다수의 무지와 캠퍼스의 알코올 소비: 사회적 규준에 대한 오인이 가져오는 몇 가지 결과 Pluralistic Ignorance and Alcohol Use on Campus: Some Consequences of Misperceiving the Social Norm",

Journal of Personality and Social Psychology 64, no. 2 (1993): 243.

5   최근의 한 조사에서 미국이 서구 세계에서 가장 양극화가 심한 미디어 환경을 갖고 있음이 밝혀졌다. 다음을 보라. Brett Etkins, "세계에서 가장 양극화된 미국의 미디어U.S.Media Among Most Polarized in the World", *Forbes*, June 27, 2017. 이런 극단적 의견들을 소비함으로써 시청자들은 더욱 당파성이 강해지고 외부인에 대해 더욱 비관용적인 태도를 갖게 된다. 예를 들어 다음을 보라. Matthew Levendusky, "당파적 미디어 노출과 반대에 대한 태도Partisan Media Exposure and Attitudes Toward the Opposition", *Political Communication* 30, no. 4 (2013): 565–81.

6   Kwame Anthony Appiah, "명예 규율: 도덕 혁명은 어떻게 일어나는가 The Honor Code: How Moral Revolutions Happen"(New York: W. W. Norton, 2010).

7   Erik C. Nook et al., "친사회적 순응: 친사회적 규준은 행동과 공감 전반에 걸쳐 일반화된다Prosocial Conformity: Prosocial Norms Generalize Across Behavior and Empathy", *Personality and Social Psychology Bulletin* 42, no. 8 (2016): 1045–62.

8   Christine M. Schroeder and Deborah A. Prentice, "다수의 무지를 폭로하여 대학생들의 알코올 소비를 줄이다Exposing Pluralistic Ignorance to Reduce Alcohol Use Among College Students", *Journal of Applied Social Psychology* 28, no. 23 (1998): 2150–80.

9   Charles Duhhig, "완벽한 팀을 만들려는 추구에서 구글이 배운 것What Google Learned from Its Quest to Build the Perfect Team", *New York Times*, February 25, 2016; Anita W. Woolley et al., "인간 집단의 성과에서 집단지성 요인이 중요하다는 증거Evidence for a Collective Intelligence Factor in the Performance of Human Groups", *Science* 330, no. 6004 (2010): 686–88; Phillip M. Podsa-koff and Scott B. MacKenzie, "조직 시민권 행동이 조직 성과에 미치는 영향: 리뷰

와 미래 연구를 위한 제안Impact of Organizational Citizenship Behavior on Organizational Performance: A Review and Suggestion for Future Research", *Human Performance* 10, no. 2 (1997): 133-51.

10 Teresa Amabile et al., "아이데오의 돕기 문화IDEO's Culture of Helping", *Harvard Business Review*, January-February 2014.

11 로버트 필부터 전사 정신에 이르기까지 치안 활동의 더 자세한 역사는 다음 논문에서 볼 수 있다. Seth W. Stoughton, "원칙에 입각한 치안 활동: 전사 경찰과 수호자 경관Principled Policing: Warrior Cops and Guardian Officers", *Wake Forest Law Review* 51, 611 (2016).

12 물론 그것이 절대적인 선은 아니다. 스토턴이 말하는 '정치적 치안Political policing'에서는 상당량의 비리와 (경찰관들이 지역사회 내부자의 범죄를 눈감고 넘어가는) 내부거래, 외부인에 대한 폭력이 발생할 수 있다. Stoughton, "원칙에 입각한 치안 활동Principled Policing"을 보라.

13 Uriel J. Garcia, "전문가들에 따르면 강경한 언어로 쓰인 경찰 커리큘럼은 훈련생들에게 위험하게 작용한다Experts Say Strongly Worded Police Curriculum Is Risky with Cadets", *Santa Fe New Mexican*, March 22, 2014.

14 그로스먼에 대한 더 자세한 내용은 다음을 보라. Radley Balko, "'살인학' 경찰 트레이너 데이브 그로스먼과 보낸 하루A Day with 'Killology' Police Trainer Dave Grossman", *Washington Post*, February 14, 2017. 근무 중 살해당한 경찰의 수에 대한 증거는 다음에서 볼 수 있다. "미국 경찰 총격: 매년 사망자 수는?US Police Shootings: How Many Die Each Year?" *BBC Magazine*, July 18, 2016; 연방수사국 통합 범죄 보고 프로젝트FBI's Uniform Crime Reporting Project, https://www.fbi.gov/services/cjis/ucr/publications#LEOKA; 화기 사용에 관한 데이터는 다음에서 볼 수 있다. Rich Morin and Andrew Mercer, "경찰관의 근무 중 무기 발사에 대한 면밀한 관찰A Closer Look at

Police Officers Who Have Fired Their Weapon on Duty", PewResearch.org, February 8, 2017.

15 무기 식별 과제에 대한 더 자세한 내용은 다음 논문에서 볼 수 있다. B. Keith Payne, "무기 편향: 찰나의 결정과 의도치 않은 유형화Weapon Bias: Split-Second Decisions and Unintended Stereotyping", *Current Directions in Psychological Science* 15, no. 6 (2006): 287-91. 스트레스가 무기 편향을 악화시킨다는 증거는 다음 논문에서 볼 수 있다. Arne Nieuwenhuys et al., "쏠 것인가 말 것인가? 경찰관들이 불안할 때 총을 쏠 가능성이 더 커지는 이유Shoot or Don't Shoot? Why Police Officers Are More Inclined to Shoot When They Are Anxious", *Emotion* 12, no. 4 (2012): 827-33.

16 경찰과 대치하다 죽은 사람의 정확한 수를 산출하는 것은 매우 어렵다. 기록들이 지방별로 분산되어 있을 뿐 아니라, 학대나 편향이 드러나는 것을 최대한 막아 기득권을 유지하려는 경찰당국이 그 기록을 틀어쥐고 있기 때문이다. 기록을 철저히 쌓아가고 있는 브라이언 버거트Brian Burghart의 '치명적 접촉Fatal Encounters'이라는 시민 주도 프로젝트를 다음 주소에서 볼 수 있다. http://www.fatalencounters.org

17 "미국, 경찰에 대한 신뢰 22년 만에 최저In U.S., Confidence in Police Lowest in 22 Years", Gallup, June 2015, and "인종 간 관계Race Relations", Gallup, April 2018.

18 다음을 보라. Sue Rahr and Stephen K. Rice, 전사에서 수호자로: 미국 경찰 문화를 민주주의 이상으로 되돌리기From Warriors to Guardians: Recommitting American Police Culture to Democratic Ideals, U.S. Department of Justice, Office of Justice Programs, National Institute of Justice, 2015.

19 Tom R. Tyler and E. Allan Lind, "집단 내 권위의 관계형 모델A Relational Model of Authority in Groups", *Advances in Experimental Social Psychology* 25

공감은 지능이다

(1992): 115-91.

20 Jacqueline Helfgott et al., "경찰관의 수호 초점 훈련 효과The Effect of Guardian Focused Training for Law Enforcement Officers", Seattle University Department of Criminal Justice, 2017; Emily Owens et al., "시애틀 경찰서의 초기 개입과 절차 정의를 통한 경찰관 도덕적 완전성 높이기 Promoting Officer Integrity Through Early Engagements and Procedural Justice in the Seattle Police Department", 미국 법무부 제출 보고서, project no. 2012-IJ-CX-0009, 2016.

21 목숨을 앗아가지 않은 접촉도 신뢰를 불어넣어주지 않은 건 마찬가지다. 나의 동료인 제니퍼 에버하트Jennifer Eberhardt는 최근 2013년부터 2014년 사이 오클랜드 경찰관들이 실시한 차량 검문 2만8천여 건의 데이터를 분석했다. 경찰관들은 지역 범죄율을 비롯한 여러 가지 다른 요인을 고려한 후에도, 백인 시민에 비해 흑인 시민을 수색하고 체포한 확률이 훨씬 높았다. 에버하트의 연구팀은 바디 카메라에 녹음된 오디오에서 경찰관이 사용한 언어 하나만으로도 검문 대상인 시민의 인종을 맞출 수 있었다. 예를 들면, 한 번도 범죄를 저지른 적 없는 사람일 때도 흑인 시민에게는 보호 감찰에 관한 이야기를 더 자주 꺼냈다. 다음 논문을 보라. Rob Voigt et al., "경찰 바디 카메라 화면에 담긴 언어는 경찰관이 시민에게 보이는 예의가 인종에 따라 다르다는 것을 보여준다Language from Police Body Camera Footage Shows Racial Disparities in Officer Respect", Proceedings of the National Academy of Sciences 114, no. 25 (2017): 6521-56.

22 Rich Morin et al., "경찰, 치명적 대면, 뒤이은 항의Police, Fatal Encounters, and Ensuing Protests", Pew Research Center, January 11, 2017.

23 Emile G. Bruneau et al., "편협한 내집단 공감은 이타성의 감소와 수동적 가해의 지지를 예측하게 한다Parochial Empathy Predicts Reduced Altruism and the

Endorsement of Passive Harm", *Social Psychological and Personality Science* 8, no. 8 (2017): 934-42.

24 Russell J. Skiba and Kimberly Knesting, "무관용, 무증거: 학교 징벌 관행 분석Zero Tolerance, Zero Evidence: An Analysis of School Disciplinary Practice", *New Directions for Student Leadership* 92 (2001): 17-43; American Psychological Association Zero Tolerance Task Force, "학교의 무관용 정책은 효과가 있는가? 증거 검토와 제안Are Zero Tolerance Policies Effective in the Schools? An Evidentiary Review and Recommendations", *American Psychologist* 63, no. 9 (2008): 852-62.

25 Derek W. Black, "무관용 징벌 정책으로는 학교의 총기 사고가 해결되지 않는다Zero Tolerance Discipline Policies Won't Fix School Shootings", *Conversation*, March 15, 2018.

26 Brea L. Perry and Edward W. Morris, "발전의 정지: 공립초중등학교에서 배제적 징벌이 가져오는 이차적 결과들Suspending Progress: Collateral Consequences of Exclusionary Punishment in Public Schools", *American Sociological Review* 79, no. 6 (2014): 1067-87. 학생들의 무질서한 행동이 정학**뿐 아니라** 남은 학생들의 성적 저하와 학교 당국에 대한 신뢰 상실 등 **모든 일**의 원인이라고 짐작할 수도 있을 것이다. 그러나 페리와 모리스는 무질서한 행동 요인을 통제하여 분석했다. 그들의 결과는 무질서한 행동이 비슷한 수준인 학교에서도 배제적 징벌이 학교 분위기를 악화시킨다는 것을 증명한다.

27 이 주제에 관해 시적으로 가장 잘 쓴 글은 제이슨 본인이 쓴 것이다. 다음을 보라. Jason A. Okonofua et al., "악순환: 학교 징벌에 나타난 극단적 인종 격차에 대한 사회심리학적 보고A Vicious Cycle: A Social-Psychological Account of Extreme Racial Disparities in School Discipline", *Perspectives on Psychological Science* 11, no. 3 (2016): 381-98.

28 Albert Reijntjes et al., "어린이들의 또래 괴롭힘 피해와 외현화 행동 문제 사이에 존재하는 예상적 연관관계: 메타분석Prospective Linkages Between Peer Victimization and Externalizing Problems in Children: A Meta-Analysis", *Aggressive Behavior* 37, no. 3 (2011): 215-22; Kee Jeong Kim et al., "스트레스가 심한 생애 사건과 청소년의 내면화 및 외현화 문제 간의 상호 영향Reciprocal Influences Between Stressful Life Events and Adolescent Internalizing and Externalizing Problems", *Child Development* 74, no. 1 (2003): 127-43.

29 Jason A. Okonofua and J. L. Eberhardt, "투 스트라이크: 인종과 어린 학생들에 대한 징벌Two Strikes: Race and the Disciplining of Young Students", *Psychological Science* 26, no. 5 (2015): 617-24.

30 Geoffrey L. Cohen et al., "인종 간 성적 격차 줄이기: 사회심리학적 개입Reducing the Racial Achievement Gap: A Social-Psychological Intervention", *Science* 313, no. 5791 (2006): 1307-10.

31 Lisa Flook et al., "마음챙김 기반의 친절 커리큘럼을 통해 유치원 어린이의 친사회적 행동 및 자기조절 기술 향상시키기Promoting Prosocial Behavior and Self-Regulatory Skills in Preschool Children Through a Mindfulness-Based Kindness Curriculum", *Developmental Psychology* 51, no. 1 (2015): 44-51.

32 Joseph A. Durlak et al., "학생들의 사회 정서적 학습의 증진 효과: 학교 기반의 일괄 개입법에 대한 메타분석The Impact of Enhancing Students' Social and Emotional Learning: A Meta-Analysis of School-Based Universal Interventions", *Child Development* 82, no. 1 (2011): 405-32.

33 David S. Yeager, "청소년을 위한 사회 정서적 학습 프로그램Social and Emotional Learning Programs for Adolescents", *Future of Children* 27, no. 1 (2017): 73-94.

34 10세부터 14세까지 청소년기 초기는 또래집단의 규준에 특히 순응적

이다. Laurence Sternberg and Kathryn Monahan, "또래 영향에 대한 저항의 연령별 차이Age Differences in Resistance to Peer Influence", *Developmental Psychology* 43, no. 6 (2007): 1531–43.

35 이외에도, 무엇이 '나쁜' 규준인지 부각시키는 것이 실제로는 사람들로 하여금 부적절한 행동을 할 확률을 높이는 경우가 많다. 예를 들어 다음 논문을 보라. P. Wesley Schultz et al., "사회적 규준이 지닌 건설적, 파괴적, 재건적 힘The Constructive, Destructive, and Reconstructive Power of Social Norms", *Psychological Science* 18, no. 5 (2007): 429–34.

36 Chudley E. Werch and Deborah M. Owen, "알코올 및 약물 예방 프로그램이 초래한 역효과Iatrogenic Effects of Alcohol and Drug Prevention Programs", *Journal of Studies on Alcohol* 63, no. 5 (2002): 581–90.

37 Elizabeth Levy Paluck et al., "갈등의 풍토 바꾸기: 56개 학교의 사회 관계망 실험Changing Climates of Conflict: A Social Network Experiment in 56 Schools", *Proceedings of the National Academy of Sciences* 113, no. 3 (2016): 566–71.

38 Erika Weisz et al., "사회적 규준 개입으로 청소년의 공감 동기와 친사회성을 키운다A Social Norms Intervention Builds Empathic Motives and Prosociality in Adolescents" (준비중).

39 Jason A. Okonofua et al., "공감에 바탕을 둔 훈육을 권유하는 단기 개입이 청소년들의 정학률을 절반으로 줄이다Brief Intervention to Encourage Empathic Discipline Cuts Suspension Rates in Half Among Adolescents", *Proceedings of the National Academy of Sciences* 113, no. 19 (2016): 5221–26.

7장 디지털의 양날

1 Wafaa Bilal, "이라크인을 쏴라: 생명의 위협 속에서의 예술, 삶 그리고 저항Shoot an Iraqi: Art, Life, and Resistance Under the Gun" (San Francisco: City Lights Books,

2013).

2   Adam Alter, Irresistible: The Rise of Addictive Technology and the Business of Keeping Us Hooked (New York: Penguin, 2017). 애덤 알터 지음, 홍지수 옮김, 《멈추지 못하는 사람들》, 부키, 2019년.

3   예를 들어 다음을 보라. Sherry Turkle, Alone Together: Why We Expect More from Technology and Less from Each Other (New York: Basic Books, 2017) 셰리 터클 지음, 이은주 옮김, 《외로워지는 사람들》, 청림출판, 2012년; Jean M. Twenge, iGen: Why Today's Super-Connected Kids Are Growing Up Less Rebellious, More Tolerant, Less Happy— and Completely Unprepared for Adulthood—and What That Means for the Rest of Us (New York: Atria, 2017) 진 트웬지 지음, 김현정 옮김, 《#i세대》, 매일경제신문사, 2018년.

4   Diana I. Tamir et al., "미디어 사용은 경험에 대한 기억을 감소시킨다Media Usage Diminishes Memory for Experiences", *Journal of Experimental Social Psychology* 76, no. 1 (2018): 61-168; Adrian F. Ward et al., "뇌 유출: 스마트폰이 있는 것만으로도 가용 인지 역량이 감소한다Brain Drain: The Mere Presence of One's Own Smartphone Reduces Available Cognitive Capacity", *Journal of the Association for Consumer Research* 2, no. 2 (2017): 140-54.

5   Robert Vischer, "광학적 형태 감각에 관한 미학 논문Über das optische Formgefühl: Ein Beitrag zur Ästhetik" (Leipzig: Credner, 1873).

6   Mark Zuckerberg, "모든 사람이 인터넷을 사용할 수 있는 미래에 대한 마크 저커버그의 생각Mark Zuckerberg on a Future Where the Internet Is Available to All", *Wall Street Journal*, July 7, 2014.

7   Linda Stinson and William Ickes, "남성 친구들 대 남성 타인들 사이의 상호작용에서 공감의 정확성Empathic Accuracy in the Interactions of Male Friends Versus

Male Strangers", *Journal of Personality and Social Psychology* 62, no. 5 (1992):
787-97; Meghan L. Meyer et al., "친구와 타인의 사회적 고통에 대한 공
감은 서로 다른 뇌 활성화 패턴을 동원한다Empathy for the Social Suffering of Friends
and Strangers Recruits Distinct Patterns of Brain Activation", *Social Cognitive Affective
Neuroscience* 8, no. 4 (2012): 446-54.

8   다음 논문은 테크놀로지가 공감에 미치는 영향들을 훌륭하게 요약해 놓
    았다. Adam Waytz and Kurt Gray, "온라인 테크놀로지는 우리를 더 사
    교적으로 만들까, 덜 사교적으로 만들까?: 예비적 검토와 연구 요청Does
    Online Technology Make Us More or Less Sociable? A Preliminary Review and Call for Research",
    Perspectives on Psychological Science 13, no. 4 (2018): 473-91.

9   Juliana Schroeder et al., "인간화하는 목소리: 드러내는 말, 감추는 텍스
    트, 이견 상황에서의 더 사려깊은 정신The Humanizing Voice: Speech Reveals, and Text
    Conceals, a More Thoughtful Mind in the Midst of Disagreement", *Psychological Science* 28,
    no. 12 (2017): 1745-62.

10 Wilhelm Hofmann et al., "일상생활의 도덕성Morality in Everyday Life", *Science*
    345, no. 6202 (2014): 1340-43.

11 한 흥미진진한 연구에서 심리학자들은 악플러들이 (타인의 감정을 이해하
    는) 인지적 공감 능력이 상대적으로 높지만, 타인의 감정을 공유하는 경
    우는 적다는 사실을 발견했다. 이 때문에 악플러들은 사람들에게 가장 큰
    상처를 줄 콘텐츠를 만들어내고자 할 때 타인에 대한 예리한 판단을 활
    용할 수 있다. 다음 논문을 보라. Natalie Sest and Evita March, "악플러
    의 구성: 사이코패시, 새디즘 그리고 공감Constructing the Cyber-Troll: Psychopathy,
    Sadism, and Empathy", *Personality and Individual Differences* 119 (2017): 69-72.

12 Mitch Van Geel et al., "어린이와 청소년의 또래 괴롭힘, 사이버 괴롭힘과
    자살의 관계: 메타분석Relationship Between Peer Victimization, Cyberbullying, and Suicide

in Children and Adolescents: A Meta-Analysis", *JAMA Pediatrics* 168, no. 5 (2014): 435-42.

13 Philippe Verduyn et al., "수동적 페이스북 사용은 감정의 안녕을 훼손한다: 실험 및 종단 증거Passive Facebook Usage Undermines Affective Well-Being: Experimental and Longitudinal Evidence", *Journal of Experimental Psychology: General* 144, no. 2 (2015): 480-88.

14 다음 논문에서 인터넷상의 격한 분노 표출에 대한 빼어난 관점을 볼 수 있다. Molly J. Crockett, "디지털 시대의 도덕적 격분Moral Outrage in the Digital Age", *Nature Human Behaviour* 1, no. 11 (2017): 769-71. 감정적 메시지와 도덕적 메시지의 리트윗에 관한 데이터는 다음 논문에서 볼 수 있다. William J. Brady et al., "소셜네트워크에서 도덕에 관한 콘텐츠의 확산은 감정이 결정한다Emotion Shapes the Diffusion of Moralized Content in Social Networks", *Proceedings of the National Academy of Sciences* 114, no. 28 (2017): 7313-18.

15 미디어 이론가 제이네프 튀펙치Zeynep Tüfekçi는 트위터에서 그 무너짐의 순간을 매우 적절하게 묘사했다. "이제 더 이상 정보 부족의 시대가 아니다. 검열은 정보 공급과잉, 산만함, 혼란, 정치적 초점 및 주의 훔치기에 의해 작동한다."

16 Jonathan Shieber, "당신을 스마트폰에 더 중독되게 만들기 원하는 기술 기업을 만나다Meet the Tech Company That Wants to Make You Even More Addicted to Your Phone", *TechCruch*, September 8, 2017. 바운드리스 마인드는 더 이상 소개 자료에 이 모토를 사용하지 않지만 예전 버전의 웹사이트에서는 그 문구를 볼 수 있다. https://web.archive.org/web/20180108074145/https://usedopamine.com/

17 Lasana T. Harris and Susan T. Fiske, "최하층의 비인간화: 최외곽의 외

集단에 대한 신경영상 반응Dehumanizing the Lowest of the Low: Neuroimaging Responses to Extreme Out-Groups", *Psychological Science* 17, no. 10 (2006): 847-53.

18 Jeremy Bailenson, Experience on Demand: What Virtual Reality Is, How It Works, and What It Can Do (New York: W. W. Norton, 2018). 제러미 베일렌슨 지음, 백우진 옮김, 《두렵지만 매력적인-가상현실(VR)이 열어준 인지와 체험의 인문학적 상상력》, 동아시아, 2019.

19 예를 들어 다음을 보라. Sun Joo (Grace) Ahn et al., "체화된 경험이 자신-타인 융합, 태도, 돕기 행동에 미치는 영향The Effect of Embodied Experiences on Self-Other Merging, Attitude, and Helping Behavior", *Media Psychology* 16, no. 1 (2013): 7-38; Soo Youn Oh et al., "늙음의 가상 체험: 체화 경험을 통한 타인의 관점 취하기와 위협적인 노인 차별의 감소Virtually Old: Embodied Perspective Taking and the Reduction of Ageism Under Threat", *Computers in Human Behavior* 60 (2016): 398-410.

20 Fernanda Herrera et al., "장기적 공감 키우기: 전통적 관점 취하기와 가상현실 관점 취하기의 대규모 비교Building Long-Term Empathy: A Large-Scale Comparison of Traditional and Virtual Reality Perspective-Taking" (2018), *PLoS One* 13, no. 10: e0204494.

21 자폐성 장애는 전형적으로 인지적 공감, 즉 타인의 감정을 이해하는 능력에 영향을 미치면서, 다른 종류의 공감에는 아무 영향을 주지 않는 경우가 많다. 예를 들어 자폐성 장애가 있는 사람들도 뇌 미러링을 하고 다른 사람의 감정을 자기 감정처럼 느낀다. 더 자세한 내용은 다음 논문에서 볼 수 있다. Ian Dziobek et al., "다면적 공감 검사를 사용한 아스퍼거 증후군 성인의 인지적 공감과 정서적 공감의 분리Dissociation of Cognitive and Emotional Empathy in Adults with Asperger Syndrome Using the Multifaceted Empathy Test(MET)", *Journal of Autism and Developmental Disorders* 38, no. 3 (2008):

464-73; Nouchine Hadjikhani et al., "자폐 스펙트럼 장애에서도 고통에 대한 정서적 전염은 온전하다Emotional Contagion for Pain Is Intact in Autism Spectrum Disorders", *Translational Psychiatry* 4, no. 1 (2014): e343.

22 자폐성 장애가 있는 사람 대다수는 현재 상태 이상으로 공감을 더 많이 하기를 **원치 않으며**, 비자폐인들은 할 수 없는 방식으로 능력을 발휘한다. 예를 들어 그들은 세부에 대한 매우 깊은 주의가 필요한 일에서 뛰어난 능력을 발휘한다. 자폐성 장애의 역사와 현대의 권리옹호에 관한 더 자세한 내용은 다음 책에서 볼 수 있다. Steve Silberman, Neurotribes: The Legacy of Autism and the Future of Neurodiversity (New York: Penguin, 2015). 스티브 실버만 지음, 강병철 옮김, 《뉴로트라이브: 자폐증의 잃어버린 역사와 신경다양성의 미래》, 알마, 2018년.

23 나아가 그들은 응용행동분석이 자폐성 장애인들의 경험을 개선하기보다 그들을 **다른 사람**(이를테면 그들의 가족, 교사, 동료 등)이 더 편안해 할 방식으로 행동하게 만드는 일에 초점을 맞춘다고 주장한다. 응용행동분석의 창시자 이바르 뢰보스Ivar Løvaas가 여성적 특성을 지닌 소년들을 "치료"하려는 잔인한 실험들에 행동 기법을 활용했다는 사실도 응용행동분석의 평판을 훼손한다.

24 예를 들어 다음 논문을 보라. Alyssa J. Orinstein et al., "자폐성 장애 병력이 있는 어린이와 청소년에게서 최선의 결과를 이끌어내기 위한 개입법Intervention for Optimal Outcome in Children and Adolescents with a History of Autism", *Journal of Developmental and Behavioral Pediatrics* 35, no. 4 (2014): 247-56.

25 Ofer Golan and Simon Baron-Cohen, "공감 시스템화하기: 아스퍼거 증후군 또는 고기능자폐증이 있는 성인들에게 대화형 멀티미디어로 복잡한 감정 인식 가르치기Systemizing Empathy: Teaching Adults with Asperger Syndrome or High-Functioning Autism to Recognize Complex Emotions Using Interactive Multimedia",

Developmental Psychopathology 18, no. 2 (2006): 591-617.

26 Soujanya Poria et al., "감성 컴퓨팅 리뷰: 단일 유형 분석에서 다중 유형 융합까지A Review of Affective Computing: From Unimodal Analysis to Multimodal Fusion", *Information Fusion* 37 (2017): 98-125.

27 감성 컴퓨팅의 세계 시장 규모는 2015년에 93억 달러에서 2020년에 425억 달러로 성장할 것으로 추정된다. 다음 글을 보라. Richard Yonck, "AI가 당신의 감정에 반응하고 감정을 예측하는 감성 경제에 오신 걸 환영합니다Welcome to the Emotion Economy, Where AI Responds to—and Predicts—Your Feelings", *Fast Company*, February 3, 2017.

28 데이비드의 이름은 사생활 보호를 위해 가명을 썼다.

29 Jena Daniels et al., "자폐장애 어린이의 사회적 정서적 학습을 위한 웨어러블 디바이스의 디자인과 효율성Design and Efficacy of a Wearable Device for Social Affective Learning in Children with Autism", *Journal of the American Academy of Child and Adolescent Psychiatry* 56, no. 10 (2017): S257.

30 MTurk는 18세기의 속임수였던 '더 터크the Turk'에서 따온 이름이다. 터크는 식탁 정도 크기의 상자로, 유원지 아케이드에서 볼 수 있는 지니genie처럼 생긴 기계 조각상이 조정한다. 그 밑에는 체스를 제법 잘 둘 수 있는 자동장치가 들어 있다고들 했다. 말하자면 '딥 블루(IBM이 체스 게임용으로 만든 컴퓨터)'의 선조인 셈이다. 그러나 사실은 체스 마스터가 그 기계 안에 숨어서 대신 수를 결정하고 있었다. 인공지능처럼 보였던 것이 사실은 그냥 구식 지능이었던 것이다.

31 Michael S. Bernstein et al., "소일렌트: 군중을 내장한 워드프로세서Soylent: A Word Processor with a Crowd Inside", *Communications of the ACM* 58, no. 8 (2015): 85-94.

32 Neil Stewart Coulson et al., "가상공간에서의 사회적 지원: 헌팅턴병 온

라인 지원 그룹 내 커뮤니케이션 내용 분석Social Support in Cyberspace: A Content Analysis of Communication Within a Huntington's Disease Online Support Group", *Patient Education and Counseling* 68, no. 2 (2007): 173-78; Priya Nambisan, "온라인 건강 커뮤니티의 정보 검색과 사회적 지원: 환자가 인지한 공감에 미치는 영향 Information Seeking and Social Support in Online Health Communities: Impact on Patients' Perceived Empathy", *Journal of the American Medical Informatics Association* 18, no. 3 (2011): 298-304.

33 Robert R. Morris and Rosalind Picard, "집단 정서지능의 크라우드소싱Crowdsourcing Collective Emotional Intelligence", *arXiv preprint arXiv:1204. 3481* (2012).

34 Robert R. Morris et al., "웹기반 크라우드소싱 P2P 인지 재평가 플랫폼의 우울증에 대한 효능Efficacy of a Web-Based, Crowdsourced Peer-to-Peer Cognitive Reappraisal Platform for Depression: Randomized Controlled Trial", *Journal of Medical Internet Research* 17, no. 3 (2015): e72.

35 Elizabeth Dunn et al., "남들에게 돈을 쓰는 일은 행복을 증진한다Spending Money on Others Promotes Happiness", *Science* 319, no. 5870 (2008): 1687-88; Cassie Mogilner et al., "시간을 내주는 일이 당신의 시간을 늘려준다 Giving Time Gives You Time", *Psychological Science* 23, no. 10 (2012): 1233-38; Peggy A. Thoits and Lyndi N. Hewitt, "자원봉사와 안녕Volunteer Work and Well-Being", *Journal of Health and Social Behavior* 42, no. 2 (2001): 115-31.

36 Sylvia A. Morelli et al., "정서적 지원 제공과 도구적 지원 제공의 상호 작용이 안녕을 예측하게 한다Emotional and Instrumental Support Provision Interact to Predict Well-Being", *Emotion* 15, no. 4 (2015): 484-93; Sylvia A. Morelli et al., "사적인 보상과 간접적 보상에 대한 신경 감도는 친사회성과 안녕에 대해 각자 다른 관계를 갖는다Neural Sensitivity to Personal and Vicarious

Reward Differentially Relate to Prosociality and Well-Being", *Social Cognitive and Affective Neuroscience* 13, no. 8 (2018): 831-39.

37 Bruce P. Dorée et al., "타인의 감정 조절을 돕는 것은 자신의 감정 조절 증가와 우울 증상 감소를 예측하게 한다Helping Others Regulate Emotion Predicts Increased Regulation of One's Own Emotions and Decreased Symptoms of Depression", *Personality and Social Psychology Bulletin* 43, no. 5 (2017): 729-39.

에필로그: 공감의 미래

1 Terry Brighton, Patton, Montgomery, Rommel: Masters of War (New York: Crown, 2009). 테리 브라이턴 지음, 김홍래 옮김, 《위대한 3인의 전사들》, 플래닛미디어, 2010.

2 Walter Mischel, The Marshmallow Test: Mastering Self-Control (New York: Little, Brown, 2014). 월터 미셸 지음, 안진환 옮김, 《마시멜로 테스트》, 한국경제신문, 2015.

3 Celeste Kidd et al., "합리적인 간식 먹기: 마시멜로 과제에서 어린 아이들의 의사결정은 환경의 신뢰성에 대한 믿음에 의해 조절된다Rational Snacking: Young Children's Decision-Making on the Marshmallow Task Is Moderated by Beliefs About Environmental Reliability", *Cognition* 126, no. 1 (2013): 109-14.

4 Richard L. Revesz and Matthew R. Shahabian, "기후변화와 미래세대Climate Change and Future Generations", *Southern California Law Review* 84 (2010): 1097-161.

5 Nick Bostrom, "전 지구적 우선 과제인 실존적 위험 예방Existential Risk Prevention as a Global Priority", *Global Policy* 4, no. 1 (2013): 15-31.

6 Peter Singer, "효율적 이타주의의 논리The Logic of Effective Altruism", *Boston Review*, July 6, 2015.

7   Bloom, Against Empathy, 112. 2장 주6 참고.

8   David DeSteno et al., "감사: 경제적 조급함을 줄여주는 도구Gratitude: A Tool for Reducing Economic Impatience", *Psychological Science* 25, no. 6 (2014): 1262-67.

9   Kimberly A. Wade-Benzoni, "시대를 뛰어넘은 황금률: 세대 간 분배 결정의 호혜성A Golden Rule over Time: Reciprocity in Intergenerational Allocation Decisions", *Academy of Management Journal* 45, no. 5 (2002): 1011-28.

10 Jennifer E. Stellar et al., "자기초월적 감정과 그 사회적 기능: 연민, 감사, 경외감은 친사회성으로 우리를 타인에게 결속한다Self-Transcendent Emotions and Their Social Functions: Compassion, Gratitude, and Awe Bind Us to Others Through Prosociality", *Emotion Review* 9, no. 3 (2017): 200-207.

11 Michelle N. Shiota et al., "경외의 본질: 경외를 유발하는 것, 평가, 자기 개념에 미치는 영향The Nature of Awe: Elicitors, Appraisals, and Effects on Self-Concept", *Cognition and Emotion* 21, no. 5 (2007): 944-63; Paul K. Piff et al., "경외, 작은 자신, 친사회적 행동Awe, the Small Self, and Prosocial Behavior", *Journal of Personality and Social Psychology* 108, no. 6 (2015): 883-99.

12 Lena Frischlich et al., "죽음의 올바른 방식? 필멸성을 확연히 인식한 후에는 극단적 지역주의 선전에 대한 관심과 그 선전이 설득력 있다는 의식이 증가한다Dying the Right-Way? Interest in and Perceived Persuasiveness of Parochial Extremist Propaganda Increases After Mortality Salience", *Frontiers in Psychology* 6 (2015): 1222.

13 자신이 남길 유산에 대해 생각해볼 때 미래세대를 향한 친절함이 더 커지는 경향이 있다. Kimberly A. Wade-Benzoni et al., "시간문제일 뿐: 죽음, 유산, 그리고 다른 세대를 위한 결정It's Only a Matter of Time: Death, Legacies, and Intergenerational Decisions", *Psychological Science* 23, no. 7 (2012): 704-9; Lisa Zaval et al., "나는 어떻게 기억될까? 자신의 유산을 위한 환경보존

How Will I Be Remembered? Conserving the Environment for the Sake of One's Legacy", *Psychological Science* 26, no. 2 (2015): 231-36.

부록 A: 공감이란 무엇인가?

1 Lauren Wispe, "동정과 공감의 구별: 개념을 불러내려면 단어가 필요하다The Distinction Between Sympathy and Empathy: To Call Forth a Concept, a Word Is Needed", *Journal of Personality and Social Psychology* 50, no. 2 (1986): 314-21; Jamil Zaki, "공감의 상투 유형 넘어서기Moving Beyond Stereotypes of Empathy", *Trends in Cognitive Sciences* 21, no. 2 (2016): 59-60.

2 그렇다고 '공감'이 유용하게 사용할 수 없을 만큼 모호한 단어라는 말은 아니다. 당신이 첫 키스의 순간을 떠올릴 때, 진주만이 공격당한 연도를 떠올릴 때, 토요일인데도 실수로 일하러 갈 때, 당신은 모두 기억이라고 묘사할 수 있는 사례를 경험하고 있는 것이다. 이와 마찬가지로 '공감'은 다른 사람의 감정이 우리에게 영향을 미치는 여러 방식을 포괄한다.

3 Mark Davis, "공감: 사회심리학적 접근Empathy: A Social Psychological Approach" (Boulder, Colo.: Westview, 1994); Simon Baron-Cohen and Sally Wheelwright, "공감 지수: 아스퍼거증후군 또는 고기능 자폐장애가 있는 성인 연구, 그리고 일반인의 성별 간 차이 연구The Empathy Quotient: An Investigation of Adults with Asperger Syndrome or High Functioning Autism, and Normal Sex Differences", *Journal of Autism and Developmental Disorders* 34, no. 2 (2004): 163-75; Christian Keysers and Valeria Gazzola, "시뮬레이션 이론과 마음의 이론 통합하기: 자아에서 사회적 인지로Integrating Simulation and Theory of Mind: From Self to Social Cognition", *Trends in Cognitive Sciences* 11, no. 5 (2007): 194-96.

4 경험과 정신화를 진화, 발달, 인지, 신경과학의 관점에서 검토한 내용은

다음 글에서 볼 수 있다. Jamil Zaki and Kevin N. Ochsner, "공감Empathy" 감정 안내서Handbook of Emotion, ed. Lisa Feldman Barret et al., 4th ed. (New York: Guilford, 2016). 독일의 예술철학자들이 만든 용어인 아인퓔룽Einfühlung은 에드워드 티치너Edward Titchener가 '공감empathy'으로 번역했지만, 경험 공유에 대한 현재 정의와 매우 유사하다.

5 Adam Smith, The Theory of Moral Sentiments (Cambridge, UK: Cambridge University Press, 2002; first published in 1790). 애덤 스미스 지음, 박세일 옮김, 《도덕감정론》, 비봉출판사, 2009.

6 Alison Gopnik and Henry Wellman, "아이의 마음 이론이 하나의 이론일 뿐인 이유Why the Child's Theory of Mind Really Is a Theory", *Mind and Language* 7, nos. 1-2 (1992): 145-71; Chris L. Baker et al., "사람의 정신화에서 믿음, 욕망, 지각의 합리적 수량적 속성 Rational Quantitative Attribution of Beliefs, Desires and Percepts in Human Mentalizing", *Nature Human Behavior* 1, no. 64 (2017); Bill Ickes, Everyday Mind Reading (New York: Perseus Press, 2003).

7 예를 들어 다음 논문을 보라. Tania Singer and Olga M. Klimecki, "공감과 연민Empathy and Compassion", *Current Biology* 24, no. 18 (2014): R875-78.

8 자신과 타인이 유사하다는 가정과 관련된 이해 실패의 예는 다음 논문들에서 볼 수 있다. Nicholas Epley et al., "자기중심적 앵커링(닻내림)과 조정으로서의 관점 취하기Perspective Taking as Egocentric Anchoring and Adjustment", *Journal of Personality and Social Psychology* 87, no. 3 (2004): 327-39; Thomas Gilovich et al., "사회적 판단에서 점조 효과: 자신의 행위와 외양의 현저성 추정에서 나타나는 자기중심 편향The Spotlight Effect in Social Judgment: An Egocentric Bias in Estimates of the Salience of One's Own Actions and Appearance", *Journal of Personality and Social Psychology* 78, no. 2 (2000): 211-22.

9 다음 논문에서 전체적으로 살펴볼 수 있다. Jamil Zaki and Kevin N. Ochsner, "공감의 신경과학: 진전, 함정, 전망The Neuroscience of Empathy: Progress,Pitfalls,and Promise", *Nature Neuroscience* 15, no. 5 (2012): 675-80.

10 R. James Blair, "타인의 감정에 반응하기: 일반인과 정신장애 인구 연구를 통한 공감 형식의 구분Responding to the Emotions of Others: Dissociating Forms of Empathy Through the Study of Typical and Psychiatric Populations", *Consciousness and Cognition* 14, no. 4 (2005): 698-718.

11 "관점 취하기Perspective-taking" 연습은 정신화에 초점을 맞추며 적어도 단기적으로는 배려를 증가시키는 잘 검증된 방법 중 하나다. C. Daniel Batson, "사람의 이타심Altruism in Humans"(Oxford, UK: Oxford University Press, 2011).

12 다음 논문을 보라. Zaki and Ochsner, "공감Empathy"(주 9 참고); C. Daniel Batson and Laura Shaw, "이타심의 증거: 친사회적 동기의 다원적 설명을 위해Evidence for Altruism: Toward a Pluralism of Prosocial Motives", *Psychological Inquiry* 2, no. 2 (1991); Michael Tomasello, Why We Cooperate (Cambridge, Mass.: MIT Press, 2009) 마이클 토마셀로 지음, 허준석 옮김, 《이기적 원숭이와 이타적 인간: 인간은 왜 협력하는가?》, 이음, 2011.

13 Frans de Waal, "이타주의에 다시 이타심 불어넣기: 공감의 진화Putting the Altruism Back into Altruism: The Evolution of Empathy", *Annual Review of Psychology* 5 (2008): 279-300.

14 이런 종류의 좀 더 큰 관점의 배려는 효율적 이타주의자들이 추구하는 배려와 유사하며, 또한 레네 베커르스와 그 동료들이 '배려의 원칙'이라 부르는 것이기도 하다. 예를 들어 다음 논문을 보라. Mark O. Wilhelm and Renée Bekkers, "돕기 행동, 기질적·공감적 배려, 그리고 배려의 원칙Helping Behavior,Dispositional Empathic Concern,and the Principle of Care", *Social Psychology*

공감은 지능이다

Quarterly 73, no. 1 (2010): 11-32.

부록 B: 증거 평가

1   Open Science Collaboration, "심리 과학의 재현 가능성 평가Estimating the Reproducibility of Psychological Science", *Science* 349, no. 6251 (2015): aac4716; Andrew Chang and Phillip Li, "경제학 연구는 반복실험이 가능한가? 13개 저널에 실린 논문 60편은 '대체로 그렇지 않다'고 한다Is Economics Research Replicable? Sixty Published Papers from Thirteen Journals Say 'Usually Not'", SSRN working paper, 2015; Leonard P. Freedman et al., "임상 전 연구에서 재현 가능성의 경제학The Economics of Reproducibility in Preclinical Research", *PLoS Biology* 13, no. 6 (2015): e1002165; Brian A. Nosek and Timothy Errington, "종양 생물학의 재현 가능성: 반복실험의 의미 이해하기 Reproducibility in Cancer Biology: Making Sense of Replications", *eLife* 6 (2017): e23383.

옮긴이 **정지인**

《우울할 땐 뇌과학》,《내 아들은 조현병입니다》,《불행은 어떻게 질병으로 이어지는가》,《공부의 고전》,《혐오사회》,《무신론자의 시대》 등 여러 권의 책을 번역했다. 어려서부터 언어에 대한 관심과 재미가 커서 좀 조숙한 나이에 번역을 하겠다는 '장래희망'을 품었고, 그대로 세월이 흘러 꽤 오랫동안 번역만 하며 살고 있다. 부산대학교에서 독일어와 독일문학을 '조금' 공부했다.

공감은 지능이다

첫판 1쇄 펴낸날 2021년 4월 19일
12쇄 펴낸날 2024년 5월 7일

지은이 자밀 자키
옮긴이 정지인
발행인 김혜경
편집인 김수진
편집기획 김교석 조한나 유승연 문해림 김유진 곽세라 전하연 박혜인 조정현
디자인 한승연 성윤정
경영지원국 안정숙
마케팅 문창운 백윤진 박희원
회계 임옥희 양여진 김주연

펴낸곳 (주)도서출판 푸른숲
출판등록 2003년 12월 17일 제2003-000032호
주소 서울특별시 마포구 토정로 35-1 2층, 우편번호 04083
전화 02)6392-7871, 2(마케팅부), 02)6392-7873(편집부)
팩스 02)6392-7875
홈페이지 www.prunsoop.co.kr
페이스북 www.facebook.com/simsimpress   **인스타그램** @simsimbooks

ⓒ푸른숲, 2021
ISBN 979-11-5675-873-0(03180)

심심은 (주)도서출판 푸른숲의 인문·심리 브랜드입니다.

° 이 책은 저작권법에 의해 한국 내에서 보호를 받는 저작물이므로 무단전재와 복제를 금합니다. 이 책 내용의 전부 또는 일부를 사용하려면 반드시 저작권자와 (주)도서출판 푸른숲의 동의를 받아야 합니다.
° 잘못된 책은 구입하신 서점에서 바꾸어 드립니다.
° 본서의 반품 기한은 2029년 5월 31일까지 입니다.